| 光明社科文库 |

明清以来的
豫北宗族与地方社会

申红星◎著

光明日报出版社

图书在版编目（CIP）数据

明清以来的豫北宗族与地方社会 ／ 申红星著 . -- 北京：光明日报出版社，2019.4

（光明社科文库）

ISBN 978 - 7 - 5194 - 5325 - 1

Ⅰ. ①明… Ⅱ. ①申… Ⅲ. ①宗族—研究—河南—明清时代②社会史—研究—河南—明清时代 Ⅳ. ①K820.9②K296.1

中国版本图书馆 CIP 数据核字（2019）第 085209 号

明清以来的豫北宗族与地方社会

MINGQING YILAI DE YUBEI ZONGZU YU DIFANG SHEHUI

著　　者：申红星

责任编辑：曹美娜　朱　然　　　　责任校对：赵鸣鸣

封面设计：中联学林　　　　　　　责任印制：曹　诤

出版发行：光明日报出版社

地　　址：北京市西城区永安路 106 号，100050

电　　话：010 - 67017249（咨询）　63131930（邮购）

传　　真：010 - 67078227，67078255

网　　址：http：//book.gmw.cn

E - mail：caomeina@ gmw.cn

法律顾问：北京德恒律师事务所龚柳方律师

印　　刷：三河市华东印刷有限公司

装　　订：三河市华东印刷有限公司

本书如有破损、缺页、装订错误，请与本社联系调换，电话：010 - 67019571

开　　本：170mm×240mm

字　　数：310 千字　　　　　　　印　　张：19

版　　次：2019 年 9 月第 1 版　　印　　次：2019 年 9 月第 1 次印刷

书　　号：ISBN 978 - 7 - 5194 - 5325 - 1

定　　价：95.00 元

本书内容摘要

明清时期，地处中原腹心地带的豫北地区，紧邻畿辅统治中心，其政治、经济、文化与地方社会等方面均有着其地域的发展脉络。本书以明清以来豫北地区宗族为视角，运用长时段的研究方法，将历时性与共时性结合起来，通过对豫北宗族与地方社会的全面具体研究，力图揭示出豫北基层社会的全貌，进而在一定程度上反映出明清以来地方社会与国家复杂的关系与变迁。

豫北宗族是在明清时期具体的社会历史条件之下重新构建的产物。豫北宗族的构建是一个动态的、复杂的变迁过程，是以明清经济与人口的发展为基础，在理学日益社会化的氛围之中，通过朝廷、地方官府与士人精英群体的共同努力构建而成，从而完成了对地方礼仪与社会秩序的整合。

在具体历史情境之下构建而成的豫北宗族，其发展有着自己独特的历程。通过对豫北民间谱牒资料的分析可知，伴随着明清以来豫北地区经济、文化及人口等的发展，豫北宗族自明朝中后期开始萌芽，至清朝前期处于逐渐发展阶段，到了清朝后期至民国时期，豫北宗族发展达到了高潮。

在豫北宗族的发展过程中，移民宗族问题是一项重要的研究课题。其中明朝初年发生的山西移民事件，其后演变为山西洪洞大槐树移民传说，在当地甚至整个北方地区流传甚广，人们普遍将其作为本族祖先的来源。通过对明清其他时期迁至豫北地区的移民的具体考察，再结合豫北族谱、方志资料，我们认为，山西洪洞大槐树移民传说的流传，不仅是对祖先历史集体记忆的反映，更为重要的是移民们出于改变身份的需要，为了在现实生活中保护与维护自己实际利益。

而豫北宁山卫军户宗族则是豫北移民宗族中的特殊组织群体。明代屯田于今河南境内的宁山卫，分为东、西两屯，驻扎于新乡县、辉县、获嘉县、滑县、浚县五地，其职责以屯田为主，操练、戍防为辅。由明代至清初，宁山卫经历了从设置到废止的演变过程。而隶属于宁山卫军户的获嘉县冯氏宗族，在获嘉县冯氏族谱编撰、卫所军户同原籍军户的关系、冯氏在地方上的发展，以及冯氏与外界的联姻状况等方面均有一定特点。通过对冯氏宗族的考察，可以在一定程度上展现卫所军户宗族之全貌，加深对卫所军户的认识。

从明朝中后期开始，豫北宗族开始进行宗族组织化建设。豫北宗族的组织化建设乃是在士大夫导引下，依据古典宗法理论与宋儒复兴宗族制度的主张，在实践中日益开展起来的，其内容主要包括修族谱、建祠堂、设祭田与立族规等活动。

从宗族组织化建设的内容来看，豫北地区同南方具有一定的相似性，也符合宋以后宗族形态的一般特征。但由于豫北地区地处王权统治腹地，经济、商业等均不发达等客观因素，加上豫北当地风俗习惯及人们的性格、风俗上与南方的差异，这些又决定了豫北宗族在宗族组织化建设方面有着本地区独特的发展历程与鲜明特色。

在进行宗族组织化建设的过程中，以及其建成之后，豫北宗族在国家与地方社会之间起到了关键性的中介作用。豫北宗族，尤其是地方望族，凭借其在当地的社会地位及所占有的经济、政治与文化资源，积极投身于各项地方事务中，整合乡村，建立地方社会秩序。

清朝中后期，由于生存环境的日益恶化，在豫北地方社会中，不同群体之间，对于有限社会资源的竞争日趋激烈。而被排斥于享受地方社会资源之外的下层民众、流民们选择参加非正统社会组织，如天理教、捻党等，以此对抗正统社会组织及朝廷官府，以求获得他们所需要的各项权益。以宗族为代表的正统社会组织，积极响应清政府号召，在地方社会中组建团练、修筑寨堡，配合官军抵御天理教、捻军的侵扰。而在同捻军等进行作战的过程中，豫北士绅在地方上的各项权力日益得到扩大，逐渐同清朝政府产生利益之争，甚至有时二者之间的矛盾不可调和，二者之间的武装冲突不可避免。

中华人民共和国成立后的豫北宗族，其发展历程可谓一波三折。豫北宗族自新中国成立至1950年代末，处于缓慢发展时期。1960年代初至70年代末，属于遭受严重打击期。而从1980年代初至今，则进入了复兴时期。豫北宗族复兴有其主客观原因。客观原因在于传统宗族思想的影响，社会环境的宽松，人们经济实力的增强以及海内外同胞寻根问祖的推动。其主观原因则是豫北民众自身对于宗族组织构建的追求与努力。

豫北现代宗族有与传统宗族一脉相承的一面。其在尊祖敬宗的追求以及对"字辈"的重视方面，与传统宗族积极呼应。当然，其也有与现代社会相适应、"改变"的一面。这主要表现在豫北现代宗族修谱的目的功用、修谱的体例、宗族的性质与经济基础等，都与传统宗族大不相同。豫北现代宗族对现今社会的作用包括积极作用和消极作用两个方面。豫北现代宗族起到了教化族人、维护地方社会秩序的积极作用，也为地方社会提供了多样的娱乐活动，满足了族人与地方群众的精神需求。同时，豫北宗族在开展海内外经济文化交流方面也有一定作用。而豫北现代宗族的消极影响，则主要表现在部分豫北现代宗族还留有封建迷信思想与活动，对农村基层选举可能会起到不良作用，并且间有触犯法律的行为。

对于豫北现代宗族，应给予客观公正认识与评价，应对其进行法律规范、政府管控。同时在农村地区，还需采取大力开展精神文明建设、提高农民素质等方面措施。

序　言

近十多年来，明清以来中国北方宗族的研究如雨后春笋，茁壮成长。一批探讨山西、河南、河北、山东、陕西等省区宗族的论文发表，有的学子专以研究北方宗族问题的论文取得学位，这极大改变了中国北方宗族研究薄弱的状况，可喜可贺！

相较论文而言，研究北方宗族的专书尚属少见。申红星博士的学位论文《明清以来的豫北宗族与地方社会——以卫辉府为中心》经增补后就要出版了，我应邀作序，因此谈些感想。

申红星的硕士阶段学习隋唐史，2005 年考入南开读博士，转向明清社会史的学习，2008 年完成论文，取得学位，学位论文受到好评。应当说，博士三年毕业很有难度，出生辉县的红星，研究熟悉的家乡社会历史，靠着他的勤奋，全力以赴，得以成功。为写作论文，他收集的文献资料相当丰富，利用地方志与族谱是其特色，特别是收集的族谱资料近百部，不少是从民间调查所得，难能可贵。

该文从地域社会的角度，探讨了明清以来豫北宗族的建构过程。内容包括豫北宗族构建的背景、发展历程与移民宗族、组织化建设、国家与地方之间的中介作用。实际上，作者追溯了明以前影响当地宗族建构的思想文化背景，其中"宋元时期理学在豫北的发展"目下，讨论了金元以来豫北理学的社会化与宗族形态的显现，他注意到，金元时期豫北地区姚枢、赵复、许衡等理学大儒，以百泉太极书院为基地传播理学，推广儒家礼仪，当地宗族观念与宗族行为也逐渐产生。姚枢诸儒及其后世亲身参与了某些宗族建设活动，为豫北宗族在明清以后的发展奠定基础。值此出版之际，又新增改革开放以来的豫北宗族部分，作者长时段呈现了近世豫北宗族的发展变化。

考察豫北理学发展与宗族建构的关系，不止限于金元时期，红星注意到明清北方士绅群体的兴起与宗族构建的关系，他指出明中后期以降，北方士绅群体崛起，受大儒孙奇逢宗族思想与实践的影响，士绅群体成为维护地方社会礼仪秩序的中坚力量，不断地进行着本宗族的构建与完善。

明清豫北社会移民性突出，作者对豫北移民传说的解释，以及对宁山卫军户与宗族关系的研究，颇有深度。明代屯田于今河南境内的宁山卫经历了从设置到废止的演变过程，通过考察隶属于宁山卫军户的获嘉县冯氏宗族，展现卫所军户宗族的面貌。北方地区流传甚广的山西洪洞大槐树移民传说，被人们普遍作为本族祖先的来源。红星认为这一传说不仅是移民们对其祖先历史集体记忆的反映，更为关键的是将祖先的历史定位于明初奉诏而来，从而确立他们的合法身份，以获取更多的生存资源，是移民宗族维护自身实际利益诉求的表现。

申红星还从明清以来豫北宗族组织化建设以及在国家与社会之间的"中介"作用入手，系统阐释了整体史架构下宗族与地方社会之间各种复杂的关系，相信会对读者有益。

明清以来豫北宗族也是从明代嘉靖、万历年间开始兴盛的，与其他地区的宗族建构过程相当，不过一些具体问题的讨论值得注意。如第三章第一节讨论豫北宗族的发展历程，作者指出："从豫北三县在不同时期的修谱数量上来看，豫北的宗族发展，在明后期是萌芽阶段，清前中期为发展阶段，而晚清至民国时期是豫北宗族发展的高潮时期。"其中"清朝康熙、雍正、乾隆、嘉庆时期，存在更多的是广大中下层士大夫阶层第一次为本族修撰族谱，即在此时期才开始宗族活动。""清末民初，在近代化的浪潮之下，尽管豫北宗族活动一度受到清末新政以及新式教育的冲击，但在民众当中宗族活动并未停止，相反其民众化的趋势更加明显。我认为其中一个重要原因是，豫北当地的宗族发展深受孙中山提出的《三民主义》之中的《民族主义》的影响。"再如第四章第二节讨论豫北宗族祠堂的演变与形成，作者认为："在清朝前中期，豫北地区修建祠堂的还只是以士大夫宗族为主。到了晚清至民国时期，豫北的普通民众随着自身经济实力的增强，开始竞相仿效士大夫宗族，也逐渐展开了修建祠堂等宗族行为。因此，这个时期，豫北宗族祠堂的修建日益普遍，逐渐到了其发展的顶峰。在晚清以来的豫北地方社会，已经出现了无论士庶，皆备祠堂的局面。"又如第四章第三节讨论到豫北宗族的族规，指出"宗族的发展速度相对要晚于南方地区，明代后期开始有族规出现，族规的大量产生则发生在清代以来。"上述对于豫北族谱、祠堂以及族规的考察说明，清前期特别是晚清民国时期豫北宗族在民间迅速普及。同时当地士大夫倡导、移民的地域认同也显示出一定程度的特色，地方宗族的研究从时空不同维度深化了对于以宗族为视角的全国性社会结构及其变迁的认识。

然而，如何认识明清宗族形态，还是有很大的讨论空间。如研究同属于豫北地区的浚县明代社会的日本学者滨岛敦俊先生，在其《明末华北地区地方人士的存在形态——以〈辞〉为中心》（《近世中国的社会与文化（960—1800）论文集》2007 年 5 月）中提出："假如，我们将江南三角洲称作'非宗族型乡绅社会'，而华南地区为'宗族型社会'，则透过《辞》的各种案例所看到的士人社会位置，是否可以说，像浚县这样的社会，是'非宗族型庶民社会'？"即使是豫北地区的宗族问题，恐怕还需要学界的讨论。

本课题的研究也存在有待完善之处，如原本的"明清以来"虽然涉及民国但主要指明清时期，特别是改革开放以后的内容后，感到或许有集中探讨民国时期豫北宗族的必要。

近几年宗族研究新作不断，本书的出版或许有助于学术交流，期待着学界同仁的讨论与批评！

常建华

2019 年 2 月 1 日于津门

目 录
CONTENTS

第一章

绪　论

第一节　选题缘由及意义

中国社会史研究自 20 世纪上半叶在中国兴起之后，经历了中断、复兴直至繁盛等阶段。到 80 年代随着中国改革开放，社会史研究也进入一个新阶段，开始构建自己的学科体系。90 年代后期直到 21 世纪的今天，对社会史的理论构建仍未停止。社会史研究的各种理论、研究方法以及研究领域不断地发展，"对中国社会史的学术定位有一个从比较考虑研究对象到兼顾研究视角再到'问题'的过程"。[①] "将社会史放在一条问题史的相关脉络里"，[②] 越来越受到研究者的关注与认同。

在社会史研究当中，有关中国宗族的社会史基础问题研究占有相当重要的地位。这是因为，作为中国乡村社会中最基层的民间社会组织，宗族具有顽强的生命力，长期存在于中国社会中。时至今日，在中国的许多地方，仍然保持着乡民续修族谱、修建祠堂、集体祭祀祖先的宗族活动。就笔者所知，这种宗族复兴的活动已不仅仅出现于历史上宗族势力强大的南方，在中国北方各地也比比皆是。另外，现实生活中由于宗族问题而引发的各种社会问题也颇令人深思。由于在中国传统社会中，宗族一般出现在农村，因此，在国家与社会日益

---

① 常建华. 新时期社会史理论争鸣及其演进：上 [J]. 河北学刊，2004 (1).
② 杨念群. 东西方思想交汇下的中国社会史研究——一个"问题史"的追溯 [M] //杨念群主编. 空间·记忆·社会转型——"新社会史"研究论文精选集. 上海：上海人民出版社，2001：1-75.

重视"三农"问题、努力构建和谐社会的今天，对历史上宗族的研究，尤其是对近世以来宗族的研究，不仅有历史学本身的学术价值，也有一定的现实意义。正如常建华所言："对宗族的探讨作为一份重要的历史遗产加以客观地评述，有助于人们更科学、准确地认识中国的宗族及社会，思考中国的前途和未来。"①

目前，对宋以后宗族问题的研究已渐有"燎原之势"。由于中国幅员辽阔，各地区地理生态环境与经济文化条件等各不相同，因此对宗族的社会史研究越来越与区域研究结合起来，并且宗族的区域社会史研究在中国东南地区等一些地方已经有了突破性的进展。但从既有的宗族研究成果来看，研究存在着时空上的不平衡。常建华在总结 20 世纪宗族研究时称：就时间而言，对明清时期宗族研究，在对清代宗族研究中已取得了较为丰硕的成果，但还需要对宗族发展的重要时期明代进行全面系统深入地研究；而对于纳入世界体系处在社会大变动时期的近现代宗族的研究，则才刚刚开始。就空间来说，格局分布存在"南强北弱"。对北方宗族的研究一直弱于南方宗族；更为重要的是应该加强不同区域的比较研究。② 此现象逐渐引起众多学人的注意，许多学者在继续关注南方宗族问题的同时，纷纷将目光投向了以往研究相对薄弱的北方地区。

正是出于以上考虑，本书选择了北方地区的河南作为研究区域。河南位于中国的中部，历来处在王朝统治的腹心地带，也是兵家必争之地。作为中国文明的发源地之一，河南在历史上曾经创造过灿烂辉煌的中华文化。以河南为中心的中原地区在中国历史进程中具有重要的地位和作用，"就中国文明形成和早期发展而言，中原地区显然是中国文明诞生和成长的历史摇篮"。③ 但在进入近世以来，④ 特别是到了近现代，随着南方经济的崛起，河南地位日益边缘化，经济、文化等方面均风光不再。与之相对应的是，由于种种原因，在区域社会史研究日益兴起的时候，国内众多学者不仅在对南方等地的区域研究已取得了较大成果，而且在对位于北方的陕西、山西的研究也有了较为丰厚的收获，然

① 常建华. 二十世纪的中国宗族研究 ［J］. 历史研究，1999（5）.
② 常建华. 二十世纪的中国宗族研究 ［J］. 历史研究，1999（5）.
③ 范毓周. 中原文化在中国文明形成进程中的地位与作用 ［J］. 郑州大学学报（哲学社会科学版），2006（2）.
④ 本书所言近世是指从明朝开始，即从进入明清时期直至近代以来。有关明清史、近代史等的讨论可参见赵世瑜. 明清史与近代史：一个社会史视角的反思 ［J］. 学术月刊，2005（12）.

而对河南的区域研究还都集中在上古、中古时期，缺乏对近世以来河南历史的系统、全面研究。因此，在今天，开展对在历史上经济、文化都曾占重要地位的河南地区的近世研究，是完全必要和有意义的。

由于河南一省地域广阔，省内各地的自然生态环境、经济条件、人民的生活习俗以及历史发展过程均不相同。笼统地对河南历史与社会加以综合研究，显然与区域社会史研究的初衷相违背。因此，本书力图从整体史角度出发，将宗族研究与移民史、文化史等结合起来，通过对豫北地区长时段的考察，揭示出与此地区宗族相关的一系列问题：此地区宗族产生原因是什么，宗族来源有哪些；宗族的发展经历了怎样的历史过程；此地区的宗族组织化建设情况如何，与南方等处的宗族相比，可有不同；宗族、士绅与国家政权的互动关系怎样。总之，本书希望以宗族为视角，开展对明清以来豫北地区国家与地方社会的总体研究，进而达到以小见大的目的，即通过对此地区的深入系统研究，以加深对明清以来整个基层社会与国家大历史的认识。

豫北地区位于河南省的西北部，北靠河北省，西临山西省，东接黄卫平原。本区西部是由石灰岩和变质岩组成的太行山脉，地貌类型比较复杂，有中山、低山、丘陵和山间盆地。中山因断层发育，山势陡峻，多悬崖峭壁，加之河流的长期切割，形成许多峡谷。地势西高东低，使得本区的河流，如大沙河、峪河、淇河、汤河等卫河水系，由东南流入海河流域。同时，西部山区石灰岩地区，溶洞发达，为地下水的汇集及泉水出露创造了条件，因此豫北地区山峻泉美，有着丰富的旅游资源，现在成了河南著名的旅游观光地区。在低山与丘陵之间，形成了平缓的河谷和山间盆地，是本区粮、棉生产基地。可以说，豫北地区在自然条件、社会经济技术条件上具有一定的共同性，人们的生活习俗、建筑风格、方言以及文化等方面也有很大的相似性，是一个较为完整的区域单元。因此，将豫北地区作为一个区域研究的对象是较为恰当与合理的。

其实，我选择豫北地区作为研究单元，还有从史料收集、进行田野调查等方面考虑的原因。对于历史研究来说，史料的收集无疑是最为重要的步骤。没有史料的积累，历史研究则无从谈起。而原来只行之于人类学中的田野调查在目前也越来越得到历史研究者的重视，在田野调查中"努力从乡民的情感和立场出发去理解所见所闻的种种事件和现象，常常会有一种只可意会的文化体验，而这种体验又往往能带来学术思想的灵感。这种意境是未曾做过类似工作的人所难以理解的。"① 通过田野调查，可获得来自田野与社会的切身感受，增强历史感和写作灵感，这已成为区域社会史研究者的共识，而对田野调查的提倡也已成为当前学术界的一股潮流。我在过去的几年时间里，利用寒暑假或五一、十一假期，有意识地在豫北地区收集当地的历史资料，包括家谱、村志、文集以及碑刻等地方性历史资料，这些资料构成了本书的写作基础。另外，我也在豫北地区的新乡县、辉县等地做了一些田野调查。在田野调查中，不仅收集到了许多地方性的文献资料，而且可以与当地的古建筑如祠堂等"零距离"接触，还与对当地社会历史文化颇为熟悉的乡土文人进行了一些交流，这无疑对我理解当地的历史文化有着积极的促进作用。当然，当地人写当地史也会有一些弊端，主要是容易有先入为主的主观性看法。对此问题，必须深加注意。我在进行研究时，力求"抽离现场"，站在客观的立场来观察和理解当地历史社会。

综合上述情况，本研究拟通过对豫北地区宗族问题的长时段考察，从而能够细致描述出此地区地方社会的历史与变迁。相信本项研究对于推动区域社会史、宗族史的研究，会起到一定作用。

第二节 学术史回顾

由于本研究选择的是以明清以来的豫北地区为场域进行的宗族社会史研究，因此，根据本研究所涉及的主要问题，此处学术史回顾内容主要分为明清区域宗族研究和河南地方史研究两个部分的主要研究成果。

一、明清区域宗族研究

宗族作为社会结构的重要组成部分，自 20 世纪以来，广泛受到学人关注，学人对其的研究成果更是不胜枚举。对宗族的研究成果与贡献，已经有许多学

---

① 陈春声. 社会实研究笔谈 [J]. 历史研究，1993 (2).

者进行过全面详细的总结与评述。① 前辈学者对中国宗族所做出的研究，为本研究的进行提供了坚实的基础，但同时也提出了更高的要求，即必须在前人研究的基础上，有所突破与创新。以下将结合本研究的研究视角与问题意识，对明清以来的宗族研究概况进行归纳与梳理。

　　20 世纪 30 年代以来，学术界开始了对中国宗族的研究。当时的研究大多是对宗族的祠堂、族谱、族规等要素的研究，即对宗族结构功能的研究。当时的学者刘兴唐就注意到了福建、河南的血族组织，撰写了《福建的血族组织》（《食货》4 卷 8 期，1936 年）以及《河南的血族组织》（《文化批判》3 卷 3 期），对福建、河南地区的血族组织的结构与功能等进行了初步的探讨。而在当时较有影响的还是一批受到西方社会科学训练的学者，他们开始使用人类学的观点，观察、分析中国乡村宗族，开辟了认识中国宗族的新视野。人类学家林耀华受功能主义的影响，通过对福建义序黄氏宗族的研究，认为宗族乃是采取血缘与地缘兼有的社会团体，从而展开了对祠堂等为主的宗族功能结构的分析与研究。②

　　从 20 世纪 50 年代开始，对中国社会宗族的研究是在配合当时史学热点研究的背景下进行的，学者们热衷于通过对中国宗族的研究，为中国封建社会"长期停滞"问题寻求注解。徐扬杰在 1959 年撰写了以《中国封建社会的农村公社和家族制度》为题的研究生论文，在文章后半部分，对宋以后近代封建社会的家族制度做了全面细致的论述，其中尤其对家族的祠堂、家谱、族田等结构要素论述详细，最后指出家族制度是中国封建社会长期延续的重要因素。厦门大学的傅衣凌先生在对明清基层社会研究中创造性地提出了"乡族"的概念，

---

① 冯尔康等编著.《中国社会史研究概述》中常建华所做的综述与索引.天津：天津教育出版社，1988：223 - 229，421 - 422；常建华.《宗族志》导言部分.上海：上海人民出版社，1998：6 - 12；常建华.二十世纪的中国宗族研究 [J].历史研究，1999 (5)；王善军.今年古代封建宗族制度研究管窥 [J].中国史研究动态，1991 (3)；徐扬杰.中国家族史研究的历史与现状 [J].中国史研究动态，1991 (6)；郑振满.明清福建家族组织与社会变迁：前言 [J].长沙：湖南教育出版社，1992：3 - 18；朱瑞熙.大陆"宋代家族与社会"研究的回顾 [J].大陆杂志，1995 (2)；井上切.日本学界关于明清时代宗族问题的研究 [M]//周天游主编.地域社会与传统中国.西安：西北大学出版社，1995.
② 林耀华.从人类学观点考察中国宗族乡村 [J].社会学界：第九卷，1937；义序的宗族研究 [M].北京：三联书店，2000.

将宗族作为基层社会的一部分看待。① 傅衣凌先生认为，在基层社会中，乡族势力的存在是中国封建社会发展长期迟滞的重要因素。②

国外学者对中国宗族问题也颇为关注。英国社会人类学家弗里德曼在 20 世纪五六十年代就开始了对福建和广东地区宗族的研究。他从宗族结构功能的角度出发，认为在中国乡村农业社会中，宗族是一个由居住在一个聚落或相近聚落中的父系继嗣群体组成的控产集团，是当地人们为满足经济需求而建构出来的组织形式。通过研究，他总结出华南地区宗族产生、兴盛的条件：边陲的地利环境、国家控制力的相对薄弱、水稻的多产以及协作修建水利设施。③ 弗氏的理论总结对今后宗族的研究影响深远，后人称其为"弗里德曼模式"。但此后，随着对宗族研究的深入，这种模式越来越受到学者们的质疑。

进入 80 年代以来，对区域宗族的研究开始突破仅对宗族结构功能研究的藩篱，强调社会史、文化史、政治史以及人类学的结合，重视国家与地方社会的互动，从而使对区域社会史的研究进入一个全新的时期。

不少学者立足于其所研究的地域，开始对上述"弗里德曼模式"进行修正与补充。加拿大学者宋怡明通过对福州等地区的宗族研究，揭示了明清时宗族组织的建立和发展，是当地不同利益群体对亲属关系的建构及利用的结果。他还对"弗里德曼模式"提出质疑，认为并非是边陲的地理环境和薄弱的国家控制导致了宗族的产生，恰恰相反，正是由于国家力量的增强，尤其是明代初期普遍建立的里甲制度，在很大程度上塑造了基层社会，刺激了宗族的出现。④ 常建华也通过对徽州地区宗族的研究，得出了类似的观点。常建华发表《习俗与教化：徽州宗族组织的形成——以休宁范氏为中心》（法国《年鉴：历史学，社会科学》2007 年第 1 期）一文，对徽州宗族的一系列基本问题通过个案形式

---

① 有关"乡族"的解释，森正夫. 围绕"乡族"问题［J］. 中国社会经济史研究，1986（2）；郑振满，黄向春. 文化、历史与国家——历史学与人类学的对话［M］//张国刚主编. 中国社会历史评论：第5辑. 北京：中华书局，2004.

② 傅衣凌. 论乡族对于中国封建社会经济的干涉［J］. 厦门大学学报，1961（3）.

③ ［英］弗里德曼. 中国东南的宗族组织［M］. 刘晓春，译，王铭铭，校. 上海：上海人民出版社，2000；中国宗族与社会：福建和广东. University of London：The Athlone Press，1996.

④ 参见［加］Michael Szonyi（宋怡明）：*Practicing Kinship：Lineage and Descent in Late Imperial China*，Stanford：Stanford University Press，2002；宗族组织与里甲制度［M］//犹他家谱学会编. 中国族谱与地方志研究. 上海：上海科学技术出版社，2003.

进行了论述。该文从政治性因素探讨了徽州宗族在明代发生的形态转变与组织化的问题，并重新对人类学家弗里德曼等学者所提出的宗族产生的条件加以思考，认为探讨徽州宗族组织化还应当将民间的宗族习俗与国家、士大夫的教化实践结合起来考察，而"官府控制"恰恰是明代宗族形成的因素之一。①

在宗族构建发展问题上，不同地区的学者，除了进一步探讨"弗里德曼模式"外，还从不同的区域历史情境出发，依据不同的研究视角与问题意识，纷纷阐释不同地区的宗族构建发展模式。

在傅衣凌先生的影响下，其弟子郑振满等秉承其师的研究思路，将经济史与社会史研究相结合，从经济看社会，又从社会看经济，继续将对"乡族"等基层社会问题的研究推向深入，厦门大学也成了研究明清福建宗族的主要阵地。郑振满在其研究福建家族问题的专著《明清福建家族组织与社会变迁》（长沙：湖南教育出版社，1992 年）中，将人类学与历史学相结合，注重宗族与家庭关系的探讨，认为对传统家庭形态的历史考察是家族史研究的逻辑起点，将宗族分为"继承式""依附式""合同式"三种类型，并论述了家族组织因生态环境的不同在福建不同地区的发展，描述了家族的发展对于传统社会变迁的影响，提出了"宗法伦理庶民化""基层社会自治化""财产关系共有化"。其中"宗法伦理庶民化"是指，从明代中叶开始宗法制度有了较大变化，突破了大、小宗的界限，并打破了宗子法，庶民百姓也可以进行宗族活动，设立祠堂和祭祀始祖。郑振满的专著可以称得上是其在福建家族研究中的总结性著作，有着很高的学术价值与相当的解释力，对当时的宗族研究起到了很大的影响。

在郑振满以福建为研究场域构建"宗族伦理庶民化"理论的同时，也有一批学人致力于对广东与香港新界等珠江三角洲地区的研究，他们在研究过程中构建出当地宗族发展的理论体系。这批学者以国内的刘志伟、陈春声和境外的科大卫、萧凤霞为代表，主张历史学与人类学相结合、田野调查与文献解读相结合，并且注重突破功能学派对于宗族问题的研究，重视王朝典章制度与基层社会的互动，关注国家话语在地方的表达与实践。②

---

① 有关常建华对徽州宗族的研究还可参见《明代徽州的宗族乡约化》[J]. 中国史研究，2003（3）.

② 陈春声. 中国社会史研究必须重视田野调查 [J]. 历史研究，1993（2）；刘志伟，陈春声. 理解中国传统"经济"应重视典章制度研究 [J]. 中国经济史研究；黄志繁. 二十世纪华南农村社会史研究 [J]. 中国农史，2005（1）.

　　科大卫基于其对香港新界的研究，在《中国乡村社会结构：香港新界的宗族与村庄》一书中，认为宗族是一个建构的过程，并将宗族的建构放置于当地社会发展的具体历史过程之中进行分析，进而对宗族、乡村、地方社会与官府关系等进行了详细探讨。① 在珠江三角洲地区宗族与地域开发的关系上，刘志伟着重考察宗族在构建"沙田—民田"的空间格局中所扮演的角色，向我们呈现了此格局形成的复杂的社会与文化结构的过程。② 科大卫又同刘志伟合作共同展开对珠江三角洲地区的宗族研究，他们认为珠江三角洲地区的宗族并非从来就有的，而是明清时期兴起和发展出来的新制度，是明清社会变迁过程的一种文化创造。华南地区宗族发展是明代以后国家政治变化和经济发展的一种表现。宗族的发展实践，是宋明理学家利用文字的表达，改变国家礼仪，在地方上推行教化，建立起正统性的国家秩序的结果。而从宋到明清礼仪的演变就是庶民用礼教将自身士绅化的过程。宗族利用建家庙、修族谱等手段来附丽官僚身份，就是明清社会士绅化的过程。③

　　科大卫、刘志伟在研究珠江三角洲等地区宗族构建发展历程时所提出的"庶民士绅化"理论，同郑振满以福建宗族为研究对象所提出的"宗法伦理庶民化"理论，二者并非是矛盾的对立，实际上是依照不同研究视角对同一历史过程所做出的理解与阐释。郑振满认为，庶民化强调的是宗法伦理在向民间推广的过程中发生的变化，而士大夫化则强调民间对士大夫的模仿并最终被一体化。他进一步指出："宗族组织的发展，肯定是不能按照法律的规定、按照朱子家礼去做的，在形式上大家多说是按朱熹的那套来做的，其实都不是。所以一定要突破这个界限，老百姓自己要搞一套。在这个意义上说，不是士大夫的规范被全社会普

① David Faure：The Structure of Chinese Rural Society：Lineage and Village in the Eastern New Territories，Hong Kong，Orford University Press，1986.
② 刘志伟. 宗族与沙田开发［J］. 中国农史，1992（4）；地域空间中的国家秩序：珠江三角洲沙田——民田格局的形成［J］. 清史研究，1999（2）.
③ 科大卫. 明清珠江三角洲家族制度的初步研究［J］. 清史研究通讯，1988（1）；国家与礼仪：宋至清中叶珠江三角洲地方社会的国家认同［J］. 中山大学学报，1999（5）；祠堂与家庙——从宋末到明中叶宗族礼仪的演变［J］. 历史人类学学刊，2003（2）；科大卫，刘志伟. 宗族与地方社会的国家认同——明清华南地区宗族发展的意识形态基础［J］. 历史研究，2000（3）；科大卫. 皇帝和祖宗：华南的国家与宗族［M］. 南京：江苏人民出版社，2010；科大卫. 明清社会和礼仪［M］. 北京：北京师范大学出版社，2016.

遍遵循，而是士大夫的规范在地方上被灵活地运用，被改造、被突破。"①

常建华在对徽州、浙江、江西等南方地区宗族的研究当中，侧重于从宋明以来士大夫阶层的教化角度阐释宗族的构建发展问题。常建华认为，士大夫阶层具有天生的"修身、齐家、治国、平天下"的使命感，他们肩负着在地方推行教化的责任。明代以来，国家推行教化的作用日益明显，主要包括在明朝宣讲"圣谕六言"、《教民榜文》和清朝宣讲《圣谕广训》，乡约、保甲与宗族相结合，族正制度的施行等国家教化的政策。此外，明代科举制度的施行以及嘉靖年间"议大礼"推恩令的施行，对于推动国家教化也有深远影响。在明代以来国家教化的推动之下，士大夫阶层在地方推行教化的作用更加明显，他们由"齐家"进而发展为"化乡"。对于"化乡"，常建华在解释其与宗族制度的联系中指出，"化乡"与宗族制度的联系有两个重要方面：一是推行礼仪的过程中，普及《家礼》充当了重要角色，《家礼》的普及包含了祭礼与祠堂的普及；二是宗族由于乡约化而组织化，即制度化，概括起来，就是宗族乡约化。②

综合郑振满的"宗族伦理的庶民化"理论、科大卫与刘志伟的"庶民士绅化"理论以及常建华的"宗族乡约化"理论，我们可以看到，无论他们研究的视角怎样不同，但都强调宋明以来宗族的形成是一个构建发展的过程。在这个过程中，他们都不约而同地强调两点：第一，重视国家的制度与政策在宗族构建发展中的作用；第二，重视由士大夫阶层推行的儒家礼仪在地方上的应用与演变。

可以说，自20世纪80年代以来，广大宗族研究者普遍采取以区域宗族为视角，总结出不同地域的宗族构建、发展过程，进行包括宗族、社会与国家王权在内的综合社会史研究。

在对徽州宗族的研究当中，除上文所提到的常建华关于徽州宗族研究的成果之外，还有众多海内外学者因此参与到对徽州宗族的研究中来。唐力行也是较早从事徽州宗族研究的学者。在其徽州宗族研究的总结性著作《徽州宗族社

---

① 郑振满，黄向春. 社会、历史与国家——郑振满教授访谈 [J]. 中国社会历史评论，2007.

② 常建华. 乡约的推行与明朝对基层社会的治理 [M] //明清论丛：第4辑，北京：紫禁城出版社，2003；明代徽州的宗族乡约化 [J]. 中国史研究，2003（3）；明代江浙赣地区的宗族乡约化 [J]. 史林，2004（5）；明代宗族研究 [M]. 上海：上海人民出版社，2005；宋明以来宗族制形成理论辨析 [J]. 安徽史学，2007（1）；常建华. 明代宗族组织化研究 [M]. 北京：故宫出版社，2012.

会》一书中，他总结了徽州宗族的形成与发展是同地理与区位、经济、文化的三大要素密不可分的。①

香港特区、台湾地区的一些硕、博士在其学位论文中也选择了以徽州地区的宗族作为研究对象，对宋明以来徽州宗族的构建发展提出各自的看法与结论。台湾地区朱开宇的硕士论文《科举社会、地域秩序与宗族发展——宋明间的徽州》（台北：台湾大学出版委员会，2004 年），认为徽州宗族制度的构建与发展，与当地的生态环境、理学的渗透以及"流动"的社会背景密不可分。香港中文大学章毅的博士论文《新安程氏与明代地方社会的礼教秩序》（香港中文大学博士学位论文，2006 年），也力求从文化史的角度论述到明代中叶在徽州形成的一种"礼教秩序"，对当地宗族构建发展有支配性的影响。这些研究成果的问世，对我们进一步认识徽州宗族的构建发展有很深的启示。

近年来由于对宗族的专题、个案研究，可以较为细致、具体地展现出某一宗族的构建发展过程，以及其与国家和地方社会的关系。得益于徽州丰富的契约文书资料，唐力行、陈柯云、王振忠、刘淼、赵华富、周绍泉以及韩国、日本学者朴元熇、权仁溶、臼井佐知子等一大批学者开展了对徽州宗族的专题、个案研究，使得对徽州宗族的研究较以往更为鲜活、生动，也进一步加深了对其的研究。②

江西地区的宗族在明清时期也十分兴盛，吸引了一些学者的研究目光。钱杭运用社会人类学的研究方法，通过对当代江西泰和县农村宗族活动的社会调查，提出宗族的出现和持续发展是人们精神上的需要，从根本上说，是汉人为满足对自身历史感和归属感需求的体现。③ 其后，钱杭又立足南方地区宗族，对当地宗族在发展过程中的联宗与联宗组织进行考察，认为联宗所结成的并非一个真实的宗族实体，而只是一个地缘性的同姓网络；联宗除了功利性的功能外，更重要的是它能在观念形态上唤醒同姓人们间的同宗、同族的历史意识，

---

① 唐力行 . 徽州宗族社会［M］. 合肥：安徽人民出版社，2004.

② 其具体研究成果可参见唐力行 . 徽州宗族研究概述［J］. 安徽史学，2003（2）以及本书所附参考文献 .

③ 钱杭 . 中国宗族制度新探［M］. 香港：中华书局，1994；钱杭，谢维扬 . 传统与转型：江西泰和农村宗族形态［M］. 上海：上海社会科学院出版社，1995.

体现了汉民族为满足对自身及其群体历史性和归属感的执着。① 此外，梁洪生、邵鸿开展了对中国古代宗族社会的"活化石"——乐安县流坑村中可追溯到五代时期的千年大族，董氏宗族的个案研究。他们运用地方文献与田野资料相印证的方式，开展对江西自宋至清地方宗族与区域社会发展与变迁的系列研究。②

　　由于关于南方宗族的研究业已产生出丰硕成果，一些学者开始尝试对南方不同区域宗族的比较研究。叶显恩在《徽州和珠江三角洲的宗法制比较研究》（《中国经济史研究》1996 年第 4 期）一文，对两地的宗族组织进行了较为全面的对比。王日根也发表《明清福建与江南义田的比较》（《学术月刊》1996 年第 1 期），集中比较了福建、江南义田两地宗族组织在设置者、发展过程和设置目的的不同。唐力行则在《明清以来苏州、徽州的区域互动与江南社会的变迁》（《史林》2004 年第 2 期）一文中，对苏州、徽州两地的区域互动进行论述，其中也涉及了对两地宗族情况对比的阐述。

　　华中地区宗族在明清时期也比较兴盛，但长期以来对此一直缺乏系统研究。近年来，位于武汉的华中师范大学以及武汉大学的学者们开始对此地区的宗族进行研究，并取得了一定成果。首先是林济开始了对长江流域宗族的系列研究，对当地宗族的构建、发展提出自己的观点。他以当地的宗族组织结构为研究重点，采用族群的概念，从一定的社会、经济制度与政治环境中理解宗族组织结构，从政治结构、经济结构和宗族组织结构三者之间的互动，认识宗族社会的形成与发展变迁。③ 武汉大学的徐斌在其系列文章中，集中研究了明清时期鄂东地区宗族的形成与发展状况，并阐述了当地宗族与国家社会的关系，从而将

---

① 钱杭. 关于同姓宗族的地缘性质 [J]. 史林，1998（3）；血缘与地缘之间——中国历史上的两宗与联宗组织 [M]. 上海：上海社会科学院出版社，2001.

② 梁洪生. 家族组织的整合与乡绅——乐安县流坑村"彰义堂"祭祀的历史考察 [M] //周天游主编. 地域社会与传统中国. 西安：西北大学出版社，1995；江右王门学者的乡族建设——以流坑村为例 [J]. 新史学，1997（1）；邵鸿. 竹木贸易与明清赣中地区土著宗族社会之变迁——乐安县流坑村的个案研究 [M] //地域社会与传统中国，明清江西农村社区的会——以乐安县流坑村为例，南昌大学学报，1996.

③ 林济. 从黄州看明清宗族社会的变化 [J]. 湖北师范学院学报（哲学社会科学版），1997（4）；文化冲击、革命与近代宗族社会——以近代湖北黄州宗族社会为例 [J]. 华中师范大学学报（哲学社会科学版），1997（3）；长江中游宗族社会及其变迁—黄州个案研究（明清——1949）[M]. 北京：中国社会科学出版社，1999；长江流域的宗族与宗族生活 [M]. 武汉：湖北教育出版社，2004.

对此地的宗族研究推向了深入。① 杨国安的专著《明清两湖地区基层组织与乡村社会研究》（武汉：武汉大学出版社，2004 年），立足于区域社会经济史的研究角度，对明清时期的两湖地区基层组织和乡村社会进行了深入研究，其中对当地乡村基层组织之一的宗族也有着深入分析。

由于长期以来，诸多学者一直认为北方地区宗族势力薄弱，甚至认为北方无宗族，有关华北地区的宗族研究相对于南方等地区来说较为薄弱。但近一段时间，对华北地区宗族的探讨，已经引起了众多学者们的学术兴趣，有相当多的学者开始参与到华北宗族与地方社会的研究中去，并取得了初步的研究成果。

最早在研究中涉及华北宗族问题的是一些境外的学者。美国学者杜赞奇在其著作《文化、权利与国家——1900—1942 年的华北农村》（王福明译，南京：江苏人民出版社，1996 年）中，考察了 20 世纪上半叶华北农村基层权利结构的变化，提出了乡村基层政权"内卷化""权力的文化网络"的理论模式，并将宗族作为"权力的文化网络"中的一个重要环节，华北宗族在规范、仪式的组织方面起着具体而重要的作用。黄宗智《华北的小农经济与社会变迁》（北京：中华书局，2000 年）中，则从经济角度提出了"过密化"理论，认为在近代华北乡村社会中，社会人口的压力和阶级关系两种因素共同造成了贫农经济的产生，而这直接导致了华北宗族组织的不发达。杜赞奇、黄宗智的研究对国内有关华北地区的研究影响很大，但由于二位学者仅仅利用满铁资料，并没有作实地调查，也有一些学者对其研究的结论提出了质疑。兰林友经过对华北一些村庄进行实际调查、研究，认为杜赞奇、黄宗智有关宗族方面的阐释仅仅是以姓氏符号来建构宗族，不足以反映华北村落多姓村社会事实和多次战乱导致的移民历史事实，更主要的是这种宗族建构难以洞察华北宗族的实质，因而对华北村落的复杂政治状况缺乏有效的解说。他认为研究必须转向华北村落的具体场景，深入考察华北村落的实际亲属空间，解读外显姓氏符号所蕴含的同姓不同

---

① 徐斌. 明清湖池水域所有制研究——以两湖地区为中心［J］. 中国社会经济史研究，2006（1）；由涣散到整合：国家、地方及宗族之内——以黄冈县郭氏宗族的形成与发展为例［J］. 中国社会历史评论，2006；明清鄂东宗族与地方社会. 武汉大学博士论文，2006.

宗的宗族构成意义。另外，兰林友还总结了华北宗族的典型特征。① 行龙在文章《近代华北农村人口消长及其流动——兼论黄宗智"没有发展的增长"说》（《历史研究》2000 年第 4 期）中，对黄宗智提出的"近代华北农业没有发展"展开回应，认为在人口压力的驱动下，近代华北农村技术经济作物的扩大、亦农亦商的普遍趋向、以副补农的普遍存在等，都可视为农业经济发展的表征。

国内学者对华北宗族也进行了一定研究。乔志强、行龙主编的《近代华北农村社会变迁》（北京：人民出版社，1998 年），全面细致地考察了近代华北农村的各个方面，该书第四章"近代华北农村的宗族与社会生活的变迁"，对华北宗族的结构、特征以及社会影响等做了专门探讨，但却过于宏观，仅限于对华北宗族功能结构的简单探讨，缺少具体综合论述。

秦燕、胡红安的专著《清代以来的陕北宗族与社会变迁》（西北工业大学出版社，2004 年），对清代以来陕北地区宗族活动的形成、宗族的结构功能、经济生活、文化，以及随着社会变革，当地宗族活动的弱化和复兴等状况，进行了全面深入地描述和分析。其中在陕北宗族的构建与发展上，二位在研究中认为，不仅是由于国家推行地方教化与儒家礼仪的普及和深入，促进了陕北宗族的形成，而且陕北当地的社会经济变迁也是影响宗族形成与发展的重要因素。

最近一段时间，对华北地区宗族个案的微观研究也日益兴盛起来。对华北地区的个案研究主要集中在对明清时期山西的望族上。赵世瑜以明清时期山西阳城陈氏家族为例，探讨了在明清鼎革、社会动荡之际，宗族以及宗族内部士绅在乡里社会中的作用。② 邓庆平以清代山西寿阳祁氏为中心，重点考察了一个地方大族在基层社会如何运用各种社会资源，逐渐建立其权威的过程。③ 常建华分别以明清时期的山西洪洞韩氏、晋氏、刘氏为例，重点考察韩氏、晋氏、刘氏宗族在当地兴起并逐渐完成其宗族组织化建设的过程，认为其宗族接受教育从事科举考试并产生士大夫，这些士大夫秉承宋儒张载、朱熹有关宗族建设

① 兰林友 . 论华北宗族的典型特征 [J] . 中央民族大学学报，2004（1）；"同姓不同宗"：对黄宗智、杜赞奇华北宗族研究的商榷：上 [J] . 广西民族学院学报（哲学社会科学版），2005（5）.

② 赵世瑜 . 社会动荡与地方士绅——以明末清初的山西阳城陈氏为例 [J] . 清史研究，1999（2）.

③ 邓庆平 . 名宦、宗族与地方权威的塑造——以山西寿阳祁氏为中心 [J] . 清史研究，2005（2）.

与移风易俗的主张，按照明朝的礼仪要求，修族谱、建祠堂、立族规，使得宗族组织化。同时，在宗族构建过程中，农商结合的经济、相应政府的教化活动以及与地方大族的联姻，也是其宗族组织化建设的重要因素。常建华进一步认为，其宗族的士大夫特性，决定了其宗族组织化是以当地万历初年推行乡约教化移风易俗为背景的，宗族组织化也可以说是宗族乡约化，即在北方宗族构建过程中也存在着宗族乡约化趋势。① 王霞蔚则分别以代州冯氏、平遥梁氏为研究对象，分别对代州冯氏由商转文、平遥梁氏由武转文，成为当地望族，进而开展宗族组织化建设情况，展开了具体论述。②

最后，我们再来对全国一些地区所流传的移民传说问题进行解析的研究成果做简单回顾。国内外学者们在研究地域宗族问题的过程中，自然会涉及各地区移民宗族的祖先构建问题，而当地许多移民在构建其宗族祖先时，均声言其祖先的来历与当地的移民传说有密切关系，因此，有许多学者对这些地区的移民传说问题进行了解析探讨。针对在广东等地流传的南雄珠玑巷移民传说，刘志伟引入人类学的方法，注意将历史文献资料与口传文本等进行比较研究，以重新阐释传说的文化意义。他从族群身份角度出发，对在当地耳熟能详的南雄珠玑巷移民传说加以阐述，解释了当地宗族建构与户籍登记等国家体制的关系，阐释了国家力量对地方社会的影响。③ 对于宁化石壁传说，日本学者濑川昌久认为，传说隐含着处于边境地区的人们对于自我的身份认定，以及对于自我在

---

① 常建华. 明清时期的山西洪洞韩氏——以洪洞韩氏家谱为中心 [J]. 安徽史学, 2006 (1)；明清时代にぉける華北地域の宗族の組織化について——山西洪洞晋氏を例として，大阪市立大学，《東洋史論叢》第 15 號, 2006 年 11 月；明清时期华北宗族的发展——以山西洪洞刘氏为例 [J]. 求是学刊, 2010 (2).

② 王霞蔚. 明清时期的山西代州冯氏——以《代州冯氏族谱》为中心 [J]. 中国社会历史评论, 2009；王霞蔚. 金元以来山西汉人世侯的历史变迁——以平遥梁瑛家族为例 [J]. 中国社会历史评论, 2011.

③ 刘志伟. 祖先谱系的重构及其意义 [J]. 中国社会经济史研究, 1992 (4)；附会、传说与历史真实——珠江三角洲族谱中宗族历史的叙事结构及其意义 [M] //中国谱牒研究. 上海：上海古籍出版社, 1999；族谱与文化认同——广东族谱的文化传统, 中华谱牒研究, 上海：上海科学技术出版社, 2000；地域社会与文化的结构过程——珠江三角洲研究的历史学与人类学对话 [J]. 历史研究, 2003 (1)；萧凤霞, 刘志伟. 宗族、市场、盗寇与蜑民：明以后珠江三角洲的族群与社会 [J]. 中国社会经济史研究, 2004 (3).

中国社会汉民族中存在的正统性的认定。① 在湖广等地流传的江西瓦屑坝传说，徐斌的解析认为，它的由来也与明初当地的户籍登记、身份认同相关。② 而对于北方地区广为流传的山西洪洞大槐树移民传说，赵世瑜的研究认为，此传说是移民有关其祖先和家园集体记忆和历史记忆，背后隐含着北方移民家族定居、发展的历史，族群关系变化的历史以及国家制度对基层社会影响的历史。③

二、明清以来的河南地方史研究

有关明清河南地方史的研究相对其他地区而言，比较薄弱，缺乏系统研究，但近年来也有改善的趋势。张文彬主编《简明河南史》（郑州：中州古籍出版社，1996 年），对明清时期的河南历史也有叙述，但却失之简略。由程有为、王天奖主编的《河南通史》（郑州：河南人民出版社，2005 年），填补了河南地区没有地方通史的空白，该书资料翔实，注意吸收学术界最新研究成果，并且在全国整体历史下，突出了河南地方特色，具有较高的学术价值。尤其是该书在对河南明清时期历史的研究上很下功夫，内容颇为丰富。王兴亚、马怀云著有《河南历史名人籍里研究》（郑州：中州古籍出版社，2002 年）一书，对河南名人的古籍问题展开探讨。

有关河南宗族的研究。李永菊在其博士论文以及其系列论文当中，对明代以来河南归德府世家大族的兴起原因、过程以及宗族建设等，展开了详细研究。④ 王仁磊则对河南地区尤其是河南新乡地区族谱等宗族资料，就其发展进程、主要内容以及史料价值等，进行了专门探讨。⑤ 布娜的硕士学位论文以豫北获嘉县照镜村为例，重点探讨了当地的村庄治理、现代宗族以及两者之间的关系

---

① 濑川昌久. 族谱：华南汉族的宗族·风水·移居 [M]. 钱杭，译. 上海：上海书店出版社，1999.

② 徐斌. 明清鄂东宗族与地方社会. 武汉大学博士论文，2006.

③ 赵世瑜. 祖先记忆、家园象征与族群历史——山西洪洞大槐树传说解析 [J]. 历史研究，2006 (1).

④ 李永菊. 明代河南的军事权贵与士绅阶层——归德府士绅大族研究. 厦门大学博士学位论文，2008；从田野考察看明清归德府世家大族的形成与变迁 [J]. 商丘师范学院学报，2009 (11)；从军事权贵到世家大族——以明代河南归德府为中心的考察 [J]. 河南大学学报，2013 (4).

⑤ 王仁磊. 中原家谱的主要内容及其史料价值管窥——以新乡家谱为中心的考察 [J]. 河南科技学院学报，2015 (1)；当代中原家谱的新修及其时代特征 [J]. 河南科技学院学报，2018 (5).

问题。①

有关河南经济的研究。王兴亚立足于明清时期河南地方史料撰写了专著《明清河南集市庙会会馆》（郑州：中州古籍出版社，1998年）及系列论文②，对明清河南集市、庙会和会馆的建立、发展、分布、类别、组织管理以及在市场经济中的作用作了考述，此外还专门关注到在河南经商的山、陕西商人，展开了对河南地方经济史的研究。马雪芹将研究目光投注到明清河南的农业发展方面，在其系列论文中，重点对农作物的种植与分布情况进行分析研究。③ 张民服则开展了对明代河南地区商路与商品经济的研究。④ 许檀在其系列论文中⑤，利用河南地方碑刻资料，也对河南部分地区的商业、集市贸易等也进行了细致深入的研究。

有关河南文化教育的研究。主要集中在对河南历史名人以及河南书院的研究上，近来对于河洛文化的研究也日趋热烈。在此只介绍与本课题相关的河南文化教育的研究状况。有众多的学者将其关注的目光投向了历史上的河南辉县百泉书院，他们纷纷撰文，阐述宋元明清时期当地一大批大儒以百泉书院为阵营在当地讲学传道，推动了当地文化的发展。⑥ 有关河南地区书院教育的研究，

---

① 布娜．农村宗族与村庄治理研究——以河南照镜村为例．南京师范大学硕士学位论文，2013．

② 王兴亚．明中后期河南社会风尚的变化［J］．中州学刊，1989（4）；清代河南集镇的发展［J］．南都学刊，1996（1）；明清河南庙会研究［J］．天中学刊，1995（2）；明清时期的河南山陕商人［J］．郑州大学学报（哲学社会科学版），1996（2）．

③ 马雪芹．明清时期玉米、番薯在河南的栽种与推广［J］．古今农业，1999（1）；明清时期河南省棉花的种植与地理分布［J］．农业考古，2000（3）；明清时期河南桑麻业的兴衰［J］．中国农史，2000（3）；明清时期河南省部分经济作物的种植与分布［J］．史学月刊，2003（7）．

④ 张民服．明代中后期中原商品经济发展探析［J］．郑州大学学报（社会科学版），2004（1）；明代中原商路与商品经济［J］．史学月刊，2004（11）．

⑤ 许檀．清代河南的商业重镇周口——明清时期河南商业城镇的个案考察［J］．中国史研究，2003（1）；清代河南的北舞渡镇——以山陕会馆碑刻资料为中心的考察［J］．清史研究，2004（2）；清代河南赊旗镇的商业——基于山陕会馆碑刻资料的考察［J］．历史研究，2004（2）；清代河南朱仙镇的商业——以山陕会馆碑刻资料为中心的考察［J］．史学月刊，2005（6）．

⑥ 赵国权．略论百泉书院的学术文化活动及兴衰［J］．河南大学学报（社会科学版），1995（4）；刘卫东．论百泉书院的历史地位［J］．河南职业技术师范学院学报（职业教育版），2003（6）；李景旺．谈百泉书院与宋明理学的传播［J］．教育史研究，2006（21）．

成果也颇为丰富。刘卫东、高尚刚合著《河南书院教育史》（郑州：中州古籍出版社，1991 年）一书，对历史上河南的书院以及在教育上所起到的作用等，都有着详细的论述。王洪瑞在其所撰硕士、博士学位论文中①，详细就历史上尤其是清代河南书院地理分布、形成原因以及河南其他教育形式等展开全面探讨，大大深化了对明清时期河南教育的研究。

有关河南历史上的移民现象研究，近来也颇受学者注目。任崇岳撰写有《中原移民简史》（郑州：河南人民出版社，2006 年）一书，对历史上有关河南地区的移民现象做出逐一论述。而王兴亚、李永芳、李留文等学者则各自撰写论文，对明初有名的山西移民至河南现象做出自己的考察，其中在李留文的文章中，作者借助宗族大众化的观点对当地的洪洞移民传说进行解析，使本书在对相关问题进行研究时颇受启发。②需要指出的是，曹树基在其专著《中国移民史》第五、六卷（福州：福建人民出版社，1997 年）中，详细对明清时期全国各地移民状况作了细致全面描述，其中对于明清河南地区各府的移民也做出了详细论述。

有关河南灾害的研究，也成为近年来河南地方史研究的热点问题。苏新留在其博士论文《民国时期水旱灾害与河南乡村社会》（复旦大学博士学位论文，2003 年）以及其后的系列论文③当中，展开了对近代河南的灾害研究。其研究从水旱灾害概况，灾害的应对机制和灾害对河南乡村社会经济产生的影响三个方面，详细分析了民国时期河南地区的水旱灾害情况。朱浒的论文《地方社会与国家的跨地方互补——光绪十三年黄河郑州决口与晚清义赈所谓新发展》（《史学月刊》2007 年第 2 期），也将关注的目光投向了近代河南的灾害治理问题上，其重点关注的是地方社会与国家在灾害治理上的关系问题。

近年来在对河南进行区域史的研究当中，已经有一批学者开始将"豫北"地区作为一个研究单元，对河南地域进行进一步的细化，针对当地独特的地理

---

① 王洪瑞．河南书院地理初探．陕西师范大学硕士学位论文，2000；清代河南学校教育发展的时空差异与成因分析．陕西师范大学博士学位论文，2007．

② 王兴亚．明初迁山西民到河南考述 [J]．史学月刊，1984（4）；李永芳，周楠．明初洪洞移民在河南的历史考察 [J]．商丘师范学院学报，2004（4）；李留文．宗族大众化与洪洞移民传说——以怀庆府为中心 [J]．北方论丛，2005（6）．

③ 苏新留．近代以来黄河灾害对河南乡村环境影响初探 [J]．北京林业大学学报（社会科学版），2006；民国时期河南水旱灾害及政府应对 [J]．史学月刊，2007（5）．

环境、经济以及文化等，进行角度不同的历史研究。较早开始对豫北进行研究的学者是马雪芹，她在《明清时期豫北地区的农田水利事业》（《古今农业》2000年第3期）一文中，对豫北地区进行了较为详细的界定，开展了对明清豫北当地农田水利事业的专题研究。其后，谢湜继续展开对豫北水利设施等的深入研究，其撰写了《"利及邻封"——明清豫北的灌溉水利开发和县际关系》（《清史研究》2007年第2期）一文，力图揭示十六七世纪豫北灌溉水利发展史中的制度转换和社会变迁。陈轲在其硕士论文《二十世纪前期豫北近代工业投资环境研究（1900—1936）》（华中师范大学硕士学位论文，2006年）当中，也将豫北作为其研究的单元，虽其研究重点是近现代豫北地区工业投资环境问题，但也对豫北当地的自然禀赋、人文生态、经济环境和社会政治环境等均做了一定程度的剖析，从而为进一步对豫北地区的深入研究奠定了基础。此外，还有梁育红撰写的论文《加拿大长老会女传教士在近代豫北地区的活动及影响（1889—1949）》（《历史教学》2007年第10期），也以豫北地区为研究单位。该论文主要从近代女性传教士角度切入豫北社会，力图给予女传教士更客观、公正的评价，从而更清晰、全面地展现加拿大长老会在近代豫北地区的传播历史。总的说来，将豫北地区作为一个单元，进行历史研究，目前已经取得了一定的进展与成果。但是，我以为，目前对豫北地区所进行的研究，还不够系统、全面，还缺乏长时段地对豫北地区社会明清甚至北宋以来的经济、文化、政治以及社会等各方面的综合研究。这也正是本书力图以宗族为视角，力图对明清以来豫北地区上述各方面尽可能地作一个综合、全方位梳理与研究的原因所在。

　　综合以上对明清区域宗族研究的回顾与分析，可以看出，对区域宗族的研究，从初期、中期的简单的宗族结构功能的分析，演变为后来的将宗族建构发展置于区域社会历史发展的时空情境之中，进行反映宗族、地方社会与国家多维关系的全方位综合研究。可以说，以区域宗族为视角，进行宗族社会史研究，是宗族研究的一个新取向。而已有的宗族区域研究，多集中于华南、徽州等南方地区，对于北方地区的宗族综合研究还相当薄弱。通过对明清以来河南地方史现有研究成果的考察，可以发现，对河南地方的研究成果，还多限于经济、文化教育等方面的研究，对宗法的社会史研究关注不够。可以说，目前宗族研究的大体趋势是，北方地区的宗族研究明显弱于南方地区，而仅就北方地区而言，有关河南地区的宗族研究又明显弱于山西、陕西等地区的研究。对河南地区宗族以及地方社会的系统、整体研究亟待加强。因此，本研究力图立足于以往研究的成果，开展对位于北方地区的豫北宗族的社会史综合性研究，是完全必要且具有明显学术意义的。

第三节　概念的界定与研究思路

一、概念的界定

由于本项研究所讨论的是，在一定时间段内以豫北地区宗族与地方社会为研究对象的一项区域社会史研究，因此有必要对本研究中的一些基本概念作一基本界定，以利于本研究的开展。

1. "明清以来"

本研究所指的明清以来，时间起止主要是从明太祖朱元璋建立明王朝的洪武元年（1368）至今。但有时为了保持叙述的完整性，本研究适当上溯至宋元时期。

2. "豫北"

豫北地区，如前所述，位于河南省的西北部，从广义上来说，大致为河南省黄河以北地区，包括现在的安阳、新乡和焦作地区；从历史上说，即清朝时期隶属于河北道的彰德、卫辉、怀庆三府。出于资料以及技术上的考虑，本研究以明清时期豫北地区的卫辉府为中心，包括汲县、新乡、获嘉、辉县、淇县、滑县、延津、浚县、封丘九县。其中原属河南开封府的延津县、直隶大名府的浚县、滑县，在雍正时期归卫辉府管辖，同时将卫辉府胙城县裁省；乾隆时期，开封府的封丘县、归德府的考城县归卫辉府管辖；光绪初年（1875），卫辉府又将考城县分出。故本研究以卫辉府所领九县为研究对象，当然由于研究的需要，有时还将适当涉及彰德、怀庆二府。

3. "宗族"

在宗族研究初期，学术界一直将宗族与家族互相混淆，互为混用。但近年来，学术界虽然对家族的定义还有所讨论，但对宗族的界定已基本上无异议。我们认为，宗族是由共同祖先界定出来的父系群体，也有出于利益的考虑，同姓外同宗的结合。正如常建华所言："宗族，既包括内部系谱关系较清楚的'宗族'（lineage），也含有松懈的同姓继嗣群体'氏族'（clan）。"① 还需指出的是，在中国传统社会中，宗族在上古、中古以及近世有着不同的含义、功用，本研究所要探讨的主要是在中国近世以来、宗族庶民化时期，有关宗族与地方社会的一系列问题。

4. "地方社会"

本研究所讨论的地方社会，指的是长期以来人们在其所在区域中共同生产生活的、与人的活动最息息相关的基层社会。当然，由于中国传统社会基本上是一个以农业为主的乡村社会，本研究的研究重心选择在乡村社会当中，并适当延伸到城镇中去。

二、研究脉络与创新

在过去的宗族研究中，一些学者认为宗族作为中国宗法制度下的血缘组织，是从上古、中古一直延续至近世的，具有一定的连续性。但豫北地区的宗族，却更像是在明清时期地方社会变迁中基于某些需求所进行的重新建构，是新兴的制度和组织。因此，本项研究的进行，选择在地域社会的具体情景中，综合运用包括地方志、家谱、碑刻、文集等地方性资料以及官修正史资料，去解读当地的宗族与地方社会。本书在研究方法上，是一项实证性研究，为了研究需要，也会借鉴社会学、人类学的研究理论和方法。当然，本研究是坚持历史学本位的一项研究，在问题的意识、资料的选择与解读以及分析的方法上，依然是历史学的视角、取向和分析方法。

基于前文有关区域宗族的学术史回顾，受前贤宗族研究理论和方法的启示，本研究意在通过长时段的考察，将历时性与共时性结合起来，以豫北宗族为视角，去了解基层民众的物质与精神世界，进而呈现出明清以来国家与地方社会复杂的关系。

本书研究的结构框架如下。

第一章绪论部分，介绍选题缘由与意义，并进行有关区域宗族的学术史回顾。回顾中重点关注的是在宗族研究中问题意识的演进和研究理论方法的更新，

①　常建华．宗族志［M］．上海：上海人民出版社，1998：16.

另外对本研究中的一些基本概念进行界定，并指出本研究的创新点。

第二章主要介绍豫北地区宗族构建的背景、动因。包括三个方面：第一，介绍明清时期本地区生态环境、农业开发、人口增减以及经济商业情况；第二，以辉县百泉书院为中心，论述本地区理学的发展兴盛，重点介绍明末清初当地大儒孙奇逢的理学思想以及对当地的影响；第三，由于国家力量的介入，豫北逐渐尊崇儒教，限制佛道等教。尤其是国家推行科举制度作用，在其作用下，当地士人群体逐渐显现，最终"上下合力"，通过加强宗族建设，实现对当地伦理秩序的整合。

第三章讨论豫北宗族的发展历程和移民宗族。首先，概括总结明清以来豫北宗族的发展历程。其次，重点关注在豫北宗族发展过程中出现的两种移民宗族，即山西洪洞移民宗族与军户移民宗族。以豫北谱牒为中心，在前人研究的基础上，继续阐述"山西洪洞大槐树"移民传说，探讨传说背后的原因；接着论述豫北宁山卫军户的演变以及和宗族的关系。

第四章阐述豫北宗族的组织化建设，包括对当地祠堂、家谱、祭田和族规的具体研究，重点关注其地方性的特点。

第五章探讨豫北宗族作为国家和地方社会的中介，如何成为国家控制乡村基层社会的代言人，同时又是地方社会利益的维护者。而宗族内的精英人物，如何利用当地的物质和文化资源，在地方公共事务中发挥作用。在地方发生动乱时，这些宗族内的精英们又是如何组织族人、乡民进行自卫的。在清朝中后期，豫北社会中非正统社会组织群体是如何产生的。宗族内部士绅如何响应朝廷号召，组织团练、修筑寨堡抵御这些非正统组织的侵袭的。在抵御过程中，士绅群体又是如何逐步壮大，并同朝廷政府进行对抗的。

第六章梳理中华人民共和国成立后，豫北宗族发展的历程，探讨改革开放后豫北宗族得以复兴的原因。详细论述豫北现代宗族与传统宗族的区别与联系，指出豫北现代宗族对现今社会的积极与消极作用，同时，为豫北宗族在现今社会的健康发展，寻求应该采取的政策与措施。

第七章对本项研究做一总结。阐述明清以来豫北宗族的出现与发展，乃是在具体历史情境中，通过国家的力量和当地士绅的努力而逐渐成长起来的，这其中包含了国家中央政权、地方政府、地方士绅精英以及普通民众等种种力量的博弈。此外，进一步对本研究做出思考，指出本研究未有详细论述的地方，以有利于本研究在今后的进一步探讨。

综上所述，本研究所展现的是一个地区的宗族社会史研究，希望为宗族史研究再增添一个地区的例证，以丰富对宗族史，尤其是对北方地区宗族史的研究。本研究力图在以下几个方面对已有研究有所补充与突破。第一，在明清大历史背景下，结合豫北地区自身的历史发展脉络，详细阐述豫北宗族构建的背景、发展历程以及组织化建设过程。特别是从社会史与文化史相结合的角度，详细阐述了豫北理学社会化的过程以及其在构建豫北宗族中的作用与影响。第二，立足于前人的研究，结合豫北地方文献，进一步揭示山西洪洞大槐树移民传说；从地域社会与宗族个案角度出发，展现出明代卫所军户宗族发展演变之全貌。第三，全面阐述豫北宗族作为国家与地方社会的"中介"，在地方各项事务中所起作用。第四，对于清中后期豫北地区天理教等非正统性宗教组织活动频繁的缘由，我们必须将其置于当地特定的历史时空脉络下来找寻根源。第五，全面探讨豫北现代宗族的发展及其作用，对豫北现代宗族给予客观、公正的评价，并寻求对其应采取的政策与措施。由于我学识有限，不当之处，敬请方家批评指正。

第二章

明清以来豫北宗族构建的背景

在历史学的视野里，许久以来普遍认为，宗族作为一种血缘亲属群体，长期存在于中国古代乡村社会之中，明清宗族一般被视为古老制度的延续和残余。但近来这一论题越来越受到宗族研究者的质疑与挑战。侯旭东对北朝乡村的研究以及阎爱民对汉晋家族的研究成果①，纷纷证明了宋代以前的宗族、家族无论从概念的内涵还是外延上来看，都同宋明以来的宗族制度有着本质的区别。刘志伟在研究珠江三角洲遇到的宗族问题时，认为当地宗族是在明清时期兴起和发展出来的新制度，这一事实成为促使其重新思考珠江三角洲宗族发展与地方社会历史关系的出发点。② 豫北虽然处于中原腹心地带，其宗族同样是在明清时期重新构建起来的，不同于上古、中古时代的宗族；其宗族的构建与发展同样与明清时期当地的社会历史条件密不可分。

在地域社会中，并不是其祖先在当地定居下来就意味着宗族的形成，这需要一个长期的过程。刘志伟在研究华南宗族问题时指出，宗族的历史是由后来把始祖以下历代祖先供祀起来的人们创造的。③ 明清豫北宗族的建构是一个基于当时当地历史情境之下的动态的、变迁的过程，并非是一蹴而就的。明清时期，豫北当地的政治环境、经济条件以及文化水平等因素都深深地影响与制约着当地宗族的构建。

---

① 侯旭东. 北朝村民的生活世界 [M]. 北京：商务印书馆，2005；阎爱民. 汉晋家族研究 [M]. 上海：上海人民出版社，2005.

② 刘志伟. 地域社会与文化的结构过程——珠江三角洲研究的历史学与人类学对话 [J]. 历史研究，2003（3）.

③ 刘志伟. 附会、传说与历史真实 [M] //王鹤鸣主编. 中国谱牒研究. 上海：上海古籍出版社，1999：151.

第一节 明清豫北地区的经济社会发展

首先，明清以来豫北宗族的构建，与当地的环境地理等客观因素密不可分。换句话讲，豫北宗族是在豫北当地独有的环境地理之中诞生的。此外，豫北宗族的构建，与明清时期当地的经济、人口发展亦有极为重要的联系。明清以来，豫北地区经济的发展，人口的不断繁衍、日渐增长，成为豫北宗族构建发展的基础。因此，首先对豫北地区上述因素加以关注并进行阐述。

一、豫北环境地理

豫北地区位于河南省的西北部，主要是黄河以北地区。该区西北部为太行山，山脉自河北省进入河南省西北部，属整个太行山脉西南段的尾闾部分。豫北地貌类型比较复杂，主要地形为山地和山前丘陵，其中山地属于中山和低山范畴，海拔一般在400—800米，中间夹有大小不等的串珠状的小盆地和宽阔的谷底，如林县盆地、任村盆地、南村盆地等，这些盆地的松散堆积层较厚，水源丰富，耕地主要分布在小盆地和沟谷丘陵地区，是河南重要的农作区。此外，豫北南部濒临黄河，为冲积平原地带，平原地势平坦，土层深厚，土地肥沃，也是本区耕种指数较高的地带。沿黄河一带有背河洼地和河滩地，常随着黄河的变迁而变化，很不稳定，区内平原和山地之比大致为三比一。可以说，豫北地区人口多集中在盆地、平原等地带，在这里，有适宜农业持续开发的生态自然环境，农业资源丰富，可供人们在此定居，进行农业开发。故人们最初地域开发时，多选择这些地方定居，从而造成村落居多，人口密度较大，人们在共同开发时，容易形成地缘、血缘联系，为宗族的产生提供了先天的条件。而在海拔较高的山区，则由于生态环境恶劣，开发困难。当地有民谣曰："山高路远土层薄，十年九年灾荒多。守着深山没柴烧，住在河边没水喝。"形象地向人们描画出山地生存条件的恶化。因此，山区人口不仅规模小，而且联系也不紧密，宗族构建需要的时间也会更长一些。

豫北境内的河流主要为海河水系河流以及黄河的一些支流，主要河流有卫河、漳河、丹河、沁河等，是发展当地农田水利事业的基础。这些河流其上游多流经山区，寓含丰富水力，下游流经平原，平时水量不大。但由于受季风的影响，多雨年的降水又集中于夏季，再加上河水含沙量多，使河床淤积，排水不畅，也容易泛滥成灾。其中卫河对豫北历史发展来说又相对重要。卫河发源于辉县境内，自西向东北流，经新乡、汲县、滑县、浚县、汤阴、内黄，至南乐大北张集入河北省，在河南境内河长249千米，流域面积14749平方千米。由于卫河主要流经豫北平原，河道比降不大，水流缓慢。它的支流很多，较大的有淇河、安阳河、峪河、汤河、新河等。① 明清时期，由于陆路运输以人力畜力为主，数量有限，主要的运输方式仍然是内河航运。而河南境内的河流多为东南流向，运粮京师主要还是依靠卫河运输，全省漕粮都要运到卫河上的卫辉楚旺或大名小滩水次，卫辉府靠近水次，运输较为方便。②

豫北属于典型的暖温带大陆性季风型气候。冬季寒冷，春季干旱多风，夏季炎热多雨，秋季秋高气爽，四季分明，降雨集中。豫北地区由于北依太行山脉，山势为东北西南向，冬季多吹北到东北风，气候寒冷。又因地处华北平原，属半沙土地带，植被稀疏，雨雪稀少，故造成气候干燥。夏季由于大气环流，西风急流最弱，处于急流南部，副热带高压西北部，受暖温带海洋气流控制，盛行东南海洋季风，水气充沛，气候炎热多雨。

受气候条件和地理环境的影响，明清以来豫北地区各种自然灾害频繁发生，尤其以旱灾、涝灾和洪灾给当地造成的损失更为严重。由于豫北地区的大陆性气候的影响，降雨四季分配不均，常年降雨量偏少，历史上经常出现大面积的旱灾，而夏季降雨又较为集中，容易出现涝灾。如新乡县，据河南省灾情史料和县志记载：1450年至1949年五百年间，新乡出现大旱35次，平均每14年一遇，大涝43次，平均12年一遇。③ 而东部的沿黄地区，如获嘉、滑县、封丘等地，地势低洼，排水出路恶化，经常受到涝、浸以及黄河滞洪的威胁。以获嘉为例，据清代县志记载"获嘉非水乡，而地当怀庆下流，山水骤至，泛滥为虞。有黄、沁二河，虽俱南迁，然每遇冲决，波及田庐，则沟渠堤堰之制不可不急讲也"④。不仅道出了该地洪灾的严重，而且还提出了解决之道，即修建水利工

---

① 常剑峤等编. 河南省地理［M］. 郑州：河南教育出版社，1985：86.
② 李留文. 明清河南漕粮探析［J］. 开封教育学院学报，2003（1）.
③ 新乡市地方志编纂委员会. 新乡市志［M］. 北京：三联书店铅印本，1994：43.
④ 《获嘉县志》卷八《河渠》，乾隆二十一年刊本.

程。灾害的频繁肆虐，在给人们带来巨大灾难的同时，也促使人们联合起来，依靠某种组织与之抗衡。正如林济在描述黄州地区自然灾害时所言"自然灾害是农业深入开发及农业集约化发展所必然产生的自然现象，荡毁一切的洪水使个体小家庭难以自存，必须依靠血缘、地缘互助联系与洪水搏斗，拯救家园，修复水利，恢复生产。自然灾害增强血缘群体的凝聚力，从而促进血缘宗族的凝结与生产"①。豫北地区也与之相仿，在水旱灾频发的情况下，必会使人们依靠地缘、血缘关系走到一起。

凭借着得天独厚的河流资源，明清时期，豫北地区修建了许多水利工程，大型水利灌溉工程主要有丹、沁河水利工程和潼洹河水利工程。另外，这一时期该地区的井灌也很发达。② 值得一提的是卫河，由于其源头位于辉县苏门山下，地下水资源丰富，泉眼众多，泉水从地表百余处喷涌而出，形成著名的"百泉"奇观。在百泉丰富的水量供应和各支流水量的增减调剂下，卫河既无洪涝之虑，又无缺水之愁，自明代中叶起，近代历届政府皆在卫河上游修筑闸门，以灌溉农田。依靠卫河丰富的灌溉资源，辉县、新乡附近还种植了大量的水稻。

受地理生态环境以及长期处于王权统治腹心地带影响，豫北人多朴实，崇古礼，以农桑为务，而少贸易经商。在豫北各县的地方志中对当地风俗的描述中对此多有显现。辉县"民性多梗，有共姜之风"③；新乡县"明朝时，民极濡圣化，故今男耕女织，士业诗书，淳朴是尚，而浇漓尽革焉"④；淇县"地方近府，多类民务稼穑，士崇礼仪，素尚敦朴之风，久革浇漓之俗"⑤；胙城县"人知敬养，俗兴礼让，民颇尚义，质朴少文，士矜名节，民急公赋"⑥。从方志对豫北地区民风的记载中，我们看到的是一幅久在王权之下的化内易治之民生的景象。

以上详细地对豫北的地理位置、生态环境加以介绍，主要是考虑到本章所探讨的宗族构建的背景、历程是在此的影响、作用下形成的，是与之息息相关的。当然宗族构建主要还是与特定的历史情境不可分割，下面就对明清时期豫

---

① 林济. 长江中游宗族社会及其变迁［M］. 北京：中国社会科学出版社，1999：32.
② 马雪芹. 明清时期豫北地区的农田水利事业［J］. 古今农业，2000（3）.
③ 《辉县志》卷一《风俗》，嘉靖六年刻本。
④ 《新乡县志》卷一《风俗》，正德元年抄本。
⑤ 《淇县志》卷一《风俗》，嘉靖二十四年增刻本。
⑥ 《卫辉府志》卷七《风俗》，康熙三十四年刻本。

北地区的社会经济发展做一些简单勾勒。

二、明代豫北社会经济发展

元朝末年（1368），豫北地区接连发生水、旱等灾害，给当地人们带来了极大的灾难。如在元至正十二年（1352），"大名路开、滑、浚三州，元城十一县，水旱蝗虫，饥民七十一万六千九百八十口"①。至正十九年（1359），河南等地又发生了严重的蝗灾，"蝗自河北飞渡汴梁，食田禾一空"②，又一次造成了饥民遍野的情况发生。元末明初时期，豫北又遭受了持久的战争，致使当地土地荒芜，人口锐减，经济凋敝，社会残破。明太祖朱元璋在谈到战乱之后中原地区形势时道："今丧乱之后，中原草莽，人民稀少"③，从开封到黄河以北，"道路皆榛塞，人烟断绝"。洪武十八年（1385）时他再次谈到了战争给中原地区带来的灾难："中原诸州，元季战争，受祸最惨，积骸成丘，居民鲜少。"④ 豫北地区的情况正如太祖所言，户口稀少。获嘉县在洪武三年（1370）时"城社未定，户口土著不满百，井间萧然"⑤；延津县"籍民占田，而土著止数十家"⑥；新乡县也如此，据康熙年间邑人尚重在《尚氏族谱序》中所言："吾族世新乡，元明间为遗民七户之一。"⑦ 可知经元末兵燹，新乡仅存土著七户。

面对荒芜的田地，萧条的经济以及稀少的人口，明初统治者最为关心的当然是占有更多的编户齐民，开垦荒地，发展经济，以保证户税收入，稳定统治。为此明初的统治者采取了一系列的措施。

开国伊始，太祖皇帝就异常重视发展生产，采取了休养生息的政策，并为此发表了许多言论。早在明朝建立前的至正二十六年（1366），太祖就谆谆告诫下属曰："为国之道，以足食为本。大乱未平，民多转徙，失其本业，而军国之费，所资不少，皆出于民，若使之不得尽力田亩，则国家资用，何所赖焉？"⑧ 他要求各级官府重视农本，督促农民进行生产，并根据丰歉情况考核官吏。洪

---

① 《元史》卷四二《顺帝本纪》。
② 《元史》卷四五《顺帝本纪》。
③ 《明太祖实录》卷三七，洪武元年十二月辛卯条。
④ 《明太祖实录》卷一七六，洪武十八年十一月乙亥条。
⑤ 《获嘉县志》卷五《宦绩》，万历三十年刻本。
⑥ 《延津县志》卷九，屈可伸《重修大觉寺记》，康熙四十一年刻本。
⑦ 《新乡县志》，卷二十一《艺文补遗》，乾隆十二年刊本。
⑧ 《明太祖实录》卷一九，至正二十六年正月辛卯条。

武元年（1368），太祖进一步面谕各地府州县官员："天下初定，百姓财力俱困，譬犹初飞之鸟，不可拔其羽，新植之木，不可摇其根，要在安养生息之。"① 进一步强调了休养生息政策的重要性。

为了占有更多的户口，使长期处于流散的人口重新附着于土地之上，以发展生产，增加赋税，明初时期，统治者还向豫北等中原地区进行了加大规模的移民，并组织军民屯田。据史料记载，其中大多数是从山西移民而来。有关山西移民，还流传了一个在当地民间以及整个华北地区流传甚久的"山西洪洞大槐树移民"传说。这些移民在当地定居、生产、繁衍，逐渐在当地生根，成为当地宗族的重要组成部分，形成了豫北宗族的一个重要来源。山西移民研究是研究豫北宗族不可忽视的一个问题，有关这一问题，后面章节有专门探讨，此处暂且从略。

明初时期，统治者还采取了蠲免和赈恤的措施，以减轻百姓负担，尽快恢复生产。洪武二年（1369），太祖针对河南诸郡强调，"自归附以来，久欲济之，奈西北未平，出师所经，拟资粮饷，是以未遑""今晋冀既平，理宜优恤。"② 太祖下诏，免河南大部分地区夏秋税粮。洪武三年（1370）、洪武九年（1376）、洪武十八年（1385），分别再免河南所属州县税粮。太祖之后的成祖、宣宗时期，也不时蠲免河南税粮、赈济灾民。

此外，明政府还特别重视安置流民、开垦荒地、发展农桑。洪武元年（1368）八月，太祖真对垦荒问题下达旨意称："州郡人民，因受战乱逃避他方，田产已归于有力之家，其耕恳成熟者，听为己业；若还乡复业者，有司于旁近荒田内如数给予耕种。"对于其他荒地，则允许人民自由垦辟，所有权归开垦者，并且免徭役三年。③ 诏令的颁布，极大地调动了人民垦荒的积极性，有力地促进了明朝初期农业的生产。

豫北地区正是在以上的大历史背景下，在当地积极发展生产，兴建各种设施，以尽快稳定地方局势，融入新政权的统治之中。如获嘉县令熊邦基在洪武三年（1370）上任后，面对获嘉满目疮痍、百废待兴的局面，"招集迁民，宣上德意，商度地势，筑城建社，与之更始次第，刅学宫，建官署，置邮传，踰年

----

① 《明太祖实录》卷二九，洪武元年正月辛丑条。
② 《明太祖实录》卷三八，洪武二年正月庚戌条。
③ 《明太祖实录》卷三十，洪武元年二月癸卯条。

而役竣，芜废一新"①，从而为其在当地更好的施政打下基础；洪武时期，王让初为新乡县主簿，他"抚流移、课农桑，修废举堕"，积极恢复当地生产；建文帝时，新乡县令李骥"招流亡，给以农具，复业者数千人"，也有效地促进了当地农业生产的发展。②

经过明朝政府的提倡以及豫北地方官员的具体实施，豫北地区逐渐走出了经济凋敝、人口稀少的状况，经济开始复苏，人口开始增长，耕地面积也不断扩大。在此基础上，豫北也种植了许多的经济作物，手工业、商业均有不同程度的发展。

豫北人口在有明一代，增长迅速。为了更为明显的呈现出这种增长趋势，以下我根据万历《卫辉府志》记载，列举出明朝卫辉府所下辖六县在籍人口数目，以便更好地了解卫辉府各县人口的增长速度与增长比例。

表 2−1　明朝卫辉府各县所辖人口数目表

单位：口

府县	洪武二十四年（1391）	永乐十年（1412）	成化十八年（1428）	正德十六年（1521）	万历十四年（1586）
汲县	6540	19387	40254	34021	39284
胙城县	3039	10630	8670	19011	21895
新乡县	27063	30713	37138	56582	56587
获嘉县	29071	43173	46210	20928	30930
淇县	19102	20115	31264	16494	22921
辉县	15268	38497	39082	37545	37547
卫辉府	100714	162488	202618	184581	209164

资料来源：《卫辉府志》卷四《户口》，（明）万历三十一年（1603）刻本

从上表可以看出，在明前期洪武、永乐、成化时期，卫辉府人口增长较为明显，增长幅度也较大。到了明中后期，由于当地自然灾害以及府县统计上的原因，各县人口数目出现了波动。但总体来说，明中后期较之前期，在数目上有了明显增长。另外，从上表也可以看出，但就人口数目而言，新乡、获嘉、

① 《获嘉县志》卷五《宦绩》，万历三十年刻本。
② 《新乡县志》卷二九《循吏》，乾隆十二年刻本。

辉县、汲县较之淇县、胙城为多，在一定程度上也能说明，新乡等四县是卫辉府经济较为繁盛、人口较为集中的地方。豫北人口的增长，有利于社会经济的发展，也成为豫北宗族建构的基础。

明中后期，甘薯和玉米作为新的粮食作物被引进豫北地区。甘薯、玉米对气候、土质、地理以及水利等适应性很强，成活性高，尤其有利于豫北山区以及沿黄地区土地开发利用，因而逐渐在豫北地区种植起来。这些新作物的引进和种植，也直接增强了当地人们的生存能力，为人们的生存繁衍提供了有利条件。

明朝豫北经济作物的种植也得到发展，尤其值得一提的是棉花的种植。早在宋元时期棉花就传入中原地区，其在河南地区开始种植。明朝统治者异常重视棉花的种植。早在明朝建立前的至正二十五年（1365），朱元璋就规定："凡农民有田五亩至十亩者，载桑、麻、木棉各半亩，十亩以上者倍之，其田多者，率以是为差。"① 洪武二十七年（1394），又下令各处开地种棉，并且可以"率蠲其税"②。明朝政府的提倡，加上种棉不仅可以满足政府需要和人们的日用，而且种棉较之种粮获利更为丰厚，因此，到明中后期棉花已经在豫北一些平原地区广为种植。万历三年（1575），河南道御史钟化民就曾言道："中州沃壤，半植木棉，乃棉花尽归商贩；民间衣服，率从贸易。"③ 从中不仅看出棉花种植面积的扩大，而且已有棉花纺成棉布，进行贸易。可以说，棉花的大量种植，再加上当时纺织技术的进步，促进了豫北部分地区棉纺织业的发展。例如，滑县人们就多有以织棉为业者，棉花"境多种之，土人以纺织为主，估客转贩，其利亦薄"④。隶属怀庆府的温县"产惟木棉为多，民间纺织无问男女，每集蚩氓抱布而贸者满市。远商来贸，累千累百，指日而足，贫民全赖于是，亦勤织之一验也"⑤。可见，明朝时期，棉纺织业在豫北部分地区发展较快，并且商品化程度较高。

农业以及以棉纺织业为代表的手工业的发展，促进了豫北一些地区商品经济的繁荣和兴盛。明中期以后，随着银禁的解除，白银货币化的进程逐渐加速。

---

① 《明太祖实录》卷十七，至正二十五年六月乙卯条。
② 《明太祖实录》卷二三二，洪武二十七年三月庚戌条。
③ 钟化民：《赈豫纪略》，"丛书集成初编"本。
④ 《滑乘补·方物》，万历年间刻本。
⑤ 《温县志》卷上《物产》，万历七年刻本。

特别是万历年间实行的张居正改革，"一条鞭法"向全国推行，田亩征税皆用白银，使得白银在社会上得到广泛使用，成为主要货币。豫北地区也受此影响，白银使用日广。

在豫北的一些地区，由于交通便利，一些城镇贸易区有了一定程度的发展。如新乡县的乐水关，因位于"县北门外卫河南岸，以水路通便"，"故商贾蚁附，物货山集，目今最为繁庶"。迎恩关，位于县东门外，"旧有民居数不满百，近年来而民之乐居就业者日众"。① 滑县的道口镇，也因是卫水通往天津的重要通道，货物往来频繁，成为当地重要的集镇。同时，明代集市贸易在豫北地区也日益兴盛。集市是一种地区举行的贸易场所，即农村初级市场，可以分为城集和乡集。豫北地区由于大部分地区集镇中有固定铺面的商号数量不多，因而农村土产外销和乡村居民对日常生活用品的需求，都不得不依赖经常性的集市贸易。② 豫北集市贸易具有场所较多，贸易频率较高的特点。集市的开市时间多以间日集和每日集为主，也有每月一集、二集、三集甚至更多集。如新乡县有市集十处，其中城集六处，每日一集，周而复始；乡集四处，每二日一集。③ 辉县共有集场十四处，其中有一月三集，也有日集和间日集。④ 淇县在明朝弘治年间有集场九处。⑤ 这些集市的日益繁盛，使得当地居民能够"农末相资，有无相易"，不仅满足了其需求，而且繁荣了当地经济。

此外，还有豫北各地的庙会。庙会体现着许多寺庙所具有的经济和文化娱乐功能，可作为集镇或集市的补充，从而共同构成基层社会中一个独特的经济文化网络。⑥ 豫北一些地区形成了许多兼具商业与娱乐的庙会，不仅可以使附近百姓、商贾进行贸易，满足日常需求，而且还给百姓们提供了一个难得的休闲娱乐的时间和空间。如延津县举行庙会的时间有"三月八日玄帝庙会，十八日济渎庙会，二十八日城隍庙会，四月十八日三官庙会"，庙会时"市民祭赛，远近大小商贾至日，各陈货物交易，三日乃罢"。⑦ 豫北地区规模最大的庙会，

---

① 《新乡县志》卷一《厢关》，正德元年刊本。
② 丛翰香. 近代冀鲁豫乡村［M］. 北京：中国社会科学出版社，1995：190.
③ 《新乡县志》卷一《街市》，正德元年抄本。
④ 《辉县志》卷二《街市附集场》，嘉靖六年刻本。
⑤ 《淇县志》卷一《集市》，顺治十七年刊本。
⑥ 赵世瑜. 狂欢与日常—明清以来的庙会与民间社会［M］. 北京：三联书店，2002：187.
⑦ 《延津县志》卷一《风俗》，嘉靖刻本。

当属辉县百泉以药材交易为主的庙会。百泉庙会历史悠久，早在隋大业年间，祭祀河神，在湖北岸建庙，奉祀灵源公，庙会始兴。唐长安年间，百泉庙会就很兴盛。庙会最初是自发到会，烧香祈祷，由僧人主持。洪武八年（1375），明太祖明令规定，四月初八各级官吏亲祭神明，以报神功，地方官应声而起。知府檄令知县起百泉大会，知府主祭，知县、里正依次祭祀，会期延长，规模扩大。"四方货物，辐辏云集"。赶会客商逐年增多，范围扩向外省。年长日久，逐步形成全国性药材大会，以药材交易为主，同时交流土特产品、日用器物。会期也由原来的农历四月初八一日庙会，改增至十日。奠定药材大会后，由百泉居民和当地药商推选头人主持。① 辉县百泉药材交流大会，带动了这一地区中草药的生产，活跃了当地经济。

明中后期商品经济的发展，对豫北地区人们的思想观念和社会风气层面影响深远。在豫北的一些富庶地区，已经有越来越多的人不再安土重迁，不再坚持以务农为本，开始竞相"逐末"，以更容易获取厚利的工商业作为追逐目标。如武陟县，过去是"男业耕，女业织"，人们处于一种自给自足的生产、生活方式。至万历以来，人多"重利、轻生、健讼"，展现出一种急功近利的生存状态。同时社会风气也一改往日淳朴、节俭的习俗，一些富裕人家开始竞相攀比，奢侈、势利之风日渐蔓延。崇祯四年（1631），新乡知县刘文才在其所撰《鄘南俭约序》中，当谈到当地富庶之家奢靡、铺张的情况时言道："一席之废，可当中人一月之粮；一帖之费，可足寡人一月之食。"② 足见其浪费之严重。可以说，明中后期，当地社会处在"礼崩乐坏"的边缘，出现了与传统伦理道德相背离的现象，当地社会礼仪亟待整合。当地文人士大夫正是在此种背景下，积极利用自己所控制的文化资源，以建构宗族为依托，以图重建当地的礼仪社会秩序。

三、清代豫北社会经济发展

明末清初，豫北地区又一次遭受到了巨大的天灾人祸。先是明朝末期不断的自然灾害，使豫北经济以及人口遭到大创。万历丁亥（1587），获嘉县"岁大

---

① 《辉县市志》，第二十一篇《商业》之第九章《百泉药材交流大会》，郑州：中州古籍出版社，1992.
② 《新乡县志》卷十八《风俗》，乾隆十二年刊本。

褪，其明年又褪且疫，死者相望"①，同年辉县、新乡等地也遭受不同程度的灾害。崇祯十三年（1640），滑县"时值奇荒，人相食，饥寒之民迫而为盗"，②同年淇县也"连遭旱蝗，淇民死亡几尽，人丁减十之八"③，辉县也是"秋季大旱大蝗，颗粒无收。次年旱蝗继续，种而不收。十月斗米千钱。街市以人肉为食。第三年春季，蝗虫吃尽麦苗。瘟疫流行，死者十之八九，尸骨遍地，无人掩埋，村庄尽成废墟"④。

与自然灾难相伴的是明末长期的战乱。河南作为战乱的主要场所，同时遭受到明末农民起义武装、明政权武装以及清政权武装三种势力相角逐，所受摧残相对全国来说又"较四肢为尤甚"⑤，而豫北地区又是河南战乱的主战场，足见其受灾难之深重。

早在崇祯五年（1632），李自成农民军就逾太行山至汲县山中，并于次年来往于彰德、卫辉与怀庆三府，开始与明王朝进行过一些小规模的战争。崇祯十七年（1644）二月，刚刚建立政权的大顺农民军在部将刘芳亮的率领下，自蒲坂（今山西永济）渡河，沿黄河北岸东进，接连攻下了怀庆、卫辉、彰德三府，并在当地设置防御使、府尹和县令等大顺官员，自此河南全境均纳入大顺政权掌握之中。⑥ 此后，随着农民军山海关一役后节节败退，大顺政权将防御重点放在了山西、河南一带。在豫北卫辉府，部署大将刘汝魁等将领镇守，重点打击当地明地方士绅的反抗。豫北士绅对明王朝向心力极大，五月时，滑县举人王良翰、程见周等士绅定盟起兵，"将斩伪令以待王师"；与其相邻的浚县，也在明典史李化贵的召集下，连同本地士绅，策划逮捕大顺政权县令马世聪。此二次行动均以失利告终，但却从侧面反映出豫北士绅阶层对恢复正统礼仪秩序的追求。六月，为防止动乱的再次发生，刘汝魁将浚县、滑县、长垣三县和卫辉府诸县的明朝官员迁徙至陕西边远地区。同时，为了筹措军饷，大顺政权开始在豫北一些地区征收钱粮，以供军需。在辉县"每一亩派银五分，追比急如

---

① 《获嘉县志》卷五《宦绩》，万历三十年刻本。

② 《滑县志》卷十四《职官》，民国十九年刊本。

③ 《淇县志》卷二《户口》，顺治十七年刻本。

④ 《辉县市志》之《大事记》，郑州：中州古籍出版社，1992.

⑤ 顺治《河南通志》卷十一《户口》。

⑥ 参见《河南通史》第三卷《宋金元明清》，郑州：河南人民出版社，506.

星火。又按亩征解阔布……"① 但在清王朝步步为营紧逼之下，大顺政权已是每况愈下。在经过双方进行的怀庆战役等几次大战后，至顺治二年（1645）三月，包括豫北在内的河南全境已基本处在清王朝的统治之下。

在天灾与人祸的双重打击下，豫北再一次遭受到了巨大的灾祸。田地荒芜，人口死亡、流亡殆尽，社会生产遭到严重破坏，成为全国破坏最严重的地区之一。顺治初年（1644），黄河以北有940余万亩荒地。据奏，"大江以北，饥荒之地，无如河南最甚……满目榛荒，人丁稀少"。② 顺治二年（1645），时任河南巡抚宁承勋上奏时，在谈到河南目前局势时言称："中州大势虽定，荒残备极，非得从头整顿，难望有起色。"③ 在滑县，"自明末兵燹频仍，户籍之数十去其七"。④ 获嘉县更是灾害频仍，"万历十六年（1588）春旱大饥，疫死者枕藉，民相食；崇祯九年至十三年（1636—1640），五载旱蝗兼兵贼焚掠，瘟疫横作，民死于兵、死于贼、死于饥寒并死于疫者，百不存一二，存者食草根树皮，至父子、兄弟、夫妻相残食，骸骨遍郊野，庐舍丘墟。"⑤ 辉县的情况更是如此，在清初邑人赵荫奇所撰《蠲荒遗爱碑》中，非常形象、细致地描述出了当时辉县所遭遇的困境："辉邑荒田起自明季崇祯。壬申流寇至秦入辉，大肆抢夺杀人殆尽。及己卯、庚辰、辛巳，连年奇荒，死亡逃窜，几绝烟火。甲申之岁，国朝定鼎，辉邑复业者十分之一。逮顺治已丑，复遭寇乱，沿山一带，悉被屠夷。壬辰、癸巳，霪雨漂没。甲午、乙未大旱焦枯，田野荒芜，钱粮累欠。从前之吏，有投缳者，有愁毙者，有那移被查者，有失察革逐者，遗害于后，何所抵极……"碑文中道尽了辉邑民众甚至地方官员所遭受的苦楚，辉邑历任县令，竟然无一不受累于辉邑之田荒。

豫北地区人口的减少，不仅极大地制约了清王朝赋税的征收，而且成为当地经济发展的最基本障碍。为进一步说明明末清初豫北人口的减少程度，兹根据方志资料，将豫北卫辉府各县人丁数量在明末清初的增减情况统计于下：

---

① 顾诚. 明末农民战争史［M］. 中国社会科学出版社，1984：278，282.
② 李人龙：《垦荒宜宽民力疏》，见《皇清奏议》卷四。
③ 《明清史料》癸编，河南巡抚宁承勋揭贴，顺治二年六月十二日。
④ 《重修滑县志》卷五《编户》，民国十九年版。
⑤ 《获嘉县志》卷十六《祥异》，乾隆二十一年刊本。

表 2-2 明末清初卫辉府各县人丁对比一览表

单位：丁

县别	汲县	胙城县	新乡县	获嘉县	淇县	辉县	总计
明末人丁数	18065	11790	22155	10076	9136	24766	95988
清初人丁数	5279	2976	5819	1639	4050	7360	27123
人丁递减数	12786	8994	16336	8437	5086	17406	68865
人丁递减率	71%	76%	74%	84%	56%	70%	72%

注：上表清初人丁数为顺治十四年（1657）人丁数

资料来源于《卫辉府志》卷五《户口》，顺治十六年（1659）刻本

由上表可以看出，明末清初时期，卫辉府各县人丁递减率除淇县以外，均达到了惊人的70%以上，尤其是受灾害以及战乱影响的获嘉县人丁流失竟然达到了十之八九，称得上是损失极为惨重。

面对大量流失的人口以及遍野的荒地，清统治者必然会采取一系列的措施，来恢复生产，以便征收赋税，稳定动荡不安的局势，从而维护自己的统治秩序。

同明初统治者一样，对清初的统治者来说，其首先要做的也是如何获得更多的编户齐民，并将其附着在土地之上，以保证获得稳定的赋役来源，实现对地方的长久统治。清初统治者采取的最主要的措施是开垦荒地与蠲免租赋。

从顺治元年（1644）起，清政府就开始颁布一系列法令，鼓励地方组织开垦荒地，以恢复农业生产。顺治元年（1644），时任河南巡抚罗绣锦就向政府建议道："河北府县荒地九万四千五百余顷，因兵燹之余，无人佃种，乞令协镇官兵开垦，三年后量起租课。"此建议得到了政府的支持，他开始组织士兵在豫北地区开垦荒地。[1] 顺治六年（1649）又规定："各州县以招民劝耕之多寡为优劣，道府以责成催督之勤惰为殿最，每岁终，抚按分别具奏，载入考成。"[2] 顺治十四年（1657），政府又进一步量化了以开垦荒地多寡作为对官员考核的具体标准。规定："督抚按一年内垦至二千顷以上者记录，六千顷以上者加升一级；道府垦至一千顷以上者记录，二千顷以上者加升一级；州县垦至一百顷以上者记录，三百顷以上者加升一级；卫所官员垦至五十顷以上者记录，一百顷以上者加升一级；文武乡绅垦五十顷以上者，现任者记录，致仕者给匾旌奖。其贡

---

① 《清世祖实录》卷一一，顺治元年十一月癸卯条。

② 《清世祖实录》卷四三，顺治六年四月壬字条。

监生民人有主荒地，仍听本主开垦，如本主不能开垦者，该地方官招民给与印照开垦，永为己业。若开垦不实及开过复荒，新旧官员俱分别治罪。"① 这些规定较为具体的条令，体现了清初政府对开垦荒地的重视程度。继顺治之后，康熙、雍正也都积极采取措施，进一步调整和落实垦荒政策。康熙八年（1669），清王朝实行更名田政策，通过国家立法形式，肯定了部分农民对前明地方藩王土地占有的既成事实。在豫北地区的新乡，前明潞王曾封于此，在当地占有了大批土地。清王朝制定此措施，等于承认了新乡农民占用原潞王的土地，更激发了其开垦荒地的积极性。康熙三十一年（1692），户部据旨议定，河南上地不及一亩，中地不及五亩，下地不论顷亩，俱永远免其升科。② 雍正帝也采取优惠措施，鼓励垦荒，其下令："开垦水田，以六年起科；旱地以十年起科，永为著令。"③ 豫北地方官吏积极响应清政府号召，在地方开垦荒地，恢复生产。如在获嘉县，"值兵荒后，地旷民稀，两驿冲疲"，县令冯云朝"给牛种，招抚流移，以垦荒田，置马匹以充传递，兴废举堕，邑治渐有起色。"④

由于豫北地区破坏严重且灾害频仍，因此，清政府对当地赋税的蠲免是直接缓解当地陷入更为穷困境地、缓解民力的最直接办法。清朝蠲免共分为恩蠲和灾蠲两类。清朝初年，豫北地区曾多次得到朝廷的蠲免。顺治二年（1645）八月，朝廷豁免彰德、卫辉、怀庆、河南各府荒赋；顺治十年（1653）十二月、免彰德、卫辉、怀庆等顺治九年、十年灾赋，顺治十二年（1655）又免豫北各府上年灾赋。⑤ 为使本地百姓得以休养生息，地方官员经常奏请朝廷题免所辖地区税粮。以卫辉府辉县为例，顺治二年（1645），巡按宁承勋，就奏请豁免辉县地粮4295顷；顺治十六年（1659），因辉邑荒灾，民多逋欠，巡抚贾汉题免包荒地1045顷；康熙十三年（1674），巡抚佟凤彩题免水冲地95顷。⑥ 这些题免措施，在一定程度上缓解了豫北地区民生的艰难。

为进一步发展农业，豫北地区还修建了许多水利工程。辉县很早便在卫河之源建有五闸，灌溉附近地区的稻田。新乡县在万历七年（1579）修成块村堤，

---

① 《清世祖实录》卷一零九，顺治十四年四月壬午条。
② 《皇朝文献通考》卷四《田赋四》。
③ 光绪朝《大清会典事例》卷一百六十六。
④ 《获嘉县志》卷十二《循吏》，乾隆二十一年刊本。
⑤ 《清史稿》卷五《世祖本纪二》。
⑥ 《辉县志》卷八《职官》，乾隆二十二年刻本。

万历十四年（1586）又建块村闸，使得新乡、辉县附近水稻得到灌溉。① 雍正五年（1727），河道调拨专项银两修丹河、百泉等处河流，拓宽了小丹河河道，大大便利了获嘉县、辉县等地的运输。滑县于雍正七年至十一年间（1729—1733）先后开凿永利渠、小兴沟、顺天渠等，水利建设也振兴一时，当地百姓获得较大收益。② 豫北的井灌也颇值得称道，乾隆时期，清政府曾派员到汲县、新乡的地凿井灌田。③ 井渠的普及和发展，使渠水难以流及的田地也得到了灌溉，对该地区的农田水利灌溉事业是一个很好的补充。

经过清初中期统治者的连续不懈努力，以及豫北地方官员的积极配合，豫北地区农业得到恢复与发展，耕地面积不断扩大，人口也有了明显的增加。至康熙年间，整个卫辉府垦荒效果显著，共垦荒地 4959 顷，④ 耕地面积有了很大的提高。人口增长也非常迅速。以豫北卫辉府为例，据统计，顺治十四年（1657）人丁还仅为 27123 丁，康熙三十年（1691）达到了 41317 丁，雍正二年（1724）增至 166241 丁，到了雍正九年（1731）增加到了惊人的 262241 丁，⑤可见在清朝康雍年间，人丁的增长速度是惊人的。需要说明的是，由于当时全国人口统计是以征纳赋税为主要目的，因此统计人口的结果是仅是人丁的数目，未将老人、儿童以及妇女的数目统计在内，但这也可以在一定程度上反映出当时豫北地区人口增长的情况。

清朝时期，从明中期引进的甘薯以及玉米，在豫北地区得到广泛种植。乾隆时期，甘薯得到河南巡抚毕沅在河南的大力推广，渐为农民所接受，普遍在当地种植。到了清中后期，玉米已经成为豫北秋季作物中的大宗产品，有关玉米的种植在豫北各县志中几乎均有记载。而在其他农作物中，油料作物花生和芝麻也开始在豫北一些地区种植起来。如在汲县，芝麻的种植就很普遍，"每家只种数亩或十数亩"。⑥

清代豫北棉花的种植在明代的基础上又有进一步的发展，不仅种植面积扩大，而且棉花品种也丰富起来。康熙、雍正年间，卫辉府棉花已经完全取代了

---

① 《新乡县志》卷一四《河渠上》，乾隆十二年刊本。

② 《滑县志》卷一四《职官志·宦绩》，民国十九年刊本。

③ 《清史稿》卷一二九《河渠志》。

④ 《河南通志》卷二十一《田赋》，雍正十三年刻本．。

⑤ 《卫辉府志》卷十八《户口志》，乾隆五十三年刻本。

⑥ 《汲县志》卷六《物产》，乾隆二十年刊本。

蚕桑业，在当地"蚕饲久缺，机杼为空""惟有棉花一种为布御寒"。① 新乡县各乡皆产棉花，其中以县西南七里营所种最盛，花分本地花、大洋花、小洋花三个品种，小洋花和本地花适宜于瘠地，大洋花适宜于沃土，每亩收成可达200斤，且棉绒长，光泽好，倍受人们喜爱。② 滑县的棉花亦有三种，不过县内种植以小洋花、本地花为主，所产之花除用来织布外，还运销至陕西、山西等地，③ 可见其产量颇丰。

棉花种植面积的扩大带动了豫北棉纺织业的蓬勃发展。新乡县不仅产棉多，棉纺织业发展也很迅速，仅小冀镇就有布行好多家。④ 道光时期，辉县县令见临近的孟县百姓以纺织致富，而本县却无此业。于是开设机坊，聘请织师，在辉县传播纺织技术，各乡镇争相仿效，当地人们开始重视纺织，其也成为致富的主要手段之一。⑤ 与辉县临近的林县，当地的棉纺织业在清代也有了进一步的发展，"户无贫富，皆以纺织业为主"，所产棉布结实耐用，除供自用外，还运销至山西泽、潞等州。⑥

清代豫北的商业经历了清初的萧条、清前期的恢复以及清中后期的兴盛的过程。豫北的集市贸易，受明末清初灾荒、战乱的影响，受到重创。如在淇县，集场"旧存八处"，"值明季庚辰奇荒之后，止存北关集一处，其余俱废"。⑦ 经过清初的休养生息以及当地官员的努力筹措，在豫北的一些地方，集市贸易开始恢复。获嘉县集市贸易，过去"惟东关烟火为最盛"，"自明末遭奇荒，又值流寇之变，死亡相继，市墟无人。向之比屋连壁，都成瓦砾"。清初县令冯大奇上任后，"召集业主，各令修复，力不能修者，捐俸助之，无主者，招人领之，复免其徭役。嗣后，居民稠密，商旅连隔，每日会市，熙熙攘攘，复还承平旧观矣"。⑧ 到了清中期的雍正、乾隆时期，清代豫北集市规模已经基本恢复到明时期，有些地区集市甚至超过了明时期的规模。邓玉娜曾对清代豫北集市数量做过统计：汲县6处、新乡县35处、获嘉县8处、辉县6处、淇县4处、延津

---

① 《古今图书集成·方舆汇编·职方典》卷四二一《卫辉府物产考》。
② 《新乡县志》卷二《风俗·物产》，民国十二年刊本。
③ 《续修滑县志》卷十《实业·农业》，民国十九年刊本。
④ 《新乡县志》卷二《风俗·物产》，民国十二年刊本。
⑤ 周际华. 劝耕示［M］//彭泽益. 中国近代手工业史资料：第一卷，227.
⑥ 《林县志》卷十《风俗·工业》，民国二十一年石印本。
⑦ 《淇县志》卷一《集市》，顺治十七年刻本。
⑧ 《获嘉县志》卷二《城池附街市》，乾隆二十一年刊本。

县7处、浚县9处、滑县44处。同时邓玉娜认为，清代河南集市的集期主要以单日集和每日集为主，开市频率较高。①

豫北地区的市镇在清代也有一定发展。淇县的淇门镇、汲县的卫源镇以及滑县的道口镇等均相当的繁华，在当地对促进商品经济的发展起到重要作用。同时，豫北庙会也逐步兴盛。辉县百泉庙会到了清代更加兴盛，"四方辐辏，商贾云集，南北药材俱备"。② 会期较明代更为延长，定为农历三月十五至四月十三，四月初一至初十为正会期，药材交易从三月二十六到四月下旬。会议组织者从康熙年间至民国，先后有药王会、临时商会主持。③ 除辉县百泉庙会之外，延津县的碧霞庙会也非常热闹，"远近商贾毕至，纨绮锦绣，珍宝珠玉、山珍海错，风挽云轮"，与会者"肩摩毂击，比户居停，人杂类繁"，地方官"恐滋意外"，不得不派军队驻防。④

以上对豫北商业的发展做了描述，从中可以看出，清代豫北各县商品经济较之前有了很大的发展。但需要指出的是，豫北地区各县毕竟都地处内陆，受地理、历史以及社会等种种因素的制约，明清时期豫北的商品经济发展就全国来讲并不突出，仍处于相对落后的水平。另外，豫北各地发展本身便存在地区差异，有的地区商品经济发展较快，有些地区则落后。即使豫北商品经济较为发达的地区，同南方以及同临近的山西、陕西商业发展相比，其发展显得相对滞后，差距较大。《滑县志》在描述本地商人时就言道："商人多系坐贾，不过随时贸易，就地负贩，向无重利轻别之弊。"⑤ 此为当地商人实力状况的真实写照，故而，在豫北尤其是卫辉府，当地并无行商大贾，众多的外地商人，如山西、陕西商人成为当地的主流，他们把持的大多是一些营利性极强的行业，如药材、盐、当铺等。此外，根据邓玉娜的研究，河南虽然集市较多且开市频率较高，但开市期间集市内部交易地点、规模有限，河南商品经济发展程度不高。⑥

进入清朝乾隆、嘉庆时期以后，河南人口增长迅速，人口压力逐渐显现。

---

① 邓玉娜. 清代河南集镇的集期［J］. 清史研究，2005（3）.
② 《辉县志》卷四《建置·庙市》，乾隆二十二年刻本。
③ 《辉县市志》，第二十一篇《商业》之第九章《百泉药材交流大会》，郑州：中州古籍出版社，1992.
④ 《延津县志》卷七《风俗》，康熙四十一年刻本。
⑤ 《重修滑县志》卷七《民政第四风俗》，民国十九年刊本。
⑥ 邓玉娜. 清代河南集镇的集期［J］. 清史研究，2005（3）.

据马雪芹统计，乾隆四十九年（1784），河南人口突破 2000 万。嘉庆时期达到 2300 万。人口迅速增长导致人均耕地数量的急剧下降。从顺治末年（1661）到乾隆中期，河南人均耕地数从 17.6 亩下降至 4.3 亩，以后又降至 3 亩左右，终清一代，再无回升。豫北地区作为河南农业等较为兴盛地区，人口增长更加迅速，人口压力也更大。如滑县在民国初年（1912）土地 3028 顷有奇，人口 62 万，人均土地不足半亩。林县在清中后期"生齿日繁，地价日贵"，尽管山石已"尽辟为田"，而"犹不敷耕种"。① 豫北人多地少矛盾十分突出，人均占有自然资料的减少，令当地生存条件逐渐恶化，导致人们相互之间竞争也日趋激烈。

　　同时，进入清中后期，如同前文所述的明中后期，豫北经济的发展，使得当时、当地社会风俗和人们的思想观念方面与传统相比，都有了很大的变化，主要表现在社会生活的衣、食、婚、丧等各个方面都逐渐出现了由俭朴到奢华的转变，在某些方面甚至到了铺张浪费的地步。在着衣上，开始追求艳丽华贵、奇装异服。如汲县，在顺治年间民间衣冠"尚甚朴素"，但到了乾隆年间百姓衣着渐尚华丽。② 尤其是到了近代，随着京汉、陇海等铁路的开通，也打开了豫北同外界联系的大门，豫北人受外界影响更重，人们的思想观念开始由原来的重农转向重商、重利，思想信仰也日趋多元化。衣、食上也日趋到了不厌其精的地步。以新乡县为例，当地酒席宴会，在咸同期间尚是"荤素相间，惟肉而已，每席不过一二千文"，至光宣以来"稍近奢靡……鱼翅海参尚矣，然不过四五千文"，"近则参用香菜洋酒，一席之费至两三千元，固由物价之昂，亦可见习尚之奢"。③ 豫北重商重利也是当时风尚之一。获嘉县过去以务农为生，但自铁路开通之后，商业逐渐繁荣，人们"渐知天之为物，虚无缥缈，亦多趋重人事"，甚至"视金钱为性命，锱铢不肯以浪费以之殖货"，④ 可见当地原本淳朴的民风已经颇有改变。民国《续修滑县志》对当地民间风俗改变的描述更为详细，该县志的修纂者对比了过去、现在滑县风俗的变化，在当地颇有代表性，兹将其摘录于下：

---

① 马雪芹. 清代河南农业生产中的人地关系［J］. 陕西师范大学学报（哲社版），1996（4）.

② 《汲县志》卷六《风土》，乾隆二十年刊本。

③ 《新乡县志》卷二《风俗》，民国十二年刊本。

④ 《获嘉县志》卷九《风俗》，民国二十三年铅印本。

旧志俗有四善：民乐急公输将、士大夫不经营、宫室衣服质朴、妇女不外出。案：今女学日兴，时髦妇女亦不拘于旧俗矣。国有四民：曰士、曰农、曰工、曰商。一人行礼，众人学之，遂成风俗，所谓礼从俗也。士风世家大族以读书为业，即庶民之家，不论贫富，咸知重儒，尚节气，顾廉耻，敬礼官师，尤为士气所先。近则新学竞争，旧礼废弛，不知伊于胡底也。农民以务农为本，终岁勤动，不敢游惰无山泽之利，不事积蓄，一逢荒歉，富者拮据，贫者冻饿，幅员虽广，民鲜殷富，又渐习于奢侈……商人多系坐贾，不过随时贸易，就地负贩，向无重利轻别之弊。自交通便利，始有懋迁有无，远至京津沪汉者。①

从中可以看出，在滑县社会中，士、农、工、商各阶层均已有了不同于传统的新的变化。

总之，清中后期以来，随着社会的发展、经济的进步，原本久沐理学之风的豫北地区，经历了前所未有的变化。社会竞争的加剧、社会风俗的变化，造成旧的伦理礼仪秩序日渐崩坏，使得原本相对平静的豫北社会暗流涌动起来，社会各种力量纷纷以维护自身利益为出发点，积极参与到礼仪秩序的重建，从而造成了豫北地区民间信仰与组织形式的多元化。

第二节　豫北理学的兴起与社会化

在宗族的形成与构建过程中，礼仪等文化因素所起的作用已经越来越受到中外研究者的重视。② 尤其对于宋以后宗族研究来说，宋明理学的兴盛、普及与否，会对当地宗族的构建有重要的影响。儒家礼法的强调与宗族组织的发展密切相关，理学的重要价值之一就是强调宗族人伦秩序与宗族观念。因此，对

---

① 《续修滑县志》卷七《民政第四·风俗》，民国十九年刊本。
② 中国学者的有关研究可参见周晓光.新安理学与徽州宗族社会［J］.安徽师范大学学报，2001（2）；王振忠.明清徽州的祭祀礼仪与社会生活［M］//氏著.徽州社会文化史探微.上海：上海社会科学出版社，2003：168－216；朱开宇.科举社会、地域秩序与宗族发展［M］.台北：台湾大学出版委员会，2004；章毅.新安程氏与明代地方社会的礼教秩序.香港中文大学博士论文，2006.有关此研究国外学者的成果可参见章毅博士论文中绪论部分介绍。

于地域宗族的发展而言，理学的兴盛与社会化实践，会对当地宗族的构建起到积极的促进作用。而通过国家政府与理学精英的上下合力，使宋明理学成为国家正统意识形态，对宗族的形成与发展产生决定性的影响。正如科大卫、刘志伟在研究明清华南地区宗族时提出的："宗族的发展实践，是宋明理学家利用文字的表达，改变国家礼仪，在地方推行教化，建立起正统性的国家秩序的过程和结果。"①

常建华在研究宋濂宗族思想时认为，宋濂作为元末明初朱熹理学嫡传金华学派的代表人物，秉承着士人应担负起"化同姓之亲美天下之俗"的重任，通过教化治理宗族，改造社会，并且吸收了其老师们重视宗族问题的思想，结合浙东民间宗族实践，形成了自己的族治思想，并传授给学生，使其发扬光大，反映出浙东族治思想的师承关系和地域特色。常建华进而认为，元明之际浙东宗族组织化加强的社会现象，与当地士大夫重视宗族建设不无关系。② 豫北地区在宋元以来的理学渐兴以及士大夫阶层兴起等对宗族建设的促进作用上，同浙东地区有一定的共通之处。

豫北地区，位于中原腹地，长期处于王权的直接统辖之下，有着悠久的历史和灿烂辉煌的文化。至宋元以降，豫北理学就整个中原地区而言，长期保持着兴盛和繁荣。民国年间《续修滑县志》的修撰者中就曾专门总结过宋元以来滑县理学文化持续兴盛不断的原因："滑为冀衮豫三州交界之地……赵宋兴，为畿内，辅郡士民莫不崇儒重道，渐染于理学。至金人陷汴，宋都南迁，河北虽沦于夷狄，而风俗习惯，终未大变，此固由禀中和之气，信义固守，亦其渐染于理学者深也。元虽兴于蒙古，及入中国，已同化于汉族。又有姚、许诸大儒为之左右，振兴教化。故我滑之士风民俗，犹与河内邺郡不相上下。迨大明崛起，迁都北京，而滑仍为畿辅之地，则风俗之纯正更不待言矣。"③ 此虽仅是言及滑县理学风俗的繁盛不替，但就我认为，将其视为整个豫北地区理学概况的一般描述也并无不可。

豫北理学繁荣的一个代表性的地区是卫辉府的辉县百泉。辉县百泉，依山

---

① 科大卫，刘志伟. 宗族与地方社会的国家认同 [J]. 历史研究，2000 (3).
② 常建华. 试论宋濂的宗族思想 [J]. 东洋学研究：第四辑，韩国·东洋学研究会 1998 年 6 月版，该文收入常建华. 明代宗族研究 [M]. 上海：上海人民出版社，2005：347 - 359.
③ 《续修滑县志》卷七《民政第四·风俗》，民国十九年刊本。

傍水，风景秀丽，环境优雅，由于其独特的自然环境，吸引了众多的文人高士游览、讲学、隐居于此，这也造就了当地文化的兴盛与发达。自宋元以来，邵雍、姚枢、孙奇逢等理学大儒纷纷隐居讲学于辉县百泉书院，传播、普及理学，培养地方理学精英，推广礼仪秩序，使得当地在历史上数度成为理学传播的重要阵营。明弘治年间，河南提学车玺在为百泉新建的思贤亭所做的《思贤亭记》中对当地历史上众贤云集的情况做过描述，其言道："辉为共城古邑……晋孙登、嵇康辈亦尝啸歌放达其中。至宋邵康节先生来从李之才讲易，今存安乐窝、桃竹圆故址，然则康节学于辉也久矣。元则姚雪斋先生、许鲁斋、窦子声诸公倡明理学。许公至自河南，窦公至自大名，而雪斋家于辉中。辉盖代不乏贤也。"① 本节从社会史与文化史相结合的角度出发，以辉县百泉书院为中心，具体论述百泉书院如何通过理学大家在当地的讲学来推广儒家伦理道德与礼仪，宋明理学又是如何成了国家意识形态的主流，进而论证文化因素在豫北宗族构建中所起到的作用。

一、宋元时期理学在豫北的发展

百泉位于辉县西北约五华里处，由葱郁茂盛的苏门山和碧波荡漾的百泉湖构成，山环水抱、湖光山色的美景，吸引着历史上众多的文人雅士留恋、徜徉其中，这也间接造就了当地文化的兴盛。

早在晋朝时，当时高士孙登便隐居于苏门山土窟之中。孙登，字公和，号苏门先生，《晋书》有传。孙登于苏门山中研习《周易》，设家塾授徒，并且时常长啸于密林之间。后人还专门修建"啸台"一座，以示纪念。当时"竹林七贤"中的阮籍曾问学于孙登，而嵇康曾从学于孙登三年。可见百泉自古就有讲学的传统，故清初大儒孙奇逢其所撰《太极书院考》中，将苏门讲学之风气追溯至晋代，其言曰："始于晋，大于宋，而盛于元。"②

百泉书院前身为太极书院，据称始建于五代后周广顺元年（951），但受资料所限，其具体情况不得而知。至北宋年间，全国逐渐由长期动乱走向安定，官方给予书院以充分的肯定和支持，加上北宋定都汴梁，使中原地区成为全国政治、经济、文化和教育的中心区域，因此河南的书院获得了极大的发展。而

---

① 《卫辉府志》卷四十七《艺文·记三》，乾隆五十三年刻本。

② 《辉县志》卷十七《艺文志·考》，道光十五年刻本。

与汴梁紧邻的太极书院直接受益于此，并且由于邵雍等儒学大家长期在此讲学，书院愈发的名声大振，逐渐成了全国传播理学、培育人才的重要阵地之一。

邵雍，字尧夫，谥号康节，原籍河北范阳，自幼随父亲迁河南共城（即辉县），因慕晋高士孙登，遂定居于苏门山，结庐于百泉之上。邵雍拜当时著名易学家、共城县令李之才为师，专研物理性命之学。李之才先示之以《陆淳春秋》，后授之《河图》《洛书》《伏羲八卦六十四卦图像》。邵雍以"冬不炉，夏不扇，覃思刻励"的精神，通宵读书，刻苦钻研 20 余年，终成一代易学大家，其著作包括《皇极经世》《梅花易数》《河洛真数》《击壤集》等，其学问被程颢称为"内圣外王"之学。邵雍在苏门太极书院的讲学，还吸引了当时许多的儒学大家往来于苏门、百泉之间，与之探讨学问。理学的"开山之祖"周敦颐曾一度游学苏门，与邵雍阐先天剖太极，并作《通书》40 篇。其弟子程颢、程颐兄弟也曾慕邵夫子在此讲学，游学苏门，与之切磋学问。程颐甚至在苏门结茅而居，潜心讲学，从游者甚众。至今辉县有程村，分南、北程村，据说就是程颐讲学之地，后渐成村落。

邵雍讲学秉承了孔子"有教无类"的办学原则，"无论贵贱与不肖，一接以诚"[1]，因此向其求学的人渐众，其开创的学派被称为"百源学派"。邵雍教学内容广泛，不仅注意学术性极强的专业教育，即"先天之学"的讲授，另一方面还注意广泛涉及自然科学知识的讲授。这在一定程度上避开了儒家传统教育轻视自然科学的缺陷。邵雍还十分重视道德品格的教育，明确指出教育的目的在于"正人伦"为核心的儒家伦理纲常，即培养明人伦之人。他认为后世慕三代之治世者，未有不正人伦者也。其在《观物内篇》中言道："人贵有德，才不可恃，德不可无。"重点强调"德"的作用。邵雍在其所著《渔樵问对》中还进一步对其所认为的"德"进行解释，他认为："君君、臣臣、父父、子子、兄兄、弟弟、夫夫、妇妇，谓各要其分也；君不君、臣不臣、父不父、子不子、兄不兄、弟不弟、夫不夫、妇不妇，谓各不其分也。"很明显，其所谓的"德"实际上就是儒家所倡导的三纲五常的礼仪秩序。针对当时社会道德风尚每况愈下，邵雍希望通过教化来移风易俗，变化民情。为此，他专门著《击壤集》[2]一书，来表达其这种愿望。

---

① 《辉县志》卷十七《艺文志·记》，道光十五年刻本。
② "击壤"原是古代一种游戏，后来人们将"击壤"作为太平盛世的象征。

邵雍还十分重视对其子弟的家庭教育，注重从小培养其尊祖、敬宗、明孝道。其子邵伯温出生时，他便言说："我本行年四十五，生男方知为人父，鞠育教诲诚在我，寿夭贤愚系于汝。"阐明了自己作为人父应负担的教育责任。邵雍还专门撰写了《启后录》一文，文中提出了自己对后世子孙的要求，进一步阐述了自己的宗族思想，这成为了解其宗族思想的重要文献。为更好地了解其思想，兹将全文附于下：

> 所贵乎世族者，以其祖宗德业之盛，子孙生聚之众也。然盛而弗传，犹弗盛也。众而弗亲，犹弗众矣。恶得以为世族哉！欲传且亲，惟修谱系。谱系既修，则文献足征，盛乃可传，名分有序，众乃可亲。我祖肇迹晋阳，衍泽关西，拓业蒲城，分宗洛下。祖宗既盛，子孙益众。虽世有谱书，以载其美，而所以世济之者，则在后之人耳。凡我子孙，于先代世系必六十年易秀，百二十年再修，庶无遗亡之失。
>
> 坟墓者，祖宗体魄所安，孝子慈孙所思、世守不忘者。然岁月云迈，时势不常，一失查理，下同荒冢。至于世远人亡，时移物换，或有垦为田地，掘为沟渠者，可胜惜哉。凡我子孙，于祖宗坟墓，记以碑石，刻其上曰"某祖之墓"，则世代虽远，碑石犹存，平毁之患，于兹可免。
>
> 宋嘉祐七年（1062）春正文定公十九世孙雍熏沐谨书①

文中邵雍重点强调了谱牒、坟墓等有关宗族物化因素的作用，其认为必须加强对宗族谱牒的不断修撰，并且重视对祖先坟墓的保护与修缮，希望通过一系列的强化措施，来达到敬宗收族、团结族人的目的，进而保持本族的长盛不衰。这篇相当于谱序的文章的珍贵之处就在于，这是北方地区为数不多的北宋时期存有的有关宗族思想的文献，有关豫北的谱牒问题后文还会专门谈及，此处从略。

此外还有一点需要指明的是，针对邵雍讲学的太极书院当时究竟存在与否，目前学术界还有争论。据赵国权考证，邵雍在苏门讲学仍属于私家传授，不具有书院规模，且其家贫如洗，也无力筹建书院。②

---

① 《古共邵氏宗谱》卷一《录》，民国十三年刊本。
② 赵国权. 略论百泉书院的学术文化活动及兴衰［J］. 河南大学学报（社会科学版），1995（4）.

邵雍晚年移居洛阳，百泉书院、太极书院讲学的高潮渐渐退去。南宋与金朝对立时期，金朝政府统治中原，中原地区成为宋、金必争之地，战乱频繁，太极书院受到战乱的摧残和破坏，就读于书院的士人纷纷南迁，南方书院逐渐兴盛，程朱理学在朱熹等人推动下得到传播与流行，而北方则渐衰，理学遭到破坏，形成了"南北道绝，载籍不相通"①的局面。至宋末元初时期，理学家姚枢、赵复、许衡等人重新修建了太极书院，并长期在此讲学，传播理学，培养人才，使得原本已经衰落的太极书院再度复兴，理学也因此在北方得到了继续发展与兴盛。

元朝以武业兴起，最初沿袭了游牧民族的传统，重武鄙文，与中原文明形成了强烈冲突。至元世祖忽必烈时期，元朝统治思想开始转变，元世祖较为重视汉族文化，重用儒士，提倡儒学，姚枢、赵复、许衡诸儒正是在此背景下，成为元代在北方传播理学的中坚力量。

姚枢，字公茂，号雪斋，河北柳城（今河南西华）人，自幼聪慧好学，终学有所成。1235年，姚枢奉太宗窝阔台网罗南儒的命令，随元军南征，访求儒、道、释、医、卜等人才。至湖北德安（今湖北安陆），在被俘的儒生中发现了朱熹弟子赵复，遂请赵复北上传授程朱理学，从而拉开了儒学北传的序幕。赵复，字仁甫，世称江汉先生，湖北德安人。至赵复北上始，北方方知程朱之学，为理学在北方的兴起奠定了基础。1236年，他与江汉先生赵复共同选取程颢、程颐、朱熹等理学大家的理学遗书八千余卷，创作《传道图》《伊洛发挥》《师友图》《希贤录》等教材，向诸学子讲授程朱理学。有关这四部书的编撰目的以及具体内容，《元史·赵复传》中专门做了介绍：

> 复以周、程而后，其书广博，学者未能贯通，乃原羲、农、尧、舜所以继天立极，孔子、颜、孟所以垂世立教，周、程、张、朱氏所以发明绍续者，作《传道图》，而以书目条列于后；别著《伊洛发挥》，以标其宗旨。朱子门人，散在四方，则以见诸登载与得诸传闻者，共五十有三人，作《师友图》，以寓私淑之志。又取伊尹、颜渊言行，作《希贤录》，使学者知所向慕，然后求端用力之方备矣。

从上文可知明显看出，赵复所授著作皆是有关程朱理学的内容，是程朱学

---

① 《元史》卷一八九《儒学传一·赵复传》。

派的理学，最终是为宣扬与普及程朱理学服务的。

元太宗十三年（1241），姚枢弃官携家迁居至辉州（辉县），隐居于苏门山中，"作家庙，别为室奉孔子及宋儒周敦颐等像，刊经书，惠学者，读书鸣琴，若将终身"。姚枢读书其间，专以正学授徒为己任，汲汲以化民成俗为心，致力于理学的研究及对理学著作的整理与刊刻，其连续刊刻《论语》《小学》《孟子》等儒家经典，并使传之于四方，有力地促进了理学在北方尤其是豫北地区的传播。① 其后姚枢曾一度进入中央为官，官拜京兆劝农使、太子太师、中书左丞、昭文馆大学士等职。元世祖至元年间，姚枢再度退隐苏门，并与赵复共同创办太极书院，内置周子祠，以二程配食。书院以赵复主讲其中，教授内容以程朱理学为主，在传播理学过程中取得了巨大的成就，改变了北方沉闷的学术气氛，具有开创性的意义。史载："北方知程朱之学，自复始。"② 由此可知赵复在传播理学中的功劳之大。在赵复、姚枢二位儒学大家的极力筹划之下，太极书院逐渐成为北方理学传播的重要阵地。

在姚枢、赵复百泉书院、太极书院讲学时期，有不少士人慕名就学于书院，求学于二位，著名的如窦默、许衡等人。他们不仅从二位身上学到了从前北方没有的程朱理学，而且也成为日后理学传播的"二传手"，致力于儒学的研究与传播。理学在众学者的推动下，在北方日趋繁盛。

窦默，字子声，河北肥乡人。金末时期为避战乱，至河南习医，后又迁至湖北德安，得伊洛性理之书以归，与姚枢、赵复等相研习，后共同讲学于太极书院，为传播理学做出了贡献。

许衡，字平仲，号鲁斋，河内（今河南沁阳）人。许衡"幼而读书，即有志于圣贤之道"③，稍长，嗜学如饥渴，因家贫无力购书，一日偶得《尚书注疏》，如获至宝，手抄以归。后闻姚枢、赵复讲学苏门，传授程朱理学，慕名诣苏门访求，从师姚枢，得《程朱易传》《四书集注》《小学》等理学著作。遂刻意研读，获益匪浅，崇信程、朱之学，终有所成。据《元史·姚枢传》记载："时许衡在魏，至辉，就录程、朱之学以归，谓其徒曰'曩所授皆非，今始闻进

---

① 在姚枢到苏门讲学之前，当地已经有深受理学影响的学者王磐在此讲学。姚枢来辉后，王磐因要到燕地，便将讲堂交与姚枢使用，并要求讲堂所有学生跟随姚枢继续学习。可参见姚燧：《三贤堂记》，《牧庵集》卷七，《四部丛刊本》。

② 《元史》卷一八九《儒学传一·赵复传》。

③ 《元史》卷一五八《许衡传》。

学之序'。"1250 年，许衡移家苏门，"慨然以道为己任"，与姚枢共同讲学苏门太极书院，凡经传、子史、礼乐、名物、星历、兵刑、食货及水利之类，无所不讲。后姚枢入仕，许衡仍独居苏门，笃守程朱理学，以明道为己任，从学者浸盛。史载，许衡教人"谆煦垦至，从学者尊师敬业，日该月化，虽童子亦知三纲五常为生人之道也"。①

许衡在理学传播中的一大贡献，就是促进了元代理学的通俗化，从而加速了其在元代的传播。宋代程朱理学从创立之初便陷入了烦琐、空谈、脱离实际的困境之中，严重阻碍了理学的传播。许衡适应形势，对理学进行了新的、更加宽泛的解释，在加强理学理论建设方面做了大量的工作，使理学通俗易懂化，从而进入了"经世致用"的轨道中。许衡认为，"道"并非高深玄妙之物，如果"道"是"高远难行之事"，则便不是道了；"道"应当是"众人之所能行者，故道不远于人"。② 为了使所传之"道"更加通俗、更加接近众人，许衡在解释"道"时言道："大而君臣父子，小而盐米细事，总谓之文；以其合宜之义，又谓之义；以其可以日用常行，又谓之道。文也道也，只是一般。"③ 在许衡看来，"君臣父子""盐米细事"皆可为道，使得其所传之"道"不再神秘化和形而上，一般村野百姓也可以"习道"懂礼，促进了理学的社会化。正如《元史·许衡传》所言："听其言，虽武人俗士、异端之徒，无不感悟者。"

许衡在宣讲程朱理学过程中，非常强调礼仪秩序，尤其是儒家伦理等级秩序，将其视为天理、自然秩序，希望世俗严格遵循。许衡强调道："天尊地卑，乾坤定矣，贵贱位矣。在上者必尊之，然后事可得而理。为尊长，敬天地、祖宗、鬼神；为百执事，敬事君长，此不易之理也。舍此便逆，便不顺。"对于儒家所一贯推崇的"三纲五常"，许衡也是倍加强调，认为其是人们社会生活的根本，是天定的不易之理。许衡谈道："自古及今，天下国家惟有个三纲五常，君知君道，臣知臣道，则君臣各得其所矣；父知父道，子知子道，则父子各得其所矣；夫知夫道，妇知妇道，则夫妇各得其所矣。三者既正，则他事皆可为之；此或未正，则其变故有不可测知者，又奚暇他为也。"④ 许衡还极为重视对礼仪

---

① 《辉县志》卷十一《人物·寓贤》，道光十五年刻本。
② 《元史》卷一五八《许衡传》。
③ 《许文正公遗书》卷一《语录（上）》。
④ 《许文正公遗书》卷二《语录（下）》。

的推广，其讲学过程中，积极向学生灌输儒家礼制，史载："课诵少暇，即习礼。"① 由此可见，许衡在推行礼仪，宣讲伦理纲常上，可谓不遗余力，其所极力营造的社会，是君民各安其分，懂礼守法的社会。

由于姚枢、赵复、许衡等长期担任地方与中央的官职，有着较高的政治地位，特别是许衡在较长时间内掌握着一些地方教育机构和国子监的行政大权，对元朝的教育政策、方针以及内容方法等方面都有着深刻的影响，在推行理学上有了便利条件，因此，他们积极在全国范围内推行理学官学化。许衡针对北方理学衰落的情况，强调兴办学校，以传授理学，推行礼仪。许衡建议道："自上都、中都，下及司县，皆立学校，使皇子以下至庶人之子弟，皆从事于学，日明父子君臣之大伦，自洒扫应对至于天下之要道。十年以后，上知所以御下，下知所以事上，上下和睦，又非今日比矣。"② 许衡还身体力行，在全国范围内兴办学校。早在1253年，忽必烈"出王秦中，许衡被任命为京兆提学"，当其时，"秦人新脱于兵，欲学无师，闻衡来，人人莫不喜性来学"，经过许衡多方筹划，"郡县皆建学校，民大化之"。③ 忽必烈即位后，中统、至元年间，许衡相继入中央担任国子祭酒，得以继续推行其教育政策，在全国兴建学校。经过许衡等人的大力倡导，元朝从中央到地方都设立了各级学校。而这些学校大多以教授儒学为主体的四书五经课程，以小学为入门课，这促进了理学的广泛传播，出现了"儒学为之不振"④ 的良好局面。

为进一步提高儒学地位，许衡还极力倡导科举，谋求理学官学化。自隋唐以降，科举制一直是士人谋求仕宦的主要途径。但自蒙古取得统治地位后，长期未进行科举，当时在全国出现了"贡法费，士无入仕之途""皆以为天下习儒者少，而刀笔吏得官者多"的现象，使得大量儒生游离于仕途之外。这严重挫伤了广大士人习儒、传儒的积极性，大量的儒生不得不放弃通过攻读四书五经谋求仕进的打算，从而严重阻碍了理学的传播与兴盛。为从根本上改变这一状况，许衡积极劝说元朝统治者，谋求恢复科举。他在《时务五事》疏中言道："夫民不安于白屋，必求禄仕；仕不安于卑位，笔求尊荣"，而欲求得禄仕，必

① 《宋元学案》卷九十，上海文瑞楼石印本。
② 《许文正公遗书》卷七，《时务五事》。
③ 《元史》卷一五八《许衡传》。
④ 《元史》卷一七四《耶律有尚传》。

须由统治者设立一条正确的道路，而这条道路正是"科举"。许衡向元朝统治者倡议科举，并规定新的科举内容以"罢诗赋，重经学"为主。虽然许衡提倡科举的建议，在当时由于种种原因，并未实行，但这无疑对提高理学的地位有了积极的作用，也间接促进了理学的传播。

总之，元朝时期，姚枢、赵复、许衡等学者，以苏门太极书院为阵营，继承程朱理学，推崇理学、研究理学，进而宣传、推广理学，促进理学官学化，理学终在元代被确立为官学，并且历经元、明、清三朝而不衰，对明清时期文人士绅的思想意识、行为规范以及人生道路等各方面均影响深远。而豫北地区成为直接的受益地区，当地的理学积淀愈加深厚。明清时期当地理学的再次兴盛，与其深厚的历史积淀密不可分。

二、明清时期理学在豫北的发展

如果说宋元时期豫北理学发展只是间接上促进了当地宗族构建的话，那么明清时期理学的兴盛则直接推动了豫北宗族的构建。

明朝初期至中期的一段时间内，由于明朝政府将教育的重点放在兴办官学以及提倡科举上面，一般的学子士人向往官学的优厚待遇和今后的锦绣前程，不再热心于书院的清苦，因而书院发展缓慢，几乎处于沉寂状态。一直至明中期成化年间始，书院才逐渐兴盛。

成化十七年（1481），河南提学金事吴伯通督学中州，因病当时中州学子"学务枝叶，不根理致"，希望学子们能"探本穷源，得蒙养之道"，故建议抚宪李衍于河南境内共筹建四书院，而百泉书院正是其中之一，当时人刘建曾撰《百泉书院记》一文，① 详细介绍了书院的建造过程以及书院建置等，为能更进一步了解书院情况，兹选录其文如下：

> 巡抚都宪李公衍建四书院于河南境内，百泉其一也。初议专祠邵子，既而更议祀宋濂溪、周子、邵子、司马温公、明道伊川两程子、横渠张子、晦庵朱子、南轩张氏、东莱吕氏、元鲁斋许氏，凡十贤……成化庚子（1480）四月始事，至壬寅三月毕工。凡为屋三重，为楹六十有二，扁其前日"先贤祠"，中日"讲道堂"，左右为斋凡八，后日"主敬堂"，为斋凡

---

① 《卫辉府志》卷四十六《艺文·记三》，乾隆五十三年刻本。

四合，扁之曰"百泉书院"。乃选庠生之秀敏者数十人肄业其中……又规置旁近常稔田若干顷为之赡。

从文中可见，当时书院已经正式命名为"百泉书院"，设置齐备，有祠堂、斋房、学田等建置，从而为当地学子求学习儒创造了良好的外部环境。

弘治十年（1497），刘玉知辉县事，重修百泉书院。次年，提学佥事车玺檄知县李琼创思贤亭于书院，奉祀孙登、嵇康、邵雍、李之才、姚枢、许衡、窦默等来辉县讲学诸公，并改先贤祠为文庙，"像设先圣，而诸贤俱列为配享"，书院建置更为齐备，一时当地人文显盛，声名远播。其后书院又分别在正德十五年（1520）、嘉靖十二年（1533）、嘉靖三十三年（1554）分别由知县李杰、知府吕颙、巡按御史霍冀先后对百泉书院进行整修，书院规置愈加扩大。隆庆六年（1578），巡抚粟永禄以"诸贤配享非礼"为由，于书院文庙中"增置四，配十哲，诸贤列于配哲之后"。万历戊寅（1578），辉县知县聂良杞则认为"国家尊师重道，稽古定制，立庙于庠序而规制森严，致祭以上丁而仪文周备，配享有礼，从祀有谊，非若淫祀者之可以私创而擅增也"，故良杞在报明上级之后，"将文庙仍改为先贤祠，移之东隅，圣像则别藏之"，以合礼仪。[1] 此外，良杞在知辉县事时期，公事之余，对本县教育异常重视，以教育人才为己任，常集诸生于书院，耳提面命，并亲定书院《学约六条》，当地士风为之一振。[2]

由于明中后期，统治者在全国范围内共发动了三次较大规模的禁毁书院行动[3]，百泉书院也未能幸免。尤其是万历七年（1579），张居正禁毁天下书院运动中，百泉书院受害为大。万历九年（1581），百泉书院被奉例拆废。但在仅过了三年之后，由当时卫辉府推官龙德孚倡议光复书院，后由知府周思宸、知县卢大中共同修缮，百泉书院得以重建，内设先贤祠三间，祀周子、二程、邵子、张载、司马温公、朱子、张栻、吕东莱、许鲁斋，以姚、窦二公配享。

崇祯十五年（1642），李自成农民军攻打开封，围攻开封城。明军为了抵御农民军，竟掘黄河水以拒，致使开封城被洪水淹没，造成了河南乡试不得不中

---

① 《辉县志》卷十七《艺文·议》，道光十五年刻本。
② 《辉县志》卷六《学校·书院》，道光十五年刻本。
③ 第一次禁毁书院发生在嘉靖十七年（1538年），由吏部尚书许赞发动禁毁书院；第二次在万历七年（1597年），张居正下令拆毁天下书院；第三次是天启五年（1625年），魏忠贤屠杀东林书院院生，开始了全国范围的禁毁书院运动。

止。第二年（1643），河南提督学政上奏朝廷，请求补科河南乡试。明思宗颁旨准奏，临时将河南乡试科场移到豫北地区。时任辉县知县的郁英，向御史苏京请求以百泉书院为改为贡院，为河南乡试考场，苏京允准，遂将书院改建为河南贡院，成为当时的文化中心。而书院内十贤祠移至苏门山腰，合为十二贤，东西两庑，俱配先圣，更名为"圣庙"。百泉书院讲学授徒至此暂时中止。但此次将书院改为河南贡院，并非意味着当地的文化气息的衰落，相反，由于成为河南一省的科考所在地，使豫北地区一时成为河南的文化中心，也间接提升了整个豫北地区的文化地位，因此对当地的传统文化特别是儒学的发展有着积极的促进作用。

至清朝初年（1616），百泉书院仍为贡院，是科场所在地。清顺治时期，共经历了六场科试，一直到顺治十六年（1659），御史李粹然会疏请复贡举于开封，至此，百泉书院作为贡院的经历才告结束。但在此期间，百泉书院的讲学之风却再次兴盛，并在全国范围内影响深远。

在明末清初时期，由于战乱，再加上统治者抑制书院发展，全国各级书院大多沉寂无闻，发展陷入低潮。但这一时期，一些书院由于有著名儒学大家讲学其中，这些书院的教育却显得生机勃勃。当时全国较为著名的有三大书院，分别是李颙主讲的关中书院、颜元主讲的漳南书院以及孙奇逢主讲的百泉书院。百泉书院由于大儒孙奇逢在此讲学，又一次进入了其发展的高潮时期。而孙奇逢在百泉书院的讲学，不仅自己身体力行的宣扬理学，更是在豫北地区培养了一大批文人士绅，他们也成为当地宗族构建的中坚力量。

孙奇逢，字启泰，号钟元，原籍直隶容城（今河北容城），清初迁至河南辉县苏门山下夏峰村定居，故世称夏峰先生，明末清初，朝廷曾11次征召其入仕为官，当其皆托辞不就，据此，世人又称其为"征君"。孙奇逢是明清之际著名的思想家、教育家，被北方学界奉为"泰山北斗""中原文献"，曾与黄宗羲齐名，时称"南黄北孙"。同时又在王夫之蛰居猺洞并不为世人所熟知时，孙奇逢与当时学者黄宗羲、李颙并称为"三大儒"。《清史稿·儒林传》中首列其传，黄宗羲在其所著《明儒学案》中为其独立列传，足见其在明清儒学史中的地位之高。孙奇逢在中国理学史上成就甚多，但就本研究而言，所关注的重点在于其在地域社会中，即在豫北地区，孙奇逢所起到的巨大作用和对当地的重大影响。这其中包括：其如何在当时宣扬的理学以及其身体力行的推行礼仪、伦理秩序？又是怎样汲汲以化民成俗、整风救世为己任？其怎样实施对本宗族的教育与宗族构建？其在当地培养的士绅群体，又是怎样成为宗族构建的中坚力量？以下本书便结合孙奇逢生平、著述等，就以上问题进行论述。

孙奇逢自幼情操卓越，蓄有大志。其一度曾热衷功名，以拯民救世为理想，7岁入学，14岁中秀才，进邑庠，后回家随其长兄孙奇儒研习程朱理学。17岁时，应顺天乡试，中举人。19岁后，又从学于其叔父孙成轩，学习内容先是程朱理学，继而转学王阳明心学，可以说对程朱理学与心学皆有造诣，这也为之后其能调和二学打下了坚实基础。孙奇逢在考中乡试之后，曾先后四次参加会试，但皆落第。奇逢22岁和25岁时，其父、母先后逝世，孙奇逢前后守孝达六年。六年期间，家庭状况日渐困顿，生活困苦。在守孝完成之后，孙奇逢思想也有了很大的转变，一方面是家庭变故，另一方面也是其目睹了朝廷的腐败和官场的黑暗，逐渐灰心仕途，不再妄意功名，开始走上了专意学问、以恢复儒家礼仪秩序为己任的道路。

孙奇逢中年时期，曾一度离开家乡，赴京师一代寻访名人逸士，与当时名士鹿伯顺、魏大中、左光斗等皆有交往，期间与之切磋学问、研习儒家经典，名气与影响大增。明天启年间，宦官弄权，东林党人魏大中、左光斗、杨涟等，因反对魏忠贤独专朝政，被阉党诬陷下狱。孙奇逢知晓后，与鹿正、张果中不避祸灾，冒死犯难，竭力营救，倡议筹金，以图将其赎出。然事终未成，孙奇逢等又积极行动，将东林诸公尸骨赎回。孙奇逢的义行倍受世人称赞，"燕赵悲歌慷慨之风久湮，人谓自先生再见"①。当时人将孙奇逢同鹿正、张果中并称为"范阳三烈士"，奇逢名望更盛。

崇祯年间，清军入关，孙奇逢曾积极组织乡勇抗击清军，保卫容城。明朝灭亡后，顺治二年（1645），由于清统治者在京畿附近实施"圈地"政策，孙奇逢家园亦被圈占，至此，他开始过上了漂泊生涯。直到顺治七年（1650），奇逢听从友人薛所蕴的劝告，并"慕苏门百泉之圣，为宋邵康节、元姚许诸儒高尚讲学之地"②，决意前往辉县苏门山下定居。顺治七年（1650）四月，孙奇逢一行到达辉县，次年又接受了时任水部副使的马光裕的馈赠，得到苏门山下夏峰

---

① 《明儒学案》卷五七《诸儒学案下五》。

② 孙奇逢.《夏峰先生集》卷首附录《夏峰先生传》. 朱茂汉，点校. 北京：中华书局，2004：5.

村的田地与房舍，筑兼山堂，从而开始了在夏峰著述理学、聚徒讲学论道的生涯。从此，百泉再次成为中原学术重镇，其对豫北乃至整个中原地区理学的传播与兴盛均有重大影响。孙奇逢一生学术著述甚多，主要有《理学宗传》《四书近指》《读易大旨》《书经近指》《圣学录》《北学编》《洛学编》《中州人物考》等，后人编有《夏峰集》《夏峰先生全集》等。

夏峰之学"以慎独为宗，体认天理为要，以日用伦常为实际"，"天理"即儒家伦理道德、礼仪秩序，强调以其为第一要务。既重视理学理论研究，又异常注重实践，提倡在实践中获取知识并且学以致用。同时，夏峰认为学无止境，应终生学习。其本人治学态度十分严谨，尤其其晚年仍老而弥坚，不断进取，精研学问，故其学术日见精深，尝自言："七十岁工夫较六十而密，八十工夫较七十时而密，九十工夫较八十而密，学无止境，此念无时敢懈。"① 可见其对自己要求之严格。

孙奇逢作为清初北方大儒，开创了对宋明理学发展史进行研究的先河，第一次把理学作为专门史来研究。他在全面研究了儒家学说的发展历史、深刻反思了明亡清兴的社会变革之后，力求调和程朱理学与陆王心学门户派别之争，抛弃二派弊端，兼采二派之说。自王守仁心学思想兴起之后，程朱理学与陆王心学思想派别之争渐成为宋明理学发展变化的显著特点，二派的论争成为中国学术思潮的重要内容和特征。而孙奇逢由于"幼而读书，谨守程朱之训，然于陆王亦甚喜之"②，可以说对理学与心学皆有很高造诣，又受到时代学术思潮的影响。因而致力于对二派学术进行评析，强调不可拘于门户之见，而应兼收并蓄，融合贯通，以求调和折中二派，寻求儒学发展的新途径。孙奇逢认为朱学长处在于其提倡随事观察、触类旁通的平实为学的方法，注重躬行修养工夫，反对空谈义理，但朱学后学却不重自心自性的反求体理，沉溺于故纸堆，流变于支离琐碎。同时，王学倡导"致良知"之说，重视自心自性的反求识得，力扫朱学的支离烦琐弊端，但其缺点在于过于强调了致良知之说，特别是其后学产生的"四无论"和"顿悟说"，其中"四无论"即心是无心之心，意是无意之意，知是无知之知，物是无物之物，而"顿悟说"则指"以一念灵明为极则，以一觉之顷为实际"以及"亦佛亦儒"等观点，混淆了儒学与佛学的本质区别，

---

① 魏裔介. 夏峰先生本传［M］//夏峰先生集. 北京：中华书局，2004：5.
② 《夏峰先生集》卷二《寄张蓬宣》，第61页。

导致了脱离社会实际的空疏流弊。① 针对王学的"流于空虚"和朱学的"僵化"之弊，孙奇逢主张坚持朱学致知、笃实的"下学"工夫，兼取王学反求自悟的本心论，抛弃心学的四无论、顿悟论以及朱学的烦琐求证方法，强调以实补虚、躬行实践，做到明体达用。但总体而言，孙奇逢对于理学与心学的兼采融合，主要是以阳明心学为本，进而采取融朱入王的方法。

孙奇逢极力主张学以致用，强调躬行践履、经世宰物，将治学与治世结合起来。认为只有把理论附诸实践才是做学问真正得力之处，否则空谈性命之学，一遇诸事便茫然无知，不能算是真正学问。其尝言："日用食息间，每举一念、行一事、接一言，不可违天理、拂人情处，便是学问。"又言："天之明命，无一刻不流行于人伦事物中，能于日用食息真见其流行不已，便自有下手工夫。"指出学问无它，在日用伦常中就可求得。因而，《四库全书总目提要》评价孙奇逢学术特点时道："奇逢之学，兼采朱陆，而大本主于穷则励行，出则经世，故其说如此，虽不一一皆合于经义，而读其书者，知反身以求实行、实用，于学者亦不为无益也。"② 评价将躬行实践作为奇逢之学的特点，是较为中肯合适的。孙奇逢讲求实践、实用的学术特点为清初北方学者昭示了治学的方向，成为扭转明清之际学术风气的先导，直接为以后以讲求实习、实行、实用的颜李学派的兴起奠定了坚实的学术基础。

孙奇逢在日常生活中也身体力行，积极经世治用，重视民生，在乡间提倡纲常名教，化风敦俗，推行礼仪秩序，在整个北方尤其是豫北地区影响深远。奇逢在定居辉县之后，时值清朝初在北方建立政权，百废待兴，他异常关心当地民生状况以及民间风化建设，积极提倡开荒、恢复生产，推行儒家伦理道德，维护礼仪秩序，以正风化。其先后撰写《救时议》《荒田议》和《维风议》三篇文章，为当地民生出谋划策，在当地影响颇大。为全面了解孙奇逢经世的思想，现将三篇文章全文选录于下。

> 至孝廉遵道之言曰：辉邑昔称丰富，土厚民淳，士敦朴而朱浮言，民安乐而羞健讼。前辈治辉者，止于卧理而有余，不则一蒲鞭而无不足沾。至于今大非昔比矣。昔丰富，今渐贫瘠矣；昔安土，今渐荒之矣；昔化国，

---

① 孙聚友．论孙奇逢的学术思想［J］．齐鲁学刊，2000（1）．
② 《四库全书总目提要》卷三六《四书近指提要》。

今渐愁民矣；昔主胜客，今客役主矣；昔甲不累乙，今羊代牛死矣。（《救时议》）

未几霪雨湮没，连岁不登。数里外一望尽成茅草。农人终岁勤动，尚不能支，而田既荒芜，耕鉴无力，租赋又复相迫，势不得不逃。一家逃所遗地粮，累及族属，族属各不能自顾，岂堪代人赔累，势不能不与之俱逃，逃亡愈众，而地之荒芜愈多。有司按籍征粮，不能完则官受累，那移补凑，苟且权宜，迨至那无可那，凑无可凑，王令遂以缢死，吴令又以忧死。嗟此二君其孰使之至此哉？民穷财尽，荒地之累，此其大端，至阖县之受累……愚意，目前宜急议除荒，荒除矣，则民之复业者必众，复业者众，则荒不期开而自开，民与国两有利焉。（《荒田议》）

有一代之风俗，有一国之风俗，有一隅之风俗，山川所钟毓，习尚所渐摩，久而无变，相率遂成固然。不知风俗亦尝之有以仁师者以仁从，暴师者以暴从，姚许诸君子师之之道也。辉旧志言：君子崇尚礼文，小人好饮而直，婚姻丧葬有相周之义。今世道丧，淳风日漓，非敢轻言俗浇，为姚许者正不容，自他其维挽之责也。道莫大于兴孝兴弟，事莫重于养生送死，然此固人心之同。然第不触则不见耳。粤西孝子七千里徒步寻亲，一经拈出，人人有与孝之思。吾乡赵廷桂者，一愚民耳，曾刮骨愈母疾，予为筑庐以居。一郭姓名者，请解衣观之，惊曰：尔于母如此耶？小人于母时有触忤，今而后，无敢犯矣。夫谁使之哉？王老生者，因饥寒而病，病而死。其子若孙数口将为沟中瘠，借孙绍开一言，而众为赙之，死得葬，而生者免于饥寒。口广文老而无子，诸大夫食之衣之，且时飨之以酒肉。白沟张有道客死，亦诸大夫葬之，题其冢曰：遗民张果中墓。此数事在诸大夫无意为姚许，而实姚许化民成俗之事。予固曰：风化之伦，有司与士大夫不能无咎。而深有慕于姚许诸君子，故不能不致望今之为姚许。（《维风议》）①

从孙奇逢以上言论中，我们可以看出，当时的辉县由于长期战乱，民生极其艰难，世风日坏，处于礼仪道德伦理沦丧的边缘。而孙奇逢作为一个年近古稀的垂垂老者，并且是寓居于辉县，却持有中国传统文人所固有的人文关怀，

① 所引三文均见《辉县志》卷十七《艺文·议》，道光十五年刻本。

"哀民生之多艰",提倡百姓开荒生产。尤其对世道民风,异常重视,其文中呼唤"慕于姚许诸君子"者,其实自己又何尝不是其中的一员,其对于整合伦理秩序有着有生以来的使命感。孙奇逢在当地提倡民生,无论其实效如何,已大大拉近了其同普通民人的距离。而其推行礼仪秩序,则直接加深了当地的儒学氛围,对于当地礼仪秩序的整合必然大有裨益,可以说,极大地推动了当地宗族的建设与普及。

孙奇逢作为当时的儒学大家,还相当重视孙氏家庭教育,特别是以儒教纲常为主的品德教育,注意从小培养宗族子弟的忠孝观念。其尝言:"士大夫教诫子弟,是第一要紧事。子弟不成人,富贵适以益其恶;子弟能自立,贫贱益以固其节。从古贤人君子,多非生而富贵之人,当能安贫守分,便是贤人君子一流人。不安贫守分,毕世经营,舍易而图难,究竟富贵不可以求得,徒丧其生平耳。"① 教育子弟首先从如何做人开始,应成为贤人君子。其实,孙奇逢自己便身体力行,恪守儒家礼仪,在当时以孝友著称于世。其二十二岁时,"丁父艰","哀毁成例,病、丧、葬一准古礼,偕兄若弟结庐墓侧,不饮酒、不食肉、不御内者三年。"旋其母病势,又"丁母艰","既葬,倚庐六载如一日","督学使者李蕃具以事闻,特旨建坊,旌其孝"。② 孙奇逢迁居辉县之后,在当地仍以孝友著称。时人记载:"(公)天性孝友,兄若弟先逝已久,每触其手迹,辄为涕零。当两先人忌辰,惨容素食。九十岁后,犹孺慕如少年。"③ 通过孙奇逢的言传身教,使得子孙耳濡目染,培养子孙儒教伦理道德,知晓人生于世的做人道理。

孙奇逢在家庭教育中,还时刻注意培养子孙的宗族意识,教育子孙后世懂得尊祖敬宗。其所作《示诸子侄暨诸孙》一文中,就鲜明地表达了他这种观念。其文曰:

> 尔等既在祠堂读书,蚤间当敛容肃揖,晚退亦然。朔望日,当焚香叩拜,俨然祖父在上。闹轰痰唾,皆不可肆意。神主座次,宜洁宜清,则生者之伦序,自不忍亵。入孝出弟,兴仁兴让,有此佳子弟,方无愧贤父兄。我家之祖既称为佛儿,子孙若不孝不友,不仁不让,岂不玷辱祖宗?余病

---

① 《孝友堂家训》,畿辅丛书版。
② 魏裔介:《夏峰先生本传》,载《夏峰先生集》,第1页。
③ 魏裔介.夏峰先生本传[M]//夏峰先生集,6.

困，远在三十里外，不能蚤晚焚修，尔辈个个有尊祖敬宗之心，则老怀可以自慰矣。尔等莫视做泛常之言。①

上文前半部分可以视作孙氏祠堂的祠堂规范，后面内容则寄托了孙奇逢对孙氏子弟能够秉承儒家传统孝悌仁让礼仪的期望。从中可以看出，孙奇逢对于子孙后代的品德教育异常重视。

为进一步规范祠堂祭祀礼仪，孙奇逢还专门撰写《家祭仪注》一文，其中重点谈及了一年之中祠堂祭祀的时间、祭祀礼仪等内容。其撰《家祭仪注》曰：

> 久离丘垄，兼之萍踪未定，苹藻疏违，负疚中夜。迩即次稍安，移先位于斯堂，庶朝夕得依灵爽。凡我子若孙，入庙思敬，不待病子之告教，酌立仪注，愿身先之，不敢与当世论礼也。
>
> 晨起节沐后，入祠三揖，自入小学便不可废。
>
> 朔望焚香拜。
>
> 元旦昧爽设祭，四拜。仲四月，用分至日各设祭，行四拜礼，令子孙供执事。
>
> 凡佳辰令节、寒食寒衣皆拜，设时食。
>
> 忌辰设食拜，子孙素食，不宜享客。
>
> 有事出门，焚香拜，归亦如此。
>
> 吉庆事，卜期设祭。
>
> 儿女婚姻，焚香以告生辰，弥月设食以献。
>
> 新妇庙见设祭，主妇率之行礼。
>
> 凡祭，妇人另行礼，各如仪。②

由上可以看出，孙奇逢对族内祭祀的各种行为都有较为详尽而细致的规定，族内子孙只需依据执行便可。而这些礼仪的进行，在潜移默化间，加深了子孙们尊祖敬宗的观念，增进了彼此的了解与团结，孙奇逢可谓用心良苦。

在对弟子进行祭祀礼仪教育的同时，奇逢还撰写了一系列与宗族建设有关的文章，包括《孝友堂家规》《孙氏族谱》等。这些著作都是研究其宗族思想

① 《夏峰先生集》卷二《示诸子侄暨诸孙》，第47页。
② 《夏峰先生集》卷十《家祭仪注》，第391页。

的重要文献，为了便于分析探讨其宗族思想，兹将全文分别列于下。其所撰
《孝友堂家规》曰：

> 迩来士大夫绝，不讲家规身范，故子若孙，鲜克由礼，不旋踵而坏名
> 灾已，辱身丧家。不知立家之规，正须以身作范，祖父不能对子孙，子孙
> 不能对祖父，皆其身多惭德也。一家之中，老老幼幼，夫夫妇妇，各无惭
> 德，便是羲皇世界。孝友为政，政孰有大焉者乎？舜值父母兄弟之变，汤
> 武值君臣之变，周公值兄弟之变，虽各无惭德，然饮泣自伤，焉能愉快于
> 无言之地？吾家先懃以慈孝遗后人，所垂训辞，世守勿替，余因推广其义，
> 为十八则，愿与子若孙共勉之。
>
> 　安贫以存士节；寡营以养廉耻；洁室以妥先灵；斋躬以乘祭祀；
> 　既翕以协兄弟；好合以乐妻子；择德以结婚姻；敦睦以联宗党；
> 　隆师以教子弟；勿欺以交朋友；正色以对贤豪；含洪以容横逆；
> 　守分以远析隙；谨言以杜风波；谮修以淡声闻；好古以择趋避；
> 　克勤以绝耽乐之蠹己；克俭以辨饥渴之害心。

　　右（上）十八则无非先人所常言者，余参以己意而次第之。盖教家立
范，品行为先，故首存士节，养耻心，孝友为政，立祠举祀，其先务也。
谢叠山曰：兄弟不和，家庭间尽是戾气，虽有妻子之乐，不乐矣。然兄弟
不和多关隙于妻子，易：家人利女贞。夫子以好合。先既翕，而得父母之
顺，亦可知矣。婚姻之事，家之盛衰攸关，论财不论德，宜君子不入其乡
也。家有长幼，孰是可以作伪？相接朋友，信之已；不信而能得人之信，
其谁与？我子孙不肖，祖父之教不先。古人易子而教，自童蒙即为择师。
爱而不劳，禽犊之爱也。与贤豪相对最不可有媚悦之色，与妄人相值亦当
存自反之心。衅隙之开，风波之招，非多事则横议。守分谨言，庶乎免矣。
声闻果情，君子耻之。趋避不审，不学无术耳。谮修好古，君子日用所从
事者，端在于斯。居家之道，八口饥寒，治生亦学者所不废，故以勤俭终
焉。凡此皆吾人分内事，人人可行，人人不肯行，余为此规，不敢望之天
下，不敢望之一国，窃欲望之一家，因取先圣先贤所以教诫子弟者，偶录
六则于左（下），一为家规榜样，其亦可参观而悟矣。

　　孔子之教伯鱼，曰："不学诗，无以言，不学礼，无以立。"淑性情，
固筋骸，立身之大端尽此矣。

周公谓鲁公："故旧无大故则不弃。"何其仁也；"无求备于一人。"何其恕也。仁且恕，世岂有外焉者乎？

马援戒其子也，曰："闻人过失，如闻父母之名，心可知，口不可言。"此涉世之道焉。

汉昭烈云："勿以善小而不为，勿以恶小而为之。"此真圣贤集义迁善要诀，不谓英雄人能见及此。

柳比之戒其子弟也，曰："不识儒术，不悦古道，身既寡知，恶人有学，胜己者嫉之，佞己者扬之，以衔杯为高致，以勤事为俗流。"此最中人膏肓之病。

王阳明曰："我子弟苟远良士而近凶人，是谓逆子。"亲师取友之谊，夫岂有外焉者哉？

右（上）六则因与子孙所尝言者，随笔录之。此六则之义，千万人言之不尽，千万世用之不尽。凡我子孙，其绎斯言。①

由上文所列的十八条家规以及其所引用的古来六位圣贤的家训语录可以看出，孙奇逢强调的是对子弟伦理道德的教化，探讨人生在世如何为人处事的道理，目的是将孙氏子孙培养成贤人、君子。此外，还可以看出，孙奇逢异常重视家庭内部的团结和睦，家规的许多内容都是针对治家而设立的。他认为："家之所以齐者，父曰慈，子曰孝，兄曰友，弟曰恭，夫曰健，妇曰顺。反此则父子相伤，夫妻反目，兄弟阋。积渐而往，遂至子弑父，妻鸩夫，兄弟相仇杀，庭闱衽席间皆敌国。"② 要求子孙严格尊崇儒家纲常伦理，如此方能达到齐家兴家的目标。

《孝友堂家规》在当时影响深远，顺治时期，直隶清苑人张炎曾专门作文，详细阐述了孙奇逢做此家规的缘由、功用等，其文有助于理解《家规》的产生以及意义等。其文曰：

天地间惟此家人之事、家人之情，愚夫愚妇可与知能，而大圣大贤有不尽知能者。举其名，人尽父子也、人尽兄弟也，人尽夫妇也。稽其实，果能父父子子乎？果能兄兄弟弟乎？果能夫夫妇妇乎？大学所谓辟而好则

---

① 可参见《孝友堂家规》家传单行本或《夏峰先生集》卷十《家规》，第388–391页。
② 《孝友堂家训》，畿辅丛书版。

不知其恶，辟而恶则不知其美。非家人之难齐，而辟情之难化也。情一辟
则繁，然混乱之身，而欲家人之就绳就理也，难矣。征君先生继静修之后，
崛起容城，毅然以斯文为己任，耕仁滧义，道心与华狱俱长，暮年著作益
富，大约皆名节忠孝、维世砺俗之言。至阐发前圣秘义，尤属深远自得。
故信手拈出，随在指示，无非先儒所谓这些这件事。先生六十年来，孝弟
力田所得力者，正在此耳。此则一节见全，体会不得则身心意，知家国天
下，判然不相属，学荒道丧一线孤灯。先生其鲁灵光兴家规一编，前曾读
于夏峰，窃欲公之同志，使人人想见孝友为政之实先生曰：此偶以教我子
若孙，非敢出而问世也。夫家之规，即天下之矩也。能使一家长幼尊卑秩
秩然，无参差错乱之象，国如其家，天下如其国。不居然，唐虞三代之世
也乎？

顺治辛丑仲夏清苑后学张炎敬识①

在张炎看来，孙奇逢作《家规》一文意义深远。在"学荒道丧"的不利局
面下，孙奇逢勇挑重担，以"继往圣续绝学"为己任，振兴儒家伦理道德。孙
奇逢一家之《家规》可视做天下"齐家"之范本，唯有先"齐家"方能"治天
下"，言外之意，将治家与平天下置于同等重要的地位。

孙奇逢还异常重视族谱的作用，认为族谱具有维持孝弟、移风易俗的重要
功用。其在撰写的《族谱》一文中言道：

> 人心何以淳？淳于孝弟。风俗何以厚？厚于兴孝兴弟。夫孰是当不孝
> 不弟者？而人心之浇也，且日甚一日；风俗之薄也，日甚一日，此何以故？
> 盖族谱废。而士大夫不讲明孝弟之义，于庶民何望焉？古帝王以孝治天下，
> 上老老而民兴孝，上长长而民兴弟。汉近古，孝弟力行之士多举于朝，迨
> 唐传孝友，以风不孝不友者，孝弟之实已微。今则并其名亦不存矣。以人
> 人不可少，家家不可少，又非有甚艰难重大犯时触忌之事，而恬然安之，
> 可为浩叹。②

他认为，上古时期重孝弟，至中古仁孝之风已经渐弱。而修撰族谱对维持
风化、孝友有重要意义。族谱是子孙当行之事，修撰、续修族谱可以维持仁孝

---

① 《孝友堂家规》，家传单行本。

② 《夏峰先生集》卷十《族谱》，第392页。

之道、雍慕之风，起到团结族众并教育族众克承家风、光宗耀祖的功用，故"人人不可少，家家不可少"。另外，他还指出，修撰族谱，推行孝弟教化，士大夫阶层要"首倡其义"，应首先积极响应推行，唯如此，方可引导庶民向化，逐渐遵循儒家纲常伦理，形成理想治世。

总之，孙奇逢在教育族人子弟时所提倡的各项措施，一方面加强了孙氏宗族的建设，另一方面，其更为重要的地方在于，由于孙奇逢在当地儒学大家的地位，其对本地宗族的建设具有强烈的示范作用。孙奇逢对儒家伦理纲常的提倡，深深影响了当地世风，豫北地区理学风气日盛并逐渐向下渗透，渐及庶民阶层。其积极推行孙氏宗族的建设，为当地其他各族提供了很好的宗族建设模板，对当地的宗族建设起到了强大的推动作用，宗族庶民化日渐显现。

还需一提的是，孙奇逢在当地进行的家学论道，其深厚的学术功底，独特的教学方法，吸引了一大批求学之人。中原及四方学者云集百泉书院，拜孙奇逢为师。孙奇逢讲学授徒不问贵贱贤愚，"人无贤愚，苟问学，必开以性之所近，使自力于庸行"，"虽武夫悍卒，野夫牧竖，必以诚意接之。因此，名在天下而无人妒嫉"。① 从中也可以看到孙奇逢讲学授徒影响之深远，遍及士人与庶民，从其游学者众多，"有数百里或数千里至者"②。在教学方式上，孙奇逢"各课所宜，反复开学不厌"，并提倡因人而异施以教化，采取师生共聚集一起，一问一答的授业解惑方式，可以讲强师生双方的思想、感情交流，又具有针对性，有利于析明义理，颇受学生的欢迎。孙奇逢在辉县讲学达25年，学生多达200余人，许多成了当世著名的贤明之士，如新安吕履恒、颍川刘体仁、定兴杜越、范阳耿及、睢州汤斌、上蔡张沐、登峰耿介、商丘宋荦等。其中豫北地区也不乏名士，如新乡郭遇熙、郭迓熙兄弟、获嘉贺行素等。孙奇逢的思想可以说影响了北方一代学者。正如同时代的黄宗羲所言："北方之学者，大概出其门。"③

此外，孙奇逢还与当地一些名士谈文论道。豫北当地的文人以诗文为载体，以维护共同的儒家伦理纲常为追求，以书信往来、文人结社为形式，逐渐形成了豫北地区的士人群体，而当地士人群体的出现，对豫北地区宗族的建构影响

---

① 《清史稿》卷四八零《儒林传一·孙奇逢传》。
② 《清史稿》卷四八零《儒林传一·孙奇逢传》。
③ 黄宗羲. 明儒学案［M］. 北京：中华书局，1985.

重大而深远，这正是本章下一节所要重点论述的。

第三节 豫北官府推动与科举士人群体的出现

弗里德曼在研究中国东南地区的宗族时认为，中国东南地区宗族发达的一个重要原因就是其地处边远地区，王权对其干涉与限制较少。① 在本书绪论中我已有所论述，弗氏这一理论近来已经受到越来越多学者的质疑。刘志伟、常建华等在研究广东、徽州时，不约而同地提出了王权的介入，特别是科举制度在明清的实施，是明清宗族形成的主要原因之一。② 豫北地区地处中原，位于京畿腹地，向来受王权与地方官府的影响较深。豫北宗族正是在王权政府的影响和间接推动下构建起来的，与王权的介入息息相关。

明清时期，豫北地方官府异常重视学校等文化教育设施的修建，同时，打击淫祀，注重对儒家礼仪的提倡，这些措施对当地文风的兴起作用重大，而一个地方文风的兴盛无疑会大大有助于其宗族的诞生。明清王权实施的科举制度则对明清豫北宗族的诞生意义更为重大。科举的普遍开展，为当地士人实现社会地位的晋升提供了一个有利的平台，也是宗族获取官府资源、提高社会影响和地位、取得支配社会地方社会权力的主要途径。通过科举制度，士人们获得了功名身份，既巩固和加强了他们在地方社会中的身份地位和社会权势，又恢复和密切了王朝国家与地方社会的联系，推动地方社会的建构。事实上，在豫北地区，通过读书科举，也诞生了一批文化精英，他们在当地频繁进行活动，成了构建宗族社会的主要推动力量。

此外，由官府发起在当地建立了许多名人专祠，这些名人专祠到后来有不少演变为宗族祠堂。明清时期中央在地方设立的乡里制度，本身便为宗族的构建提供了肥沃的土壤。有关此两个问题在本研究还会有详细论述，此节暂略。

---

① 〔英〕弗里德曼. 中国东南的宗族组织〔M〕. 刘晓春，译，王铭铭，校. 上海：上海人民出版社，2000.

② 科大伟，刘志伟. 宗族与地方社会的国家认同——明清华南地区宗族发展的意识形态基础〔J〕. 历史研究，2000（3）；常建华. 习俗与教化：徽州宗族组织的形成—以休宁范氏为中心〔J〕. 法国：年鉴：历史学，社会科学，2007（1）.

一、豫北官府的推动

明初的豫北地方社会是在不断的天灾战乱背景下逐渐复苏与重建的，而地方官府在重建过程中无疑起着决定性的作用。以县令为主的各级地方官员不仅在恢复发展经济方面起主要作用，在提倡文教方面也是不遗余力，异常重视当地文风的兴盛。

自明朝建立伊始，豫北地方官吏就力图振兴文教、推行教化，重视学宫、书院、义学等文化教育设施的建设，恢复国家官方传统祀典礼仪和公共文化设施。明中后期，随着豫北各县人口的增加、经济的逐渐复苏，地方官吏在文化教育上的投入也日渐突出，成效显著，推动了当地文教的发展，起到了移风易俗的效果，这都为宗族在当地的发展奠定了坚实的文化基础。

如豫北地区的滑县，其明清时期的县令、教谕便十分注重滑县的教育文化设施的建设，并取得了一定的成效。明初洪武七年（1374），滑县知县诸弘道重视学校教育，"立学校之规，兴农劝学，激励风俗"，士民称之；成化十九年（1483），知县龙用升"改建文庙，拳拳以兴学校、作士气为首务"；弘治年间，滑县庠教谕刁峿山"锐意课士，勤教无间寒暑，士子至今称之"；嘉靖九年（1530），高进崑知县事，"重修文庙及北门城楼"；万历四年（1576），知县刘师鲁"提倡文教，重刻宋祭酒的《西隐集》，诱掖奖劝，士风大振"；万历二十九年（1601），知县王廷谏"兴学课士，修欧阳书院、画舫斋、秋声楼，广施教泽"。进入清朝后，滑县官吏也一如明朝，注重文教。顺治二年（1645），知县郭心印"待士有礼，修学宫、建义学，士民德之"；顺治十一年（1654），知县朱之翰"尤重文教，东南城角，创建奎楼，本邑科第蝉联，民深爱戴"；康熙二十三年（1684），知县姚德闻"崇礼先贤，修滑伯祠，详准学宪，以滑显禄奉祀，并修理学宫、书院画舫斋，振兴文教，不遗余力"。[①]

再如获嘉县，其情况与滑县基本相同，在振兴当地文教方面，以县令、教谕为代表的地方官吏起到了至关重要的作用。成化年间，获嘉县县令吴裕因"获庠故逼西偏，规制湫隘，日就坏敝，数家言不便科甲"，裕"锐意更之，出俸金若干，佐以赎锾刻日营建，踰年竣事，规制一新，嗣后科甲相仍"；嘉靖年

---

① 《重修滑县志》卷十四《职官第十一·宦绩》，民国十九年版。

间，获嘉县教谕周晓，"捐俸修学宫"；邹武龄，以贡士任获庠谕，"精于戴礼，生徒受业，教诲不倦，自后获始有礼经，科第继起"；隆庆二年（1568），举人郭郛，署获庠谕，"持身课士，卓有古风，造祭器虔祀典，行必矩矱，教本先程，士习为之一变"；张一心，"由进士任邑令，尤其注意设立学校，立会，课诸生，程其艺而差等之"；万历二十九年（1601），陈禹谟任获嘉教谕，"甫至睹簧宇颓敝，慨然以修缮为己任，绅士助赀者，响应新大殿，创经阁伦堂，门庑焕然改观，置学田以资永久。"①

以上二县所列举官吏在当地倡导文教的措施，虽是节选自各自地方县志资料，其内容未免带有为当地官吏歌功颂德的成分，但在豫北这样位于中原腹地的地区，自明清以来一直未有特别强盛的富裕商贾，其地方文教的振兴大多依赖当地官员的重视与投入当无怀疑。

豫北地方官员在重视学校建设的同时，也十分注重地方书院的修建，二者并行不悖。在上一节叙述辉县百泉书院的历史时，已经稍可显现各级地方官员对兴建、重建百泉书院的兴趣与重视程度。明清时期，在豫北其他各县，官员们也同样重视对当地书院的兴建。乾隆年间，浚县人金振东在为浚县重新修建的希贤书院所撰《重修希贤书院记》一文中，谈道："国家崇儒重道，稽古右文，德至渥焉，典至隆焉。各省府州县卫，既为之设立学校，又使之广修书院。书院者，所以辅学校之不逮也。故学校尚虚文，书院多实效。然学校纵虚文也，而告朔之羊常备，书院每一废而鞠为茅草。"② 文中作者一方面讲述了地方各级学校以及书院的修建，乃是国家"崇儒崇道"的表现，另一方面，作者又指出了学校与书院教育的不同。作者认为，地方学校的修建，乃是地方官员作的表面文章，其教学实效并不显著，相反，书院在教书育人、教化地方方面却卓有成效。但学校虽尚虚，却由于在制度上纳入了国家管理体系，故而能够常兴不废，相反，书院则不尽相同，虽说书院多是地方官员的提倡与援助下得以兴建的，但其建成之后却并无后续的保障，故会出现时建时废的情况。

在明清时期，由豫北地方官吏的提倡，并由当地士绅的援助，各县均兴建了数量颇多的书院。这对于兴盛当地儒家文教、化民导俗所起作用无疑是相当大的。以下本书就以图表的形式，依据豫北卫辉府各县地方志资料，对各县在

---

① 《获嘉县志》卷十二《循吏》，民国二十四年铅印本。
② 《续浚县志》卷四《建置·书院》，光绪十二年刊本。

明清时期修建的书院情况，作一统计归纳整理：

表 2-3　明清豫北卫辉府各县书院建设一览表

县名	书院名称	创建者	所任官职	创建年代
辉县	百泉书院	吴伯通	提学金事	明成化十七年（1481）
	百泉书院（重修）	贾汉	河南巡抚	清顺治十六年（1659）
	李公书院	喻良臣	知县	清康熙三十年（1691）
	喻公书院	喻良臣	知县	清康熙三十四年（1695）
	泉西书院	何文耀	知县	清乾隆三十九年（1774）
汲县	崇本书院	－	－	清乾隆十九年（1754）
获嘉县	同山书院	－	－	清道光年间
新乡县	省身书院	李登瀛	知县	清康熙三十四年（1695）
	德化书院	郭遇熙	－	清康熙三十五年（1696）
	郦南书院	吴元锦	知新乡县事	清雍正元年（1723）
	东湖书院	陈桂龄	知县	清咸丰元年（1851）
	近圣书院	－	－	不详
封丘县	崇正书院	－	－	明嘉靖二十一年（1542）
	正义书院	－	－	清同治元年（1862）
延津县	莲塘书院	－	－	明嘉靖年间
	育英书院	张旂	知县	明嘉靖年间
	崇正书院	张旂	知县	明嘉靖年间
淇县	淇县书院	淇县士民	－	清乾隆十九年（1754）
	绿筠书院			清乾隆四十七年（1782）
滑县	秋声书院	王廷谏	知县	明万历三十一年（1603）
	画舫书院	王鼐	知县	清顺治年间
	欧阳书院			清康熙年间
浚县	性道书院	刘台	知县	明弘治十二年（1499）
	黎公书院	刘台	知县	明弘治十二年（1499）
	浮邱书院	宋明	邑大夫	明嘉靖元年（1522）
	东山书院	葛慈	知县	明嘉靖三十九年（1560）
	文昌书院	宁时镆	知县	明万历二十二年（1594）

续表

县名	书院名称	创建者	所任官职	创建年代
浚县	希贤书院	梁通洛	知县	清康熙五十一年（1712）
	黎阳书院	鲍志周	知县	清乾隆六年（1741）
	蕴山书院	朱凤森	知县	清道光十一年（1831）
	黎南书院	黄璟	知县	清光绪八年（1882）

书院的兴盛与否关系到一个地区文教的是先进还是落后。由上表可知，豫北地区的书院兴建大多集中在明中后期以后一直到清末的长时间段中，并且大多数的书院建设都是由豫北地方官吏，特别是各县县令来完成。这都表明了官府的力量对于明清时期当地文教的发展意义重大而深远。一方面，可以直接振兴当地的文化教育发展，提倡与传播儒家文化，使当地文化风气浓厚，为宗族在当地的发展提供极大的便利条件；另一方面，书院的大量诞生，成为培养当地士人的重要场所，导致大量文化精英特别是科举精英的出现，他们的出现是豫北宗族建设的一股决定性的力量，或出于相同师承、或相互倾慕敬佩、或共同结社等缘由，不断进行文化思想交流，对上与官府取得沟通，对下又成为维护乡村秩序的中坚力量，成了"上"与"下"沟通的桥梁。有关豫北士人的活动将在本书稍后章节将有重点论述，此处暂略。

豫北官府在当地"介入"的另一表现，就是从明朝万历、嘉靖年间开始，当地官吏开始愈加严厉地奉行禁毁淫祀政策。《礼记·曲礼》曰："非所祭而祭之，名曰淫祀。"其言甚明，不合礼制的祭祀，即为淫祀或淫祠。根据赵克生等的研究，明代淫祀包括三类：一是祀典未载，不应祭祀；二是祭祀之礼不符合祀典的；三是一切额外创设的寺观都被当作淫祠。① 明朝将这些属于地方淫祀的寺观，包括一部分僧尼寺庙尽数销毁或改建，从而树立正统的儒教文化秩序，以达到通过儒家礼仪教化乡民的目的。明朝初年（1368），豫北社会处于百废待兴的局面，其理学知识严重匮乏。《明史》在谈到当时北方地区的情况时言道："丧乱之余，人鲜知学。"在乡村社会中，不仅理学缺乏，对于儒学奉行了孝敬长辈、祭祀祖先等均默然置之，宗族意识十分淡漠，相反，却大兴鬼神之道，崇奉鬼神、敬事佛老之风相当盛行。当地政府打击淫祠的举措对当地宗族的构

---

① 赵克生，于海涌．明代淫祠之禁［J］．社会科学辑刊，2003（3）．

建起到了积极的推动作用。具体说来，这一举措在两个方面对宗族构建大有裨益。首先，从精神层面来说，当地官吏大规模的打击淫祀，乃是国家权力机构自上而下向当地民众发出讯息，即从宗教信仰角度阻断了民众向淫祀包括佛道信仰方面靠近的道路，从而使得原先信仰淫祀与佛道教的民众以及急于寻求精神归依的民众，必须寻求一种新的与国家禁止的信仰不同的方式，此时宗族的适时出现正可满足广大民众的这一需求，可以说为宗族的构建提供了便利条件。其次，当地官府出于经济、财力等考虑，大量的淫祀寺庙以及僧尼庙宇被改建为书院或名人专祠，不仅增加了当地书院的数量，可以更好地为当地文教服务，培养出更多的士子，而且一些名人专祠更直接成为豫北一些强宗大族的宗族祠堂。有关豫北名人专祠向宗族 祠堂的演变过程，后面会有专门论述，此处从略。下面仅就豫北地方官吏将淫祀寺庙以及僧尼庙宇被改建为书院的一些具体事例，做专门论述。

豫北地区靠北部的浚县，明朝时尚归北直隶大名府管辖，还未纳入河南卫辉府管辖范围。从表 2－3 可以看出，浚县在明清时期兴建书院的数量在所统计的九县之中是最多的，共计有九所之多。而在浚县所兴建的书院当中，其中就有一些是当地官吏废除僧尼寺庙后而改建的，当中最典型的当数黎公书院与浮邱书院。

如表 2－3 所示，黎公书院，乃浚县知县刘台于明弘治十二年（1499）改尼寺而改建之为书院。当时邑人汪伟在《黎公书院纪略》一文中详细记载了书院创建经过。其文如下：

> 浚古卫地也，城东里许，黎公子贡墓在焉。先是长史岁有事于其所，而城中未有专祠，或风雨不期，则弗克修事。刘君衡仲治浚之三年，始经营之。择地得御史分司之西比邱居，而墟其地。中建祠堂四楹，前为小阁，后列斋居之庐，旁翼以两庑，至于庖廪门垣，咸修以固，竖坊于衢，题曰：黎公书院。又置田亩，牧所人以供祠事，储其余以备补葺之费，使可继处以守，购书史以待士子愿藏修于其阁者。①

黎公书院就是排挤走原来居于此处的比邱（丘）尼，而依其地建成的，是当地官吏打击淫祀的结果。黎公书院的兴建具有两重功用，一是具有名人专祠

---

① 《浚县志》卷六《建置·书院》，嘉庆六年刊本。

的性质，书院乃是为了纪念浚邑名人——孔子的徒弟子贡而建，二是书院的建成是为了教书兴儒，培育当地士人。此外，汪伟还详细介绍了黎公书院的建筑布局，而且书院还设置了学田，以此作为书院日常维护之用。由此可见，黎公书院建筑规模颇为庞大，并且配置齐全。如果说黎公书院的建设经过并未让我们全面了解到明朝中后期打击淫祀情况的话，那么接下来要谈到的浮邱书院的兴建过程，则集中体现了明政府打击淫祀、树立儒家纲常伦理的良苦用心。

嘉靖元年（1522），明朝兵备道江右刘公废佛寺，浚邑大夫宋公改建为浮邱书院。时任浚县知县田秀曾勒碑详载其事。其碑文曰：

> 稽古建学，邑有庠，家有塾，其法已寝备于四代。自夫释氏者出，绘栋雕宇，中国名山盘踞殆尽，彼之说日昌，吾之正教日颓。其故在上之人弗能严禁力革，挽帚于正，下之人弗能笃信谨守□化于彼，斯二者厥辜恒均肆。今宪副江右刘公兵备天雄，政吕毁淫祀、崇正学为急。如兹山名佛寺者，乃尽逐其徒而虚其地。俾不复愚黔首罔市利识者违焉。邑大夫宋公，时方徜徉林下，得其地，不欲移花置木以供游玩，乃更为浮邱书院。中有堂，旁有楹，前有扁，又有石洞数寻，较白鹿洞不相轩轾。厥嗣厥孙，偕青衿三五辈，朝夕讲论于其间。百供摩顶燃指之所，一旦化为存心养性之区矣。于戏，休哉！虽然使天下特衡者，皆如刘公谢政者，皆如宋公异端，安有滋蔓之弊，子孙安有聋聩之归耶？秀位卑力薄，不能求阖境咸为是举，嘉乃丕绩，妄为之赞，以诏来者。赞曰：严严浮邱，支分北岳。汾沁朝宗，太行连络。浮屠何人，巨刹闪烁。伟哉刘公，扬威涤濯。仁哉宋公，远猷建学。翠草充庭，牙签满阁。奠安吾道，洙泗伊洛。启佑后人，栋梁樗楠。狩与偓功，配山弗唐。

嘉靖元年（1522），岁次壬午冬十二月之吉①

在碑文中，田秀详细介绍了浮邱书院的修建过程。从文中可以看出，在明朝中后期，豫北地区淫祀以及佛教兴盛，其庙宇不仅占据各地名山大川，耗费大量的财力、物力，而且更直接阻碍了儒学在当地的传播与兴盛，儒家伦理纲常与礼仪秩序不能贯彻于民众当中，导致国家政权在地方上的统治出现不稳定的局面。这两方面都使得明政府花费大力气来与当地的淫祀做坚决斗争。而明

---

① 《浚县志》卷六《建置·书院》，嘉庆六年刊本。

朝豫北地方官员对释教的危害，有着更为直接和深刻的体会。明朝官员对于佛寺采取"尽逐其徒而虚其地"的措施，就是明朝政府政策在地方上贯彻的表现。将废弃的庙宇等宗教建筑改建为书院，可起到一举两得的效果。因此，当邑大夫宋公将其改建为浮邱书院后，此举得到了浚县知县田秀的高度赞扬，认为此事一举两得，既毁弃了"百供摩顶燃指之所"，同时又在当地诞生了"存心养性之区"。

进入清朝之后，浚县境内仍有打击淫祠、改庙宇为书院的情况出现。蕴山书院即是由尼寺改建而成的。道光十一年（1831），浚县"城内浮邱山尼寺狐蛊"，时任浚县知县朱风森"捕逐之，即其地为蕴山书院"。①

明朝中后期，延津县也出现了官吏废淫祠而改建为书院的例子。嘉靖年间，位于延津县南小街西的崇正书院，就是由知县张旂"废淫祠改作"，书院"共一十五楹，碑记一座"。②

同样的，明朝中后期豫北地区出现的打击淫祠，进而将其改建为其他建筑物的现象还出现在了辉县、获嘉县等，后面章节会结合具体的论题对此展开论述。

豫北宗族构建过程受官府的推动，其最大表现在于朝廷政府施行的科举政策，导致了豫北地区出现了一大批科举中举的文化精英。他们经由科举制度这样一个平台，最大限度地改变了自己的身份，互相援引、应和，在当地的威望日盛，成了当地构建宗族的核心力量。而他们的行为，也受到当地民众的模仿与复制。如此一来，当地宗族的构建自然会由点及面，形成燎原之势。下面部分将集中论述豫北科举士人群体在当地的活动。

二、豫北科举士人群体的出现

从明朝中后期开始，随着经济的不断发展，豫北地区学校、书院建设数量不断增长。教育文化设施的发展，不仅使得当地文风兴盛，更重要的是为当地培养了一批科举中第的文化精英。这批科举精英大多崛起于农家，经过从明初到明末本族几代人的努力，逐渐在当地成为书香门第，具备了家学渊源，为本族出现科举人才打下了坚实的基础。明末清初之际，由于皇权的鼎革，政权的

---

① 《续浚县志》卷五《循政》，光绪十二年刊本。
② 《延津县志》卷三《建置志·书院附》，嘉靖抄本。

交替，在经过一段时间的社会动乱、经济萧条之后，当地新的文化精英，经过短暂的调整之后，迅速成长起来，完成了从效忠明王朝到效忠清王朝的转变，继续依靠科举考试，获取清王朝赋予的科举功名，使地方社会与新的王朝的关系得到建立，政治认同得以表达。这些文化精英们仍然成为地方社会中礼仪秩序维护的中坚力量，成为宗族构建的核心。

为了能够更为具体地了解到豫北科举士人崛起的途径与历程，以下本研究拟以河南新乡小宋佛村的张氏宗族为例，以在当地收集到的民国年间《张氏族谱》为资料，来具体、详细地了解当地士人如何从最初的务农小民，经过几代人的积累与努力，成为科举世家、书香门第，进而成为当地获得巨大声望与资源的望族。

在明朝洪武至永乐年间，明朝统治者曾多次组织山西移民迁移外地，① 而河南新乡县也在山西移民迁入地范围之内。民国族谱中张氏族人曾多次提到其祖得山公的迁居情况，如在张氏第十五世张资汉撰《族谱旧序》中谈到，张氏"家庐太山洪洞下，永乐中，始祖得山公，以右族徙实新乡，治家宋佛村"，张氏系明朝永乐年间由始祖得山公自山西洪洞县迁入河南新乡，有关张氏在山西洪洞县的情况，族谱并无详细记载，② 因此，张氏以始迁祖得山公为其始祖。由于新乡地处中原，深受元末战乱以及"靖难之役"所苦，当地遭受到相当大的破坏，田地荒芜，几无人烟。得山公初至宋佛村时，以务农为生，面临着极为恶劣的生产生活条件，仅仅"予田一区，井臼耒耜，皆取办（于）县官"③。在这种艰苦的环境下，张氏得山公后七世单传，人口繁衍并不兴盛，此后则略有起色，直至十世耆宾公（张登）"教耕教读"之后，张氏始得"繁衍昌盛"④，开始频频科举入仕。

张氏能够科举仕宦兴盛，得益于耆宾公正确的家庭教育方针。耆宾公名登，字四魁，号古庵，乡中耆老，共有四子，分别为问仁、问明、问德、问诚。由于此时张氏家境并不殷实，不能允许其各子皆步入读书科举之路。耆宾公采取

---

① 有关豫北地区移民问题，稍后章节会有详细具体论述，此处暂略。

② 张氏族人在编撰《姓氏志》时曾亲赴山西洪洞县查访其祖得山公的原居地清河村，但由于年代久远或其他原因，未寻见清河村原址或其演变踪迹，有关此问题还需进一步探讨。

③ 张子常等等纂：《张氏族谱》下卷《行述》，张缙彦《别驾公行述》，民国五年续修本。

④ 新乡县《张氏族谱》上卷，张资汉《族谱旧序》，民国五年续修本。

了"耕读结合、以耕养读"的方针，针对其子的个人情况，因材施教，安排其子问仁、问德读书"置举子业"，而其次子问明由于"俭朴勤练"，被安排居家务农并处理日常事务。事实也证明了耆宾公此方针的正确。问明出色地完成了居家养生的任务，"家众食指百十，皆（问明）一一供给"，为问仁、问德读书提供了经济保障，他们可以安心儒业。通过读书，问德成为太学生，而问仁则"以明经起家，至谏议"①，历任太康儒学训导、武陟教谕、真定府通判，以子缙彦贵，封为文林郎兵科给事中。可以说为以后的科举事业开了个好头，张氏开始了真正的兴盛。

在张氏子孙的培养上，问仁、问明兄弟继承了其父之传统，亦采取了"耕读结合"的方针。在此方针之下，问仁子大多读书科举，而问明子部分习文、部分继续治生。在民国谱张缙彦撰《伊源公墓碑》中，问明第五子纶彦虽也曾"入庠序"读书，但并未涉举业，其后在族中以"善治生"闻名，"及长，亲履阡陌间，凡畜牧耕耨事，一一办理，虽夜分不辍，以是家日益厚"，无怪乎其父问明曾对人言曰："可承吾志者，此子也。"张氏家境的殷实，为宗族子弟读书科举提供了强有力的经济支持。

张氏以张问仁一房成就最大，功名最为显赫。问仁有子四，分别为缝彦、绅彦、缙彦、继彦。缝彦，字九庄，号洙源，崇祯甲戌拔贡，授浙江东阳训导，以子裕含贵，赠内阁中书舍人，祀乡贤。② 绅彦，号鲁源，拔贡，因其"多心计"，被其父"以家政委任之，其指众食烦辄给不匮"，从而保证了兄弟们"肆力举子业，无纷营之虑也"，后爱例授光禄寺署丞。③ 继彦，号汝源，为第四子，因有目疾弃书转而治务农，"能立家，开荒田，任畜牧"，④ 也支持了其兄长的科举事业。张氏问仁一房中以第三子缙彦最为突出，成为张氏族人中的佼佼者。

张缙彦，字濂源，号坦公，别号大隐，又号外方子，筏喻道人，萧居先生等，《清史列传》以及《清史稿》中均有传。自幼聪慧过人，十岁博览经史，崇祯四年（1631）进士。初任延安府清涧县、西安府三原县知县。崇祯九年（1636），授户部浙江司主事，旋升边饷郎中。次年（1637）连擢翰林院检讨、

---

① 新乡县《张氏族谱》下卷《墓表》，张缙彦《省祭公墓表》，民国五年续修本。
② 乾隆《新乡县志》卷三十一《人物下》，乾隆十二年刊本。
③ 新乡县《张氏族谱》下卷《墓志铭》，张缙彦《署丞公墓志铭》，民国五年续修本。
④ 新乡县《张氏族谱》下卷《墓志铭》，张缙彦《汝源公墓石》，民国五年续修本。

兵科给事中。崇祯十四年（1641），缙彦回籍丁父忧，但守制未完，于崇祯十六年（1643），受诏以馆卿用，旋升兵部侍郎，次日又报升兵部尚书。但此时明王朝已岌岌可危，在缙彦任兵部尚书后的次年（1644）三月，就被农民义军攻陷京城，明朝宣告灭亡。明亡后，缙彦被俘，但随即逃脱，曾短暂组织明旧部抗击农民军。清朝统一后，张缙彦于清顺治九年（1652），应诏出任山东右布政使，顺治十一年（1654），迁任浙江省左布政使，顺治十六年（1659），改任工部右侍郎。顺治十七年（1660），缙彦因受文字狱之累，初被判拟斩，后被顺治下诏免死，发配宁古塔，康熙九年（1670）病逝于谪属地，终年七十一岁。缙彦在仕宦之余以及贬戍之时，著述也颇丰，平生著有诗文《河北杀贼始末》《宁古塔山水记》等数种。① 张缙彦一生不仅仕途之颠簸迭起让人兴叹，其晚年境遇之凄凉也令人扼腕叹息。由于张缙彦成为张氏宗族的旗帜，张氏宗族也自然成了当地的望族，受到世人的瞩目与敬仰。

张缙彦之后，张氏宗族虽不比张缙彦时候显达，但凭借深厚的家学渊源，仍代有贤者出，读书求功名之人甚多。由于清朝中后期人口的增加等因素，举业成功已经变得颇为艰难。张氏大多都成为为举人、贡生等低等功名拥有者，但此并未影响到张氏在当地的望族地位。黎阳（今浚县）刘至东在《张氏族谱序》中盛赞张氏道："张氏一门，允为世族大家，其源远而流长者，固大有在也。考厥先代十世以上，未曾显达，然多以耆德为乡饮大宾，则门第品望久已重于一邑。十一世后登科第者累累。司马公，才猷勋业，著于有明之季，尤为杰出不群。其余隐德高风，标诸闾里；文章著述，行诸世宙，以及贤媛节孝，被旌奖入郡志者，指不胜屈。"

以上文字中，张氏在当地经过明初的务农，转向有意识地培养族人读书，直至明朝末期有族人通过科举最终高中进士，"务农—读书—科举"，这是有关新乡县张氏在当地崛起经历的阶段描述，但却可视为豫北地区一般士大夫宗族

---

① 张缙彦的生平可参见《清史稿》，中华书局校勘本 1977 年版，第 32 册，第 9638 页以及民国《张氏族谱》下卷《墓志铭》，惟中撰《司空公墓志铭》，其中《清史稿》中称缙彦是河南新郑人当为河南新乡人之误。有关张缙彦的籍贯问题在王兴亚、马怀云著《河南历史名人籍里研究》（中州古籍出版社，2002 年）中有专文探讨，可参见。

通过科举成为当地望族的一般模式。①

科举是文人结交的重要纽带，尤其是尤其是由科举产生的进士群体在地域中的影响更是深远。学者王兴亚曾对河南各县进士数量进行过细致统计。根据其统计，仅就明清时期进士数量而言，本书所关注的豫北九县数量为：新乡县43人②，汲县54人，辉县26人，获嘉县19人，封丘县21人，延津县28人，滑县38人，淇县7人，浚县29人。③从王兴业的统计结果看，明清时期豫北地区进士的出现有两个特点：其一，从时间段来看，豫北各县进士的大量产生时间大多出现在明朝中后期；其二，从豫北进士的构成来看，在豫北各县进士当中，有许多是出于同一宗族之中，即家学渊源对进士的产生影响很大。为了更好地说明以上两个特点，本书仅以我所收集到的资料，将本书所知的明清时期具有亲缘关系、出于同一宗族的豫北各县进士作一具体考证，详列于下：

表2-4　明清豫北卫辉府各县具有亲缘关系进士一览表

序号	姓名	籍贯	科份	备注
1	郭 淐	新乡	明万历二十三年（1595）第2甲34名	新乡郭氏第九世
2	郭 浇	新乡	明万历三十八年（1610）第3甲212名	新乡郭氏第九世
3	郭遇熙	新乡	清康熙十八年（1679）第3甲84名	新乡郭氏第十一世
4	郭晋熙	新乡	清康熙三十九年（1700）第3甲83名	新乡郭氏第十一世
5	张缙彦	新乡	明崇祯四年（1631）第3甲48名	新乡张氏第十二世
6	张资淇	新乡	清雍正八年（1730）	新乡张氏第十五世
7	任文晔	新乡	清顺治四年（1647）第3甲50名	-
8	任 璿	新乡	清康熙十八年（1679）第3甲91名	任璿为任文晔子
9	畅泰兆	新乡	清康熙十八年（1679）第3甲78名	-
10	畅于熊	新乡	清康熙五十四年（1715）第3甲212名	于熊为畅泰兆子
11	孙 泷	辉县	清康熙二十一年（1682）第3甲11名	孙泷为孙奇逢孙

---

① 由于豫北地区除怀庆府商业稍有发达外，卫辉府与彰德府商业均不太兴盛，这已有论述，因而在明朝中后期时，豫北很少有宗族经由经商致富，进而转向读书科举的。当然在清中后期时，情况有了一定改变。

② 此与王兴亚统计数目为42人略有不同，特此说明。

③ 河南历代进士市县分布 [M] // 王兴亚，马怀云. 河南历史名人籍里研究. 郑州：中州古籍出版社，2002：500-538.

序号	姓名	籍贯	科份	备注
12	史春荃	辉县	清光绪九年（1883）第 3 甲 84 名	-
13	史绪任	辉县	清光绪二十一年（1895）第 2 甲 51 名	绪任为春荃子
14	冯世昌	获嘉	明正德六年（1511）第 3 甲 175 名	获嘉冯氏第六世
15	冯上知	获嘉	明万历十七年（1589）第 3 甲 155 名	获嘉冯氏第九世
16	冯上宾	获嘉	明天启二年（1622）第 3 甲 313 名	获嘉冯氏第九世
17	贺盛瑞	获嘉	明万历十七年（1589）第 2 甲 65 名	获嘉贺氏第七世
18	贺仲轼	获嘉	明万历三十八年（1610）第 3 甲 224 名	获嘉贺氏第八世，仲轼为贺盛瑞子。
19	边有猷	封丘	明万历二年（1574）第 3 甲 189 名	封丘边氏第五世
20	边之靖	封丘	明万历四十七年（1619）第 3 甲 252 名	封丘边氏第六世，之靖为边有猷子。
21	边青黎	封丘	清嘉庆十九年（1814）第 3 甲 30 名	封丘边氏后裔，世系不详
22	边其恒	封丘	清咸丰十年（1860）第 3 甲 15 名	封丘边氏后裔，世系不详
23	申廷譔	延津	明万历四十一年（1613）第 2 甲 13 名	延津申氏第八世
24	申允恭	延津	清乾隆四十年（1775）第 3 甲 93 名	延津申氏第十二世
25	申启贤	延津	清嘉庆七年（1802）第 3 甲 72 名	延津申氏第十三世
26	宋讷	滑县	元至正二十三年（1363）	-
27	宋麟	滑县	明洪武十八年（1385）	麟为宋讷子
28	暴大儒	滑县	清道光三十年（1850）第 3 甲 87 名	-
29	暴翔云	滑县	清光绪二十四年（1898）第 2 甲 69 名	翔云为暴大儒子

有关上表有两点需要说明：第一，本书所关注的豫北九县当中，应当还会有其他来源于同一宗族的进士，但本书因暂无资料可查，故不录；第二，豫北地区，出于同一宗族的科举人才不仅只有取得进士功名者，更多的是获得低于进士功名的举人、贡生等，但由于这些人数量众多，几乎每个宗族都可制成一个表格，因篇幅有限，故仅录获取科举最高功名进士的士人。

从上表可以看出，获取进士功名的士人大多出现在明朝中后期，而且在同族之中会连续出现。这些士人，利用国家为其提供的实现社会地位晋升的途径——科举制度，获取了封建国家的功名与身份，既表达了对朝廷的认同，又可以从国家中有效地获得政治、经济与文化资源，最大限度地提升自己的身份与地位，在当地获得较高的权势与威望。科举的成功，为豫北地方社会造就了一批文人士大夫，他们迫切需要依照某种方式，既世代维系书香门第，维护自己与其后世的身份与地位不堕，又能够实现以儒家伦理为指导，对地方社会秩序进行符合儒家礼仪的整合与维护。宗族组织的适时出现，最大限度地满足了文人士绅们的这种需要。上表中源于同一宗族的科举功名之士的连续出现正好可以说明此点。事实上，从本书收集到的族谱资料来看，在豫北地区，若宗族中出现有功名之士的时候，正是其开始修谱之时。如新乡县的郭氏，其第一次修谱是在明万历年间，由郭淐修撰的。获嘉县的贺氏也是类似，其第一次修谱是由万历年间的贺仲轼完成的。

豫北地区从明朝中后期开始构建宗族，此现象的出现并不是偶然。这与当地由科举制度产生的文化精英们通过各种形式，相互唱和、交流进而感染密不可分。到了明末清初时期，豫北文人士大夫的相互交流达到了高潮，这成了豫北宗族构建的文化基础。

如前所述，清初时大儒孙奇逢在豫北百泉书院的讲学，大大促进了当地儒学的兴盛与传播。当时豫北地区有不少儒家得以与孙奇逢探讨理学，增进学问。如据史料记载，新乡县邑人刘源洁，为顺治辛丑（1661）进士，潜心理学，"与孙征君钟元究谈性命之旨，后授富阳令，引疾致仕，一意教授生徒，前后出其门者数百人"。[①] 此外，上表中所提到的清顺治四年（1647）进士任文晔致仕后也与奇逢探讨学问，史载文晔"归里端方自持，与征君钟元孙公讲论河洛奥旨，主文坛"。[②]

奇逢还与表2-4中所提到的新乡郭氏宗族族人关系密切。其与郭浍之子士标为莫逆之交，二人谈道论学，互为欣赏。在李振裕撰写的《中水郭公墓志铭》中记载道："公素志圣贤之学。自从参政公（即其父郭浍，笔者注）在陕，虽军旅倥偬，时暇则相与议论经史，质疑问难不少休。既绝意进取，乃益肆力于学问。家居日取五经诸子，下逮宋儒语录，沉潜反复，究厥指归，择其纯粹者，纂而录之，都为一集。会容城孙征君奇逢侨寓苏门。公出所学相正。征君一见倾服，议论往复，多所符契。始共虽力学不倦，犹自以无所师承，未敢坚信不

---

① 《卫辉府志》卷二十七《人物志》，乾隆五十三年刻本。
② 《卫辉府志》卷二十八《人物志·政绩》，乾隆五十三年刻本。

疑。及是乃益涣然无所惑。"① 从文中可知，士标通过与孙奇逢的交流、请教，不仅增进了学问，而且加深了二人的友谊。孙奇逢曾专门为郭氏第一次修撰的《郭氏族谱》撰写序言，文中既描述了他们之间的友谊，字里行间中又显现出孙奇逢的宗族观，因而在此不惮其烦，将全文记录如下：

> 余忆壬子与二同人读书，京师每携一书，东君潜令记室录，公送所知参阅。已而知有苏门先生评，因往谒之，侧闻绪论。不意四十年后，浮家共城，乃得交其嗣君公望，称莫逆焉。乙未夏，留多景楼十日，读先生《绿竹园诗文》，悉其伟略，触目手泽。凡贻厥孙谋者，虑固深远也。故子若孙彬，郁英秀觉，四十年见面未罄之旨，犹可追溯德音懿范于四十年之后，复悉孟诸先生清贞亮节，为当世名贤。仁者有后，岂待问耶？公望虑先辈世系或湮，子孙枝繁有茶，且欲汇从前遗文教泽，而归于一，以寄如在之思。急思修明族谱，与余商定其规模次第。此可知公望矣。谱之义，事关仁孝，自道丧教衰，斯义不明，而兴孝兴弟，所以难耳。是举也，苏门先生旧有一编，公望继述其意而增益其未，备以表率一方，人有同然之心，相关而善，此实启之君子，曰：公望所知重矣。
>
> 百泉钓客孙奇逢题于鄘南之多景楼

序言中，孙奇逢一方面表达了与新乡郭氏之间的深厚情谊，另一方面，也对郭氏创修族谱，"兴孝兴弟"恢复儒家礼仪，表示肯定与赞扬。

明朝中后期以来，豫北地区不仅学者之间有着密切的学术交流、友谊的培养，还有更为突出的是，当地学者们通过师承、同窗关系而将彼此联系起来，形成一股强大的士人势力。据史载，卫辉府邑人武资文，"万历间以岁贡任阳武训导，历许州学正、凤阳府教授，老于经师，学行醇笃"，因此"一时从游者多所成就"，新乡县郭氏的郭湦就出其门；还有邑人赵时英，也因其学问"方正温醇"，"慕从游如周一栋、张缙彦，皆得其传"。② 而郭湦、张缙彦、周一栋等人在明末皆参加科举并高中进士，誉满当地。

豫北地区，在授徒育人方面最有成就者当属清初讲学于辉县百泉的大儒孙奇逢。由于近水楼台的缘故，清初豫北地区有名气的士人举子大多出其门。其

---

① 《新乡县志》卷二十七《丘墓下》，乾隆十二年刊本。
② 《卫辉府志》卷二十七《人物志》，乾隆五十三年刻本。

中新乡紧邻辉县，其受奇逢理学影响也最深。蓬池吴宪儒在为新邑郭遇熙著《粤归日记》所作序言当中言道："郭夫子（即郭遇熙）为古廊世家，于书无所不读，而又从夏峰孙征君先生游，于身心性命之旨有深契焉，其积也厚，其流也光。"其中就谈到了郭遇熙以孙奇逢为师，在学问上深有所得。在郭遇熙之弟郭迂熙去世后，崇明黄振风为其撰写的《郭愚谷墓表》中也专门追忆了迂熙当年追随夏峰征君求学之事，其文曰："（郭迂熙）粹精性理之学，努探经史，手自纂述以藏名山。容城孙征君先生卜居夏峰，先生首师事焉。与同门汤潜庵、崔定斋、耿逸庵朝夕讲学，以五伦为实地而体验于服食器用之间。"① 文中详细记述了郭迂熙师从奇逢同各同窗讲学论道的情况。清末光绪二十一年（1895）进士、安阳邑人张凤台，对明末清初时新乡县士人求学于征君奇逢的盛况曾有专门的描述，其言曰："新乡向多儒宿。明清之际，孙夏峰讲学苏门，中州士大夫负笈而从学者，以新乡县为最，如七郭（骖臣、骏臣、治化、景晖、承休、景旸、琰）、三张（琰、璘、欲翁）、二段（廷琯、四知）、二刘（若武、慈云）以及尚威如、杜晋卿、杨泰征、孙瓒绪诸公，皆先后执贽于夏峰之门。以故阰廊之间，历数十年而绚诵不绝，犹自乡贤之遗风焉。"② 从张凤台的言论中可以知道，新乡县当时有名的文人士大夫，如新乡县郭氏的骏臣（即郭遇熙，骏臣乃其字）、骖臣（即郭迂熙）以及张氏的张欲翁均曾拜奇逢为师，他们不仅以此增进学问，更会因此使得自己的交游面大大扩展，对扩大自己在当地的影响有着巨大而深远的影响。

不仅新乡县如此，豫北其他各县情况也与之类似。在汲县，清朝初期当地有拔贡生名麻实茂，就曾拜孙奇逢为师。据记载其"敦孝友，睦宗族"，"尝从夏峰孙征君，讲求洛闽之学"。③ 在获嘉县，上文表2-4中获嘉县贺仲轼之孙贺振能也曾位列孙奇逢师门，在贺振能所著文集《窥园稿》中，贺振能在与同窗好友郭遇熙、郭迂熙以及其他学友的信函之中，曾屡次追忆到其求学于孙征君先生的往事。④ 从中可以看出，贺振能不仅在性理之学中造诣大增，而且同新乡郭氏之郭遇熙、郭迂熙以及孙奇逢之子望雅等均结下了深厚的感情。

① 《新乡县续志》卷三《丘墓》，民国十二年版。
② 《新乡县续志》卷三《艺文·著述》，民国十二年版。
③ 《卫辉府志》卷三十三《人物志·孝义一》，乾隆五十三年刻本。
④ 可参见贺振能著：《窥园稿》，藏于河南省图书馆。

当然，不仅在增进学问方面，士子们在构建本族的宗族方面，也深受其师孙奇逢的影响，有的士子甚至是在孙奇逢的直接影响和指导下，得以进行本族的宗族建设。例如，上文提到的新乡县士子张琰、张璘兄弟，他们就是受到其师孙奇逢的影响，开始进行本族的宗族建设。在构建宗族的过程中，又直接得到的孙奇逢的赞扬与支持。康熙九年（1670），张琰在《张氏世系记》中记载，张氏由于近来书香渐起，因此致力于修撰谱牒，但在"世系稿本粗成"后，"纂序之法，茫然莫宗"，于是在是年（1670）冬，"谒夏峰，孙夫子具以修谱是训，且出家谱规例以示大略。仿其谱而次第之"。张璘在《张氏世系序》中更为详细地讲述了张氏修谱过程："迩因从游夏峰。孙夫子具以修谱请训。孙夫子云，谱法世系修明祀典，为人生第一急务。余所云十百千万之化，盖不在余，而在孙夫子矣。孙夫子一堂五世，祖孙父子兄弟，同爨者七十余口。一家之中，友爱至情，有既具既翕之风，有且儒且湛之乐。八十有九之叟，享齐顺之福，近世罕有。行将以谱一家者谱一国，进而谱天下谱万世。只在此一念，婉转而曲致之，宁有余蕴哉！"从张氏两兄弟的记述中，可以看出两兄弟所受孙奇逢影响之大，孙奇逢在张氏修谱中所起作用之大。在张氏谱牒修成之后，孙奇逢还专为《张氏族谱》撰写序文。为详细阐明孙奇逢在宗族构建方面对豫北地区的影响，兹记载全文如下：

　　士大夫之家有谱，犹郡邑之有志，朝代之有史，万不可废也。记述先德君子，以为大报本之义焉，聊属后人君子以为垂燕翼之谋焉。修谱一事，仁人孝子，第一急务莫切于此。仁义知礼乐之实，总不外于事亲从兄，人人亲亲、长长而天下平。故语天德孝弟之外，无天德也；语王道孝弟之外，无王道也。尧舜唐虞时，一孝子悌弟而已矣。孔子春秋时，一孝子悌弟而已矣。尧舜可为孔子之心，至今在谓次孝弟之良，人不容泯耳。仲昭兄弟从子游，既翕之意，蔼然可掬，自述其先世山右之洪洞人，自明初号九老者，迁实中土，遂隶籍新乡之西南三十五里杏庄堡家焉。世业农桑，虽乏闻人而多隐德。近代以来，始业儒，一时在学宫者十五人。以闇而章用，晦而明天道，且然而况于人乎？予平生尝劝人修谱，故乐为之序。

康熙九年（1670）岁次庚戌季春
八十七叟孙奇逢书于苏门之兼山堂①

---

① 新乡县《张氏族谱》，同治十一年文华堂刊本。

从文中可看出，当时大儒孙奇逢对在当地提倡儒家伦理的殷切期望，希望通过对族谱的修撰，达到恢复儒家礼仪的目的。而孙奇逢为《张氏族谱》所做的序言以及其对张氏修谱所进行的支持，也起到榜样作用，极大地激励了豫北地区更大范围内士子们修撰谱牒，进行宗族构建活动。

豫北士人之间的结交以及友谊的建立，除了扩大了士人群体的影响外，还会在宗族构建方面相互影响、相互促进。例如，新乡县士人郭遇熙在给本邑王孟和所撰《王氏宗谱》所撰写的跋中，因看到王孟和所撰宗谱世系清晰、条例完备，而本族谱牒却并未续写，不禁感叹道："因念人各有祖，祖各有宗。余家郦邑，垂三百余年，历世数十，生聚数百，旧有小谱而不能续。今读王氏之谱，不禁汗浃焉。"① 在王孟和的感召和影响下，郭遇熙开始着手修纂本族族谱并进行了一系列的宗族建设，并最终得以如愿完成。豫北士人群体之间的交游，对于豫北宗族的构建作用之大，由此可见一斑。

豫北士人除了凭借同窗、师承相互结交外，通过缔结两姓婚姻、形成姻戚关系，也是密切士人之间关系、扩大名声的绝好选择。孙奇逢就曾与新乡县郭氏缔结了"百年之好"。郭遇熙长子郭培祉，"读书别有领会，孙夏峰一见器之，曰：此克家向贤也"，因此孙奇逢决定与之"爱结姻焉"，将孙氏之女许之。② 新乡县望族张氏与郭氏也曾结为姻亲。明末清初，张氏张缙彦之女曾许配给郭氏郭士标之子郭迋熙，虽然最终由于缙彦之女早殇，两姓婚姻未能结成，但从中仍可看出，张、郭两姓为扩大相互影响而做出的努力。③

从明朝后期开始，豫北文人之间结社立会现象普遍。这为当地士人之间的交流、唱和提供了一个相当便捷的平台。学者何宗美对明朝文人结社现象有专题研究。根据何宗美的研究，明朝文人结社在有明一代可分为四个阶段，其中明末的天启、崇祯时期的文人结社达到了至高峰，从地域上看，明朝时经济发达的东南及沿海地区文人结社最为活跃。④ 豫北地区地处中部，直到明末时期文人结社才普遍兴起，但当地文人结社的影响也不可忽视。

明末新乡县张氏张缙彦之兄张缝彦就曾结社，以结交当地文友，谈诗论文。

---

① 《新乡县志》卷二十一《艺文上》，乾隆十二年刊本。
② 《新乡县志》卷三十三《文苑传》，乾隆十二年版。
③ 参见新乡县《张氏族谱》下卷，民国五年续修本。
④ 何宗美.明末清初文人结社研究［M］.天津：南开大学出版社，2003：18-23.

刘正宗在《文学张公暨配合葬墓志铭》中言道："缝彦卜居茹岗，构啸风亭，放情诗酒。与邑中文学数人结莲社相倡和，为诗法少陵，风格遒上。"很显然，张缝彦立莲社，根据何宗美在其研究中按结社宗旨和活动内容来分类，属于谈诗论文类型的结社。

到了清初大儒孙奇逢讲学苏门时期，孙奇逢凭借其名气与影响力，在当地创立了苏门会，以此与当地文人士大夫进行切磋交流。孙奇逢还为此专门撰写了《苏门会约》一文，以之规范与会成员的行为。为详细了解其苏门会的宗旨、活动等内容，兹将会约全文详于下：

> 卫水悠悠，源泉混混，人以地灵而聚，地以人聚益灵。吾尝数人，地分两省，偶来借闲于境，遂而讬契于心。或素嗜烟霞，而鸿冥不下；或身经仕路，而鹤性难驯；或冷署优游，而一默探乎禅理；或灯窗攻苦，而久澹乎名心：均抱用世之才，俱有脱尘之想。一觞一咏，聊适此日性情；斯地斯人，永作千秋盛事。古人岂难并驾，我辈猛自交修。非敢素食，用申盟好，会约四条，附列于后：

> 友列五伦之一，以其辅仁也。所关甚重，夫岂容滥？与其交而后择，孰若择而后交？吾齐数人，虽曰寻盟方始，然相闻相信已有素矣。今仿昔贤洛社、香山之意，为苏门之会，思善其乡，以先细民。为之约定交。

> 礼与其奢也，宁俭。当此时，民穷财尽，到处皆然，况我辈离家失业者乎？五人一席，荤素六器，饭二，酒随意，亦古人二簋用享之意。侬居常与亲友以此为则，事求可继，道贵相安。为之约崇俭。

> 拒谏饰非，举世通病。试思大禹闻善则拜，子路闻过则喜，是何等心肠。由衷达外，一毫无所矫饰。非告人以善与过之为难，而有以来人告之为难也。一分谦冲，一分长进；一分倨傲，一分堕落。为之约受善。

> 交之不久，以不能忘己也。己之不能忘，自挟贵、挟长、挟贤以至于辞气颜色，必欲较量，故交甫合而旋离。侬自愧无闻，徒嗟衰暮，仰借同人，匡我不逮，诸公各有己，定不沾沾自多也。为之约忘己。

> 交之鲜终，由于始焉不戒，我辈不可不慎之。每月两会，疏则情不洽，数则力难继，来不速，迟不候。亭午即集，烛不及跋。如有事不及赴，前一日闻之主会者，或远宾初至暂尔入会，交从某人起，某宜亦先一日相闻大家，均有主道焉。未入会不可轻合，既入会不可轻离，风俗淳漓，人心

厚薄，于此攸关，前说未竟，复为之跋。①

由以上会约观之，设立苏门会的活动内容主要是诗酒唱和、怡情自娱为主，是当地文人追求闲适、随意自如生活情趣的反映。但从孙奇逢制定了苏门会约来看，苏门会在当地属于规范性较强的社团组织。而由当时著名学者孙奇逢召集与主持苏门会，一方面，对豫北的结社立会活动起到推波助澜的作用，另一方面，孙奇逢以及当地入会文人，可以借助团体的氛围，更加有效地宣传其观念、传播其思想，从而扩大自己的影响，同时也可增进与会的文人士大夫之间相互交流，加强情感沟通，相互声援、援引，使自己在当地赢得崇高声誉。

为进一步增进豫北地区文化精英之间的联系和扩大其在当地的影响，他们还经常凭借其在当地获得的政治、经济资源以及巨大声望，邀请当地其他名人，或为他人撰写传记、为其作品撰写序言以及为亲友们撰写墓志铭等文章。明末清初，此种风气在当地异常盛行。最为突出的就是当地大儒孙奇逢，由于其在当地的特殊地位以及文坛中的巨大影响，他为豫北各县的许多名门望族的士人及其亲属撰写过传记。如孙奇逢为新乡郭氏中郭湄之继配撰写《贞靖夫人序》，以赞颂郭夫人守节五十余年的节烈之事。明末崇祯时期，逢甲申之变，闯王农民军攻至获嘉县，获嘉县贺氏之贺仲轼（字景瞻）率其妻恭人王氏、妾李氏、张氏共同殉死。孙奇逢闻之，撰文《贺公景瞻传》，以赞颂其"仗节殉义"。②孙奇逢在当地利用其文章，以提倡儒家伦理道德，兴仁倡义，推崇忠孝节义，化民导俗。而对于其他士人，甚至普通百姓而言，也以获得孙奇逢的推崇与赞颂为荣。当其时，豫北其他的文人士绅之间也互为凭借，相互为对方作品作序或为对方亲人撰写墓志铭。此类现象，在当地比比皆是，兹不赘言。

此外，豫北地方文化精英们的大量诗文作品，也被积淀成为构建强宗大族的社会权势和地位声望的文化资源，使得他们获得了极高的个人学术声望。从表面上看，诗文集表现的只是纯学术的个人志趣，但在中国乡土社会，出于对文化的景仰与崇敬，这些诗文作品本身就是在积淀着建构地域社会声望权势的重要文化手段。此外，豫北当地文人士大夫还专门撰写了一些关于指导宗族建设的书籍与文章，例如，获嘉县贺氏的贺仲轼就曾撰写《祠堂四世位次议》一

① 孙奇逢. 夏峰先生集：卷十［M］. 朱茂汉点校. 北京：中华书局，2004：387，388.
② 孙奇逢.《夏峰先生集》卷五《传》. 朱茂汉点校. 北京：中华书局，2004：166－170.

书,① 用以对本族的祠堂祭祀等礼仪进行指导。

第四节　小结

明初以及清初时期,豫北地区相继遭受天灾与战乱的双重打击,经济萧条、人口锐减。经过统治者采取各项恢复措施,让人民得以休养生息之后,明时期与清时期的经济均得到恢复与发展,人口也逐渐增多,这直接为明后期豫北地区宗族建设出现萌芽以及入清以来宗族的持续发展提供了经济基础。

自宋元以来,豫北地区凭借着依山傍水的自然地理环境,独特的人文气息,吸引了以邵雍、姚枢、许衡、孙奇逢等为代表的一大批理学大师在当地讲学。他们的学术成就以及在当地兴建书院、教书育人,对当地儒学的兴盛与传播,均起到了重要的不可磨灭的贡献,使得豫北地区儒学风气愈加浓厚,为明清以来豫北宗族的构建提供了思想基础。

明、清两朝中央与地方政府,采取各种措施,诸如在豫北各地建立学校、书院,打击淫祠等政策,积极推行以儒学为指导的统治政策,以稳定自己的统治地位。更为重要的是,明、清二朝,皆坚定不移地奉行以科举取士为主的选拔人才的政策,豫北地区造就了一大批科举士人,他们便是当地宗族构建的主导力量。

从明朝后期开始,凭借着师承、同门、姻亲以及同年等多种形式,豫北文人士绅之间的交流和友谊得以建立,在当地构建了一张巨大的社会网络,标志着豫北文化精英群体的崛起。同时,豫北地方社会文人士绅从事的学术研究以及围绕着学术研究而展开的社交活动,进一步提高了豫北地方社会的声望地位,为地方宗族书香门第、名门望族的社会形象的构建积淀了更多的社会文化资本。在国家权力的提倡与支持以及豫北文化精英们的具体努力与实践下,程颢、程颐、朱熹的宗族理论先被精英们领会并应用于实践,继而影响到民间社会,为普通大众领悟并接受。由此,豫北宗族的构建成为可能并逐渐转为现实,直至出现高潮。

---

① 见《获嘉县志》卷十五《艺文》,乾隆二十一年刊本。

第三章

明清以来豫北宗族的发展历程与移民宗族

　　豫北宗族是在明清时期当时、当地所处的历史情境下重新构建起来的，其发展有着自己独特的历程。伴随着明清以来豫北历史进程的发展，豫北宗族自明朝中后期开始萌兴，至清朝前中期处于逐渐发展阶段，到了清朝后期至民国时期，豫北宗族构建达到了高潮。

　　研究豫北宗族，一个不可回避的问题就是对当地移民宗族的考察。明清时期，豫北移民包括民户移民和军户移民两个部分。对于民户移民而言，一个重要的议题是对移民宗族的祖先历史的讨论。而在豫北乃至整个北方地区，时至今日，仍流传着当地人的祖先是在明初由山西洪洞县大槐树移民而来的传说。对此传说的解析，必须置于当时当地的历史情境之中。对于豫北地区军户移民这样一个特殊的群体而言，对其加深研究，对于探讨军户宗族的在有明一朝的发展概况，也是非常必要和有益的。

第一节　豫北宗族的发展历程

　　常建华的研究认为，宋代以后中国社会具有的重要特征是出现了新宗族形态。① 然而对于豫北地区而言，其新宗族形态的构建却是自明代开始的。有关这一点，本书已经多次提到。就目前所知，有关豫北地区在宋代以后至明代之前，甚少有文献等资料记载当地的宗族活动。仅发现民国十三年（1925）修撰的《古共邵氏族谱》中，记载有邵氏自宋代修谱一直延续至民国时期的修谱序，

---

　　① 　常建华. 明代宗族研究［M］. 上海：上海人民出版社，2005：1.

以此可知邵氏在明朝以前宗族活动就频繁不辍。前面所提及的北宋邵雍移居辉县百泉时，曾为邵氏宗族宗谱撰写了《启后录》一文，文中阐述了邵雍的宗族思想，可看作其为邵氏族谱所做的宗谱序言。在宋代，还有很多当时名人为邵氏宗谱作序，包括陈康伯、汪徹、张九成、蔡元定、王十朋等。兹在此仅举张九成所撰《邵氏族谱引》一例，其在文中曰：

> 予见故家旧族，论及谱，问及先世，则懵然不知。呜乎！此谱族不讲之弊也。且豺獭皆知报本，人灵于物，不知祖宗之所自出，支派之所由分，亲疏之所以别，昭穆之所以序，豺獭之不如也。邵氏谱历千百年以嗣以续，如视诸掌其子孙之贤，可知矣。予嘉其克邵先志，僭为之引。

宋乾道九年（1173）仲冬之吉

直秘阁修撰横浦居士张九成书①

上文中张九成盛赞了邵氏修撰谱牒，可谓当时楷模，是其子孙贤能的表现，应为当世众人所效仿。

至元代太宗、世祖时期，北方大儒许衡也为《邵氏宗谱》撰写了《邵氏家谱跋》，其文包含了许衡的谱牒思想，全文如下：

> 家之有谱，犹过之有史也。史以记存亡，而谱则系昭穆。昭穆之能明，则宗派焉得而紊哉！邵氏谱牒历数百年间而弗失。祖功宗德，开卷一览，上以见其源流，下以见其嗣继，非善继善述而能之乎？书此为万世免。

元集贤大学士领太史院事鲁斋许衡跋②

从以上寥寥数语中可以看出，许衡强调了修撰谱牒的重要性，并对于修谱以继祖宗之德的行为异常推崇与赞许。

《邵氏宗谱》中这些有关谱序文章的珍贵之处就在于，这是北方地区为数不多的北宋至元时期存有的有关宗族思想的文献，对研究宋以后北方宗族的发展有着重要意义。

当然，邵氏能够在北宋就撰有宗谱，归因于邵氏在当地独有的家学渊源，更为重要的是邵雍深厚的理学造诣以及其崇高的社会地位，其宗族活动在当地并不具有普遍性。对于豫北整个地区而言，在北宋直至元代，很少有宗族修有

---

① 《古共邵氏宗谱》卷一《录》，民国十三年刊本。

② 《古共邵氏宗谱》卷一《录》，民国十三年刊本。

谱牒，更毋论有建祠堂、立祭田等宗族活动了。

明朝建立之初，常年的战乱与自然灾害，豫北地方社会中人口剧减，经济也长时间处于萧条待兴阶段。在乡村社会中，很少有聚族而居的状况出现，多为村民杂姓错落而居。而且在此时，由于中原地区长期处于异族统治之下，虽然在此期间不断有大儒在当地讲学，对儒学的传播有一定影响，但总体而言，当地儒学伦理观念还并不十分强盛。豫北村民血缘观念较为淡漠，祖先崇拜、祭祀祖先也并未得到彰显，反而是崇信鬼神、敬事佛老现象较为常见。

就明朝中央政府而言，明朝建立后，虽已经开始贯彻以儒家伦理为指导的统治政策，但其实施过程并非一蹴而就，是需要一定时间的。在明初洪武三年（1370），由太祖朱元璋下令，仿照朱熹《家礼》而编纂的《大明集礼》修成，该礼书具有国家礼制象征的性质。书中对于庶民与品官在祠庙祭祖礼制上做出了详细的规定，其文曰：

> 庶人无祠堂，惟以二代神主置于居室之中间，或以他室奉之，其主式与品管同而椟。

> 国朝品官庙制未定，权仿朱子祠堂之制，奉高曾祖弥四世之主，亦以四仲之月祭之，又加腊月、忌日之祭，与夫岁时节日荐享。至若庶人得奉其祖父母、父母之祀，已有著令，而其时享以寝之礼，大概略同于品官焉。①

从文中可知，仿朱熹《家礼》而制的明朝官方礼书《大明集礼》，仅规定品官祭祀高曾祖弥四代祖先，庶人在祖先祭祀上则限制更为严格，只允许祭祀二代祖先。这些规定可以说在一定程度上，不仅对品官祭祀祖先等活动有了一定约束，而且也限制了民间社会的祖先崇拜活动。

在朱元璋统治中后期，明朝对官民祭祖制度做了调整，适度放松了对庶民祭祖的限制。洪武十七年（1384），明朝依知县胡秉中的建议，将庶人只能祭祀二代祖先改为三代祖先。至洪武三十一年（1398）时，朝廷颁布并在各地推行《教民榜文》，其中对庶民祭祖规定进一步放宽。《教民榜文》乃是针对民间制定，认为祀文祭祀四代祖先的固定格式，并非只限定在品官以内，这就在事实

---

① 徐一夔等纂：《（大）明集礼》卷六《吉礼·宗庙·品官家庙》，影印文渊阁四库全书本。

上认可了庶民亦可以祭祀四代祖先。① 然而，虽然至此，明朝对民间祭祀祖先的规定，已经有了很大程度上的松动，但是毕竟还没有允许民间祭祀始祖。正如前文所言，在中国地方社会中，最为关键的是始祖崇拜。只有对始祖的祭祀，才能够最大程度上实现祖先信仰，从而有利于修族谱、建祠堂等一系列的宗族活动的开展，进而达到收族、睦族的最终目的。

正因为以上的缘由，豫北当地民众仅关注自己以上最近的几世祖先，对于其在明初的祖先情况大多不甚明了，甚至一无所知。例如，获嘉县《梁氏族谱》中，在梁氏裔孙梁旭征在万历四十八年撰写的《统宗世谱约说》里，当谈到其始祖的情况时就言称："业传先世者，仅五六世止焉。木根水源，竟以无考。……先世益远，其所传闻益疏且略矣。"② 在文中，旭征对于梁氏始祖的所知情况甚少的困扰，溢于言表。

对于豫北地方社会而言，一直至明朝嘉靖时期以前，当地很少有宗族活动出现。究其原因，一方面是由于地方经济、人口、文教等方面尚处于积累阶段，另一方面又由于明中央政府在祠庙祭祖礼仪上的限制。在明初至嘉靖时期以前，我仅在滑县地方志中寻觅到有关于当地宗族有建有家庙的记载。据民国《重修滑县志》记载该县有关邑人于芳时称："成化元年岁饥，助赈米四百石以济饥民，赖以全活者甚众。声闻于上，奉旨钦赐义民。有匾额在于氏家庙。门首乃'钦赐义民'四字，故俗称为义民祠。"文中可知，在成化元年（1465）时，于氏竟然已经建有家庙，这在当地来说是非常少见的。

直至明嘉靖年间，在豫北当地，祖先崇拜等活动渐兴，开始出现修撰族谱、兴建祠堂等宗族活动。自此之后，豫北地区宗族活动开始进一步发展，并日渐繁盛。为了更为具体的探讨豫北宗族在明清以来的发展状况，根据我在田野调查中获得的族谱以及地方志中的族谱序，制成以下表格，拟通过对豫北地区新乡县、辉县、获嘉县三县宗族在各个时期的修谱数量进行分析，以探求豫北宗族发展的进程与趋势。

---

① 对于明洪武时期祠庙祭祖礼制的演变可参见常建华. 明代宗族研究. 4 - 11；另可参见
　常建华. 明代宗族祠庙祭祖礼制及其演变［J］. 南开学报，2001（3）.
② 获嘉敦留店《梁氏族谱》，同治乙丑报本堂刻本。

表3-1　新、辉、获三县不同时期修谱数量表①

单位：部

县名 \ 时代	明后期	清前中期	晚清至民国	合计
新乡县	2	22	37	61
辉县	2	20	36	58
获嘉县	5	13	33	51
合计	9	55	106	170
百分比	5.2%	32.4%	62.4%	100%

从上表可以很清晰地看出，就豫北新乡县、辉县、获嘉县三县各族修撰谱牒的数量而言，在明后期数量还极少，到了清前中期，数量开始明显增多，至晚清以后，则呈现急剧增加的趋势，其修谱数量竟占到的当地谱牒总数的三分之二。从豫北三县在不同时期的修谱数量上来看，豫北的宗族发展，在明后期是萌芽阶段，清前中期为发展阶段，而晚清至民国时期是豫北宗族发展的高潮时期。

明后期，明朝政府对臣民祠庙祭祖礼制的限制进一步放宽。嘉靖十五年（1536），朝廷发生了"议大礼"的推恩令事件，对家庙和祭祖制度进行了改革，要求官员建立家庙，允许官民祭祀始祖，这在客观上为宗祠的普及提供了契机，强化了宗祠的普及。② 就豫北地区而言，由于在当时已经有一些通过科举而高中进士的士人出现，因此，在当地也出现了兴建祠堂、修撰族谱等宗族活动行为。例如，嘉靖年间，辉县邵氏续修有《邵氏宗谱》；万历年间，获嘉县贺氏修有《贺氏族谱》、卜氏修有《卜氏族谱》、梁氏修有《梁氏族谱》，新乡郭氏修有《郭氏家乘》，曹氏修有《曹氏家谱》；天启年间，获嘉县冯氏修有《冯氏族谱》；崇祯年间，获嘉县郭氏修有《郭氏家谱草本》，辉县孙氏修有《孙氏族谱》。但需要说明的是，能够在当时兴建祠堂、修撰族谱的，除了具有深厚家学渊源的先贤后裔外，还只能是少数在朝为官的缙绅士大夫，普通士人和民众还

---

① 关于对表3-1的一些说明：第一，本表所统计三县在明以后各个时期的修谱状况包括各宗族续修谱牒数量，但统计不包括新中国成立后的修谱数目；第二，明后期指明嘉靖至崇祯年间，清前中期指清顺治至嘉庆年间，晚清指道光以后。

② 常建华. 明代宗族研究. 14-22；另可参见常建华. 明代宗族祠庙祭祖礼制及其演变 [J]. 南开学报，2001（3）.

无进行宗族活动的意识与经济基础。正如当时人王士性在万历二十五年（1597）游历河南，有感于其在河南的所见所闻时言道："宛、洛、淮、汝、睢、陈、汴、卫，自古为戎马之场，胜国以来，杀戮殆尽。郡邑无二百年耆老之家，除缙绅巨室外，民间俱不立祠堂……庶民服制外，同宗不相敦睦，惟以同户当差者为亲。"① 从文中的描述可以看出，当时属于卫地的豫北地区，庶民的宗法观念仍很淡漠，仅关注到自己的小家庭，只有少数的缙绅巨室宗族观念才相对浓厚，会建祠祭祖。

进入清朝之后，尽管豫北地区也遭受到了自然灾害与战乱的破坏，经济损失较为严重，人口数量也有很大程度的减少，但由于在明后期当地已经积累了祖先崇拜的浓厚底蕴，再加上当时理学大儒孙奇逢在豫北的讲学，推动和促进了儒家礼仪在当地的传播，更为重要的是，豫北士人群体在明后期兴起后，一直延续到清朝建立，他们在当地影响深远，因此豫北宗族活动在明后期的基础上，得到了进一步发展。

对于新成立的清朝中央政府而言，满人作为少数民族入主中原建立清朝，为了稳固其统治秩序，在建立伊始，就确立了尊孔崇儒、以孝治天下的文教政策，对宗族组织褒扬有加，以达到其"移孝作忠"、维护君主政权的最终目的。顺治九年（1652），朝廷颁布《圣谕六条》，康熙九年（1670），又向全国颁布《圣谕十六条》，当中的第二条就直接提出了"笃宗族以昭雍睦"，明确表达了朝廷对民间宗族建设的赞许与支持，是朝廷对宗族建设指导的总纲。至雍正二年（1724），雍正帝又对《圣谕十六条》进行了详细阐释，并在此基础上在全国范围颁布了《圣谕广训》，其内容也较前详细而全面，给清朝的统治带来了深远的影响。雍正帝言道："凡属一家一姓，当念乃祖乃宗，宁厚毋薄，宁亲毋疏。长幼必以序相洽，尊卑必以分相联。喜则相庆以结其绸缪，戚则相怜以通其缓急。立家庙以荐烝尝，设家塾以课子弟，置义田以赡贫乏，修族谱以联疏远。"② 在圣训当中，雍正帝表达了其对儒家伦理秩序的推崇，并且指明了宗族应主要以立家庙、设家塾、置义田、修族谱为主要活动内容。雍正帝的圣训，通过乡约、地方官员、宗族组织的宣讲以及学校与科举考试等方式，贯彻于全国。《圣谕广训》可谓是对民间宗族构建的直接指导，对民间宗族的兴起必会起

---

① 王士性.《广志绎》卷三《江北四省》. 北京：中华书局，1981：43.

② 雍正帝：《圣谕广训》，宣统木刻本。

到积极的推动作用。①

在清政府以孝治天下的政策指引下，清朝中央与地方异常注重表彰模范宗族和孝子贤孙。在豫北地区清朝前中期修撰的地方志中，也存有大量此类表彰宗族记载。例如，乾隆年间修撰的《卫辉府志》记载，李子玢，新乡县人，"事继母以孝闻，持已敬，待人以和，抚幼弟弱妹，曲尽友爱。子四人，孙九人，曾孙四人，元孙一人，五世同堂"；张士吉，新乡人，"与弟士利友爱，同居四世，有公艺之风"；李堪，封丘县人，"家族有百口共爨，无间言"；刘昂，封丘县人，"治家有法，上继曾祖十三世，下历孙继仁六世，皆同居共爨，男女共三百余口，财帛不私，衣食均平，有司屡加奖劝"；毛现文，获嘉县国学生，"三世同居，一门五十余口，内外无间言"。② 在地方上对宗族同居共财的表彰与奖励，表明了政府对于宗族行为的赞赏与鼓励。

此外，在雍正、乾隆时期，政府还试行族正制，试图以族正来规范宗族行为，实现对地方社会的统治。雍正四年（1726），朝廷下令，要求宗族聚居地，满百人以上，保甲又行之不善的地方，"选族中人品方刚者立为族正"③，职责是查举"该族良莠"④，以达到其维护宗族与地方治安的目的。族正制在乾隆时期还一度奉行，至乾隆五十四年（1789），因族正制的种种弊端，遭到地方官员的反对，乾隆遂将其取消。尽管族正制在雍正、乾隆时期屡有兴废，但清政府试图利用宗族为其服务的鼓励宗族行为，无疑会大大促进各地宗族的发展。⑤

在中央与豫北地方的双重作用下，豫北的宗族活动很快便在战乱的废墟中发展和兴盛起来。在清前中期，在豫北地区的宗族中，有相当多的宗族都是在康熙、雍正、乾隆时期第一次修撰族谱、兴建祠堂。并且与明后期豫北地区的宗族建设相比，这一时期参与到宗族建设的已经不仅仅是少数的缙绅巨族，有相当多的中下级官员士大夫积极投身到本族的宗族建设中来。豫北宗族的参与者身份等级有了明显的下移，已经开始出现庶民化的趋势。

---

① 有关对《圣谕广训》的详细论述，可参考常建华.《清代国家与社会研究》第一章有关部分，北京：人民出版社，2006：71－81.
② 《卫辉府志》卷三十二《耆老》，卷三十三《人物·孝义》，乾隆五十三年刻本。
③ 《清朝文献通考》卷十九《户口》，杭州：浙江古籍出版社，1988 年影印本。
④ 光绪《大清会典事例》卷一五八。
⑤ 有关清代施行族正制的讨论，可参见常建华.《清代国家与社会研究》第四章《政权与族权》相关部分，北京：人民出版社，265－285.

在豫北地方社会，拥有低等功名的生员、监生，成为当地宗族活动的主要推动力量。这从当时各宗族修撰族谱的族人身份上就可见一斑。例如，封丘边氏族谱，在万历年间首次修谱时，边氏宗族负责修谱的是边氏弟五世边有猷，当时边有猷在其修谱序上的署名为"万历三十年赐进士出身、中奉大夫、钦差整饬密云等处兵备提督古北四路、山东布政使司右参政兼按察司佥事加太仆寺卿"，其身份为明朝的高级官僚士大夫阶层无疑。到了康熙年间，边氏再续族谱时，修撰谱牒的是庠生边治国、庠生边服远等，而在乾隆年间，边氏三续族谱时，修撰族谱的是庠生边调元、庠生边际涯、监生边五伦、儒学生员边保等。从明后期到清前中期边氏修谱者身份的变化上，可以看出，当地在宗族活动中起到核心作用的成员身份有了明显的下移。在豫北地区，清朝康、雍正、乾隆、嘉庆时期，存在更多的是广大中下层士大夫阶层第一次为本族修撰族谱，即在此时期才开始宗族活动。如辉县《徐氏族谱》就是在清雍正十二年（1734）第一次修撰族谱的，而负责修谱的徐湛，其身份是岁贡生选归德府宁陵县训导。

由此可见，在清前中期，豫北地区乃是由绅衿阶层在宗族活动中扮演主角，而普通庶民则尚无太多宗族行为。此种现象在豫北地区的地方志中有关当地各宗族的祖先祭祀礼仪等宗族活动的记载中，也表现得十分明显。康熙年间修纂的《汲县志》就记载道："邻人祭于墓，士大夫家起祠堂，而墓祭亦不废。"[1]乾隆年间修纂的《新乡县志》也有类似的记载："乡人墓祭，士大夫家起祠堂，设木主祭之。"[2]从中可知，豫北当时士大夫阶层已经修建有祠堂进行祖先祭祀活动，而庶民阶层在祭祀祖先上只是延续传统进行墓祭，并没有修建祠堂进行宗族组织化建设，宗族活动行为并不明显。

到了道光以来的晚清时期，情况逐渐出现了变化。尤其是在咸同年间，豫北地方社会饱受太平军北伐以及捻军起义的打击，处于动荡不安之中。清朝政府为了对付对付风起云涌的地方动乱，加强对基层社会的控制，开始对地方宗族的发展给予大力支持，使得宗族获得进一步发展的生机与活力。有关对此论述在本书后面部分还会有具体论述，此处暂且从略。

而此时在豫北地区，由于地方学校、书院、义学以及家塾等各级教育体系的日益完备，在庶民当中的识字人群也进一步增大，更为重要的是庶民受儒家

---

① 《汲县志》卷一《风俗·祭礼》，康熙三十四年刻本。
② 《新乡县志》卷十八《风俗·祭礼》，乾隆十二年石印本

伦理的熏陶日益加深，再加上士大夫阶层在宗族建设中的指引与模范作用，因此，庶民阶层开始热心于本族的宗族建设事业。此时的豫北地方社会，无论是缙绅，还是庶民，皆以足够的热情，纷纷投入到了宗族建设中来，豫北宗族发展至此达到了其发展的高潮时期。

清末民初时期，在近代化的浪潮之下，尽管豫北宗族活动一度受到清末新政以及新式教育的冲击，但在民众当中宗族活动并未停止，相反其民众化的趋势更加明显。其中一个重要原因是，豫北当地的宗族发展深受孙中山提出的《三民主义》之中的《民族主义》的影响。针对当时外国列强侵华，中国处于民族危亡边缘的情况，孙中山在《民族主义》中号召"合各宗族之力来成一个国族，以抵抗外国"，即"用宗族的小基础，来做扩充国族的功夫"，孙中山希望通过这种联合，"便可以成一个极大中华民国的国族团体"。① 他认为通过改造家族，使得传统宗族讲究的孝敬祖先、忠于君主的忠孝，变为忠于国家、民众的忠孝。只有改造家族，使之能够合为国族，才能够挽救危亡，实现民族独立，达到民主革命的成功。正如孙中山所设想的："把各姓的宗族团体先联合起来，更由宗族团体结合成一个民族的大团体。我们四万万人有了大团体，要抵抗外国人，积极上自然有办法。"②

孙中山的这些思想，对民间的宗族建设触动很大。在地处北方内陆的豫北地区，由于外国列强势力已经逐渐蔓延至当地，民众对于面临亡国灭种的危机，已经有了切身体会，因而对孙中山的民族主义有了强烈的共鸣。在豫北的宗族理念中注入了民族主义的新观念，在当时修撰的许多谱牒的谱序中，都深受民族主义思想的影响。例如，河南辉县勾氏在民国十八年（1930）首次修撰族谱，在《第一序》中提到："民国命脉在三民主义，而三民主义尤重然欲重民族而……（新谱将后面内容节略，笔者注）"《第二序》中更具体谈道："总理之言曰：想恢复民族主义，要有团体组织大团体，必先有小基础，彼此联合。中国可以利用的小基础就是宗族团体。又曰：每一姓中，用其原来宗族的组织，先从一乡、一县联络起。譬如，陈姓的人因其原有组织在一乡、一县、一省中，专向陈姓去联络，陈姓便有很大的团体。信哉！盖中国者，各个民族之所积也。而民族之根本实胎于家族，则家族之尤当联络……苟扩而充之，一乡至于一县，

---

① 孙中山. 孙中山选集［M］. 北京：人民出版社，1981：676.

② 《孙中山选集》，680.

一县至于一省，由一姓团结而至于他姓团结，谁谓我民族为世界的落伍耶？……以民族言，非我总理所谓团体之根本乎……"① 再如辉县《赵氏族谱》，首撰于光绪二十三年（1897），在民国二十年（1932）再序时，赵氏十一世孙清熏的表叔祖崔蜀杉为赵氏族谱所作序言中，专门强调了孙中山的民族思想，其言道："处竞争时代，欲抵制外侮，莫若结团体，然团体之大小不一，有一家之团体，有一国之团体，有天下之团体。欲结天下之团体，必先结一国之团体。欲结一国之团体，必先结一家之团体。一家之团体何以结？礼曰：尊祖当敬宗，敬宗宜收族。是收族为结团体之要。而修谱尤为收族只要也。然则修谱一事，岂非今日之急务耶？"② 从以上所举豫北两宗族的族谱序言中，可知当时孙中山的民族主义思想对于民间族中建设的影响之深远。孙中山的民族主义成为民国时期豫北宗族发展的一个新的推动力。

晚清至民国时期，有很多普通民众开始了修撰族谱、建设祠堂等宗族活动。获嘉县贾氏在道光、咸丰年间首次修谱，贾氏第九世绍孟在此次修谱的序言中，就表达了其修谱观念。他认为：

> 尝闻物本于天，人本于祖。物虽万类，不外天地之一气；人即百世，皆分祖宗之一体。故上稽天子，下迄庶人，贵贱不同而尊祖敬宗之意一乎也。是故家必有谱，以序宗派、别亲疏，其制故昭昭明甚。而吾于此抑又说：人自得性以来，运会递变，居处无常，使第纪现在之宗枝，而由来之迁播流寓不载，其后必有紊乱世次及同姓为婚之弊，又望其宗叙宗睦族栖好无尤（忧）耶？故叙宗世者，必当断自始祖，而尤必详其所由来，此不易之准绳也。

九世孙绍孟撰文③

在谱序中，绍孟一方面强调了其"人无分贵贱，皆当修谱"的修谱思想，另一方面也强调了始祖在团结族众睦族的重要性。这从侧面反映出豫北当地修谱已经开始遍及至庶民大众。

就修建本族祠堂来说，据民国年间《新乡县续志》记载，当时新乡人许三

---

① 辉县《勾氏族谱》，1994 年印刷本。

② 辉县《赵氏重修族谱》，1992 年手抄本。

③ 获嘉县《贾氏族谱》，2003 年印刷本。

合，"以商起家，念合村同族未有祠堂，乃择地独立创修，以隆享祀而敦睦谊人"①。文中新乡邑人许三合是当地普通民众，并无读书，亦无功名身份，在经商致富后，便修建祠堂，以敦宗睦族为己任，其宗族观念是相当强的。新乡邑人许三合的例子，在豫北地区并非特殊个案。

如果要进一步检阅当时豫北宗族的民众化，我们还可以从乾隆年间与民国时期修纂的《获嘉县志》中记载的祠堂数量看出其中的变化。乾隆时期《获嘉县志》中，记载获嘉县当时有祠堂共计五座，分别是郭氏、岳氏、冯氏、郭氏（与前一郭氏不同宗）、贺氏；②而与此相比，在民国年间《获嘉县志》中记载，当时获嘉县共有祠堂共计128座，其中有的宗族不止拥有一座祠堂③。从乾隆时期与民国年间获嘉县拥有祠堂数量上，我们可以清晰地发现，宗族建设已经遍及到士大夫与庶民各个阶层之中。在民国时期《获嘉县志》中，当编纂者在谈及获嘉县当地的祭祀风俗时，总结道"礼，庶人祭于寝。今县俗无分士庶，多自立祠堂。"④

综上所述，明清以来，在中国大历史背景与豫北地区自身发展的历史脉络双重作用与影响之下，豫北地区宗族沿着自身特有的规律，不断地发展与壮大。豫北宗族发展的历程，经历了明后期的萌芽、起步阶段，至清中前期的发展成熟阶段，最后到了晚清、民国时期，完成了豫北宗族庶民化的过程，达到了其发展的高潮阶段。

第二节　豫北宗族与"山西洪洞移民"传说

豫北地区地处北方，而北方宗族多为移民宗族，在移民宗族当中有关祖先和家园的历史记忆的话语阐述中，其中流传最广的是大多北方人都耳熟能详的山西洪洞县大槐树移民传说。"问我祖先来何处，山西洪洞大槐树，祖先故居叫什么，大槐树下老鸹窝"，这首为众多北方人津津乐道的歌谣，寄托了他们对故

---

① 《新乡县续志》卷五《人物·义行》，民国十二年刊本。
② 《获嘉县志》卷四《祠祀》，乾隆二十一年刊本。
③ 《获嘉县志》卷四《建置下·宗祠》，民国二十三年铅印本
④ 《获嘉县志》卷九《风俗·祭礼》，民国二十三年铅印本

乡的魂牵梦绕。毫无疑问，研究地处北方的豫北宗族，对山西洪洞大槐树移民传说的探讨是不可避免的。

有关山西洪洞大槐树移民问题的研究，长期以来一直受到国内外学者的关注。① 特别是赵世瑜在对山西洪洞大槐树传说的解析过程中，取得的最新成果，赵世瑜的研究认为洪洞大槐树移民传说反映了移民对祖先历史的集体记忆，也反映了移民的生活境遇，在这些记忆当中，包含着移民宗族定居、发展的历史，北方族群关系变化的历史，卫所制度等国家制度对基层社会影响的历史，也反映了晚清、民国时期地方士绅重构大槐树传说背后的时代取向或追求现代性的努力。② 赵世瑜的研究对本节豫北地区移民问题的研究有很大的启发和借鉴意义。本节将在现有有关明清时期山西民迁移至河南研究的基础上，③ 结合豫北地区山西移民的具体情况，依据豫北移民宗族族谱，对豫北当地的山西移民问题进行阐释，以求进一步解析山西洪洞大槐树移民传说，继续将这一议题的研究引向深入。

一、明代山西移民至豫北述略

元末明初时期，由于豫北地区长期频繁的战乱与自然灾害，当地土地荒芜，人口锐减。有关此点，已有专门叙述，此处从略。而在同一时期，从地理位置上来说，与豫北地区紧密相连的山西地区却是另一幅景象。从金、元以来，山西就是经济较为发达地区，在元末战乱时期，山西虽然也遭受到了战争的破坏，但由于地形险要，其损失远没有与其相邻的河南、河北地区之大。再加上山西在休养生息过程中，风调雨顺，连年丰收，在明初时已经形成了社会安定、人丁兴旺的局面。据史载，洪武十四年（1381）时，河南总人口是 189.1 万人，

① 早期研究成果包括马长寿. 洪洞迁民的社会学研究［J］. 社会学刊，1933（4）；郭豫才. 洪洞移民传说之考实［J］. 禹贡，1937（10）。近期成果包括：安介生，葛剑雄. 洪洞大槐树［J］. 寻根，1997（6）；曹树基. 中国移民史：第五卷［M］. 福州：福建人民出版社，1997；安介生. 山西移民史［M］. 太原：山西人民出版社，1999；国外成果有日本学者濑川昌久. 族谱：华南汉族的宗族、风水、移居［M］. 钱杭，译. 上海：上海书店出版社，1999.

② 赵世瑜. 祖先记忆、家园象征与族群历史——山西洪洞大槐树传说解析［J］. 历史研究，2006（1）.

③ 专题论述山西移民迁至河南的论文包括：王兴亚. 明初迁山西民到河南考述［J］. 史学月刊，1984（4）；李留文. 宗族大众化与洪洞移民传说——以怀庆府为中心［J］. 北方论丛，2005（6）；任崇岳. 中原移民简史［M］. 郑州：河南人民出版社，2006.

河北总人口是189.3万人，而与之相比，面积比河南还少六百多平方千米的山西，总人口达到403.4万人。①

由于山西地理面积狭小，而且境内多山，可供继续开垦的耕地有限，因此，随着经济的发展以及人口的增长，在山西大部分地区出现了人多地少的矛盾，"地狭民稠民生艰"成为当地严重的社会问题。面对如此严峻的局面，刚刚成立的明朝政府很自然地选择了移民政策，凭借政府力量，将山西多余的人口迁移至与之相邻的河南以及其他地广人稀的地区。

学者李永芳、周楠依据《明实录》《明史》等正史资料做出的考察认为，在明初五十余年间，从山西向全国各地迁民次数大致为18次，其中直接迁往河南的就有10次之多。② 兹摘录数例如下：

洪武二十一年（1388）八月，"徙山西泽、潞二州之无田者，往彰德、真定、林清、归德、太康诸处闲旷之地，令自便置屯耕种，免其赋役三年，仍户给钞二十锭，以备农具"。③

洪武二十二年（1389）九月，"上以山西地狭民稠，下令许其民分丁于北平、山东、河南旷土耕种。"④ 十一月，"上以河南彰德、卫辉、归德，山东临清、东昌诸处土宜桑枣，民少而遗地利。山西民众而地狭，故多贫。乃命后军都督佥事李恪等往谕，其民愿徙者，验丁给田，其冒名多占者，罪之。"⑤ 有关此次移民结果，在洪武二十五年（1392）十二月，据负责此事的李恪、徐礼报称："彰德、卫辉、广平、大名、东昌、开封、怀庆七府民徙据者，凡五百九十八户，计今年收谷、粟、麦三百余万石，棉花千一百八十万三千余斤，见种麦苗万二千一百八十余顷。"⑥ 在这则奏报之中，根据后面的粮棉产量来看，"五百八十户"被许多学者认为是《明太祖实录》记载错误之处，其中有学者认为其中"户"当为"屯"之误。

洪武二十八年（1395）三月，太祖又派左都督佥事朱荣前往彰德、卫辉、

---

① 有关河南、河北、山西三省人口具体数字可详见《明太祖实录》卷一百四十，洪武十四年十二月。
② 李永芳，周楠. 明初洪洞移民在河南的历史考察［J］. 商丘师范学院学报，2004（4）.
③ 《明太祖实录》卷一九三，洪武二十一年八月癸丑条。
④ 《明太祖实录》卷一九七，洪武二十二年九月甲戌条。
⑤ 《明太祖实录》卷一九八，洪武二十二年十一月丙寅条。
⑥ 《明太祖实录》卷二二三，洪武二十五年十二月庚午条。

大名等府，"劝督迁民屯田"。十一月，据朱荣回报称："东昌等三府屯田迁民五万八千一百二十四户。"右军都督佥事陈春报称："彰德等四府，屯田凡三百八十一屯，租二百三十三万三千三百一十九石，棉花五百二万五千五百余斤。"①

从以上几则史料中可以看出，明初从山西迁往北方尤其是豫北地区卫辉、怀庆、彰德三府的移民数量是相当多的。据曹树基的估算，明洪武年间，彰德府接纳政府组织的移民共约2.5万人，卫辉府接纳的洪武移民2.2万人，怀庆府接纳山西移民也约为2.2万人。② 但需要指明的是，以上的资料以及统计移民的数量只是依照官方资料得出的结果，正如葛剑雄所言，《实录》所记载的只是朝廷在山西迁民及在河南等地进行安置的重大事件，并没有包括移民全过程，也没有记录完整的移民数量，所以山西移民的实际数会远远多于统计出来的数目。③ 对此稍后还会有具体论述。

有关明初山西民迁移至豫北的记载，在豫北当地地方志、碑刻以及族谱资料当中也多有体现。与上文所列的正史资料相比，这些地方资料中记述明初移民情况显得更为具体、生动。例如，顺治《胙城县志》卷一在介绍该县村落名称时称："凡名屯、寨者，皆明初迁民。"民国二十五年（1936）修《汲县志》卷四《事纪》中，在谈及明初山西移民至汲县的时间时言称："土人（即汲县人）传闻则以为洪武二年（1369）。"民国二十一年（1932）修《孟县志》卷四《大事纪》则载："明洪武三年（1370），徙山西民于河北，而迁至孟州者十九，皆山西洪洞籍。"编者在此处后还加一按语："然证之故老之传述，考诸各姓之谱牒，则实确凿可据。且当日户部所给之迁徙勘合，光绪初年（1875），民间尚有存者，故补录之。"可见在地方志中，已经出现了洪洞等在正史中未提及的字样，迁民的时间也比正史记载提前。

有关正史与地方文献两者在记载山西移民之中的差异，在民间族谱资料中反映更为明显。以下仅列举出豫北当地文献中有代表性的几则族谱资料：

（一）延津县申氏申如负《申氏族谱引》："家传吾始祖原籍晋之洪洞也，国初本文，迁籍于延津……"④

---

① 《明太祖实录》卷二四三，洪武二十八年十一月戊寅条。
② 曹树基. 中国移民史：第五卷 [M]. 福州：福建人民出版社，1997：244–251.
③ 安介生，葛剑雄. 洪洞大槐树 [J]. 寻根，1997（6）.
④ 延津县《申氏族谱》同治壬申刻本。

（二）新乡县张氏张缙彦撰《先考别驾公行述》："先世家庐太行洪洞下，文皇帝时，移右族以实河朔，有得山公者，择新中之宋佛居焉。"①

（三）新乡县田氏田芸生撰《本支宗谱序》："明永乐三年（1405），迁山西洪洞民实河北，吾田氏自此迁于新。"②

（四）新乡县张氏田芸生代撰《张氏族谱序》："吾新自元末兵燹后，遗黎仅七族耳，明初迁山西洪洞民实河北，故迁居吾新者多洪洞籍。而张八寨之始祖张八，亦东迁之一也。乃独能以名其寨……"③

（五）辉县齐氏齐永璋撰《齐氏族宗谱世系原引》："乾隆四年（1739）乙未元旦，族人咸集拜扫祖茔。我祖曾祖名皁，讳大有者，问于族间老人云：祖茔四五亩大，又旁列六七，所何今合族丁不满百耶？老人曰：历代相传言说，原贯山西平阳府洪洞县，自明初迁于河南省怀庆府河内县东北四十里许西阳邑村。"④

（六）辉县勾氏勾善书《创修族谱序》："我始祖昆弟两人，明时由山西洪洞一籍，于辉邑候兆川之南村一籍，于新村至今五百年矣。"⑤

类似以上有关自己祖先历史的记述，在豫北地区的族谱等地方文献中可谓比比皆是。很明显从以上短短的几则族谱记载当中，可以看到在地方社会中的民众是怎样构建自己宗族的历史的。与本书稍前所引的有关明初移民的正史资料相比，在地方族谱资料中大家不约而同地将移民的迁出地选定为山西平阳府洪洞县，有地方宗族则更为具体直接指明其祖先迁出地为洪洞县之大槐树。不仅是在豫北地区，在整个北方地区凡其祖先在明初从山西迁民者大多言其自山西洪洞县大槐树下迁入现居处。这便是从清中期起一直流传至今的"山西洪洞大槐树"移民传说，但为什么在前引正史资料中只字未提的洪洞大槐树字样，到了后来编修的方志、族谱等地方文献中变的言之凿凿并被许多移民后代所多津津乐道呢？而且洪洞一县又如何容纳得下众多的移民迁移呢？还有为什么后人叙述时选择了洪洞县？选择了大槐树？这一系列的问题着实令人费解，这也吸引到了众多的学者从不同角度对这些问题进行研究与探讨。

① 新乡县《张氏族谱》下卷《行述》，嘉庆二十三年刻本。
② 《新乡县续志》卷三《艺文·谱叙》，民国十二年刊本。
③ 新乡县《张氏族谱》，民国十一年刊本。
④ 辉县《齐氏宗谱》光绪六年刊本。
⑤ 辉县《勾氏族谱》，1994 年重修本。

　　葛剑雄、安介生的研究认为，洪洞县所属的平阳府是山西输出移民最多的地区，而且自金、元以来，平阳的经济文化地位居山西之冠，其中洪洞县在府属各县中又居于领先地位，因而当地外迁的百姓既多，又具有雄厚的经济实力，官府选择洪洞县作为附近地区外迁移民的集合地和出发地是完全可能的。此外，移民的后裔出于文化认同和从众心理，也认同了"洪洞大槐树"。① 还有学者认为，洪洞县交通便利，这也成了洪洞成为移民集中地的可能性大为增加。②

　　有关明初洪洞移民的迁移过程，北方各地也留有版本不同的移民传说。这里仅举豫北安阳流传的传说。据说，因山西民众不愿离开故土，明洪武时负责移民事务的后军都督佥事李恪，便设计诱骗不愿迁移百姓。其向民众宣称，凡不愿迁籍者可在一定期限内在洪洞广济寺左侧的大槐树下等候裁定。民众得知此消息后，纷纷涌向了大槐树下。结果，李恪向民众摊牌，凡在大槐树下的一律迁徙。据说，迁徙时，大槐树上有个老鸹窝，这引起了迁徙民众的感慨，纷纷叹道，老鸹尚且有个窝，咱们却要远离故乡、去往异地。由此，位于广济寺旁的大槐树成为众多移民后裔心中的根。不仅迁民过程有许多传说，而且围绕着大槐树移民，在北方地区流传着一系列的传说故事，诸如"燕王扫北""三洗怀庆府""打锅牛""解手"等。③

　　在民国六年（1917）的《洪洞县志》中，也有关于移民过程的记载。县志卷七《舆地志·古迹》记载："大槐树在城北广济寺左。按《（续）文献通考》：明洪武、永乐间，屡徙山西民于北平、山东、河南、保安等处。树下为会萃之所。传闻广济寺设局驻员，发给凭照川资。因历年久远，槐树无存，寺亦毁于兵燹。"此文中记载的移民过程与前文所述安阳地区的传说，在内容上有颇多相似之处。但另一方面，据赵世瑜的考证，除民国年间的《洪洞县志》外，在此之前历次修纂的现今可见到的明、清修纂的《洪洞县志》中，包括明万历时期以及清顺治、康熙、雍正时期共计四次的修纂，皆看不到对明初洪洞县大槐树移民的记载。赵世瑜的研究认为，直到清中后期才开始明确有了洪洞大槐树移

---

① 葛剑雄，安介生. 洪洞大槐树［J］. 寻根，1997（6）.
② 任崇岳. 中原移民简史［M］. 168.
③ 有关这些传说故事可详见赵世瑜. 祖先记忆、家园象征与族群历史——山西洪洞大槐树传说解析［J］. 历史研究，2006（1）.

民的故事。① 洪洞大槐树移民在当地文献记载时间上的差异不能不令人深思。

其实，民国时期地方志的修纂，其内容的很多部分是来源于当时日益增多的族谱资料以及修纂者下乡采风所得的资料汇编。因此，检验族谱记载真实性、可信度，对研究山西移民问题是十分有效和可行的。以下本书将结合豫北族谱资料，通过对族谱资料进行分析，来进一步剖析洪洞大槐树移民问题。

众所周知，对族谱的研究，不仅可以补正史记载之不足，而且可以将研究目光下移，关注到下层民众身上，大大拓宽史学的研究领域。但鉴于族谱资料的可信度问题，多数学者又主张应对利用族谱资料审慎对待。② 正如陈支平在研究福建族谱时所言，对于族谱这种主观随意性很大的民间文本，既要看到它所蕴含的整体学术价值，同样也不能忽视对它的鉴别取舍，应对之采取实事求是、客观谨慎的科学态度。③

如前文所言，豫北宗族是在明初重新构建起来的，构建宗族最主要的行为便是修撰族谱，而修撰族谱所不能回避的便是记载本族族源、追述本族祖先的历史。因为始祖是一个宗族的源头，只有在始祖的庇护下，本族"一本"之念才会产生，本族的后裔们才会有历史感与归属感。这就产生了一个问题，对于文人士大夫而言，其构建宗族行为产生较早，很多缙绅宗族在明中后期便已经有了修纂族谱等构建宗族的行为，由于当时与本族追述祖先相隔时间较短，因而获得本族祖先来历等较为详细的讯息相对容易。但对于普通民众而言，其构建自己宗族多是在清中后期，这时距离本族祖先活动的时段已经过去十几世、几百年的时间，若无特殊情况，要想详细获得祖先的讯息是相当困难，甚至是不可能的。因此，这些人要构建自己祖先的历史，就需要依据多方面的途径。

前文中豫北宗族移民的族谱材料（一）和（二）是笔者见到的较早有关洪洞移民的记载。其中，延津县申氏申如负《申氏族谱引》撰写于天启六年（1626），而新乡县张缙彦为明末清初人，故其所撰《先考别驾公行述》也是在

---

① 赵世瑜. 祖先记忆、家园象征与族群历史——山西洪洞大槐树传说解析 [J]. 历史研究，2006（1）.

② 有关族谱资料价值的论述可详见冯尔康. 家族制度、谱牒学和家谱的学术价值 [J]. 中国家谱综合目录（代序）. 北京：中华书局，1997；常建华. 试论中国族谱的社会史资料价值 [J]. 社会生活的历史学——中国社会史研究新探，北京：北京师范大学出版社，2004.

③ 陈支平. 福建族谱 [M]. 福州：福建人民出版社，1998.

这个时间写就。这个时期距离明初移民尚不太遥远，其记载有一定的可信性。但需要注意的是，在明后期到清初的一段时间内，豫北所撰家谱在叙及其祖先时，有许多并未言及其是来源于山西洪洞的。例如，明万历年间获嘉县贺氏族人振能在其所撰《贺氏族谱序》中，就声称，其祖先明初由山西临县辘辘湾迁至获嘉县。① 万历年间进士新乡县郭㳘在为本邑茹东泉所作《茹翁暨配杨氏尚氏墓志铭》中，记载茹氏祖先时言道："（茹氏）其先山西之阳城人，国初有令迁山西人实河南北，而翁之先有讳四老者，迁新乡。"② 至清初康熙初年，新乡任璿在《家乘提言》中，在叙及本族祖先时，也仅仅言道，"吾宗自山右诏迁"，并未提及山西洪洞。③ 可见，在明末至清初的一段时间内，豫北构建自己祖先历史时，还未刻意提及洪洞字样。

直至清中后期，豫北当地构建祖宗活动渐兴，普通民众也开始修撰族谱。他们在追述始祖时，由于年代久远，缺乏依据，可以想见其面临着怎样的宗族文化困境。前文所提及的族谱材料（三）中，新乡县田氏《本支宗谱序》的撰者田芸生，虽言称其祖源于山西洪洞，但其在《谱序》中也谈道："吾田氏自此（指明初）迁于新，时世乱田荒，来者皆力农，世世相承……迄清乾隆六年（1741），处士讳印昌公，卜兆于城南马家营西，是为老茔之始祖，自此以下有三世无碑碣之可寻，无谱牒之可纪……芸所知者，仅自高祖始，而同族繁衍，散处四方，皆无谱牒。"从芸生所撰文中可以得到的信息是，其祖先是明初由洪洞迁移至新乡，但此后田氏后人世世务农，直到乾隆时期，才以当时的印昌公为始祖，在此之前并无谱牒。因此，从田芸生的叙述中，找不到其将其祖先定为明初有洪洞迁至新的依据，其将祖先定为于洪洞移民，很可能是人云亦云，依照当时大众流行的传说而得出的。田芸生是清光绪壬午（1882）举人，曾任知县、道尹等官职④，可以称得上是新乡县当地的文化精英、缙绅士大夫，他在叙述本族祖先时尚且采取从众策略，对于普通民众来讲，采取人云亦云地从众说法，是再普遍不过了。

在上引材料（五）中，嘉庆八年（1803），辉县齐氏族人齐永璋撰《齐氏

① 获嘉县《贺氏族谱》，道光二十年刻本。
② 《新乡县志》卷二十六《丘墓上》，乾隆十二年刻本。
③ 《新乡县续志》卷三《艺文·谱叙》，民国十二年刊本。
④ 《新乡县续志》卷二《选举》，民国十二年刊本。

族宗谱世系原引》，文中虽也谈及其祖是洪洞移民，但也注明了乃是"历代相传言说"，并非有确凿依据。永璋在文中稍后又谈道："因明末迫于世乱，族人逃窜十有八九，家庙倾颓，宗谱失传，皆职此之故，根本原不如是也。我族曾祖闻言叹息不已，无奈聊具粗布一端，将可考名讳一一清，叙我祖宗焉。"从中可知，在明末时期，齐氏因战乱，宗庙毁弃、宗谱失传，已经失去了其祖先的详细讯息。齐氏获得其祖先的讯息，乃是其"曾祖"依靠记忆，编撰简单的族谱轴得来的。如此一来，对齐氏宗族祖先的详细情况的记载，其真实性是值得考虑的。

谱牒在不断地重修过程中，对始祖来源的内容变得愈来愈丰富、具体，这在豫北地区谱牒之中也是非常普遍的现象。如在上引族谱材料（六）中，辉县勾氏勾善书《创修族谱序》，撰写于民国十八年（1929），文中仅言称，其祖昆弟二人，明时由山西洪洞迁于辉县。并且在谱序当中明明写到了："勾姓迁至晋，五世以上无名可考，迁之年纪亦未详。"但到了1994年再序族谱时，在《家谱前言》中却记载道："按照祖辈口传'始祖昆弟二人，由明代来自洪洞老槐树底下。'系1389年，即洪武二十二年十一月，奉诏徙卫辉直隶辉县。始昆居新村，迄今上下六百零五年许。"① 这让人不禁要问：在重修谱牒时，勾氏祖先移民辉县的准确时间是如何得来的？

从以上本书依据豫北的部分谱牒分析来看，在豫北谱牒中记载的所谓言之确凿的洪洞迁民之事，事实上有很多的疑点和矛盾之处。这同赵世瑜在考察山西洪洞移民问题时，对北方谱牒的分析有许多的相似之处。②

需要说明的是，考察豫北谱牒对于有关洪洞移民问题的记载，最终目的并非是要判断豫北谱牒的真实性和可信度，而是希望通过对此问题的考察，来回答隐藏于这些谱牒背后的问题，诸如，为什么族谱的编撰者如此热衷将自己祖先设定为是山西洪洞移民而来？为什么当地的民众如此深信自己就是山西洪洞移民的后裔？为什么选择了山西洪洞？等等。正如刘志伟在研究华南移民问题时所指出的，我们研究的，不仅仅是有关宗族历史叙事本身所蕴含的事实，更有意义的是，在宗族历史叙述中，无论是真实记录也好，附会虚饰也好，都是

① 辉县《勾氏族谱》，1994年重修本。
② 赵世瑜. 祖先记忆、家园象征与族群历史——山西洪洞大槐树传说解析［J］. 历史研究，2006（1）.

后来被刻意记录下来的，因而是人们一种有意识的集体记忆，而这种集体记忆，在地方社会发展的历史过程，更有其特定的社会和文化意义。①

二、洪洞大槐树移民传说探析

在豫北乃至整个北方的山西移民当中，其谱牒有关祖先历史来源的论述，有相当数量的宗族都是十分强调其祖先是"奉诏"迁至当地，进而繁衍定居的。例如，新乡县任璿在《家乘题言》中就声称，祖先乃是"自山右诏迁"至新乡县；延津县申氏族谱在《五梓家谱序》中强调："吾族始山右洪洞旧籍也，奉迁居延（津）。"获嘉张氏族谱在《初修族谱序》中也叙述道："始祖自明初由洪洞奉迁获邑东北十五里楼村卜居焉。"② 此外，还有很多的谱牒不厌其烦仿照前文所叙洪洞移民过程传说，讲述其祖先是如何遵奉明皇帝的命令，如何获得凭照川资，最终迁至现居地的。我以为，这并非是偶然的，其背后应当隐含着族谱编纂者想要强调的某种东西，而这种东西也并非仅仅是在精神层面上得到精神归属感这么简单，这应该是与该族在现实中的生活、利益息息相关，是族众们在现实中所需要获得的。

刘志伟在对珠江三角洲宗族的研究中认为，当地宗族历史记述，反映了明代当地社会发展的一个关键转变，即定居与国家认同的形成，这在明清时期地方社会的文化整合历史中有特别重要的意义。③ 豫北宗族之所以要强调其祖先乃是奉诏迁至当地，也正是想要强调该族合法的获得在该地的入住权与国家的认同。由于明初的移民完全是政府组织的大规模移民活动，所迁移至当地的民众，多数是以民屯的形式在当地得以定居，并且编入户籍，成为王朝的编户齐民，这一点对于这些移民及其后代来说至关重要。对当地宗族而言，只有获得了定居的合法性与身份的正统性，才能名正言顺的进行乡村控制与实施对当地资源的合法占有，这正是该族在当地能够生存和发展的关键因素。

但是正如前文所言，声称是明初从洪洞前来的宗族并非全是历史真实。查阅正史资料，在明初至清初的长时期内，河南地区有很多次外地民众迁至河南，

---

① 刘志伟. 附会、传说与历史真实［M］//王鹤鸣等主编. 全国谱牒开发与利用学术研讨会论文集. 上海：上海古籍出版社，1999：157.

② 获嘉县《张氏族谱》，民国二十年手抄本。

③ 刘志伟. 附会、传说与历史真实. 161.

其中不乏流民与囚徒。而他们是否与洪洞移民有某种关联呢？以下结合正史资料，对此问题加以探讨。

流民与移民不同。移民是指从甲地迁至乙地，并在当地定居。而流民则不同。历来学者们对流民的定义，可谓大同小异。据《明史》所言："避徭役者曰逃户，年饥或避兵他徙者曰流民，有故而出侨于外者曰附籍，朝廷所移民曰移民。"① 曹树基认为，那种未得到政府允许并且未编入迁入地户籍的流动人口都可称为流民。② 苏新留则认为所谓流民，是指未得到政府许可而远离原籍、四处游动的人口。③ 本书以为流民与移民的区别，关键在于是否入籍迁入地、是否获得朝廷许可在当地定居，即是否获得国家认同。当然，流民与移民也并非具有严格界限。在一定条件下，二者可以互相转化。本书要关注的正是流民一旦获得了在迁入地附籍居住的权利，此时便可称为移民了。

出于地理上的便捷，明初陕西、山西等地饥民大量流至河南。而豫北地区，则由于同山西、山东、河北诸地接壤，不可避免成了外地流民涌入较为集中的地区。以下为《明实录》中记载外地进入河南流民的具体情况：

宣德三年（1428）五月，时任巡按山西监察御史沈福就上奏称："山西平阳府蒲、解、临汾等州县，自去年九月至今年三月不雨，二麦皆槁，人民乏食，尽室逃徙河南州县就食者十万余口。宜令布政司、按察司委官招抚复业。"④

正统十年（1445）七月，巡抚河南、山西大理寺左少卿于谦奏："近者，山西、陕西饥窘，俱往河南地方趋食。"⑤

正统十二年（1447）五月壬子，于谦奏报："近闻山东、山西并直隶淮安等府，百姓累因旱伤逃来河南地方趋食……今各处百姓递年逃来河南者将及二十万，尚有行勘未尽之数。"⑥

代宗景泰、英宗天顺年间，山东河北等地发生饥馑，又有大量流民进入河南。景泰五年（1454），兵部尚书孙原贞上奏曰："臣前任河南参政，阅各处逃

① 《明史》卷七七《食货志·户口》。
② 曹树基：《中国移民史》（第五卷），第375页。
③ 苏新留.明代流民成因新探——以明代河南为中心［J］.中州学刊，2002（3）.
④ 《明宣宗实录》卷四三，宣德三年五月戊辰条。
⑤ 《明英宗实录》卷一三一，正统十年七月甲午条。
⑥ 《明英宗实录》卷一五四，正统十二年五月壬子条。

民文册,通计二十余万户。"① 足见进入河南流民数量之多。

对于流民问题,河南地方官员多采取宽松政策,令其在当地复业。正德十四年(1519),明英宗命大理寺左寺丞李奎巡抚河南等府,令流民各安生理,"无田者量拨闲田耕种,愿于所在附籍者听。逃军、囚匠自首者,免罪。或有虚旷去处,自相团聚生理居住者,设法编管抚治"② 于谦也积极采取措施,除开仓济贫外,还使流民数量多且居住相近者,另立乡都,而星散者于原乡都内安插。明政府采取"附籍""复业"的政策,变流民为移民,使得当时大批的流民在河南定居。

此外,明代还有大量的刑罚之徒获准在河南定居。早在永乐元年(1403),"定罪囚北京为民种田例。……凡徒流罪,除乐工□匠拘役,老幼残疾收赎,其余有犯俱免杖,编成里甲,并妻、子发北京、永平等府州县为民、种田,定立年限,纳粮当差。……礼部议奏:以山东、山西、河南、陕西四布政司就本部政司编成里甲……上悉从之。"③ 明英宗时期,河南按察使何永芳奏请,对流入河南罪囚"曲加抚绥,除谋叛并杀祖父母、父母、妖言不赦外,其余罪犯宜俱宥之,抚令复业","上从之"。④ 如此一来,通过朝廷的宽宥政策,大量的罪囚也获得了当地合法的入住权,成为河南的编户齐民。还需一提的是,明初在豫北卫辉府境内设有宁山卫,到清朝建立后宁山卫军户得以编入民户,无复军民之别,这一部分民众的数量也不在少数。⑤

在明末清初时期,正如本书第二章中所言,豫北地区在遭受过持续的天灾与战乱的劫难之后,经济萧条,人口锐减,卫辉府大部分所属各县人丁数量几乎都减少了70%以上。面对此种情况,刚刚建立政权的清统治者同样采取了大量措施,以招抚流亡,恢复生产。

豫北地区存在的大量荒地,清政府的各项优惠措施以及清前中期里甲组织编排上的便捷,使得豫北地区在当时有大批民众纳入户籍之中,成为政府的编户齐民。刘志伟在研究珠江三角洲的赋役制度改革时,曾对比了明初与清初里甲的编排原则。他认为,清代图甲制中的"户"在内容和性质上与明初里甲制

① 《明英宗实录》卷二四七,景泰五年十一月庚申条。
② 《明英宗实录》卷一七七,正德十四年四月丁卯条。
③ 《明太宗实录》卷二十二,永乐元年八月己巳条。
④ 《明英宗实录》卷二一六,景泰三年五月庚戌条。
⑤ 有关宁山卫军户的具体情况将在下一节具体探讨。

中的"户"有了根本性的改变,清代图甲制中的"户"不代表现实中作为生活单位的各别家庭,户名也不是现实中的个人,"户"所登记的只是田产和税额,其真正内涵只是一定的田产和税额的集合体。① 清代在里甲编排上的改变,使得居民登记入籍变得简单起来。郑锐达、谢宏维、唐晓涛等学者在对江西、广西部分地区的考察后也认为,清前中期里甲组织的最大变化在于赋役承担方式的改变,由于在地方上图甲组织的残破,急需要民众入籍承担赋役,因此,此时图甲组织最为开放,大量因动乱脱离了原有户籍者或从外地迁入当地的"无籍之徒",他们的重新入籍和入籍过程都变得相对简便,无须大费周折,只要交银承担政府赋役,即可获得土地开垦执照,从而获得田地,即交纳了税粮就意味着取得了"民籍"。② 清初豫北地区也同样面临着田地荒芜、急需民人入籍的情况,因而当地的民人入籍也当是类似情况。从清初豫北卫辉府人口数量在康熙、雍正时期较顺治时期有较大增长来看,③ 清初前中期,当地有大量的移民通过政府合法政策,在当地取得了户籍,即"合法入住权"。

通过以上对于明中后期以及清初的分析表明,在这两个时间段内,豫北地区都应当有大量的流民,包括一部分因徒附籍,他们都成为当地的编户齐民。但为何在豫北当地的族谱等地方性文献中,对这批人以及他们的后代的记载甚少呢?为何在族谱中,很少宗族有言称其祖先是从明中后期或是清初迁至当地的?难道是因为后来的战乱消亡或又被迫继续进行迁移而都消失于当地了吗?

为更好地分析此问题,以下就民国年间《获嘉县志》卷八《氏族》中,纂者所列举的获嘉县地区宗族祖先来源情况,来对获嘉县宗族祖先来源进行量化分析,列表如下:

---

① 刘志伟. 在国家和社会之间——明清广东里甲赋役制度研究 [M] . 186 – 278.
② 具体可参见郑锐达. 移民户籍与宗族:清代至民国其间江西袁州府地区研究. 香港科技大学人文学部硕士学位论文,1997:74, 127;谢宏维. 化干戈为玉帛——清代及民国时期江西万载县的移民、土著与国家 [M] //历史人类学学刊:第三卷第一期;唐晓涛 . 礼仪与社会秩序:从大藤峡"猺乱"到太平天国. 中山大学博士学位论文,2007.
③ 具体增长数字可见第二章第一节。

表3-2　获嘉县宗族迁入时代及原籍表①

单位：族

时代	获嘉县土著	山西洪洞县	山西其他地区	其他省份	合计
明初	11	57	14	24	106
明中后期	-	-	2	7	9
清代	-	-	2	12	14
合计	11	57	18	43	129

从上表可以看出，明初获嘉县土著仅仅 11 族，与其相比，外地移民至获嘉县的达95族，其中至山西迁来的就有71族，在山西迁来的宗族中，绝大多数声言是由山西洪洞县迁至获嘉县，可见当时移民宗族数量大大超过了获嘉县土著数量。② 这也正与获嘉县万历年间方志中的记载，洪武三年（1370），获嘉县"城社未立，户口土著不满百，井间萧然"③，颇为吻合。另外，根据上表还可看出，声言是明朝中后期迁入获嘉县的宗族仅有 9 族，而从清朝迁入获嘉县的也仅有14族，数量与明初迁入获嘉县的宗族相比可谓甚少。然而如前所述，在明中后期与清代，仍有相当数量的民众迁入豫北地区的，获嘉县也不在少数。这其中的缘由又当如何解释呢？

民国《获嘉县志》的纂者，也对获嘉县境内宗族多称乃是从山西洪洞县迁来做出了解释。

> 何今之族姓，其上世可考者，尚有千百户之裔；其不可考者，每曰迁自洪洞，绝少称旧日土著及明初军士。盖自魏晋以来，取士竞尚门户，谱牒繁兴，不惜互相攀附，故虽迁居南方，其风未泯。而中原大地，则以异类逼处，华族衰微，中更元明末世，播窜流离，族谱俱附兵燹。直至清代中叶，户口渐繁，人始讲敬宗收族之谊，而传世已远，祖宗渊源名字多已

---

① 有关此表的一些说明：一，在《获嘉县志》卷八《氏族》中，除表格所统计宗族外，仍有部分宗族因其祖先迁入年代或地点不详，故未将其统计进入；二，本表所统计明初主要是明洪武、永乐二朝，明中后期，则是指永乐朝之后；三，获嘉土著，是指明朝建立之前就在获嘉县当地定居的宗族。
② 曹树基在所著《中国移民史》（第五卷），第247页中，根据其计算方式认为，明洪武年间获嘉县移民与当地土著数量大致相当。
③ 《获嘉县志》卷五《官师志·宦绩》，万历三十年刻本。

湮没，独有洪洞迁民之说，尚熟于人口，遂至上世莫考者，无论为土著，为军籍，概曰迁自洪洞。①

虽是仅针对解答"为何甚少宗族声称其祖先是获嘉土著和明初军士？"而做出的回答，但对于解答本书所提出的问题也有一定参考价值。文中作者认为，到清中叶之后，在当地民众编纂族谱时，由于年代久远、兵燹等缘由，其祖先历史皆不可考，故当地民众相互比附，而大多数言称从山西洪洞县迁至获嘉县。尽管曹树基质疑在土著力量与移民势均力敌或土著人口甚至多于移民的地方，出现这样的攀附很难说得通。② 但即使在土著人口多于移民的地方，移民们为了能够在当地更好的得以生存，也会相互团结，归附于小的团体中去的。还有正如赵世瑜所言，洪洞大槐树等传说的力量，这种家园象征也会使人数不占优势的族群具有极大的精神优势。③

明初山西移民是明朝廷有组织的移民行动，移民获得了在迁入地登记入籍的权力，使得移民获得了合法的入住权，成为当地的编户齐民，这意味着他们可以获得田地、占有资源。此外，先迁入的移民，在开发荒田、占有乡村资源方面也具有极大的优势。而与此相比，那些从明中后期以及清代迁入的移民，正如前文所言，有相当一部分是以流民、军户以及囚徒的身份迁入，尽管他们同样是依靠官府的政策得以在迁入地附籍定居，但同明初山西移民相比，其身份仍逊色不少。这些移民的后代，在经过若干年开始修纂族谱、构建祖先历史的时候，有相当部分宗族或许确是因为年代久远，毫无祖先的讯息，但也有部分宗族许是知道自己祖先的来历。但无论是哪种情况，这些移民的后裔，要在当地生存并希望生存得更好，他们必须为自己利益的考虑。为了获得国家正统身份认同，同"无籍之徒"甚至囚徒身份划清界限，从而合法的占有各种政治、经济和文化资源，同时为了拉近与同村中山西移民宗族感情，以便依靠同乡关系以维护自己在乡村的利益，综合这些考虑，他们完全可能采取趋利避害的策略，将自己祖先比附于明初自山西移民而来。

而在清末至民国时期，洪洞大槐树移民传说，成为北方移民有关祖先和家

① 《获嘉县志》卷八《氏族》，民国二十四年铅印本。
② 曹树基：《中国移民史》（第五卷），第248页
③ 赵世瑜. 祖先记忆、家园象征与族群历史——山西洪洞大槐树传说解析［J］. 历史研究，2006（1）.

园的集体记忆的最后积淀物，并且越来越鲜明，流行于北方各地，成为移民们乡恋的寄托和永远依恋的精神家园，也成了北方移民宗族构建祖先历史采用最普遍的范本。至此，"洪洞大槐树"成了北方宗族的精神家园与归依。

第三节　豫北宗族与宁山卫

豫北移民的另一个重要部分就是军户移民。目前，学术界对明代军户及其制度的研究，已经越来越引向深入，并且在对军户的研究中，已经有学者注意到利用族谱资料通过个案方式探讨军户问题。① 同时在明初大移民中，军户移民是其中不可忽视的一部分，也有必要对此深入研究。然而关于明代军户的研究多是宏观方面的研究，微观个案研究不多。另外就地域来说，这些研究大多只限于南方卫所军户，对北方地区的研究则较少。对于本书所要探讨的明代屯田于今河南境内的宁山卫，目前学界尚未有专题研究。② 本节拟以宁山卫为中心，依托地方志、族谱等地方文献资料，对宁山卫的设置运行演变情况予以说明，并从地域社会与宗族个案角度出发，以隶属于宁山卫军户的获嘉县冯氏宗族为例，对具体的军户宗族在地方的形成与发展等进行探讨，进而再反思学界存在的军户地位低下观点。

根据于志嘉的研究，明代军户主要分为卫所军户和原籍军户。前者指驻扎于卫所的军人及其留居本卫所的家属，归所隶属的卫所管理，纳军赋；后者则是卫所军人原籍的亲属，归所居住州县管理，纳民赋，但对卫所军户有补役、

---

① 有关明代军户的相关研究可参见李龙潜. 明代军户制度浅论 [J]. 北京师范学院学报，1982 (1)；顾诚. 谈明代的卫籍 [J]. 北京师范大学学报，1989 (5)；于志嘉. 试论族谱中所见的明代军户 [J]. 中央研究院历史语言研究所集刊：第 57 本第 4 分，1986年；明代军户世袭制度. 台湾学生书局，1987；再论族谱中所见的明代军户. 中央历史研究院历史语言研究所集刊：第 63 本第 3 分，1993；明清时代军户的家族关系. 中央研究院历史语言研究所集刊：第 74 本第 1 分，2003；彭勇. 论明代州县军户制度 [J]. 中州学刊，2003 (1)；张金奎. 明代军户地位低下质疑 [J]. 中国史研究，2005 (2)；刘志伟. 从乡豪历史到士人记忆——由黄佐〈自叙先世行状〉看明代地方势力的转变 [J]. 历史研究，2006 (6)；邓庆平. 卫所制度变迁与基层社会的资源配置——以明清蔚州为中心的考察 [J]. 求是学刊，2007 (6).

② 曹树基著《中国移民史》第五卷《明时期》（福建人民出版社 1997 年版）第 245 – 250页中，在谈及卫辉府移民时曾对宁山卫军户移民问题稍有论及。

帮贴义务，平时则对卫军提供经济上的支援。① 本书所探讨的主要是卫所军户，但也涉及到卫所军户与原籍军户的关系问题。

一、宁山卫基本情况

明代宁山卫其官廨设于山西泽州，但屯田则在今河南境内。宁山卫隶属关系也较为复杂，据《明史》卷九十《兵志二·卫所》记载，洪武二十七年（1394）始，宁山卫属河南都司，总属中军督都府辖制。至明成祖以后，改归直隶管辖，隶属后军督都府。宁山卫分为东西两屯，其中靠近滑县、浚县地方者为东屯；靠近新乡县、辉县、获嘉县地方者为西屯。② 由此可知，宁山卫屯田地域广阔，在滑县、浚县、新乡县、辉县、获嘉县五县境内皆有宁山卫屯田，其中明朝时，滑县、浚县隶属直隶大名府，新乡县、辉县和获嘉县则隶属河南卫辉府。

宁山卫军户规模和军户数量有很大关系，而军户数量也直接关系到军户移民在当地的规模大小，因此对军户数量的考察相当重要。有关明代军户的数量明成祖时任左都御史的陈瑛曾言道："以天下通计，人民不下一千万户，官军不下二百万家。"③ 可见明代军户数量之多，可以说仅次于民户。而宁山卫在五县的军户数量并非均同，并且在有些县差异还相当悬殊。为了便于说明，根据方志资料，将宁山卫在各县的军户、民户、总户的具体数字以及军户占总户的百分比统计于下：

表 3-3 宁山卫屯田各县民户、军户数目一览表

单位：户

县名	总户	民户	军户	军户占总户百分比	年代
滑县	9968	8589	1020	10.2%	弘治十五年（1502）
浚县	6066	5385	35	0.58%	弘治十五年（1502）

---

① 具体可参见于志嘉. 明清时代军户的家族关系. 中央研究院历史语言研究所集刊：第74本第1分，2003.

② 可参见《新乡县志》卷三《秩官上》，乾隆十二年刊本；吴乔龄纂：《获嘉县志》卷十《军卫》，乾隆二十一年刊本。

③ 《明太宗实录》卷三三，永乐二年八月庚寅条。

县名	总户	民户	军户	军户占总户百分比	年代
新乡县	6787	6170	617	9%	正德十六年（1521）
获嘉县	3800	3578	230	6%	正德十六年（1521）
辉县	6715	6256	459	6.8%	正德十六年（1521）

资料来源：滑县、浚县二县数字见（明）正德刻本《大名府志》卷三《田赋志·户口》；

新乡县、辉县、获嘉县三县数字见（明）万历刻本《卫辉府志》卷四《户口》

从表3－3可以看出，在明弘治、正德时期，屯田于各县的军户，以滑县最多，其次为新乡县、辉县、获嘉县，以浚县最少，其占总户的比例几乎没有超过10%。但需要说明的是上表为明中叶的统计，由于资料限制，明朝洪武、永乐年间的具体数字不得而知，但可以肯定的是明初各县的军户数量一定会多于上表的统计数字的。以获嘉县为例，在乾隆时期、民国年间的《获嘉县志》中，均不止一处提到获嘉卫所计十八百户，① 以每百户领112户计算，而112军应会在当地衍生出112户，则十八百户的户数几乎可达到2000户。我以为，此十八百户当是明初在获嘉屯田所设立的。那么为何到明中叶后军户数量会减少的如此之多？从明中叶开始的军户逃亡应该是一个重要的原因。此外，由于府志、县志的编撰者所统计的数字有些是从旧志或未加认真核查的黄册中抄袭而来的，其真实性很难保证。至于是否有其他方面的原因，还有待于以后的深入研究。但不管怎样，宁山卫驻扎于各县的军户作为一个特殊的群体，其数量仅次于民户，对其加以重视是完全必要的。

宁山卫军户的主要职责当然是屯田，但也要承担操练、守城以及戍卫京师等任务。《明史》卷七十七《食货志一》载："军屯领之卫所，边地三分守城，七分屯种；内地二分守城，八分屯种。每军受田五十亩为一分，给耕牛、农具，教树植，复租赋，遣官劝输，诛侵暴之吏。初亩税一斗，（洪武）三十五年定科则，军田一分，正粮十二石，贮屯仓，听本军自支，余粮为本卫所官军俸粮。永乐初，定屯田官军赏罚例。岁食米十二石外余六石为率，多者赏钞，缺者罚

① 参见《获嘉县志》卷十《军卫》，乾隆二十一年刊本；《获嘉县志》卷八《氏族》，民国二十四年铅印本等。

俸。"可见，最初军屯租率是相当重的，到了永乐时期屯田军户负担才有所减轻。宁山卫地处畿辅腹地，屯田自然是第一要务。屯田之余，对卫所军官、正军进行各项操练不仅必不可少，而且对其要求还非常严格。据《新乡县志》中记载："洪永两朝，以征战有功之人，授各屯世袭职衔，屯田掺习，以候调遣。其指挥、千、百户，有世勋、谙武事管屯，官不离屯所。将士以时练习武艺，骑卒必着驰射，步卒必能弓弩枪刀。舍人承袭，必赴五军督都府试验，必年至二十以上，方许比试，不中者降罚有差，故有升迁，有降罚，有正派相传，有弟侄承袭，传世亦复久暂不一。"① 由此可见，在明朝初年（1368），对现役官兵的技艺做出了严格的规定。另外，至少在明朝初年（1368），明朝对众所周知的军户世袭制度也做了严格的要求，并非所有的军户后裔都可以承袭其父辈的职位。为了提高卫所军队质量，在官与军之间保持了相当的流动性。对军户的后裔来说，要承袭父辈职位，必须经过严格的武选，其各项技能达到要求之后方可承袭，否则就要降罚。② 宁山卫军户还需承担戍卫京师的职责。万历癸酉（1573），督臣汪道昆奏："宁山卫专设武臣一员（原注：或都司签事、游击、参将无定），春率军入戍，役竣归，秋获毕习技。"③

自明中叶之后，军屯制度逐渐破坏，卫所之中，官、军之间的两级分化开始明显。对军官而言，其不仅侵占军士的田地，而且还将州县民田强占为己有。天启时，获嘉县邑人岳凌霄在其所著《料地亩议中》中谈到当地民地日益减少的原因时就曾指出，由于军地和民地犬牙交错，故民地被军地"日侵月削"，以致越来越少，而有的军官土地甚至达到了"三五百亩或千亩不已"。④ 嘉靖三十九年（1560），浚县知县徐廷课在谈到本邑民田减少的原因时言道："今（民田）病于豪右之欺隐，屯戍之侵夺，里胥之诡蔽，田之亡者十三矣。"⑤ 而与军官土地日益增多相反，至明中叶，由于负担较重，屯田荒芜、军士逃亡现象在宁山卫屯田各县中却日益显现出来。例如，嘉靖年间，新乡县块村营军人宋准，

① 《新乡县志》卷三《秩官上》，乾隆十二年刊本。
② 于志嘉：《明代军户世袭制度》之第三章《武官的世袭与武选》，台北：台湾学生书局，1987：141-183.
③ 《续修滑县志》卷十二《武备第十·历代兵事》，民国十九年刊本。
④ 参见《获嘉县志》卷五《赋役》，民国二十四年铅印本。
⑤ 《浚县志》卷五《田赋》，嘉庆六年刊本。

因"目睹时艰""卫所军人亡匿过半"，乃于卫河之滨种稻，以求生计。①

至顺治十八年（1661），因"遥制不便"，宁山卫"归并县管，无复军民之分矣"。② 例如，获嘉县，原编十八百户，"归并后，拨入新乡者有，拨入辉县者。后并为九百户，今为九里"。但需要指出的是，虽然"归并县治后，军民无分"，但原来的军户仍然另编户籍，"赋额"不与民户相同。③ 以获嘉县在雍正七年（1729）所摊丁银为例，获嘉县民户中，中下丁每丁派银二钱，下下丁每丁派银一钱，而宁山卫每丁派银三钱五分八厘七毫。④ 足见进入清朝之后，宁山卫户丁所缴纳丁银多于民户，其负担仍然比民户稍重。

二、宁山卫军户宗族的形成与发展

以上对宁山卫的设置运行情况进行了粗略的论述，但缺少对微观个体军户的具体论述。下面以在当地收集来的族谱资料，对军户宗族的形成以及宗族内个体的发展等作一考察。

由于明代定制，卫所内的军官与正军都是世袭的，且军户不许分户。在明初卫所军人通常都是单丁，或是以卫军为主的核心家庭。但经过两三代的繁衍之后，最初的卫军后裔不断增加，除了一般由长子袭替外，其他子孙则称为舍人、军余，其中将校子孙称舍人，军士子孙称军余。⑤ 他们也生活在当地，并且进行婚配，如此当会出现越来越多有血缘关系的小家庭。随着时间的推移，这些最初的单丁或核心家庭便会逐渐繁衍成一个由同姓组成的并且在当地共同生活的血缘群体，即军户宗族。

事实也证明，军户宗族由于其卫籍的身份，受到不许分户等政策的影响，其较民户更容易形成宗族，而修家谱、建祠堂等宗族的外在形态也更容易在其内部得以显现。下面将民国年间《获嘉县志》卷八《氏族》中所列军户宗族的一些情况，绘制成表格，以方便说明：

① 《卫辉府志》卷三三《人物》，乾隆五十三年刻本。

② 参见《获嘉县志》卷十《军卫》，乾隆二十一年刊本；《新乡县志》卷三《秩官上》，乾隆十二年刊本。

③ 详见《获嘉县志》卷二《城池附营社、屯营》，乾隆二十一年刊本。

④ 详见《获嘉县志》卷六《赋役》，乾隆二十一年刊本。

⑤ 吴晗. 明代的军兵 [J]. 中国社会经济史集刊：第五卷第二期，1937.

表3-4　获嘉县军户宗族情况一览表

序号	姓名	军职	原籍	迁入年代	备注
1	陈大林	中所正千户	山东汶上县	永乐年间	旧有谱，道光丙申合为一谱，有宗祠。族中有进士、举人、拔贡、岁贡，仕内有吏部主事、外有知府、知县、教谕
2	陈瑛	中所百户	湖北枣阳县	永乐年间	有谱、有宗祠。族中有恩贡
3	陈懿	-		-	有谱，旧志：宁山卫世职多其族人，外亦有贡生多人
4	郭讨	-	直隶长垣县	洪武年间	有谱、有宗祠，族有举人、贡生多人，仕有教职
5	徐来宣	-	-	万历年间	有谱、有宗祠
6	崔二公	-	直隶深州县	永乐年间	有谱、有宗祠
7	冯满	-	南直隶如皋县	洪武年间	明天启年始有谱、有宗祠，族有进士三人、举人、贡生多人，仕有主政、少卿、参政
8	邓广智	千户、武略将军	南直隶凤阳县	洪武年间	有谱，据旧志：广智，宁山卫千户，世袭十三世
9	樊聚	千户	合肥县	洪武年间	有谱有宗祠，旧志：樊聚系宁山卫千户，世袭九世
10	钱胜	千户	江南常州县	正统年间	有谱，旧志：世袭八世
11	可反反	百户	关东辽阳县	洪武年间	本关外少数民族，弘治十四年，奉旨改为中国姓，哈利改为可姓
12	张自强	-	关东辽阳县	洪武年间	系改姓，与可姓同族

从上表可以看出，在《获嘉县志》卷八《氏族》中共有 12 族为军户宗族，① 占该卷所统计的约 200 个宗族的 6%，此百分比基本与前表所引获嘉军户占总户的百分比相同。获嘉县军户宗族其始祖大多是在明初洪武、永乐时期隶属于宁山卫而屯田于此的，其原籍地则南方、畿辅腹地以及关外皆有。在迁入之后，经过若干代之后，相当一部分军户在原地繁衍，有了族谱、祠堂等宗族组织化行为，从而形成了宗族。为了能将宁山卫军户宗族之全貌呈现出来，笔者拟以上表中序号为 7 的冯氏宗族为中心，作一具体考察。

我在当地做田野调查时，访得《冯氏族谱》一部，虽其编撰年代为民国二十二年（1933），但此族谱内容则有很多是冯氏族人在明代时情况的记载，故而史料价值较高。是谱不分卷，其内容大致可分为五个部分，分别为：世系、家乘、外传、屯戍志以及迁徙志。谱中《屯戍志》非常明显的彰显出冯氏明代乃一军户宗族。由该谱中族人所撰的历代族谱序中可知，冯氏族人之修谱，最早在明朝后期的天启三年（1623），其后进入清朝，至少三次修谱，但在民国谱中，仅见光绪十三年（1887）和民国二十二年（1933）的谱序，光绪之前所修族谱序，未见于此谱。

族谱开篇即冠以第十世兆麟首次修谱所撰的《冯氏族谱序》。② 该谱序首先对冯氏得姓缘由进行追溯，称："吾冯姓源出周文王子毕公高之后毕万，食采邑于冯城，因以为氏。自是而后，若驩、若唐、若元、若常、若京，著名历代。"兆麟的说法与史书中对冯氏源流的叙述相近。司马迁在《史记》卷四十四《魏世家》中记载，武王伐纣，封庶弟高于毕，即为毕氏。毕高之后毕万事晋献公。献公十六年（前661），毕万因战功，以魏（今山西芮城县境）封毕万为大夫。后来毕万之支孙别封为华侯，华侯之孙长卿食采于冯城，因以冯为氏。③ 而驩、唐、元、常、京等皆为汉、唐、宋时期的冯氏名人，不一一详述。文中兆麟对冯氏源流的考述，反映了当时文人的一种心态。刘志伟教授在谈到华南宗族时也曾指出，明清以降人士，大多喜作如此追溯。近世治谱之人，或信其为古史而不吝笔墨，或斥其虚妄而置之不理。宋明以后稍成体系之族谱，多不禅累赘，

① 曹树基曾同样依据民国年间《获嘉县志》卷八《氏族》统计获嘉军户宗族为 6 族，参见《中国移民史》第五卷《明时期》第 247 页，此数目与本书统计数目不同，特此说明。

② 该谱序还可见于民国年间《获嘉县志》卷八《氏族》，其内容与族谱记载稍有差异。

③ 范晔.《后汉书》卷三三《冯鲂传》，北京：中华书局，1982.

侃侃连篇，亦表露着一种文化的风气。①

尽管冯氏在上古、中古时期，门第显赫，兆麟在修撰本支世系时，却因从前的"谱仆无存，不敢妄附"，并未将历史上的冯氏名人尊为始祖，慕名攀附。兆麟只是从明初开始追述始祖，他在谱序中言道："（吾冯氏）初自镇江金山卫迁扬州之如皋，因为如皋人。洪武中，贵一公始隶直隶宁山卫军籍，而屯田河南获嘉县境中。盖其时用五丁金一之议，而贵一公之长子仲义公有六子，故应其例，而戍塞之名，则仍贵一公云，是为始祖。"文中谈到冯氏祖上原为镇江金山卫人，后迁居扬州如皋。我推测，冯氏在元朝时隶军籍，后迁居扬州如皋，此时当为民户。而洪武时，由于贵一公长子仲仪公有六子，故冯氏遵明朝"五丁金一之议"，自贵一公始屯田于河南获嘉县境内，属军籍。由此得出冯氏是通过"抽籍"，即明朝简拔民户为军的方法，而列入军籍的。因此，冯氏尊贵一公为始祖，至于冯氏之前的世系由于谱牒不存，则附诸阙如。这与当时一些宗族，尤其是同南方宗族动辄将其祖先追溯至唐宋同姓名人、虚构祖先的做法相比，冯氏世系的编撰能够寻真求实，还是十分令人称赞，反映了北方在族谱编撰上同南方的区别。有关豫北族谱的这一特点，后文还会有专门的讨论。

兆麟在此谱序中还谈到了冯氏迁居获嘉县之后，与其扬州如皋原籍的联系。兆麟称："（冯氏）至仲仪公子礼公，始定居于此（指河南获嘉，笔者注）子孙世传之。正以下五支，皆仍家扬州府城及如皋也。相传贵一公及仲仪公戍塞而老，皆还葬如皋。又曰，始祖及二世祖南迁而卒，因葬之，祖母皆北也。然其详皆不可得而知矣。"兆麟的叙述基本道出了冯氏在初迁获嘉县时同原籍的一些联系，但还不太详细。在民国谱《家乘上》中，对此问题做了较为详细的说明，可补兆麟叙述的不足。《家乘上》言称："（贵一公）殁，仍葬如皋，祖妣姓氏无考，生二子，长二世祖仲仪公讳仁，次讳杰，字仲英。子姓俱家如皋，旧谱列名，别为一帙，今不尽述也。仁公代戍，祖妣姓氏无考，生子六。长三世祖讳礼，次讳正，三讳本，四讳观，五讳得，六讳敬。五支俱家如皋，所配姓氏无详。礼公始定居获嘉之南阳里，相传殁仍葬如皋，今坟内祖墓仅祖妣云。"由兆麟在谱序中以及《家乘上》的言论，我们可以初步理出冯氏在初迁获嘉县时的基本情况。在冯氏始祖贵一公初屯田于获嘉县时，还未在当地定居，其与原

---

① 刘志伟. 从乡豪历史到士人记忆——由黄佐〈自叙先世行状〉看明代地方势力的转变[J]. 历史研究, 2006 (6).

籍扬州如皋联系还相当密切。贵一公所生二子中，除了长子仲仪公承袭军职，留在获嘉县继续屯田外，其次子杰，并未随其来到获嘉县，而是仍留在扬州如皋居住。次子杰的后代也都居住于扬州如皋，在获嘉县冯氏所修旧谱中原来还留有杰及其后代子孙的世系，只是另立谱记载。但在新修的谱牒中（例如，我们所见的民国谱），就不再记载此支的情况了。冯氏二世祖仲仪公有六子，长子礼袭其父军职，继续屯田于获嘉县，并且从长子礼始，礼后之子孙世代居住于获嘉县。而仲仪公其他五子，则仍家如皋，其世系、配偶等其情况也并未详于民国年间获嘉县冯氏族谱中。但在兆麟初修族谱时，在谱序中提道："谱以明世则源流为最重，故南北当合而一也，作世系第一。"其族谱当是详细地记载了扬州如皋族人的世系。需指出的是，冯氏在获嘉县屯田的族人，属于卫所军户，而其在原籍如皋的族人，自然就是原籍军户。冯氏始祖贵一公、二世祖中仪公和三世祖礼公殁后，均还葬其原籍扬州如皋。民国年间族谱《屯戍志》还讲道，冯氏第六世时蕃公世安还亲往如皋"省坟墓"，并寻访在如皋族人的谱牒、世系。这些都说明了在冯氏初迁获嘉县的最初几世祖先，其与原籍出于血缘方面的原因，两地关系较为密切。然而，随着岁月的流逝、血缘关系的逐渐淡漠，两地的联系也越来越疏远，获嘉县冯氏在新修族谱中并未将留居如皋的族人收入族谱就是例证。此外，还需说明的是，由于冯氏在获嘉县的支派人丁兴旺，在族谱中并未见到从原籍军户中勾补户丁继役的情况，也未见到原籍军户对获嘉县卫所军户提供军装、盘缠等经济上支援的记载。

在冯氏对其祖先的构建中，还有一点值得注意。冯氏对其祖先的名讳、事迹等都较为清楚，而与其形成鲜明对比的是，当时获嘉县民户修撰的家谱中，虽然其始祖大多也追溯到明朝初年，但由于记载缺失，因而对其始祖的名讳、事迹等则不甚明了，纷纷将其始祖名讳冠以三老、五老等。此种现象，在民国年间《获嘉县志》卷八《氏族》中比比皆是。究其原因，正是当时军户与民户族谱的一个较为明显的区别。因为军户与民户异籍，民户入民黄册，属所在郡县管理，而军户则入军黄册，隶属兵部下属各督司，并且，由于军户世袭制度，凭借明代以来用以管理军户的各种官方册籍，军官可以利用世袭供状等，军户可以较为详细的查得其祖先世系。兆麟在谈及其初修族谱时，指出其修谱时依靠"记述家传，而又参以故老睹记及邑乘所载，又节略诸志表"，可以说是综合参考了众多资料方终成族谱。这正是军户族谱其祖先情况较民户详细的主要原因。

获嘉县冯氏最初是由其长房、长子承袭军职，而其余诸支则几乎与一般民户无异，在当地从事耕种，间或业儒，参与科举。民国谱《家乘上》中记载，冯氏第三世礼公共有三子，其中长子景和公讳春，是为冯氏四世祖，承袭其父军职，其余二子均无嗣。到了第五世时，冯氏在科举中取得了重大突破。四世祖景和公有四子，长子克抑公讳谦，亦承袭军职；二子让无嗣；四子克扬公讳赞，传六世无嗣；三子通判公讳海，其从事儒业，并在成化丁酉年乡试中得中举人，成为获嘉冯氏中第一位有功名的族人。冯氏由长房、长子承袭军职的传统，到了第六世时，发生了变化。按照冯氏承袭的传统，五世祖克抑公有五子，本应由其长子世安承袭其父军职，但事实上却换成了其四子世通承袭。究其原因，民国年间族谱《屯戍志》中解释说，由于克抑公长子世安为生员，且当时世安远去如皋省坟墓，并不在获嘉县，故改由其弟代为屯戍，此后，永为定例，冯氏改由克抑公四子世通一支后代承袭军职。到了第七世承袭时，情况再起变化。第六世世通有子四，在承袭军职时，改为了由其长子与四子两人共同承袭其军职，"共袭一军"，并且此后一直由其长子与四子两支后人共同承袭军职，直到第九世明朝结束时为止。我推测，之所以由原来的一支承袭改为两支，很有可能是与明朝中后期当地卫所军户出现的逃亡、人员减少现象有关。而冯氏人丁在当地较为兴旺，故此，卫所军官，为增加卫所军士数量，强征本来已有一人为正军的冯氏再添一军。此外，也不排除两支"共袭一军"会在赋役等方面受到某些优待的可能。

冯氏至第五世通判公海在科举中崭露头角之后，在科举中不断取得成就，甚至有族人蟾宫折桂，高中进士。兆麟在族谱序中也谈道："夫自贵一公至不肖麟才十世，二百五十余年，又且衣冠辈出……"光绪十三年（1887），冯氏第十七世清源在续修族谱序中，当谈及冯氏的科举仕宦成就时，也曾自豪的言道："前明洪武中，我始祖贵一公迄至国朝清光绪丁亥年间，统计数百余年，大小爵职生员五十六人，选拔数刻，九人一榜，父子进士，兄弟进士，官至宰甫，崇入乡贤、忠义者九人，难以枚举。"为进一步了解冯氏在明朝的科举仕宦情况，兹依据冯氏民国谱《家乘》以及民国年间《获嘉县志》卷十一《选举》，记录整理如下表：

表 3-5　获嘉冯氏科举仕宦一览表

序号	世系	姓名	入学、科举	仕宦	其他
1	五世	冯海	成化丁酉举人	临江府通判	事母孝，精于书法、卜筮
2	六世	冯世昌	正德辛未进士	吏部稽勋司观政	性孝友，父疾，签天求代，兄弟同居
3	六世	冯世安	邑庠生	–	–
4	六世	冯世宁	嘉靖四年岁贡	金乡教谕	–
5	七世	冯鉴	邑庠生	–	–
6	七世	冯錞	廪膳生员	–	急人之难，尤笃于内行
7	八世	冯克孝	万历戊子岁贡	京卫武学训导	侍父能色养，抚弟侄无间
8	九世	冯上知	万历己丑进士	光禄寺少卿	忠孝天植，崇祀乡贤祠
9	九世	冯上达	万历壬午举人	–	年二十七逝世
10	九世	冯上爱	增广生员	–	负侠任气，好济人急施
11	九世	冯上宾	天启壬戌进士	湖广参政	济困扶危
12	九世	冯上用	天启二年岁贡	陕西环县教谕	孝事继母，辞官不仕
13	十世	冯兆麟	天启辛酉拔贡	莱州府同知	修撰族谱
14	十世	冯兆祜	例贡生	–	–
15	十一世	冯书瑛	国子监生	–	–
16	十二世	冯锡祁	邑庠生	–	–
17	十二世	冯锡普	国子监生	–	–

上表仅列举至十二世，这基本上是获嘉县冯氏宗族在明朝时族人科举仕宦的情况记录，清朝冯氏族人也有很多成为生员、贡生和举人，其中也有仕宦为官的。因为本书主要是考察冯氏在明朝的发展情形，故冯氏族人在清朝的科举成就在此省略，留待今后做进一步研究时详述。从上表可以看出，冯氏在从第五世到十二世中间，其科举仕宦成就还是相当显著的。尤其是第六世世昌以及第九世上知、上宾高中进士，获得了封建科举的最高科名，并分别在中央、地方担任要职，从而将冯氏在地方上的发展演绎到了极致。

可以说，冯氏在科举上的成功，是与其宗族内部良好的教育传统密不可分的。在对族内弟子的教育上，冯氏第五世冯海以及第七世冯錞尤其起到了突出的作用。冯海与冯錞科举功名虽不是最突出的，但在教育族内子侄以及当地士人上却贡献颇著。据民国谱《家乘下》载："冯诲致仕归乡，训子侄及内外诸孙以举子业，远近及门之士日益以繁。"冯诲不仅培养了冯氏历史上的第一名进士，而且推进了当地教育的发展。同样，冯镈罢诸生业后，也一意督促族内子姓攻习儒业。在冯镈的努力培养下，族人科举成绩同样显著，其孙上知、上宾也分别考取了进士，兄弟同为进士，在当地传为美谈。

冯氏凭借其在科举上的成功以及对地方教育的贡献，成了地方望族，其在地方事务中也发挥着积极作用。例如，冯氏第九世上宾，在致仕归乡之后，逢获邑大荒，人相食，上宾"捐金施赈，全活甚众"。① 民国谱《家乘下》也记载，冯上爱"负侠任气，好济人急施"，其见到"路有枯骨，备棺葬奠之"；获邑某生已聘当地一女为妻，但因女家索要聘金过重，该生不得已，欲悔亲。上爱"代为纳采，成两姓之好"。如此种种利于地方之事，使得冯氏在当地声望、地位愈重。另外，从上面所述上宾、上爱造福地方之事中，也可以看出，经过几代人的努力，到明中后期时，冯氏宗族已经积累了较为雄厚的财富，有着相当的经济实力。

最后，作为军户宗族的获嘉冯氏的联姻情况。考察一族的对外联姻，在一定程度上，也可反映出该族在当地社会地位的真正高低。明代军户娶妻困难，前辈学者对此多有述及。② 但在民国年间《冯氏族谱》中却几乎不见对其祖上娶妻困难的叙述。这也许同"为亲者讳"的心理有关，但相信在多数情况下，其在记载祖上婚配情况时，当不会有虚构造假之处。通过考察民国谱《家乘》和《外传》可知，冯氏族人的娶妻和嫁女都颇为顺利。在娶妻上，有的族人甚至先后两次到三次娶妻，如冯氏第四世景和公原配贾氏，继配两位王氏夫人。在《家乘》中类似景和公先后婚配、有两到三位夫人的族人不在少数，足见其婚配的顺畅。而且随着冯氏在科举上的成功以及地位、声望的增长，族内有地位的成员婚配的对象，也由原来的平民之女转为了士人、官宦之后。如冯镈妻贺氏，乃恩贡讳春女；克孝妻张氏，乃廪生腾蛟女；上知妻宋氏，系百户德威女；兆麟原配刘氏，系都御史讳易从女，继配钱氏，系千户讳绍贺女。兆麟孙锡祈配郭氏，系廪生邦翰女；叔瑛原配赵氏，乃进士、主事讳日中孙女等等。在嫁女上同样有族人之女婚配官宦之家的，如《外传》中载，六世世安一女，

---

① 《获嘉县志》卷十二《乡宦》，民国二十四年刊本。
② 顾诚. 谈明代的卫籍 [J]. 北京师范大学学报，1989（5）.

适新邑进士、仕于太仆寺的许作梅。

获嘉县冯氏在入清以后，仍保持着耕读结合的传统，事业得以继续发展。如前所述，其科举成就仍较为突出。除了耕读之外，冯氏还有相当部分族人开始习医。在乡村社会中，以治病救人为业，也颇受乡民的尊敬，这也间接扩大了冯氏在地方社会中的影响。可见，获嘉县冯氏在当地仍有着举足轻重的地位与影响。

第四节　小结

豫北地区的宗族构建自明代开始。在豫北地区，除极少数名贤后裔之外，很少有宗族将自己祖先的历史追溯至明代以前。豫北宗族发展有着自己独特的历程。伴随着明清以来豫北地区经济、文化以及人口等的发展，豫北宗族自明中后期开始显现萌芽，至清前中期处于逐渐发展阶段，到了清后期至民国时期，豫北宗族发展达到了高潮。

豫北地区有相当多的宗族属于移民宗族。在移民宗族中，大多数宗族又声言本族祖先（始迁祖）乃是于明朝洪武、永乐年间由山西洪洞县迁至现居地居住。在豫北族谱中，山西洪洞县大槐树移民传说在当地可谓深入人心。检阅明朝正史资料，不可否认，有相当多的宗族的确是自山西移民而来。但通过对于族谱等资料的解读，我们可以发现，其中人云亦云、牵强附会的现象也屡见不鲜。通过对明清其他时期迁至豫北地区的移民的具体考察，再结合族谱、方志资料，我们以为，山西洪洞大槐树移民传说反映了某种对祖先历史的集体记忆，更为关键的是将祖先的历史定位于明初奉诏自山西洪洞迁移而来，从而使他们的合法身份得以确立，反映了移民宗族对于保护与维护自己实际利益的诉求。

军户移民是明代移民中不可忽视的组成部分。军户在当地的定居生活繁衍，也就形成了军户宗族。明代屯田于豫北境内的宁山卫军户，以屯田为主，兼有操练、戍守任务。宁山卫屯田于各县的户数占各县总户数百分比均低于10%，但其户数仅次于民户，不可忽视。明中后期，屯政废驰，军户逃亡严重。顺治十八年（1661），宁山卫正式归并县治，但仍另行编制。

屯田于获嘉县境内的宁山卫军户，其原籍地遍布中国各地，自明中后期开始，基本已各自形成宗族，相继产生族谱、祠堂等宗族要素。获嘉县冯氏宗族原籍扬州如皋，是典型的宁山卫军户宗族。尽管冯氏在编撰族谱时，对本姓氏的源流、同姓名人等作了一些追溯，有抬高本族在当地地位与声望的意愿。但另一方面，难能可贵的是，其在族谱编撰上还是尽量地追求真实，并未虚构祖先，这在一定程度上展现出冯氏族谱编撰者矛盾复杂的心理诉求。冯氏作为军户宗族，其族谱在对其祖先的了解程度上，同当地的民户族谱相比，相对较为详细。在迁居获嘉县的最初几世，由于血缘关系，冯氏同原籍族人保持着密切的联系，但随着时间推移，进入清朝之后，关系则愈来愈疏远。获嘉县冯氏在明朝中后期开始读书入仕，在科举上取得了突出的成就，甚至有族人出任高官。同时冯氏族人在培养人才、扶危济困等方面贡献颇多，成为地方上有影响的望族。此外，冯氏在与外界联姻婚配上也颇畅顺，有族人子女还同官宦联姻，这也间接提高了冯氏在当地的地位与影响。

军户在明代身份低下，此结论过去一直为学界所公认，但对此显然不可以一概而论，需要具体问题具体分析。① 从获嘉县冯氏的发展轨迹看，冯氏虽然是军户宗族，但其发展之路似乎并未受到其军籍身份的影响。正如于志嘉教授所言，随着军户宗族世系的蕃衍，军役对军户所造成的实质负担，不论就在宗族整体赋役中所占比重，或就其对所有家族成员的羁绊负担而论，都较明初时大大减轻。② 当然，仅凭对获嘉县冯氏一个宗族的个案研究来说明明代复杂的军户问题，还略显单薄，还需未来对军户宗族更多个案的剖析，从而使对军户的研究进一步的深化。但也不可否认，获嘉县冯氏宗族具有一定的代表性，通过对其的研究，无疑会加深对军户宗族的认识。

---

① 目前，军户地位低下的结论已经引起学界质疑与反思，可参见前引于志嘉和张金奎文章。

② 于志嘉. 再论族谱中所见的明代军户. 中央历史研究院历史语言研究所集刊：第 63 本第 3 分，1993.

第四章

明清以来豫北宗族的组织化建设

早期宗族研究专家徐扬杰认为："所有聚族而居的家族组织，都由祠堂、家谱和族田三间东西连接起来，这三者是近代封建家族制度的主要特征，也是它区别于古代家族制度的主要标志。"① 在很长的一段时期内，作为宗族存在的三大"要素"：祠堂、家谱和族田，成为宗族研究的主要对象。但随着研究的深入，简单地、孤立地对宗族的这三大"要素"进行处理，越来越受到研究者的质疑与批评。郑振满基于对福建地区宗族的研究，认为在宋以后宗族组织的发展进程中，普遍存在而且始终起作用的因素，并非祠堂、族谱和族田三大"要素"，而是各种形式的祭祖活动，祭祖习俗应视为研究宗族组织的首要因素。② 徐扬杰、郑振满二学者的研究，皆带有浓厚的功能学派的痕迹，其对宋以后宗族问题的研究均有一定的解释力，但并不全面。刘志伟在对华南宗族的研究过程中，就深感"功能学派对于宗族问题的观点不足以解释明清宗族与地域社会发展的许多问题"，故此，他认为必须将对宗族的研究放在地域社会文化结构的动态过程中进行研究。③

前辈学者的研究成果，对本研究的启发甚大。本书以地处北方的豫北宗族为主要研究对象，在研究过程中，当然离不开对宗族的祠堂、族谱、族田等宗族的外在物化形态以及祭祖习俗的考察。但本研究力图在具体的地方社会历史发展过程中，将宗族的组织化过程视为一个动态的发展过程，在这个动态的过程中去把握祠堂、族谱、族田等与宗族相关的要素，进而反映出宗族发展与地

---

① 徐扬杰．中国家族制度史 [M]．北京：人民出版社，1992：320．
② 郑振满．宋以后福建的祭祖习俗与宗族组织 [J]．厦门大学学报，1987．
③ 刘志伟．地域社会与文化的结构过程——珠江三洲研究的历史学与人类学对话 [J]．历史研究，2003（1）．

方社会、国家的多维交织关系。

我在豫北地区共获得近百部的当地谱牒以及大量孤立的族谱序，为避免对豫北宗族组织化的研究流于空泛，本章拟以新乡县郭氏、张氏宗族为中心，对豫北宗族的组织化建设进行具体探讨。新乡县郭氏系当地的土著宗族，而张氏系从洪洞县移民而来的宗族，因此，本章选择以这两个宗族作为研究对象，希望较为全面地对这两种宗族类型进行讨论的考虑。当然，本章的考察也不仅仅局限于这两个宗族，本章希望以新乡县郭氏、张氏两宗族为经，以豫北其他宗族为纬，对豫北宗族组织化建设情况进行全面的考察。

第一节　豫北族谱的编撰与特点

族谱作为纪录世系、区分支派、歌颂祖宗功德的宗族象征物，对于团结族众、增进同族认同，有着相当重要的作用，不仅是联系族众的精神纽带，也是强化宗族意识、睦族收族的重要工具。明初著名学者方孝孺就认为："尊亲之次，莫过于重谱，由百世之下而知百世之上，居闾巷之间而尽同宇之内，察统系之异同，辨传承之久近，叙戚疏，定尊卑，收涣散，敦亲睦，非有谱焉以列之不可也。"① 族谱编撰者认为，编修族谱，追溯祖先源流，可以进一步明确族人之间的关系，通过尊祖敬宗，将族人团结在祖先之下，建立起符合儒家伦理的社会秩序。通过修族谱、讲宗法，让族人明白族人均为同一祖先所传，从而使彼此自然产生敬爱之心，形成仁让友爱的社会风气，不仅可以达到收族、睦族的目的，而且可以增加族众的自豪感和荣誉感，有利于其维护现实生活的实际利益。正如新乡县杜氏来锡在《杜氏族谱序》中所言："锡窃谓族谱之修，非止序支派、稽里居、详辈数之谓，将欲使族人共切木本水源之思，情相亲、谊相联，劝善规过，耦聚无猜，乃足以上慰祖宗之灵，下垂子孙之法。"② 在杜来锡看来，修撰族谱具有精神与现实两重意义。因此，要进行宗族整合，首先要不断地建构出合适的宗族祖先谱系。同时，为适应社会发展的政治形势，族谱也体现出了明显的政治化倾向。进入清代以后，雍正二年（1724），在朝廷颁布

---

① 方孝孺：《逊志斋集》卷一《宗仪·重谱》，文渊阁四库全书本。
② 《新乡县续志》卷三《艺文·谱叙》，民国十二年刊本。

的《圣谕广训》中，雍正皇帝对"笃宗族以昭雍睦"条进行解释时，明确提出了"修族谱以联疏远"的号召，也促进了民间族谱的修撰。修编族谱成为贯彻孝治思想的具体行为，族谱成了传达皇权意志的载体。

一、豫北族谱的编撰

编撰族谱，对于豫北地区而言，意义尤其重大。豫北地处北方，在明清较长的一段时期内，经济、文化等均较南方落后，宗族对于耗费资产过大的修祠堂、置祭田等均力不从心，到晚清以来才渐有起色。故在明清相当长的时期内，普通民众在构建本族宗族的时候，修撰族谱成为他们精力的主要聚焦点，是他们首先需要考虑的问题，对他们来说更具有重要意义。当然，对于缙绅士大夫阶层而言，修撰族谱，一般来说，也是在修祠堂、置祭田之前要首先考虑的问题，同样具有重要意义。

明清以来，士绅们的积极修谱，使族谱日趋普及，逐渐遍及普通民众，促使民众也开始追寻自我和实现宗族认同与自我保护。豫北士大夫与普通民众修撰的族谱在内容和体例上均有较大的差异。士大夫阶层修撰的族谱，具有丰富的内容和完善的体例，一般都以儒家伦理文化为中心，表明了以族谱为特征所构建的宗族的成熟，例如，接下来要重点介绍的新乡郭氏族谱。光绪二年（1876）修撰的孝思堂藏本《郭氏族谱》，共十二卷，乃清光绪时期郭氏十五世郭宗棻等续修。该谱开篇即冠以明末清初大儒孙奇逢的《郭氏族谱序》，接着以时间为序，罗列了郭氏祖先历次续修家谱所作序言。正文首先附上郭氏族谱凡例，详细阐述了此次修谱的原则以及精神等。此次所修族谱共分十二卷，按顺序分别是世纪、祠堂、茔兆、家规、家课、诰敕、志表、世传、宦迹、乡贤、艺文、诗赋。可见《郭氏族谱》乃是仿照地方史志体例，卷次浩繁，内容丰富多样。与此相比，普通民众的族谱则要简单实用得多。一般民众的谱牒，仅仅在族谱前面加上序言，然后便是宗族世系。但我在田野调查中发现，还有一些族谱与我们一般意义上书册式的谱牒不同，仅仅是在一块大的布或厚宣纸上，从上而下，将祖先世系排列整齐，正中是始祖，以下呈金字塔形，列二世祖、三世祖……在这里，他们以这种列祖世系图作为本族的谱牒，虽简单但实用。每逢节日祭祀之时，将轴谱请出，祭毕则收藏。此种轴谱虽说对于我们进行宗族研究来言，没有太多的学术价值，但对于该宗族的成员来说，却意义重大而深远，族众们通过它，来明确各自在宗族中的位置，睦族、收族，既达到了明确"尊尊""亲亲"以及各自权利与义务的目的，又可以利用它来祭祀祖先，可谓一物多用。当然，这种轴谱形式，只是一些普通宗族的权宜之计，随着宗族经济条件的好转以及宗族文化的发展，一般来说，如果条件成熟的话，宗族还是会将宗族轴式的谱牒扩编成书册式族谱的。如在前文提到的辉县《齐氏宗谱》，在嘉庆八年（1803）齐氏十二世永璋所做的《齐氏族宗谱世系原引》中谈道，在明末齐氏谱牒因战乱遗失后，其曾祖痛心不已，"聊具粗布一端，将可考名讳一一请叙我祖宗焉"，这便是上文所提到的宗族轴式的族谱，待到永璋有能力后，"会集族人，商议重修家谱一轴，以彰先人之名讳，复立宗卷一卷，以便后人之查核"。① 从中可知，永璋在重修了轴谱外，还特地又修撰"宗卷"即书册式族谱一卷。

明清以来，豫北地区在修撰族谱的时候，一般都十分强调或号召族内后代子孙对族谱进行续修，以此来保障宗族的世系昭穆清楚、连绵不断。进入清朝中叶之后，随着宗族民众化的趋势日加明显，续修谱牒也日益被各宗族所重视和提倡，修谱开始定期化与常规化，逐渐在当地形成了定期续修族谱的制度。在豫北地区，两次修谱相隔时间一般是三十年，其缘由是人们普遍认为，三十年为一世系的现实情况。在新的一代问世的时候，由于人口的繁衍，需要使新增族人入谱，保证族谱的连续性，自然到了族谱续修的时候。例如，辉县李氏在《续刊修族谱序》中言："我族谱向以三十年一续……"② 再如在前文提到的新乡杜氏来锡，其在《杜氏族谱序》中也提道："旧谱重修后，三十年来，生齿日增，科名叠起，且连年兵燹之余，不无迁徙流寓，虑谱事之久而就湮也，邀同族人重订而增修之。"③ 有关民间三十年一修谱，常建华认为，清代由于政府倡导修谱，对民间影响很大，使得三十年一修的传统说法更加定型。④ 但各族由于情况不同，具体规定续修族谱的时间上也不统一，例如，辉县《齐氏族谱》就在《续修前言》中称："本族宗谱续修以十二年为期限。"而辉县《王氏族谱》则在《凡例》里称："本谱公议，每逾二十年续谱一次，以防中断。"⑤ 当

---

① 辉县《齐氏宗谱》，1988 年手抄本。
② 辉县《李氏族谱》，民国十三年刊本。
③ 《新乡县续志》卷三《艺文·谱叙》，民国十二年刊本。
④ 常建华：《宗族志》，第 310 页。
⑤ 辉县《王氏族谱》，1996 印刷本。

然，这些续修时间的规定，只是族谱修撰者对于本族后世的一种号召和希望。在现实生活中，由于战乱、自然灾害或某些人为的原因，大多数宗族族谱的修订都不能完全依照准确的修谱年限来修撰本族族谱。在豫北地区，有一些宗族在实际修谱过程中，由于修谱条件的不成熟，两次修谱中间相隔时间有时会达到五六十年甚至上百年的时间。

　　族谱修撰完成后，会有一个在宗族内部分发族谱、保存族谱的过程。在豫北地区，各宗族族谱的分发保存情况也不尽相同。有些宗族按支派分发保存所撰族谱。例如，辉县勾氏在《凡例》中专门对该族族谱的分发保存做出规定："修成族谱，按支分给，须慎重保存，无故不得遗毁，违者公同议罚。"① 勾氏不仅规定了族谱分发的方法，而且还特别强调了要妥善保存族谱。豫北也有一些宗族强调要将族谱分发给族中有文化的族人保存。新乡县王氏在族谱《条例》中记载："保存家乘，礼宜敬谨，昭慎重也。凡存谱之家，须择素封者，将谱放在清洁之处，不须随便翻阅，遇事须沐手焚香，将谱取出，看毕仍放原处，敬谨保存，不得任意翻阅，渎亵先灵。"② 修撰好的族谱，在王氏看来，具有某种神圣性，应对族谱严加保管，对族谱的使用同样需要在宗族仪式下进行。由此我们可知，族谱一经修撰完毕，宗族会对族谱的保存以及妥善保护异常强调。

　　为了能够详细、具体地了解豫北宗族修撰族谱的原因、经过、经费来源以及修谱时间等状况，拟以新乡县郭氏宗族在明清以来的修谱情况为中心，详细展现出郭氏的历次修谱过程。从中我们不仅可以了解到郭氏历次修谱的详细讯息，而且从这些修谱的讯息中，还透露出郭氏宗族自明清以来的宗族变迁。

　　在光绪谱以及1986年新修的郭氏谱牒当中，都详细地记载了郭氏历代修谱时所留有的家谱序，这就为考察郭氏历次修谱的情况提供了依据。在新谱的序言中，郭氏第二十二代孙广文对历次修谱做了一个总结，广文称："吾郭氏有谱系，自九世祖宗伯公所撰，后历代族贤，相继续修六次。第五次系民国三年由十七世祖尧庭公导序，第六次即1956年由十七世祖苇阶公住持。"由此可知，从宗伯公（即郭湄，笔者注）始修家谱到郭广文1986年续修，新乡县郭氏共计八次编修家谱，可见其修谱之频繁。下面我们就详细了解一下郭氏的历次修谱情况，以此来对郭氏宗族做更深一步的了解。

---

① 辉县《勾氏族谱》，民国十八年刊本。
② 新乡县《王氏族谱》，民国十三年手抄本。

从郭氏族谱的历次序言中可知，郭氏世为新乡人，遭元末兵燹，谱牒不可考。元末明初时，有五老公由（新乡）十里铺迁居定郭村，以后宗支相衍，未有中断。因此，五老公为始迁祖，而郭氏即以始迁祖为其始祖。五老公以务农为业，传至三世郭永坚时，郭氏开始读书入仕。后传至五世郭郁时，郭氏完全走上了科举仕宦的道路。而到了九世郭淐、郭浍时期，郭氏宗族发展到了鼎盛时期，而郭氏家谱亦始修于郭淐、郭浍两兄弟。

郭淐，字原仲，号苏门，邑庠廪生，万历二十四年（1596）进士，官至礼部右侍郎兼翰林院侍读学士，赠荣禄大夫、礼部尚书，郭氏族人尊称其为宗伯公。郭淐首次撰修了郭氏家谱，最初的郭氏家谱称为《郭氏家乘》，分为两卷。郭氏十一世郭迓熙称"吾家谱牒，因循失传久矣。先宗伯公始据所闻，著为家乘。"而郭淐自己在修《郭氏家乘》序言中也谈到了此次撰修家乘的情况，其文说"先大夫贞心直节，随遇师古，淐缀述遗行，仅存形似，于千百有十一焉。仁不足以与，明不足以见，何罪之能逭。因念耳目睹记，已复如斯，而况远者百年，近者异世，今犹失之，后且何述，将遂泯泯，罪逾不可逭，乃絮泪列次，据所传闻。"文中描述了郭淐迫切修谱，要求保存家史的心情。《郭氏家乘》后又经过了郭淐弟郭浍的完善与修订，郭浍，字季昭，号孟诸，万历三十八年（1610）进士，官至布政司参政，族人尊称其为大参公。郭浍在《郭氏家乘》基础上，"叙族人，考始，存世系"，至此郭氏初次修谱方告完成。由于此次修谱的序言中未见确切的修谱时间，我们只能根据郭淐、郭浍的生平对修谱时间作一大概推断，得知此次修谱完成于明末的天启、崇祯时期。此次修谱，由于是初创，因此从体例到内容还不十分完善，因此我们称其为家谱初始期。

郭氏大规模的修谱始于第十一世郭遇熙、郭迓熙时期。此时已是康熙时期，距首次修谱已过去几十年的时间。郭迓熙，字葵臣，号愚谷，康熙三十年（1691）岁贡，候选训导，族人尊称其为愚谷公，光绪谱的《叙谱弁言》中，郭迓熙也认识到修谱对一个家族的重要性，认为"谱之所关大矣哉。天性者，天下之大本也。大伦者，天下之要道也。二者皆于谱乎，系之谱立，而后知一本，知一本，而后知亲睦，视阖族若同堂，而天性以厚，大伦以敦，一家之礼义不可从此起哉。故谱为古人所重，而后世浸废者，非保家之道也"。他鉴于宗伯公、大参公所撰家谱遗失甚多，恐"意此日不谱，将永无征"，因此积极采取措施，续修族谱，"与族中长幼有文行者共谋，蒐罗残编，考稽散落，凡未经磨灭者，依类叙之，以毕前人之志"。而其弟郭遇熙，字骏臣，号省斋，康熙乙卯进士，历任广东从化县知县，刑部湖广司主事，族人称其为省斋公。在其所撰《续修族谱序》中也详细谈到了此次修谱的重大意义，指出"吾今日之叙族谱者，非止昭纪载明劝诫也，盖将以萃其情也。情萃则伦叙，以敦族谊，以睦孝弟，礼让之风，油然而生，于以光前徽而继先志勿难矣。吾与族人共勉乎哉。若夫捐本支之骨肉，视若途人，乃远取途之人显而贵者，而联为本支焉，亦见其惑也夫"。此次修谱成于康熙二十八年（1689），在此后道光年间的谱序中详细追忆了此次修续，"郭氏之世纪、祠堂、茔兆、居宅、家规、诰敕、记表、世传，官迹、乡贤、艺文、诗赋，举要括凡，罔不具载，煌煌乎，体裁宏备矣"。可见此次所续修的《郭氏族谱》共十二卷，无论体例还是内容都较为完善，已经较为成熟。

到了嘉庆二年（1797），郭氏又一次续修了族谱。关于此次修谱，郭氏十三世郭两铭在《重修族谱序》中谈到修谱原因时，称"谱何为而重修也？恐年湮日久，其总其一本所自出也，族心无一。兆始祖之子孙，孰不知一本所自出，然族众散处，岁时递迁，居地不知，名字不知，生卒年不知，即偶尔见面，尊卑长幼、智愚贤不肖，皆不知。是吾先懵然于后人，而忘其一本所自出也。又安望族几共知为一本所自出乎？此谱之所有，不可不修而又修。"但此次续修，由于两铭年已老耄，心力不足，"止详世纪一册"，其余则并无增减，也并无刊刻。由于郭两铭仅是廪贡生，只担任过永城县教谕等教职。因此，此次续谱，虽只言两铭年老无力刊刻全谱，经济实力不足恐亦是重要原因。

由于经济原因而使郭氏无力刊刻全部家谱问题，五十年后的道光二十五年（1845）郭氏第四次续修家谱时，愈加凸显出来。此次续修，由郭氏第十四世郭彦昭等主持。彦昭虽是道光乙酉科举人，但由于时值清朝中后期，当时举人已经甚多，而能够赴任的官位名额却愈少，"官僚后备军队伍的基础大大超过官僚队伍本身，二者之间的差距造成功名之士的不断的沉积"，[①] 举人在此时只能担任末品之官。因此彦昭生平只担任了尉氏县训导，也是职小俸微的职务。彦昭在其所做的《重修族谱序》中首先谈到了本次续谱的背景时言到："自永城公（郭两铭）修谱于东都学署，迄今岁五十年矣。族人有年及抱孙而谱未列名者。

---

① 王先明. 近代绅士——一个封建阶层的历史命运［M］. 天津：天津人民出版社，1997：6.

每会时谈及，辄以为憾。按旧谱引，古人以三十年不修谱为不孝。所以迟迟至今者，意在振家声兴家政也。孰意二十年间，昭也、棻也、椿也，仍皆以教职用，而修谱之事，益不可缓。且夫谱之修，岂第纪族人之字。配生卒巳哉，以承厥先，以贻厥后，贵贱贤否，一字不容缘饰，劝惩之道，存乎其间尔。"接着彦昭谈到了郭氏旧谱"寥寥无存"，此时若再不续修全部家谱，害怕"再阅数十春秋，即有敦志气之贤裔出，欲绳祖武，不苦于文献无征乎"，表达了其试图恢复郭氏家谱全貌的愿望。但由于此时郭氏已无显赫高官，经济能力有限，彦昭谈到了续修全部家谱的困境所在，"此次修谱之定宜全刊也，可无再计矣。奈迩来岁，比不登祠堂，积蓄无多，力不从心，可胜尽然。因约五门共议，仍先详世纪，以作前函。俟一二载积有余赀，并力全刊，以作后函，汇为全璧"，道出了彦昭修谱时的辛酸与无可奈何的心情。

至三十年后的光绪二年（1876），经过郭氏第十五世郭宗棻等人的不懈努力，终于使得《郭氏族谱》全貌得以呈现于世。郭宗棻是道光乙酉举人，生平也仅任过罗山教谕、彰德府教授等教职。因此对于郭宗棻来说，此项工程的艰辛不言而喻。郭宗棻在其《重修族谱序》中首先追忆了前两次修谱的艰辛与遗憾，郭宗棻说："昔永城公（郭两铭）东都之修，仅详世纪一册，以视主政公（郭遇熙）从阳之修，凡先世之嘉言懿行，未克叙其只字，能勿抚编而叹。然尔时官寒俸薄，力有未逮，又值未修之候，迫不容缓。观永城公自序云，亦可见其志之坚，心之苦矣。棻生也晚，当欲体永城公志而增修之，奈力难从心。未几，而棻亦已教职用。至道光二十五年（1845），吾族众议修谱，而商之于棻。斯时也，棻初任罗山教谕，仍一寒官，欲为补修，而力有未能。乃定议出祠内公项，称其有无焉。有自序稿定送祠，谱成，仍只刻世纪一册，棻之序文，亦未得与入。噫，力有未逮，何敢鄙我族贤第。"他道出自己的担心，"恐代远年湮，旧谱日见其少，若止修世纪，后虽有善者，将于何征观此。则谱之全刻也，刻不容缓"，希望能够立刻修谱。在郭宗棻归乡里之后，开始了续谱工作，"约我族共襄其事。开工于春初，藏事于冬末。虽未能如从阳之修既美且备，亦姑存此十之二三，以示硕果"，至此，郭氏族谱的旧貌才得稍有恢复。

辛亥革命之后，由于科举制业已废除，郭氏失去了读书入仕的最佳途径，成为一般乡绅，但此后郭氏仍保留着耕读结合的传统，郭氏许多族人出任教职。尽管时事变更，但郭氏修谱的传统仍然延续，郭氏于中华民国四年（1915）开始了第六次修谱。国内形势的重大变化，也深深影响了郭氏宗族，宗族内部也出现了不和谐的因素。在郭氏第十六世郭荃阶的《重修族谱序》中，谈到郭氏目前"少而贪鄙诈戾者日多，往往斩伐荫木，典鬻祀田。虽受责于有司，而其事攘之端，十数年来未稍息也"，忧虑"族情之日难也，思所以合之。患族人之废学也，思所以振之"，因此"以修谱兴学为己任"，要求修谱。郭荃阶在谈到修谱的过程时说："约族人集公款采访焉，编辑焉，自春往冬，克藏厥事……谱既成，付诸石印，衮而成帙。"

中华人民共和国成立后，郭氏又分别于 1956 年、1986 年两次续修族谱。此时社会形势又有了翻天覆地的变化，郭氏原有的数百亩祭田已经分给劳动人民，郭氏修谱所需经费只能另寻途径了。1956 年修谱时，郭氏议定，"乃将祠内枯柏五株变价，以作修谱经费"，在第十七世郭萏阶等的努力下，得以修成。而 1986 年修谱时，由第二十二世广文主持，郭氏经议，"男性族人集资 2 元，若有资而不集者为退谱，谱中不载，亦有在本人名后注除谱者同此"，历时两年，方告竣工。另外，在十八世郭成钧所做的《重修族谱序》中还特别强调谈道："此修因时令，家课、家规、祭文、祭田等皆删。"此次所修家谱仅保留了世纪一卷内容。

以上便是郭氏宗族从明末至当代历次修谱的过程，通过对此的描述，我们不仅可以从中了解到郭氏修谱的详细情况，而且也反映出郭氏宗族本身的一个变迁过程。郭氏祖先初是一田间农夫，而后通过读书参加科举而得以入仕。在明末清初甚至出现了一批高、中级官吏，至清朝中后期则逐渐走向衰落，郭氏族人多为中下级官员，但依然保留着地域望族的地位。而到了中华民国直至中华人民共和国以后，郭氏虽仍有读书人，但大多族众则是以务农为生的普通村民了。

从以上对郭氏宗族历次修谱的描述中，我们可以看到，郭氏宗族自明清以来对于修撰谱牒的重视程度日深。而郭氏宗族从明末由缙绅士大夫修谱阶段，逐渐演变为在民国以来由普通民众修谱的变迁过程，也暗含了自明清以来豫北宗族日益民众化的趋势。

二、豫北族谱的特点

豫北族谱的一个显著特点就是，对本族字辈的重视。字辈，或称班行、班次、班辈、宗派、字派等，为了体现宗族关系，通常是本族人在起名时，以一个共同用字作为宗族内部同辈者名字的一部分，如此，不同辈分的共同用字排列起来，就形成了宗族用以标明世系次第的字辈。检阅在豫北地区所收集的族谱，可以给人一种很强烈的感觉，在当地无论再简略的族谱，即便是前文所提到的豫北当地最简单的轴谱，都会在族谱的开篇或结尾处，对本族的字辈进行描述和说明。

据说字辈的产生，在先秦时期就已经在中国大地萌芽，但它离我们后世所言的字辈多少还有一定的距离。明清以来，基于字辈在宗族建设上的重要功用，其愈来愈为广大宗族所认同与提倡，也有愈来愈多的宗族形成了本族的字辈。

字辈一般是由三至七个不等的单字连接而成，形式接近于诗歌的长短句，读起来朗朗上口，其内容包含了一些传统的价值取向与正统伦理道德，诸如忠孝节义、忠君爱国以及光宗耀祖等。族谱编撰者在构思本族的字辈时，通常会共同协商、反复斟酌，力求达到尽善尽美。他们希望通过拟定美好的字辈，表达出对于宗族繁荣昌盛和子孙孝弟友爱、力争上游的美好愿望。例如，新乡县李氏先后两次拟定字辈，以备后世之需。第一次拟定的十六字字辈："仁德克修，丕振鸿业，世福永昌，延及昆龄。"在此之后，为备后世之需，李氏又增加十六字："积善广大，多有喜庆，贤孝双全，定保平安。"① 在字辈中，表达了对于子孙后世的殷切期望。也有宗族字辈是表达了对世间美好事物的赞颂和期许。例如，辉县勾氏宗派二十四字："万福增祥，兆启荣昌，英华毓秀，克庆春芳，文明永世，运会平康。"② 再如辉县黄氏字辈："金鸿生玉秀，银山林长清，福禄祯祥永，万寿得太平。"③ 另外，还有宗族仿照明代皇族以五行为偏旁命名，以"金木水火土"五行相生为本族字辈的标准。例如，新乡县王氏在《王氏族谱》的《条例》中记载："谨按五行相生拟之：照垲镇润乐，灿生锡清林，十字为派嗣。后子孙命名一世一字，不得随便起名，贻人讥笑。"④

字辈并非是在宗族发展之初就存在的。明清以来，随着豫北宗族意识的逐渐增强，字辈的重要性才日益为人们所重视。为防止族内成员重名或名字参差

---

① 新乡县《李氏家谱》，1992 年印刷本。
② 辉县《勾氏族谱》，民国十八年本。
③ 辉县《黄氏家谱》，1993 年印刷本。
④ 新乡县《王氏族谱》，民国十三年手抄本。

不齐，造成的世系紊乱，这给族谱世系的编撰也造成了巨大的障碍，故字辈拟定的重要性才逐渐显现。如辉县郭氏在《郭氏宗派说》中言：

> 郭氏旧谱向无宗派，故族中命名，有犯族谱者，有相互重复者，谱中多所更易。今立宗派十二字，与吾同宗者，约定于十六世，入谱之后子孙命名，须于春秋祭祀之时，同至祠堂，按派立名，既命之后，即书于谱，则世序明而名字庶不雷同矣。谨将字派书之于左："学立本，乃克昌，惟其善，方延长，行仁义，温恭良，全忠孝，铭继扬。"望族人富礼仪，忠孝敏哲，争鸣天下，郭氏之兴，世代传延。①

在文中，郭氏不仅说明了拟定宗派的缘由，而且还对本族子孙命名的具体过程做了详细说明，即需要"同至祠堂，按派立名"。

此外，辉县王氏也讲述了该族字辈由无到有的过程及缘由。王氏族谱《凡例》记载：

> 本族前代祖名不一，惟免后代命名再有重复之弊，为求画一起见，以免雷同之故，经公议命名一律以三个为准，但辈派字必须在各名之中间，兹将辈派三十二字特书之左："继承先祖，忠孝多方，德智才文，勤俭建业，仁义相传，温良恭让，令名丕振，世乃永昌。"②

由文可知，王氏宗族拟定字辈的缘由也是为了防止雷同，追求画一。

其实，字辈的主要功用，不仅是为了避免同族人重名，关键还是为了避讳，即防止与祖先名、字重名。与祖先重名，会造成尊卑不分，这在同一宗族的族人看来，重名被视为对于祖先的大不敬，因此，必须采取措施，严令禁止此类现象出现。豫北修武范氏在《古山阳范氏宗谱》卷末的《命名派言》中，专门就本族字辈做出说明：

> 古圣人作法则，以教天下，使人知避忌，而孝敬之心生，于是乎有讳。臣之于君，子之于父，其礼一也。子孙而犯祖宗之讳，其不孝不敬孰大焉。吾家自迁修以来，建宗祠、立祀田，种种家务，均合法制，独命名一节，向无统绪，且世远派别、城乡散处，子弟间有犯祖宗名讳者，修谱时急命

---

① 辉县《郭氏宗谱》，光绪十六年本。
② 辉县《王氏族谱》，1996 年印刷本。

更之。十八世以前，凛遵法制矣，犹虑十八世以后，支繁族盛，仍有不知避讳者，爰与合族议，编定十六字，以为十六世命名之规，俾后世之子若孙，常存孝敬之思而不违。古圣人作法制，以教天下之意云尔。

"凝承毓庆，传延家昌，懋昭丕宪，克建贞祥。"①

从上文可以看出，修武范氏出于防止"犯祖先名讳"的考虑，为使后世子孙"常存孝敬之思"，故立字辈十六字。

宗族字辈的拟定，对于一个宗族而言，最重要的作用，还在于其在整合宗族、"收族"中所起到的作用。字辈拟定的可操作性极强，而且既简单又实用，但它起到的作用，对于宗族的发展却影响深远。因此，在豫北地区异常强调对字辈的斟酌与拟定。这是全宗族的一件大事，尤其在修撰族谱的时候，字辈的拟定也被看作首要与重要的大事，上至士大夫宗族，下到普通庶民宗族，都普遍采取此种方法来进行宗族整合。

钱杭在对字辈排行的研究中指出："以'嘉言善字'来编排行辈应视为行辈字号的第一要义，但决不止此。行辈字号一旦确定以后，其意义就从文字载体上游离出来；文字本身则变得不再重要，重要的是一种象征：通过对这组文字的连续使用，可以反映宗族结构在一个时期内的稳定程度。"② 钱杭的研究告诉我们，字辈一经拟定并实施之后，便具有强烈的象征意义。宗族字辈不仅被赋予了确定宗族世系和族人尊卑长幼地位以及相应的权利与义务的功用，而且也成了宗族之间相互区别的重要标志之一。可以说，字辈的拟定能够使族人产生强烈的归属感与认同感，族人会不自觉地产生尊敬长辈以及同辈相亲的意念，其在整合宗族以及"收族""睦族"上皆具有重要作用。以延津县申氏为例，在其族谱之《宗派》中记载：

> 每世之名，须用一字排列。闻见其名，即知其世。况族类甚繁，迁居者多，命名更不可无次。今公议二十字，胪列于后。自十九世起，厥后十九世与十九世以下命名，当按其次，断勿违越。现今十八世，命名当以乃字者多，以后十八世之人，亦当按其次，不可有违。孰尊晚之序昭，而亲

---

① 修武《古山阳范氏宗谱》乾隆二十二年手抄本。

② 钱杭. 血缘与地缘之间——中国历史上的联宗与联宗组织 [M]. 上海：上海社会科学出版社，2001：224.

亲之义明矣。"成法家长衍，鸿恩世广宣，进修昭祖宪，心学绍宗传。"①

上文中，申氏在进行宗族组织化建设中，鉴于申氏族人日渐繁衍且有迁居他处者，为避免宗族处于涣散状态，故采用宗派，以求达到"尊晚之序昭，而亲亲之义明"的整合宗族目的。

豫北族谱的另一个特点，就是在本书前一章所提到的，豫北族谱在对族谱的编撰上大多能够做到寻求真实。以下本书仍以新乡县郭氏《郭氏族谱》为中心，来对豫北族谱的此特点作具体论述。

郭氏族人在族谱编撰上笃信"信今传后"的谱法原则，力求真实的记载郭氏宗族的历史概况。如郭氏大宗伯郭湑在《郭氏家乘序》中就称："乃絮泪列次，据所传闻，不敢一语失真，以上诬先人，下诬后裔。正如写真家务，求肖貌，一毫不似，便是他人，虽美容，观能不怍第。先世入官，未有显者，无奇猷绝迹焜耀当世之事，而恳恳一念微显，以之乘田委吏，因地自效。"十一世郭迋熙在所撰写的《叙谱弁言》中，也秉承了郭氏的求真传统，其在描述当时修撰族谱的情形时，言道："宁为缺略，勿多附会；宁为真朴，勿加赝饣乘。"②

首先，郭氏在对族人行为的记载中采取了"善恶并书"的原则。冯尔康先生在对清人谱法的总结中认为，清人族谱在编撰上持有"书善不书恶"主张者占居多数。③ 而新乡县郭氏却主张对族内的坏人坏事应如实纪录。《郭氏族谱凡例》指出："族姓殷蕃，恪遵家教者固多，不守家规者亦不少，匿而不书，非垂戒后人之道也，据实载之，非有私臆焉。"郭氏认为，对违背家规的行为进行如实纪录，可以起到垂鉴后人的积极作用。

其次，类似于前文所重点叙述的军户宗族获嘉县冯氏，在对郭氏祖先来源的追述上，郭氏族人采取了慎重态度，能够尽量地求真寻实，并没有夸大或虚构自己的祖先世系。郭氏族谱并没有将自己的祖先追溯至唐宋时期的郭氏同姓的高官、名贤那里。在《郭氏族谱凡例》第一条中就记载："今世叙谱者，多沿袭古之帝胄名贤，以为我姓系某人苗裔，又自某某分支也。殊不识盘古以来，原同一家，又何必远引上世乎？狄青不肯族梁公，史册美之，职是耳。中州大

---

① 延津县《申氏族谱》，同治壬申年刊本。
② 新乡县《郭氏族谱》，光绪二年孝思堂藏本。
③ 冯尔康. 清人谱法中求实际与慕虚荣的矛盾观念［M］//氏著. 顾真斋文丛. 北京：中华书局，2003：366.

河以北，当元顺帝末，兵燹之余，吾郿只存七姓，而郭氏其一焉。郭氏至元以上无可稽已，故以五老为始祖云，若周之虢、汉之秦、晋之璞、唐之子仪、宋之忠孝诸公，非不焜耀千古，而世代遥远，总不敢妄自附会，以滋疑议。"这与同时期许多的南方族谱动辄就将其祖先世系上溯至魏晋隋唐，至少也要追溯到宋时期的同姓名人相比，郭氏在对其祖先的叙述上，重事实，弃虚假，这在当时是非常难能可贵的，十分令人赞叹。

新乡县郭氏以及前文提到的获嘉县冯氏在祖先构建上的寻真求实，并非豫北族谱的个案现象。事实上，就所收集到的豫北族谱所见，豫北宗族很少会攀附历史上的名贤，这应该是豫北族谱编撰的一个风气。究其原因，我以为这与豫北地处中原腹心地带、位于王朝统治中心的地理位置不无关系。由于大部分历史名贤其籍贯许多都来源于中原腹地或其相近地区，而且历史上一部分名贤的真实世系还相对清晰，因此，贸然地将自己祖先比附于历史名贤，不仅会招致外人的嘲笑，而且还有可能会受到朝廷政府的审查和责难。此外，这还与豫北当地人们谨小慎微的性格有关。在辉县的《牛氏家谱》中曾记载了这样一件事情：

> 西平罗村牛氏家族是从清朝康熙年间，祖先从山西赵寨迁来西平罗村，至今已有三百多年历史。现传到第十代子孙。虽经历代战乱，民不聊生，但牛氏家族历代以种田为本，不求升官发财。如清朝道光年间，河南开封一带打锅牛，中了状元，来辉县盘上一带认本家。虽然我们也属于打锅牛，当时咱家一百多亩地，中农水平，还过得去。但没与他认为本家。因为当时正值鸦片战争，清朝腐败，得不到一点好处。如果他犯了法，要株连九族，灭门九祖。所以当时有句俗话：愿叫邻家买头驴，别让邻家中个举（举人）。就是不认本家的原因。[①]

《牛氏家谱》是在改革开放后新修的家谱，牛氏讲述的这个故事也是现代人所讲述的，但从中我们仍可以看出，在豫北地区人们的那种内向、谨慎的性格，这在族谱的编撰上反映的是比较深刻的，这也正是豫北族谱不愿攀附名贤、高官的原因之一。

无独有偶，在新乡县郭氏族谱中，也反映出了豫北人的这种性格。郭氏出

---

① 辉县《牛氏家谱》，1995 年印刷本。

于严格宗族血统的考虑，在收族方面也显得特别谨慎。郭氏在《凡例》中特别指出："近世叙谱者，凡属同姓，皆联为一宗，贫贱者摈弃不录，而富贵贤豪，咸得编入族谱，以为光宠，识者议之。吾郭氏自元末以来，世代未遥，宗支井然，而字配卒葬，又皆详注分明，不特远方异地之人不敢轻入，即一邑同姓，亦凛遵祖训，以存慎重之意，非外也。"

当然，现实生活是纷繁复杂的。豫北宗族在实际生活过程中，亦是会多方面考虑的。为了宗族的实际利益，豫北宗族在族谱编撰上也并非完全的寻真求实。在对宗族祖先的塑造与构建上，也是一样。为了自己宗族在当地地位以及实际利益的考虑，豫北宗族也会适当地对自己族姓来源进行追述，也会对自己祖先身份进行某种合乎情理的变通。正如冯尔康先生所指出的，清人在谱法中会出现求实际与慕虚荣的矛盾观念。① 反映到豫北族谱在对祖先的构建上也是一样，追溯姓氏来源、变通祖先身份与不攀附名贤祖先，这在进行宗族祖先构建上并不矛盾，是可以并行不悖、同时存在的。

此外，豫北族谱还有一个特点，就是豫北宗族在对祖先的追溯上，无论是当地土著宗族还是移民宗族，时间上大多都追溯至元末明初，移民宗族大多都以始迁祖或始迁祖上一辈为其始祖。这在豫北地区族谱修撰上可以说是一个较为普遍的现象。

第二节　豫北宗族祠堂的演变与形成

有关祠堂一词的源流、含义及其意义，常建华经过对古典文献的考证认为，祠本指宗庙之祭，秦汉以后为神祇群祀的统称，最初的祠堂一词指祠于堂。后来祠由祭之名变为祭之所，祠堂也就成了祭祀祖先的场所。祠祀祖先，始盛于汉代的墓祠，东汉起有渐渐移至家内的倾向。② 宋代理学大师朱熹鉴于当时民间士庶祭祖风俗的实际情况，为区别于古制的家庙而创造"祠堂"这一名称。朱熹在《家礼》中言道："然古之庙制，不见于经，且今士庶人家之贱，亦有所

---

① 冯尔康．清人谱法中求实际与慕虚荣的矛盾观念［M］//氏著．顾真斋文丛．北京：中华书局，2003：354－386.

② 常建华．宗族志［M］．上海：上海人民出版社，1998：87.

不得为者，故特以祠堂名之，而其制度亦多俗礼云。"①

明清以来，豫北地区民间社会在修撰族谱的同时，也积极谋求修建祠堂，以在更大范围、程度上进行宗族组织化建设。在宗族的诸要素之中，如果说族谱的编撰还只是在思想与文化观念上对宗族进行形而上整合的话，那么建构祠堂，则对宗族整合不仅具有文化象征意义，而且更有了可供依赖的实体场所。同时，祠堂是宗族外在物化的标志，其在地方社会中具有强烈的视觉冲击，更能彰显出宗族在地方社会中地位。兰林友根据其对华北地区的一些个案调查，认为从完备的宗族要素角度来审视，华北宗族的外在物化标志如祠堂等很少见，故认为北方宗族是残缺宗族。② 其实就华北地区而言，不应一概而论。豫北地区在地理位置上属于华北地区，但在一些经济与文化相对发达的地区，宗族祠堂还是不少见的，在晚清以来，豫北宗族民众化达到高潮的时期，一些地区还出现了"无论士庶，皆建祠堂"的现象。明清以来，豫北地区宗族的祠堂演变与发展具有自己的地域性特点，以下就以豫北祠堂为中心展开论述。

一、豫北祠堂的演变

1. 由名贤专祠到宗族祠堂

毫无疑问，祠堂的设立受前代家庙制度的影响最深。在条件允许的情况下，许多民间的祠堂，就是模仿家庙而建的。但民间实际的祭祖形式却多种多样、丰富多彩。郑振满基于对福建地区宗族的研究认为，福建历史上的家族祠堂，最初大多是先人的故居，后来经由改建，演变为祭祖的"专祠"。③ 徽州地区祭祖形式更为多样，因此也吸引到许多学者的注意。常建华对徽州祭祖研究认为，徽州宋元时期祭祖形式的特点表现在四个方面：一是祭祖依附或与社祭结合，二是祭祖依附或与寺观结合，三是祭祖依附或与名人祠庙结合，四是墓祠祭祖是祠祭的主要形式。就祭祖总体特征的变化趋势而言，是祭祖从依附或与地缘性社祭、宗教性寺观、纪念性名人祠庙结合而逐渐分离以及独立性祠堂祭祖的

---

① 朱熹：《家礼》卷第一《礼仪·祠堂》。

② 兰林友. 论华北宗族的典型特征 [J]. 中央民族大学学报，2004 (1)．

③ 郑振满. 明清福建家族组织与社会变迁 [M]. 长沙：湖南教育出版社，1992：230－231.

渐兴。① 韩国学者朴元熇在对徽州方氏的个案研究中，认为徽州方氏在祭祖形式上，经历了由真应庙祭祀向宗祠继而向同宗祠祭祀的转变过程。② 林济也从祭祖文化的角度，对明中期前后徽州专祠向宗祠的转变展开详细讨论。③ 具体就豫北地区而言，豫北存在着大量的名人专祠，自明中后期以来，伴随着当地宗族观念的日渐强盛，其中有些名人专祠有逐渐向宗族祠堂转变的趋势。

明后期以前，豫北地区基本未见建有祠堂。但由于豫北地处中原腹地，当地留有一些孔子门徒后裔在此居住，并且有儒学大儒在此讲学并定居，另外还有许多有功于当地的地方官宦，因此，当地建有许多纪念性质的名人专祠。名人专祠与地方神祇崇拜有着渊源关系，乃是地方名贤、官宦功德神祇崇拜祭祀场所，一般由当地政府出资修建并负责其祭祀活动。由此看来，名人专祠乃是一种“公祠”，为地域社会所共有。但如果此类名人专祠所祭祀的名贤在当地有后裔居住，那么对于被纪念者的宗族而言，则专祠又形成了对先祖的祭祀，而且随着宗族观念在当地的日渐兴盛，这些专祠的宗族化倾向也会日趋明显。事实上，这些被纪念名贤的后裔，也会将其名贤祖先的巨大威望作为资源来加以利用，以更为有效地进行本宗族整合，并且提高本族在当地的声望和地位。

在豫北地区的辉县百泉，因为自宋代以来有众多的理学大师曾在此讲学，故当地建有的名贤祠堂也最多。在前文提及的宋代理学大儒邵雍是其中较早在辉县讲学的一位。邵雍晚年移居洛阳，去世后葬于嵩县。故此，在三地皆有邵氏后裔，三地也皆有纪念邵雍的祠堂。南宋咸淳元年（1265），诏邵雍从祀孔子庙。明成化年间，卫辉府通判于準创建邵夫子祠，并为之作《新建康节安乐窝碑记》以记其事：

> 召公封于燕，之有邵旧矣。康节先生幼自燕从父徙居卫之共城，读书于百源之上，志坚思苦，夏不扇，冬不炉，夜不就席，如此者数年。厥后

① 常建华．中国宗族社会［M］．杭州：浙江人民出版社，1994：175；明代宗族研究．36－93.

② 朴元熇．明清时代徽州真应庙之统宗祠转化与宗族组织［J］．中国史研究，1998（3）；方仙翁庙考——以淳安县方储庙的宗祠转化为中心［M］//郑振满，陈春声主编．民间信仰与社会空间．福州：福建人民出版社，2003：181－301.

③ 林济．“专祠”与宗祠——明中期前后徽州宗祠的发展［M］//“宋以后宗族形态的演进与社会变迁”国际学术研讨会论文集，南开大学中国社会史研究中心编，2007：117－142.

再迁于洛，以洛邑居天下之中，司马温公、富韩公、吕公著、二程、张横渠众贤之所会集，又可以观四方之士，遂定居焉。是则共城者，先生曩者读书之所，窝名安乐，故址尚存也，历世久远，祠宇未修。凖来佐郡，谋欲兴创。然坐谋所适谋之，虽审事竟未成。后得太阳邢候表为守，朝城张锦为宰。暇日以创祠之谋，咨之首可公议。是时同知张谦、推官吴礼、县丞孙广、主簿王荣、典史刘通、教谕赵智、训导金鱼褚孟亦闻而是之。乃命工庀材，是断是度，是寻是尺，创祠三间于卫源神祠之右，号为安乐窝。又肖先生之像于中，号为安乐先生，循故事也。成化六年九月经始，明年九月告成。轮奂有光，观者企仰，金谓是窝旧无碑列，惧事久而湮没，欲备始终，传永远，而属记于凖。余窃惟安乐窝，说者以为，先生至洛，好事者别作屋如先所居之窝，以候其至。故诗有"行窝十二家"之句，则是窝疑在于洛也。是不然。考之先生重九日再到共城百源故居，有"故国逢佳节，登临但可悲"之诗。又谓："予家有园数十亩，皆桃李梨杏之类，在卫之西郊，自始营十余载矣。"以是质之，则知共城为先生之故居，而洛邑之行窝，乃其晚年所居无疑矣。先生于书无所不读，治易书、春秋之学穷意，言象数之蕴，明皇帝王伯之道，观天地之消长，推日月之盈缩，考阴阳之变化，察刚柔之形体，血食于天下庙学，故无庸于立窝矣。然凖之意，拳拳，欲立窝设像于共城者，特以志先生始学至于大贤，盖不忘其所有，自亦记所谓不忘其本之意，又以表一时有官君子，崇祀典之善政也。凖不能文，姑记兴造岁月于石，以传方来。

成化元年（1465）岁在辛卯秋九月吉旦立石
河南卫辉府通判安仁于凖撰文
四川道监察御史汲郡马震篆额
淇县儒学训导渭南方义书丹①

于凖在碑记中，首先，讲述了由于邵雍在辉讲学时期刻苦钻研易学、儒学的精神，以及其取得的巨大学术成就，邵夫子祠（即安乐窝）最终经过卫辉府地方官员共同谋议而兴建。其次，其还专门考证了安乐窝在辉县乃是历史事实。

---

① 辉县《古共邵氏宗谱》卷五《碑文》，民国十三年重修本。该记文另可见于《卫辉府志》卷四十六《艺文·记二》，乾隆五十三年刻本，内容稍有差异。

成化六年（1470），辉邑知县张锦还另建皇极阁五间，为邵夫子祠的配套建筑。清朝顺治十六年（1659），邵夫子祠得以重修，巡抚贾汉匵曰"学彻先天"，巡按李粹然匾曰"易学渊源"，进一步扩大了邵夫子祠在当地的影响。其后在清康熙、乾隆年间，邵夫子祠多次得到有司修缮。道光八年（1828），知县周际华改建击壤亭为三楹，移祀桃竹园内，春秋中丁，有司致祭。① 击壤亭、桃竹园皆为纪念邵雍的名贤祠堂。

邵夫子祠等纪念邵雍的名贤祠堂，虽然皆由官府出资兴建，并名义上也是由官府出面祭祀的。但在实际奉祀以及祭祀当中，却主要是由邵氏后裔承担的。当地方志记载："崇祯间，设奉祀，生员典其祀，世世相继，设有祭田，子孙世守焉。"② 而且据邵氏宗派记载，此规定进入清代中或间有短暂中止，但基本并未改变，仍由邵氏子孙负责奉祀。到了民国时期，河南教育厅下令，邵氏宗族奉祀生恩恤为奉祀官，仍负责奉祀邵夫子祠。③ 在邵氏宗谱之中，宗谱编撰者将由明朝以来官府历次修建邵夫子专祠的传记皆收入当中，从中可以看出，邵氏后世子孙已经将邵夫子祠看作本宗族之祠堂，此点当无疑问。尤其并在宗谱卷五开篇的一篇《祠宇记》中，编撰者更是明确了此观点，其文曰：

> 古人修其宗庙完固，而精洁之碑，千百年在天之灵，随后人诚敬之心而来，格来享也。夫墓藏形，庙栖神，神虽无所不之，然必于其居处游息之地而立祠焉。洛为康节先生优游之地，辉为康节先生藏修之地，嵩为康节先生藏形之地，故洛有奉祀，辉有奉祀，嵩有奉祀。于彼乎，于此乎？而求之知先生坚苦刻励之精神，必有充塞于鸢鱼跃之天者。顾自宋迄元明，安乐窝居守无人，致启贤祠废为张公祠，邵述祖有奉文檄讨之事。
>
> 国朝以桃竹园中始，常有奉祀之人焉。故考其始末，绘其堂构，详其基址，汇为一卷。俾后之人岁时修治，不炉不扇之精神，时于泉声山色间，如或见之。

从这篇大概撰于清中后期的《祠宇记》中可以看出，邵氏肯定了位于洛阳、辉县、嵩县的邵康节专祠皆可视同于邵氏祠堂。还有一点值得注意的是，在记

---

① 辉县《古共邵氏宗谱》卷五《碑文》，民国十三年重修本。
② 《卫辉府志》卷四十六《艺文·记二》，乾隆五十三年刻本。
③ 辉县《古共邵氏宗谱》卷五《碑文》，民国十三年重修本。

中，作者还提到了辉县纪念邵康节的启贤祠因一度无人奉祀，遂为张公祠所替代，邵氏后裔邵述祖还为此专门在官府支持下，进行追讨。最后，该记作者还提出了邵夫子祠应由邵氏子孙负责修缮。这都告诉我们，这些纪念邵雍的专祠在实际上已经是邵氏宗族的祠堂了。

辉县另一大儒姚枢，如前文所言，曾于元初在辉县苏门讲学，对当地儒学的兴盛与传播做出了巨大贡献。明正德、嘉靖之际，鉴于姚枢对于当地文教的成就，时任河南参议的浙江开化人徐文溥，在巡河北之时，创建了姚公祠堂，并且其专门为祠堂撰写了《姚公枢祠堂记》，其在记中详细讲述了姚公祠堂的修建缘由与过程，全文如下：

> 公祠，辉旧矣，而苏门今始也。嘉靖改元之春，余与宪使张君天性巡河北，登百泉，谒公于附享之庙而去。越六月再至，公有孙曰"泰"，持家集谒余，愿新公祠，且曰："县西府馆，实故雪斋二石兽者故物也。今大中丞刘公令兹土为茸，我先人祠宇是谋会迁去未果，题碑阴，大意谓'植民生，倡斯道，为公之大者云'。"余于是谋诸张曰："先尝用言者，祠公兹乃弗祀，非旷礼乎，虽附飨十贤，而未有专祠，岂所以示崇奉表励之意邪？夫祠既属公，弗可夺也。而岁侵民俭，弗可举也，如何？"张曰："盖以里中淫祠之不在祀典者改为。"余曰："善。"乃命县丞詹烨稽之，得俗名三官庙者，于苏门公故里也。庙不知创建之始，屋三楹，门一楹，缭以土垣，介在路隅。丞曰："时惟淫祠祀典弗载，淫祀无福，先王所禁，改而新之，公私无费，不亦可乎？且值于兹，岂神有以相之乎？"于是余乃易以今扁，示专也。檄于太守翟君鹏督县举，事厥成也。量费以像，公卜日，以奠位致虔也。牒于姚氏子孙，世守奉祀，谋其永也。祠成，太守曰："兹举也，其有合于礼乎。请勒诸石，志始也。"

> 壬午秋九月十有一日 三衢徐文溥记①

从上文中我们可以得出三方面的信息。其一，姚公祠堂的修建，除却由于姚公本身的巨大声誉和对当地的贡献外，还有一个很重要的原因，就是姚氏后裔即记中所言的"（姚）泰"的积极向政府官员的谋求争取，故才促成了姚公

---

① 《辉县志》卷七《祠祀志》，乾隆二十二年刻本，另可见《卫辉府志》卷四十六《艺文·记二》，乾隆五十三年刻本。

祠堂的修成。而姚氏后裔谋求建立姚公祠堂，无疑会扩大姚氏在当地的声誉与地位，而且会有利于姚氏宗族的长远发展。其二，在借助官府力量修成姚公祠堂后，当地政府又"牒于姚氏子孙，世守奉祀，谋其永也"，姚氏子孙又获得了祭祀姚氏祖先姚枢的权力，这就使得原本公共祭祀的场所与宗族祭祖的场所合而为一。因为资料的缺乏，对于姚氏公祠堂其后的演变以及其具体的祭祀礼仪，不得而知。但随着时间的推移以及宗族观念在当地的日趋发展，姚公祠堂应当会日趋演变为姚氏宗族祠堂，成为姚氏祭祀祖先的场所。其三，我们还可以从上文得到的一点讯息，就是徐文溥在这篇记文中提到，姚公祠堂乃是由当地淫祠三官庙改建的，这也暗合了第一章所论述的观点，即明代政府所采取打击淫祀的措施，促进了儒学正统化，有利于宗族的构建。

与邵雍、姚枢祠堂情况大致相同，在明末清初在辉县讲学的大儒孙奇逢，在去世后，也经公议由当地官府出面兴建了孙征君公祠。据《辉县志》记载，该祠创于康熙四十四年（1705），由巡抚许公潮檄知县尹烈创建。祠堂位于百泉西涯，大门一间，享堂三间，正殿三间，寝堂三间，春秋中丁，有司致祭。祠成之后，徐潮还专门撰写《孙征君祠堂记》，在谈及建祠经过时，其言道："……余抚豫之明年，卫绅士以周、程、邵、姚既附祭百泉书院，仍有专祠，载县志祀典。征君先生于河洛之学，集其大成，请专祠如周、程诸贤故事。既依绅士之请。祠成而推余为之记。"① 除百泉孙征君公祠外，孙奇逢门人汤斌等还另建祠于辉县孙奇逢故居夏峰村。百泉与夏峰公祠俱非孙氏子孙所建，但为公祠所备祭田却由孙氏子孙所守，负责祭祀以及维持祠堂日常开销以及修建等事务。在《孙氏族谱》之《附凡例》中就明确记载："容城、百泉、夏峰俱有征君公专祠。虽系公建，非一家所得私，然蒸尝世守，子孙之责。"②百泉、夏峰的两座征君公祠，在孙氏子孙看来，无异于本族的宗族祠堂。事实上，这些专祠也确实能够起到对后世子孙进行教化以及整合涣散宗族的目的。

在豫北地区，还存有许多类似于以上谈及的名人祠堂，由官府或他人兴建，但却由该名贤后裔负责奉祀，有些祠堂还由子孙负责祠堂的后续修缮工作。例如《重修滑县志》记载："宋公祠，祀明国子监祭酒宋讷并入乡贤祠，裔孙清庠

---

① 《辉县志》卷七《祠祀志》，乾隆二十二年刻本。该祠堂记还可见于《卫辉府志》卷四十八《艺文·记四》，乾隆五十三年刻本。

② 辉县《孙氏族谱》，民国三十三年刊本。

生宋温奉祀。民国四年（1915），宗后裔陆军中将宋明善重修。"① 获嘉县建有子贡祠，由于子贡后裔在此居住，遂将子贡祠看作本族祠堂，在获嘉《卜氏族谱》卷一《先贤卜子祠纪略》中，专门谈及了子贡祠的建置："祠内正殿三楹，殿中龛内有卜子像及木牌位，题曰'先贤卜子神位'，大门一间，竖额文曰'先贤卜子祠'。原墙颓残，屋顶破陋，卜氏久拟修理而未遑也。"对于这些名人专祠，其后裔有着强烈的责任感与荣耀感，对于专祠的修缮，子孙们也是义不容辞。浚县有子贡祠，据清康熙年间名臣李光地撰《新置宜沟子贡祠祭田记》记载："黎阳即今大名府浚县也。县之山曰大伾，其阳有公冢存，而浚之立祠则自宋之都水使者孟昌龄始，子孙世奉其祀。嘉靖中，复立别祠于城北之宜沟，表曰先贤子贡故里。乙酉二月，买田百亩，用银若干，归契贤裔掌厥收入。其在端木之子孙及浚之人士勉之。"② 由以上例子，我们可以较为明显看出，这些名人专祠虽是由官府兴建，并且祭田等也由官府或其他名人出于向贤之心捐助配给，但在该名贤的后裔看来，这些专祠对于本族而言，有着与外人不同的深远而特殊的意义。

在豫北辉县还有一座名贤祠堂，乃是由此名贤本族子孙兴建祠堂，专祠建成之后，获得了官府的批准与支持。乾隆时期《辉县志》记载："王家珍，字秀玉，保定容城人。以选贡任山西朔州知府，遇姜襄之变，不屈，死。顺治十一年（1654），赠朝议大夫、山西布政司参议，荫子入监读书。时其子福吉尚幼，从伯父家琛寓辉。其侄邑庠生德馨建祠于辉。蒙学宪刘批准德馨子世位，为奉祀生。"③ 文中为纪念王家珍而由其侄德馨修建的专祠，凭借王氏子孙的努力争取，获得了同官府主持修建的专祠同样规格的待遇，使得王氏后裔成了这座专祠的奉祀生。从中我们可以看出，这座专祠具有一般性质的名贤专祠与王氏支祠两重性质。为王家珍建祠这件事，也可视为王氏后裔可以成功利用的文化象征资源。王家珍专祠的兴建，不仅可以起到纪念王家珍忠君爱国精神的场所，有利于教育当地乡人以及本族子弟，而且对于提高扩大本族在当地的地位与影响无疑会起到积极作用。

除以上所讲到的豫北名贤专祠之外，在豫北获嘉县还有一座较为特殊的名

---

① 《重修滑县志》卷七《民政第四·祠祀》，民国十九年刊本。

② 《卫辉府志》卷四十八《艺文·记四》，乾隆五十三年刻本。

③ 《辉县志》卷十二《拾遗·轶事》，乾隆二十二年刻本。

贤专祠。此专祠乃是获嘉县贺氏为纪念在明中期曾经有惠于贺氏祖先的获嘉县县令张一心而兴建的。张一心，在前文第一章介绍豫北文教兴起时就曾提及，乃明隆庆时人，"由进士任邑令，尤注意学校，立会，课诸生，程其艺而差等之"①，为获嘉县的文教事业贡献良多。据县志记载，明万历间，邑人贺盛瑞建张公祠，祀邑令张公一心。明末贺氏后裔振能在《重修梓潼帝君祠记》中，详细记载了贺氏兴建张公祠的缘由以及后来张公祠改名的原因等，其记曰：

> 先鲁王父参贤凤山公之少也贫甚，几不能卒业。时万历五年，获鹿张公以进士南来宰获。季试得公文，奇之，为具资供给，奖翼之良至用，得肆力于文，以成功名。而贺氏稍稍称温族，世其业文，贞公而下，时有显者，皆公力也。公以异政擢去，而贺氏立祠祀公，到今六十年矣。前岁天子诏毁淫祠，奉命雷行，除祀典明神外，一切祠宇，无是非，骧之殆尽。叔大人谋，所以存公祠，不得而易其额曰"梓潼帝君之祠"，乃不毁。夫帝君世所传司命文章，而为文人士阴相者也。又三数年，而霍潦祠祀亦尽。今年叔大人方北上，命小子鸠工复之，工竣而梓潼之号乃不可改。吾于是有感矣。公治获仁明之业，屈指不尽。独是拔滞搜寒，扶植士气，尤啧啧人口。盖君子为国育才，臭味所存，精神意气，关向自别，诚不啻厚私焉。而沐其德者，亦不能不生成感之。此祠之历今而存也。意！公非贺氏之人，私贺氏之文，不私其人而私其文，是即梓潼之意也。得其意，即用其号，何惑焉！吾知述其故，以见公之德，是以司命文章。而今即以此祀之，将由是以为邑文人士阴相不衰也。后之观者，其尚存劝也。公讳一心，字道宗。②

在振能的祠记中，我们一方面仍可看到，明后期当地政府所采取的打击淫祀运动也影响到了贺氏所建的张公祠，使得张公不得不改名才得以存留，可见在当时豫北地区所进行的打击淫祀运动还是相当的剧烈和彻底的，其给当地造成的影响也比较深远。另一方面，更为重要的是，本书所主要关注的是贺氏为本族以外之人所兴建的祠堂对本族会产生怎样的影响？据民国年间《获嘉县续

---

① 《获嘉县志》卷十二《循吏》，民国二十四年铅印本。
② 贺振能：《窥园稿》，道光壬午重刻本；另可见《获嘉县志》卷四《祠祀》，乾隆二十一年刊本。

志》记载，张公祠改名梓潼帝君祠后，在当地又称"棠阁""红庙"，为贺氏一姓经理。由此我以为，梓潼帝君祠虽是为祭祀张公一心的场所，贺氏兴建并且煞费苦心的保存此祠，其目的不仅是为了纪念张公对于本族兴盛所作贡献，更是为了感召和教育贺氏后世子孙以司命文章为己任，继而光宗耀祖，因此，此专祠可以称得上是一座变相的贺氏祠堂。而且随着时间的推移，贺氏也会刻意的淡化张公祠名称上的称谓，将该祠称作"棠阁"或"红庙"，这并不是偶然的，应当浸透着贺氏后裔将张公祠转化为贺氏本族祠堂的意图与努力。

综上所述，之所以长篇累述豫北地区由名贤专祠向宗族祠堂演变的过程，其目的不仅仅是对这一变迁过程加以叙述，更为重要的是，本书以为，豫北地区所存在的大量名人专祠，以及其中的一部分在其兴建之始就与名贤的宗族联系在一起，或是逐渐的演变为宗族祠堂，这对于民间普通祠堂的兴建有着极大的示范作用，民间祠堂在明后期之后开始兴建并且逐渐走向高潮，除因为当地经济以及宗族观念日渐发展外，很大程度上是受到豫北名人专祠的启发和演示作用而仿照其兴建的。

2. 由祠堂到学校

豫北地区的宗族祠堂，随着前文所论述的豫北宗族的发展而不断发展着。在进入民国时期，虽然豫北宗族建设达到了其发展的高潮时期，但是由于在清末民初时期，中国在政治经济和思想文化等方面都受到了前所未有的巨大冲击，因此，豫北祠堂的发展也分别走向了守旧与图新两条截然不同的道路。一方面，在一些地区的一些宗族当中，仍然积极地进行宗族组织化建设，谋求兴建宗族祠堂，甚至是宗族支祠；另一方面，当地有些宗族与祠堂受到了国家政权扩张的影响，尤其是一些地方政权在出于维新与变革的目的，对宗族祠堂进行控制、破坏与改造，这构成了豫北宗族祠堂的又一次演变。

民国时期，豫北的不少宗族祠堂在上述背景之下，遭到了毁弃。此外，还有一些祠堂被当时地方上的维新人士改建成地方新式学校。在民国年间《封丘县续志》中，就记载封丘当地有不少小学校是由宗族内的开明人士，依祠堂改建而成的。兹将宗族祠堂改建为学校详细情况绘制如下表：

表 4 - 1　封丘县宗族祠堂改建小学校一览表

序号	祠堂名称	改建学校名称	改建时间	改建人
1	朱氏宗祠	三李庄初级小学校	民国六年（1917）	朱凤刚
2	张氏家庙	陡门集初级小学校	民国十七年（1928）	张锦川
3	柴氏家庙	短堤初级小学校	民国十八年（1929）	柴进财
4	范氏祠堂	东林庄初级小学校	民国十八年（1929）	范鸣岐、范兴财
5	齐氏祠堂	齐寨女子小学校	民国二十三年（1934）	齐广彩、齐广瑞等

资料来源：《封丘县续志》卷七《教育志·学校》，民国二十六（1937）年铅印本

除上表所列由宗族祠堂改建成小学校情形时有发生外，民国时期，封丘县还存在大量的以村庄庙宇改建成学校的现象。而与此同时，当地一些热心宗族建设的人士正在谋求建立本族的祠堂。这些不同却并存的社会现象，在民国时期方志以及族谱的记载当中可谓屡见不鲜。这都说明了在民国时期，豫北民众面临着新与旧两种不同思想观念的浸泡与洗礼，当地正在经历一场前所未有的变革。

二、豫北祠堂的建构与管理

在论述了豫北祠堂的演变过程后，我们再来谈一下明清以来豫北地区普通常规的祠堂的具体情况。

伴随着祖先谱系和祖先形象的不断建构，豫北地方社会的文人士大夫们进一步加强以修建祠堂为中心的宗族整合。他们希望通过修建祠堂的方式对豫北地方人群进行更深层次的整合，力图将宗族组织化建设从单纯的谱系文化建构，推进到具体的社会实践之中，将本族族众整合成一个兼具礼仪和经济功能的更为严密的组织群体。

兴建祠堂，对于每一个宗族的构建来说其重要性可谓不言而喻。徐扬杰在论及祠堂时言道："祠堂是一个家族的中心，象征着祖先，象征着家族的团结。

家族成员一般都围绕着祠堂居住，通过祭祀祖先，把族人用血缘关系顽固地纽在自己的周围，形成一个严密的家族组织。"① 可见，祠堂兼具祭祀祖先与统合宗族两重功能，但更重要的还是整合宗族的功能。正如郑振满所言："建祠的目的与其说是为了奉祀祖先，不如说是控制族众。"② 在豫北地区，无论士庶，都非常明白作为宗族象征的祠堂的重要意义。通过建祠祭祀祖先，用官方提倡的儒家伦理，宣扬子孙都乃同一祖先所传，利用始祖将各支派建立起密切的关系，可以聚合人心，把早就出了五服、已经淡化了血缘亲属关系的族人重新团聚在一起，从而营造出族人对宗族的认同感。这不仅能够达到收族睦族的目的，而且还可以稳定乡村社会秩序，尤其在动乱时期，恢复与稳定社会秩序的功用更为明显。除了对宗族内部的巨大功用外，在乡村社会中，宗族通过兴建祠堂这样一个客观的、可以感触的并极具视觉冲击效果的建筑物，不仅是宗族向国家表达认同的最佳礼仪手段，而且还可以极大的提升本族在地方社会中的声望与地位。

明清时期，由于祠堂的修建等宗族活动能够起到推广礼仪、推行教化，用世化俗，维护地方社会稳定和秩序的积极效果，因此，往往会得到文人士大夫和地方官府的大力支持。但另一方面，祠堂的建构又是一个漫长过程，往往需要经过几代人的努力筹建，尤其对于庶民宗族而言，还需进行广泛的社会动员，需要每个人付出实际的行动，包括体力和财力上的支持，才可最终建成并逐渐完善。因此，宗族祠堂的兴建，对大多数宗族而言，称得上是一个复杂、漫长而艰辛的过程。以下本书便仍以新乡郭氏与张氏为例，具体论述豫北地区的祠堂建设。

在新乡县郭氏宗族建设中，明朝后期为第一个阶段。郭氏在第八世郭蒙吉与其子郭湄、郭浇兄弟的主持下进行了初步的宗族建设，除前文所述的修撰家谱外，还创立了家祠，这表明了郭氏已经着手进行宗族建设，但由于当时郭蒙吉父子均常年在外为官，在时间以及精力上显然无法专注于此，因此郭氏宗族建设的各项措施均未配套，此时只是处于宗族建设的初创阶段。

到了明末清初时，情况有了很大的转变。第十世郭士标在郭氏宗族建设中起到了至关重要的作用。郭士标，字公望，号中水，本浇第三子，过嗣于其兄

---

①　徐扬杰. 宋明家族制度史论［M］. 北京：中华书局，1995：23.

②　郑振满. 明清福建家族组织与社会变迁［M］. 长沙：湖南教育出版社，1995：165.

涓，后恩荫为监生。因身处明清易代之际，时局动荡不安，在清朝建立后，士标遂绝意仕途，在家乡潜心理学。如前文所言，郭士标与孙奇逢因学术而相互敬仰，成为莫逆之交。在埋首学问的同时，郭士标也有了充分的时间和精力继承其祖、父等人的传统，将儒家伦理继续付诸实践，进行了一系列的宗族建设，其中很重要的一点就是进行宗族祠堂建设。据乾隆年间刊《新乡县志》卷二十七《丘墓下》记载"（士标）于宗族，建祖祠墓侧，岁时祭扫。大会族人习礼。其中置祭田以供馈祀。有余，则以供族人嫁娶丧葬费。立家会，集族之能文者，同一授课。又择族之能文者，分教族之子弟。"可见此时郭氏宗族建设已经较为完善，修建了祠堂，并且颇具规模。因此在明末清初，尤其是在清朝康熙早期，郭氏宗族建设进入了初步成熟阶段。

此后，通过郭士标子侄郭晋熙、郭遇熙、郭迓熙等人的不懈努力，郭氏宗族又一次修撰了家谱，修建了支祠、专祠，完善了祭祀体系，郭氏的宗族建设至此已经相当完备。可以说，在康熙后期至雍正时期，郭氏宗族建设已到了完全成熟阶段。

在光绪本《郭氏家谱》卷二《祠堂》的《祠堂引》中详细记载了郭氏宗族建祠堂的情况。引言先是为本族修建祠堂寻求了合理的解释。引言曰：

> 唐大臣不营庙为有司纠，彼其制盖庙也，故纠。今士大夫以为无制而安之，而庙制废矣。夫不庙而祠，今人之祠即古人之庙也。祠无定址，随地而建，则寝堂具焉，牲俎备焉，执礼而告成事，谁曰不可。余先世长史公（六世郭孔完）祀先灵于家祠，越三世而绝，进阶公（八世郭蒙吉）于六月八日，忽梦高身长髯八尺有余者入中庭曰：吾欲在此。惊寤细思，本日乃五世祖别驾公（五世郭郁）忌辰也。遂向伊处请主于家，而建祠焉，于今数世矣。昔大参公以其地湫隘，欲改祠于外不果。康熙辛亥，官荫公（十世郭士标）成其志，倡族人，公建于定郭村，堂宇广厦，巍然轮奂，祀历代先灵，而家祠仍存于内宅，其随茔兆也。庞村进阶公祠在焉，鲁堡宗伯公、鸿胪公祠在焉，孟庄大参公祠在焉。祠凡五，各详其制于后。

在这篇《祠堂引》中，撰者首先说明了郭氏建祠堂乃是依礼而为之的，为本族建祠寻求礼仪和理论上的合理性。接着，引言又详细介绍了郭氏宗族建祠的过程。郭氏建立祠堂的历程正与前述郭氏宗族建设的阶段相吻合。郭氏先是于内宅立家祠（即家庙），以祀"先灵"，至康熙辛亥年间（1671），才建立了合族宗祠，"祀历代先灵"，其后郭氏又建立了各种支祠、专祠，以不断完善祭祀需求。而从明末到清初，郭氏历代从建家祠到合族宗祠建立的时间上看，正与前文所提及的明后期国家对建宗祠的诸项规定一致。如前文所言，明嘉靖十五年（1536），"议大礼"的推恩令的颁布，允许官民祀始祖，要求官员建立家庙，引发了家庙及祭祖制度的改革，从而在客观上为宗祠的普及提供了契机，推动了宗祠的普及，① 郭氏祠堂的建立完善过程可谓深受其影响。另外值得注意的是，在康熙后期，郭氏不仅在新乡县的庞村、鲁堡建祠，而且还将祠堂建到了与新乡县邻近的辉县孟庄，也说明了郭氏宗族随着人口与势力的发展，不再拘泥于定郭村的一隅之地，开始向周边邻近地方延伸，以寻求更有利于自己生存与发展的自然资源与社会资源，郭氏已经形成了一定的地域社会网络，在当地影响愈大。

在建立祠堂之后，郭氏宗族又制定了与之配套的祠堂条例，分别刊于祠堂的左右壁上。其中最为重要的是郭氏建立宗族组织的规章，设立了家长、房长、族尊，规定了家长、房长与族尊的双重管理制度。在《祠堂右壁条例》中规定："宗法古礼世久不行，然族众易涣。今公议阖族中推贤而有重望者一人为家长，以联属一族。阖族共五房。再议一年尊有望者为房长，以联属一房，大小事体，皆家长与五房长公同剖断。有不服者，阖族共治其罪。至祀日，仍以族尊主祭，家长、房长各序行辈为班次。"从中可以很明显地得知，家长、房长负责处理一般宗族事务，而族尊主管宗族的祭祀活动。其中家长、房长的职责显然更加重要。在《右壁条例》中还规定了其主要职责："维族要道，须以家教为纪纲。除各教训子孙外，凡族中有节孝可风者，应公告于庙，量加旌异；有不孝不弟，越礼犯分及游荡无耻、武断凌人，一切得罪公论者，家长及五房长当齐集族人于祠堂教戒。不服教者，公送官究。若彼此争竞，亦必须先诉家长，不得遽词至官，违者以不率家教重惩；冠婚丧祭，家礼重兴。族人将行，当于祭日，预相讲求，务求称财，宜严慎，同家长、房长酌定。死者以得土为安，丧不许久停。有借口他端、过期不葬者，家长须严督责。凡丧日，族人送葬，必每门到一人，如不到者，议罚；族人生子，以祭日告司祠者，随公祭告祖考，即注于籍，每十年一稽。查除已殇者去，凡年逾十六方入谱，严禁连宗、养异姓与仆

① 常建华. 明代宗族研究 [M]. 上海：上海人民出版社，2005：12 – 22.

子等弊。若族有乏嗣，听家长公议过继，不许同房互争。至为子弟命名，亦须家长议定，庶免犯祖讳、乱行次。"① 可见家长、房长在宗族中的重要作用，同时，从中也可以看到郭氏祠堂功能的多样化。郭氏祠堂的建立，不仅是为了祭祖、睦族，更重要的功用是办理族务，以宗族之法维持礼法，从而维护地方社会秩序。

与新乡县郭氏建祠堂较早不同，新乡县张氏兴建祠堂活动进行的稍晚。张氏宗族也十分重视修建祠堂，认为"从来士祭其先，宗祠之建，所以妥先灵时荐享统聚乎，返本溯源之诚心兼收乎，分支别派之涣情也"。在乾隆十五年（1750）、张氏第二次修谱之时，第十五世资汉就有意建立张氏宗祠。资汉在《族谱旧序》中说："（汉）约族等共出分金，买庄地一段，为家庙计，事未竟。"此事资汉一直念念不忘。一直到乾隆二十二年（1757），资汉才与其堂兄庠生资高、贡生为键、资沺等等"始置庄址"，建于宋佛村内，"建大庭三楹，大厦三楹，规模宏敞，足以壮观，其时分理甚众"。后来随着年月的增长，宗祠"墙垣颓废"，面临倒塌的危险，族人"共思修补"，并且通过族内决议，决定增建宗祠大门一座。在张氏第十五世增生家修、十六世国学生隆基等倡率、负责之下，通过合族之力"捐资捐工"，"积数月之久"，终于在乾隆五十七年（1792）竣工。② 张氏希望通过兴建张氏祠堂，使得"后世子孙睹是祠也，思先代之宏业，念创业之维艰，令宗祠不至于倾复，先灵常有所式凭，蒸尝无虑"。③

张氏除在宗族聚居地宋佛村建立宗祠之外，还建有支祠。本着"大宗百世不易，小宗五世而迁"的古礼，张氏十一世祖别驾公（问仁）一支移居新邑城中，并在此繁衍生聚。随着本房人口的增加，另外也是为了彰显本支的荣耀，加强对本支族人的团结以及对族人的管理，问仁一支中有经济实力的族人积极筹备建立本门祠堂。道光三十年（1850），第十七世庠生照勋、照丙等"置城内北大街庄房一所，欲作本门祠堂"，但最终"不甚治益，未及更定"。此后照勋、照丙又"先后捐馆舍"，为建立本门祠堂不懈努力着。咸丰年间，第十八世国学生贵增等也捐出"北门里路东大门一间、门面四间、二门一座、北屋三间、东大厅五间、后院北敞房三间"，以之为祠堂之用。同治八年（1869），照朴、照

---

① 新乡县《郭氏族谱》卷二，光绪二年孝思堂藏本。
② 详见新乡县《张氏族谱》上卷《祠堂》，张照暄《建修祠堂大门记》，民国五年续修本。
③ 详见新乡县《张氏族谱》上卷《祠堂》，张照暄《建修祠堂大门记》，民国五年续修本。

莹、贵增以及积良等祖孙三代联合决议，"将后院敞房改做出厦大庭三间"，作为张氏支祠，"奉祀古庵、别驾公以下历代考妣神位"。每到祭祀节日，问仁一支族众齐聚于祠内，敬宗尊祖，"祭毕享胙"，从而达到团结本支族人之目的。

在清前中期，豫北地区修建祠堂的还只是以士大夫宗族为主。到了晚清至民国时期，豫北的普通民众随着自身经济实力的增强，开始竞相仿效士大夫宗族，也逐渐展开了修建本族祠堂等宗族行为。因此，这个时期，豫北宗族祠堂的修建日益普遍，逐渐发展到了其顶峰。在晚清以来的豫北地方社会，已经出现了"无论士庶，皆立祠堂"的局面。在前一章中曾提到了获嘉县祠堂在清乾隆时期与民国时期的数量对比，说明了民国时期祠堂数量已是大为增加，但未详及具体。以下本书以图表的形式，将民国年间《获嘉县志》卷四《建置·宗祠》中所列举祠堂作一统计，具体情况详见下表①：

表4-2 民国《获嘉县志》所载宗祠一览表

序号	名称	数量	位置	修建时间	其他说明
1	郭氏宗祠	2	一旧在县治前，现移大西关；一在郭堤北门内		
2	岳氏宗祠	2	一在新建仓，一在岳寨东南隅		以北宋岳飞为始祖
3	冯氏宗祠	2	旧在南阳屯北，今在冯位庄		冯位庄之冯系由南阳屯迁来
4	郭氏宗祠	2	一在小洛纣营；一在西仓营	洛纣营宗祠，系雍正十年（1732）建，乾隆四十五（1780）年、同治九年重修。	西仓营系由小洛纣营迁来。始祖郭讨，为明朝军官。
5	贺氏宗祠	1	城内书锦街		
6	张氏宗祠	1	城内书锦街路南		
7	王氏宗祠	1	城内吴兴街路东		

---

① 由于民国年间《获嘉县志》有关获嘉县宗祠的记载较为简略，故对其记载的一些宗族宗祠，当有和所收集到的获嘉县族谱或碑刻中的宗祠记载相同时，本表格就以收集的资料作为补充。

序号	名称	数量	位置	修建时间	其他说明
8	刘氏宗祠	1	城东门内路北		
9	李氏宗祠	1	北西关路北		
10	冯氏宗祠	1	县东巨柏村	同治五年（1876）始建至光绪十二年（1886）建成。	由冯氏问智、腾甲、孟详修建。
11	张氏宗祠	1	县西南小程村		
12	桑氏宗祠	1	县西南羊二庄	嘉庆二年（1797）	
13	张氏宗祠	1	县东桑庄		
14	周氏宗祠	1	县北大位庄西街路西		
15	李氏宗祠	1	大位庄西首路北		
16	吕氏宗祠	1	西彰义中间路北		
17	樊氏宗祠	1	西仓营		
18	王氏宗祠	1	西仓营北首路北		
19	江氏宗祠	1	照镜营东北隅路南		
20	徐氏宗祠	1	县西徐庄南街路北		
21	周氏宗祠	1	县东南程操村东头		
22	韩氏宗祠	1	县东南韩小营		
23	冯氏宗祠	1	县东南冯小营南首		
24	齐氏宗祠	1	县东南孝合村南首		
25	时氏宗祠	1	县东南西寺营东南隅		
26	张氏宗祠	1	县东寺营南首		
27	王氏宗祠	1	县南山头王大街		
28	王氏宗祠	1	县南李道堤东首		
29	马氏宗祠	1	县东南泰山庙东首		
30	周氏宗祠	1	泰山庙大街路北		
31	吴氏宗祠	1	县南大辛庄东首		
32	曹氏宗祠	1	大辛庄大街路北		
33	汪氏宗祠	1	大辛庄南首		
34	曹氏宗祠	1	县南南务村大街路南	光绪十年（1884）	

续表

序号	名称	数量	位置	修建时间	其他说明
35	陈氏宗祠	1	南务村路东	光绪十年（1884）	
36	陈氏宗祠	1	南务村路南	民国二十一年（1933）	
37	李氏宗祠	1	南务村路北	民国六年（1917）	
38	程氏宗祠	1	南务村路北	光绪十二年（1886）	
39	王氏宗祠	3	一在县南刘固堤南门，一在十里铺，一在南务村	十里铺宗祠系嘉庆二十一年（1816）建	王氏系获嘉老户，刘固堤乃是其故居。
40	范氏宗祠	1	县南北务村		
41	姬氏宗祠	1	县南后小召		
42	张氏宗祠	1	县南东刘村		
43	熊氏宗祠	1	县南丁村南首		
44	任氏宗祠	1	丁村		
45	赵氏宗祠	1	丁村北首		
46	邓氏宗祠	1	丁村西首		
47	张氏宗祠	1	县南张庄路南		
48	秦氏宗祠	1	刘固堤		
49	刘氏宗祠	1	刘固堤		为晋刘伶子孙
50	张氏宗祠	1	国土村东南隅		
51	杨氏宗祠	1	在县南南王官营		
52	聂氏宗祠	1	南王官营西北隅		为军户宗族
53	王氏宗祠	1	县南王贵楼庄南首		
54	赵氏宗祠	1	县南亢村东南隅	民国二十六年（1938）	
55	李氏宗祠	1	亢村东门内路北		
56	张氏宗祠	1	亢村西门内路北		
57	王氏宗祠	1	亢村西门大街路北	道光十二年（1832）	由族长尚鳞、尚荣率族中兴建。
58	宋氏宗祠	1	县南忠义村南首		

序号	名称	数量	位置	修建时间	其他说明
59	皇甫氏宗祠	1	县南皇甫村南首		
60	宋氏宗祠	1	县南尹家寨南首		
61	王氏宗祠	1	县南新安屯东首		
62	赵氏宗祠	2	一在县西南永兴屯，一在县南王井村		原居永兴屯，后有迁王井村
63	张氏宗祠	1	县南大毛庄南街西首		
64	张氏宗祠	1	张大槐树村南首		
65	崔氏宗祠	1	县南崔大槐树村南		
66	郭氏宗祠	1	县西南永兴镇		
67	董氏宗祠	1	永兴镇		
68	职氏宗祠	1	县南王村		
69	张氏宗祠	1	县西南张堤		
70	王氏宗祠	1	县南东碑		
71	傅氏宗祠	1	县南西碑		
72	赵氏宗祠	1	县西南高旗营		
73	秦氏宗祠	1	县西南前五福		
74	孟氏宗祠	1	前五福		
75	贺氏宗祠	1	前五福		
76	贾氏宗祠	2	一在前五福东首，一在西首		
77	徐氏宗祠	1	县西南小观庄		
78	吴氏宗祠	1	小官庄		始祖像系铁质
79	张氏宗祠	1	县西南官庄营		
80	朱氏宗祠	1	中和镇		
81	刘氏宗祠	1	县西南东张巨		
82	田氏宗祠	1	县西南大林村		
83	崔氏宗祠	1	县西南望高楼		

序号	名称	数量	位置	修建时间	其他说明
84	李氏宗祠	1	望高楼		
85	赵氏宗祠	1	望高楼		
86	侯氏宗祠	1	望高楼		
87	徐氏宗祠	1	县西南徐营镇		取胞侄徐姓嗣严姓，故徐氏、严氏同宗祠。
88	严氏宗祠				
89	浮氏宗祠	1	徐营镇	同治十年（1871）	夏氏女适浮氏，夏氏无子，以浮甥嗣夏舅，故浮氏、夏氏同宗祠。
90	夏氏宗祠				
91	张氏宗祠	1	县西张洼	民国十五年（1926）	
92	刘氏宗祠	1	县西大清营	民国十七年（1928）	
93	李氏宗祠	2	二祠皆位于县西史庄	乾隆二十三年（1758）	
94	贾氏宗祠	1	县西南羊二庄	嘉庆二十一年（1816）	
95	刘氏宗祠	1	县西吴庄	同治二年（1873）	
96	邓氏宗祠	1	县西邓商陵大街路南		
97	陈氏宗祠	1	县西南西张巨	明万历年间	
98	王氏宗祠	1	县北王靳村路北		
99	周氏宗祠	1	县北辛立小营路东		
100	陈氏宗祠	1	县北三位营街中路		由山东汶上迁
101	陈氏宗祠	1	三位营西首		由湖广枣阳迁
102	师氏宗祠	1	县北师庄西首路北		
103	张氏宗祠	1	县东北安村		
104	刘氏宗祠	1	县北大占城北首		

序号	名称	数量	位置	修建时间	其他说明
105	杨氏宗祠	1	县北罗召小营		
106	张氏宗祠	1	县东北楼村	民国二十六年（1938）	宗祠三间，门楼一间。由张氏志礼、志财等建。
107	韩氏宗祠	1	县北石佛村东南隅		
108	李氏宗祠	1	石佛村中间路北		
109	曹氏宗祠	1	在县北陶村北首		
110	马氏宗祠	1	县北马张麻南首		
111	刘氏宗祠	1	西樊村路北		
112	郭氏宗祠	2	一在县东北冯村，一在冯村南首		
113	崔氏宗祠	1	县北崔鱼池南首		
114	王氏宗祠	1	县西南寺后村		
115	赵氏宗祠	1	县西南孙家岗		
116	汪氏宗祠	1	县南古墙		
117	孟氏宗祠	1	县西南孟湾		
118	王氏宗祠	1	县西南固县		
119	冯氏宗祠	1	县西南冯庄		
120	赵氏宗祠	1	县西南冯庄		
121	杨氏宗祠	1	县西南杨刘庄		
122	倪氏宗祠	1	县北王官营		
123	卜氏宗祠	1	城内		以卜子夏为始祖

上表为民国年间《获嘉县志》中的统计结果，基本上反映了至民国时期获嘉各地宗族祠堂发展的大致概况。同时，县志撰者对于获嘉县宗祠进行较为详细的统计，也说明了其对于获嘉县宗族活动的重视，宗祠已经成了获嘉县民间活动中尤其是宗族活动中不可或缺的一个重要组成部分。纵观上表对于获嘉县祠堂的统计结果，我们可以从中总结出几个较为明显的特点。第一，从祠堂修建的时间上来看，由于资料的限制，尽管上表仅仅列举了少部分祠堂修建的时

间，但我们仍能从中明显看出，获嘉县祠堂的修建大多是在晚清与民国时期，这基本证明了前文所言的豫北宗族构建是在这个时期达到高潮的论点。第二，从祠堂的分布上来看，获嘉县祠堂分布于获嘉全县各处。获嘉县宗族在建祠的选址上，不仅在传统意义上的乡村建祠，而且随着经济的发展，也有将祠堂地点选择在县城内部。第三，由于获嘉县一些乡村是以不同姓氏杂居为主，因此，在同一村庄，会建有不同姓氏的宗祠，例如，上表中序号分别为83、84、85、86的崔氏、李氏、赵氏、侯氏均将宗祠建在了获嘉县望高楼。第四，晚清至民国以来，随着经济实力的增强、宗族活动在民间的日益普及以及宗族人口的日益繁衍、迁徙，同一宗族已经不满足于只建一座祠堂，有许多宗族开始在不同地点再建支祠、分祠等宗祠配套建筑。第五，从上表序号为87、88的徐氏宗祠与严氏宗祠合一，以及序号为89、90的浮氏宗祠与夏氏宗祠合一的现象看，当时获嘉县已经出现了宗族之间的合宗、联合现象。徐氏、严氏以及浮氏、夏氏虽然姓氏不同，但都因为其宗族史上的某种特殊原因而有了相同的源流，这成了其共建并且共享同一宗祠的缘由所在，也直接促使了两姓的联合。两姓在共同的祖先荫庇下，进行收族、睦族，完成了整合了两族族人的任务，同时，也间接增强了两族在地方上的实力，重构了地方社会秩序。

三、豫北祠堂的祭祀礼仪

宗族祠堂建成之后，便要依据官方所提倡的、由宋代大儒所制定的祭祀礼仪进行祠堂祭祖诸活动。祠堂是宗族力量的象征，也是乡村社会中礼仪教化的中心。而在祠堂中进行祭祖仪式，通过这种礼仪的不断重复表演，不仅可以达到整合宗族，对宗族成员进行不断的教化、强化认知的作用，而且也可以张扬本宗族在地方社会中的实力与地位。因此，祠堂祭祖就显得异常重要，而对祭祀礼仪的塑造与演绎也成了祠堂祭祖中不可或缺的组成部分。豫北地区的祭祀礼仪，既有遵循宋明儒家经典、按照传统儒家礼仪进行的部分，也有根据具体实际情况适当变通、从权处理的方面。以下仍以新乡县郭氏与张氏为中心来具体讨论豫北祠堂的祭祀礼仪。

新乡县郭氏在建立祠堂并制定祠堂条例完毕的同时，又制定了详细的祭祀条约，以保证本族真正按照儒家礼仪祭祀本族祖先。郭氏祭祀条约分为斋戒、祭期、祭仪、祭品四方面，条约具体规定如下：

斋戒 斋之义，专致精明之德，以交神明，以冀祖考之格也。礼日及时将祭，君子乃斋，防其邪物，讫其嗜心不苟，虑手足不苟，动且思其居处，思其笑语，思其志意，思其所乐，思其所嗜，无非欲此心诚敬先，与祖考相通，方可以飨祖考。今行祭礼，宁非祖考之来享乎？纵不能如古人散斋致斋之仪，亦当此意于当祭之日及临祭之时。

祭期 春露秋霜，仁人孝子动心之时。故先王制礼必合天道，以春秋举事焉。然帝王举事，既于二至，则士大夫当以二分为政。所以曩时秉礼之家，多以二分行祭礼，祭高祖以下。又于岁终除日前卜柔日，合祭始祖以下，古礼也。近世习俗相沿，多以寒食、中元为霜露之义，且以展墓。又十月朔，亦墓祭，名曰送寒衣，行之久已，不能易也。今约略其仪，详于祠堂左壁。每朔望焚香参拜；每令节岁时食；忌日为终身之丧，先大宗伯公甚重之。在京邸，遇始祖以下忌日，素服斋素，不与诸事，不会宾客。今遵行已久，详于祠堂志中。

祭仪 前一日入祠焚香，告祭期，即洒洒，扫祠内外，布几筵，饬厨窆厥明夙兴，宰牲具馔，将事者，先陈尊爵、帛匣、祝版、香烛，俟供献既，具子弟进果菹、醯醢、肴馔、羹食、酒茶各奠。几筵毕，族中择名列胶庠、娴习礼仪者四人，就班相礼，主人率弟侄子孙各就班，次第行礼，参神四拜。相礼者引主人灌洗亲酌，诣香案，跪，上香奠帛爵，子弟入供。执事再择文行优者一人入，读祝文，毕，主人及同祭者，皆俯伏，与相礼者引主人复位四拜，焚祝文楮帛，灌酒茶，礼毕，主人率同祭者入馂室享胙。

祭品 何休曰：有牲，曰祭；无牲，曰荐。大夫牲用羔，士牲用豚，礼也。又曰：庶羞不牲，谓祭以羊，则羞不以牛。然则荐祭同也。今推事死如生之义，祭品仍如生时，燕礼筵边，用炉果时，果内列醯醢、诸菹、馔肴、羹食、茶酒，凡羊豕鸡鱼肝肺及蔬，皆在馔内，不另献。至于祭器，各邑以净洁足供为率，用毕皆纳祠柜中。①

条约详细阐述了郭氏宗族祠堂祭祖的诸项规定，为郭氏进行祠堂祭祖提供了遵循的依据。从郭氏祭祀条约的具体内容来看，郭氏宗族中主要代表成员的士大夫身份比较明显，祭祀条约还是比较能够按照古礼进行祭祀的。郭氏的祭

---

① 新乡县《郭氏族谱》卷二《祠堂》，光绪二年孝思堂藏本。

祀包括了墓祭与祠堂祭祀两种形式。实际上，墓祭在豫北地区对广大士庶来说，不仅较祠堂祭祀进行的更早，而且也更为普遍。也正因为此，豫北许多宗族包括郭氏宗族，选择于墓侧建立墓祠。正如常建华所指出的："元代的墓祠祭祖既是自古以来墓祭风俗的延续，又打上了朱熹《家礼》提倡的祠堂制度的烙印，已是宗族制度的一部分。明代墓祠是宗族祠堂形态中的一种重要形式，具有组织宗族的作用。"① 此外，从祭仪的规定来看，郭氏祭祀程序严格，成员等级森严，并需要撰写专门的祝文，祭毕可以享胙。

《礼记》云"凡治人之道，莫急于礼。礼有五经，莫重于祭。"祭礼是团聚族人最重要的方式，而始祖则是整合族人最重要的资源。由前述可知，郭氏祭祀由族尊主持，各房族人按辈次排列共同祭祀祖先。根据儒家礼法，本书推测，此处的族尊当为西周宗法制中的大宗子，即本族的长房嫡长子，有关于此后文还会有详细论述。在祠堂中进行祭祀，通过祭祀礼仪的不断重复演绎，来强化其象征意义，从而达到了既强化了祠堂作为宗族象征物的隐喻，又实现了对每个族人进行教化、约束与团结的目的。

再来看新乡县张氏宗族的祠堂祭祖礼仪。

张氏宗祠建成之后，合族进行祭祀以及族内事务管理得以进行。宗祠内供奉着始祖德山府君神位以及二世至八世列祖。在张氏族内"虽未能四时设祭，然必于每岁小阳月朔，敬修祀典，合族之众皆与祭焉"，认为如此方可令族人"可聚而情不涣矣"。② 嘉庆时期，黎阳（今浚县）刘至东专为张氏宗族祭祀撰有《大宗小宗祭义说》一文，文中详细论述了祠堂祭祖礼仪要求。其全文曰：

> 国统于君，家统于宗。宗子者，一家之君主也，虽人未能统率族众，然当祭始祖之时，必当使大宗主祭，其余依世次排列两旁，敬宗正所以尊祖也。按谱系，乃睿增为大宗，睿增后长子长孙，世世常为大宗，不可易也。礼云：同姓从宗，合族属。又云：以饮食之礼，亲宗族兄弟。今宗祠不在宗子家，每年冬至生气之始，族长亦可出名简邀族众祭祀始祖。祭毕，而合族一饭。有祭田，则费出公项，无则亦可稍酿钱文，使足供一日之用。如此自不至生疏，渐不相识，乃睦族之要道也。小宗五世而迁，鲜能各有

---

① 常建华. 明代墓祠祭祖述论［J］. 天津师范大学学报，2003（4）.
② 新乡县《张氏族谱》上卷《祠堂》，张照暄《建修祠堂大门记》，民国五年续修本。

祠堂。然高祖以下，亡者虽无神主，亦皆为神位，以付会合五服中人。而小宗主祭，祭毕而燕，富则自办，贫则均输。如此则孝思不匮，而宗法可以渐复。此先儒程子追复古礼之制。而使民德归厚，未有切于此者也。凡祭礼仪文，若能详备举行，则进馔、徹馔、跪拜之数，皆依文公《家礼》。否则，少陈肴馔，但入俗礼数拜，亦尤胜于缺也。

黎阳刘至东撰①

文中刘至东指出，祭祀始祖当以大宗主祭，而作为问仁一支的长子缝彦的后裔，张氏十八世睿增此时为大宗，当主祭，此项规定也比较符合古礼。《礼记·曲礼下》规定：支子不祭，祭必先宗子。传统儒家礼仪，大小宗作为不同祖先的继承人，拥有对不同祖先的继嗣权，是大小宗的主祭者，其他庶子无祭祀权。《白虎通德论》也云：大宗能率小宗，小宗能率群弟，通其有无，所以统理族人者也。张氏依照儒家经典，模仿古制，以宗子主祭，确立了宗子在宗族中的地位和角色，建构了宗族内部等而有序的社会秩序。但刘至东又主张"礼以义起"，根据实际需要可以适当从权处理，以族长代替大宗祭祀始祖。这一举措，实际上赋予了族长祭祀之权，这就扩大了族长的权力，更加有利于加强族长对宗族成员的有效管理。对此，常建华也曾专门指出："清代的宗子，其权限基本上限于主祭，是宗族的象征，而管理则有族长负责。众多的宗族是由族长主祭，集宗子权于一身，不另设宗子。族长总管族务，掌握祠堂，是宗族的最高领导人。所以清人说，今俗专重族长。"②

事实上，早在康熙年间，对于有关豫北宗族大、小宗的祭祀礼仪的问题，新乡县郭氏之郭迓熙就曾专门撰文《宗法议》，对此问题进行讨论。为使得豫北民间祭祀礼仪更具有可操作性、更利于在现实宗族生活中推行，郭迓熙也主张祭祀礼仪应根据实际情况即"人情世故"而定。郭迓熙言道："先王之世，井田之法行，而又立大小宗之制，以维持乎人心，故风俗和厚，历世长久。今此法堕废久矣。然礼本人情，孔子是之。古法遂不可行，而未尝不可变通，以存其意也。"具体到大宗宗子的选立上，郭迓熙认为："莫若仿古之意而通变为之。若宗子不肖，则以次子之长者主之，长长也；或次子之贤者主之，贤贤也；或

---

① 见新乡县《张氏族谱》上卷《祠堂》，民国五年续修本。
② 常建华：《宗族志》，第193页。

次子之贵者主之，贵贵也。此宗法之变也。"① 在迓熙看来，古典宗法可依据"人情"加以变通，具体来说，大宗宗子可依据"长长、贤贤、贵贵"原则进行设立，如此不仅可起到移风易俗的功效，还更有利于宗族进行收族等活动。总之，明清以来，豫北士大夫对于祠堂祭祀礼仪的讨论，表明了豫北当地的士大夫具有加强宗族制度建设的迫切需求与现世关怀，希望通过适当变通古典祭祖礼仪，增强豫北地区祠堂祭祖在具体实践上的可操作性，这对于促进豫北宗族庶民化有着积极而深远的影响。

张氏祭祀与郭氏祭祀一样，都专门强调了在祭祀仪式上撰写并宣读"祭祀仪文""祝文"的环节，将浓厚的儒家礼仪意图蕴含于祭祀活动中，显示了此环节在士大夫宗族祭祀上的重要性。在光绪时期《郭氏族谱》和民国年间《张氏族谱》中都保存了一些祭祀仪文，兹在此仅选取《张氏族谱》中一篇，其全文如下：

> 维嘉庆□年岁次□月朔越祭日□代孙□谨以□之仪，敢昭告于本音家庙历代尊灵之神位前曰：伏惟物生于天，识两仪之造化；人原于祖，乃一本之周流。修祠宇而灵爽式凭，肃裸将而孝思斯著。今者小阳令节，月吉佳辰。联我宗盟，襄兹祀典。于戏！心勿忘而永怀先德，以荐以时，神有赫而启佑后人，俾倡俾炽，用申享孝，伏祈昭歆。谨告。

> 十六世孙应莱撰②

从祭文的内容来看，张氏宗族仍是希望通过祭祀祖先的礼仪，来达到护佑后人，进而进行收族和团结宗族的目的。

此外，在祭祀礼仪之后，同郭氏的祭祀礼仪规定相同，刘至东也主张应"合族一饭"，如此可以联络族众感情，起到睦族之效果。他们相信通过祠堂祭祀这样一个"演礼过程"，再加上合族物质共享活动，"使尊卑长幼秩序观念潜移默化于族众生活之中"，③ 进而达到团结族众的目的。此外，还需说明的是，刘至东的这篇祭祖礼仪的文章，虽是针对张氏这样的中下层士大夫之家而撰写的，但是也适用于一般的庶民之家。文中刘至东还认为，若能依据文公《家礼》

---

① 新乡县《郭氏族谱》卷十一《艺文》，光绪二年孝思堂藏本。
② 新乡县《张氏族谱》上卷《祠堂》，张应莱《祭文》，民国五年续修本。
③ 林济. 长江流域的宗族与宗族生活［M］. 武汉：湖北教育出版社，2004：284.

进行宗族祭祖当然最好，若没有条件的话，仅仅"少陈肴馔，但入俗礼数拜"，也"胜于缺也"。这就使得普通民众也可依据此进行祭祖。

与新乡县郭氏与张氏这样的士大夫宗族相比，辉县的徐氏宗族族内虽然也曾出现过读书人，但基本上还是应该属于庶民宗族。徐氏宗族原籍江南松江府华亭县，元朝时其始祖授山西潞安府壶关县儒学，后因战乱不可南还，遂定居山西。明太祖时，徐氏一支迁至豫北林县，后又有迁至辉县。在《徐氏族谱》之《议定规则》中，也较详细地谈及了徐氏的祠堂祭祖礼仪。其文曰：

> 祭期　每岁春秋二祭。春祭清明，无祭品，各自备香楮行礼，不坐会。秋祭，以十月朔为期，恭备祭品，上香行礼，合族均坐会。至年节，合族均须赴祠上香行礼，以尽敬宗之心，不容有怠。

> 祭品　宗祠祭品，每祭皆三牲全席，酒饭时食蒸食。祖茔祭，亦如之，蜜食一斤。年节祠内除供麦一斗，由本村副首备办蒸祭。祭毕仍归副首自用。至于冬祭毕，限三日贴清单，时鸣炮三声，令合族知之。

> 祭礼　宗祠每祭，由值年社首一人主祭，祭时主祭率族众就神主位前行礼。

> 馂余　所余祭品，必当午饭座会，无论值年社首及副首、经理，每家限定一人，座次分尊卑，必以世为序。①

徐氏的祭祀礼仪，总体来说，与新乡县郭氏、张氏祭祖礼仪大同小异。祭祖分为春秋祭祀，并且也分为墓祭与祠堂祭祀两种，祭祀完毕，也规定合族共同"享胙"。但徐氏祭祀也有自己的特点。第一，徐氏在宗祠祭祀时，是由社首一人主持祭礼的。这同郭氏由族尊、张氏由宗子（或族长）主持祭祀又有不同。常建华在研究徽州宗族时，也曾注意到徽州宗族祭祖也有同地缘性的社祭相结合的特点。② 本书以为，辉县徐氏由社首主持祭祀，也说明了徐氏宗族在祭祀上具有将祠堂祭祖与村落社祭相结合的特点。第二，徐氏冬祭完毕后，所用花费还要贴出详细费用清单，合族公示，以示公正无欺。最后，还有一点小小的不同，就是徐氏祭毕"享胙"，并没有全族族众共同进行。或许是由于经济方面的缘由，徐氏乃是由每家各出一代表，然后按照尊卑世系顺序，进行"午饭座会"。

---

① 辉县《徐氏族谱》卷一，民国四年刊本。
② 详见常建华：《明代宗族研究》，第93页。

第三节　豫北宗族的族产与族规

在进行宗族组织化建设过程中，设立族产与定制族规具有重要的作用，这早已为宗族研究者所认同，并且也成为宗族研究的重点之一。但检阅以往对于宗族族规与族产的研究，存在着明显的地域差异，对其研究大多数集中在中国南方地区的宗族内部，而对于北方地区宗族在此问题上的相关研究还很少，亟须加强。因此，本节以地处北方的豫北地区宗族的族规与族产为重点考察对象，对豫北地区族规与族产的具体情况及其特点展开讨论。

一、豫北宗族的族产

族产，即宗族集体所有的财产，其有多种形式。[①] 就豫北地区宗族而言，宗族族产最主要的是祭田。祭田作为宗族的经济基础，对宗族进行宗族祭祀以及其他各种活动提供了必不可缺的物质支持。因此，在进行宗族组织化建设过程中，祭田的设立具有重要的、不可替代的作用。

豫北宗族的祭田设立，自明代后期以来，开始逐渐增多。特别是清朝雍正年间，雍正皇帝在《圣谕广训》中着重强调："立家庙以荐蒸尝，设家塾以课子弟，置义田以赡贫乏。"在政府的提倡和支持下，豫北宗族的族田设置得到进一步发展。以下结合豫北宗族的具体事例，对豫北以祭田为主要形式的族产的设立、管理等情况进行详细论述。

新乡县郭氏宗族祭田的设置情况。为了保障郭氏祠堂祭祖活动的顺利进行，郭氏宗族于祠堂建成之际，还专门设置祭田，为祭祖提供足够的经济支持。在《祠堂左壁条例》中规定："公设祭田二顷，族人各按自己名下地亩均摊，行粮注册籍，每十年一换，照各名下地亩再议加减，每岁祭田以供一岁祠坟供献并修补祠墓、立碑碣、植树木、办祭器等费。有余者积贮，以备荒年祭扫及赡族中孤寡无依读书等费。"不仅以祭田之资为祭祀服务，而且祭田还起到义田的作

[①]　具体可参见常建华. 宗族志［M］. 上海：上海人民出版社，1998：316－334.

用，具有扶助本族贫弱的功能。郭氏采取族众合置，即由族人各自所属地亩均摊的方式，获取祭田，并且将郭氏所属祭田作为一个独立的单位，"行粮注册籍"，完纳赋役。

设置祭田之后，郭氏宗族还积极采取措施，对祭田进行有效管理。《左壁条例》就祭田的管理规定："公议一人掌祠坟一应事务，并祭田出入。每岁账目，定于年终清算，详注薄藉。再议看守祠坟一人，管祠内琐轮及收器物，并督祭田农务，至籽粒一交掌事之人，不得擅动。又议置办各项细务一人，随掌事者料理祭献等物。以上三人，每年豁其丁差，阖族公任。"① 由此可见，郭氏是在合族的公共监督之下，委派专人对祭田等族产进行严格的管理，足见其对于族内公产处置之得当，管理之严密。

新乡县张氏的族产情况。早在明末清初，张氏第十二世司空公（张缙彦）就置有祭田。司空公在设置张氏墓地时，剩得祭田若干亩，规定"每年收租若干，推各门中廉谨稍有基业者经理其事。春秋祭扫，小阳会食，一切支消，积有盈余"。② 此处张氏祭田应是张缙彦个人凭借其官宦士大夫身份利用俸禄等捐献所置，祭田主要是以墓祭田为主，主要用来春秋墓祭以及"小阳会食"。此外，在族谱卷下《族贤列传》中还记载，张氏第十三世来旬也曾"率众捐置祭田，立时祭会"。来旬所置祭田其来源同郭氏祭田相同，都为族众合置。

值得注意的是，如前文所言，张氏问仁一支专门于县城内建有支祠。张氏为保障支祠祭祀以及管理等事务的正常进行，支祠也置有族产。但与张氏宗祠所置祭田不同的是，支祠置备的是铺面。照朴等规定，本支所有族人所捐"所有门面及前院房屋出赁，买卖生理，仍归经理土地之人照管"。另外，"恐有不肖希图蠹蚀，预为杜防，永期勿替"，张氏还决议"所有条规，胪勒石，凡子若孙，共相遵守焉"。③ 张氏问仁支派通过出租铺面，为支祠的祭祀以及其他各项开支提供经济来源。而铺面的出租经理则属于工商业类型的族产。同时，问仁支派为了预防族产为族内不肖之徒所侵占，还积极采取预防措施，经经营管理

① 新乡县《郭氏族谱》卷二《祠堂》，光绪二年孝思堂刊本。
② 新乡县《张氏族谱》上卷《祠堂》，张恕增《邑城内祠堂暨城南坟会》，民国五年续修本。
③ 详见新乡县《张氏族谱》上卷《祠堂》，张恕增《邑城内祠堂暨城南坟会》，民国五年续修本。

铺面的条规勒于碑石之上，共同监管。

通过张氏支祠的兴建以及另置祭产，不难看出，张问仁这一支在张氏宗族中的特殊地位。而且张氏支祠的祭产所获收益是要高于宗祠祭田的，因为相对于田地而言，通过出租经营铺面，可以不断地增殖发展，获利是相当丰厚的。另外，由于张氏族谱的编撰和刊刻的组织者也大多为该支的成员，再加上张氏族人中的科名之士也以问仁一支最多，因此可以说，张问仁一支在张氏宗族当中处于核心与领导地位。

需要特别指出的是，在一向以"耕读传家"自许的张氏宗族中，张问仁一支建立的支祠却以出租铺面而非传统的田地作为祭产，这不能不说是张氏宗族的特殊之处，也令人深思。根据所做的研究，在处于中原腹地的新乡县，地方望族以铺面作为祭田还是比较少见的，这一点不同于南方等地的宗族。张氏的这一特殊之处，一方面是与张氏问仁支随着发展壮大，迁至县城内市镇有关，反映出张氏宗族内部的分化与发展，同时也反映了豫北民间宗族制度的发展与变化。另一方面也说明了，在咸同时期，以前在豫北地区相对单一的农业自然经济已经逐渐趋于多元化，人们的思想观念也随之转变，商品经济有了进一步的发展。

上节所提到的辉县徐氏宗族也置有祭田。在《徐氏族谱》卷一《议定规则·祭田》条目中记载："一德堂祀田共八十二亩。无论谁何，永远不许典卖。倘有私行典卖，本社社首、社董送官惩办。每年或佃种或收租。由值年社首、副首经理。食钱项，除两祭花费及国民小学经费，所余若干数，存作补修宗祠、守坟房屋及续修族谱、修理祖茔、补种树木、补刊祠内石主之用。"规则列出了徐氏祭田的数目、功用以及对祭田进行具体的管理措施，规定祭田严禁典卖，否则便会将其移送官府法办，可以看出祭田的设立与官府的支持与保护密不可分。在《存储》条目规定："每岁所收籽粒，由社董议决，指定殷实粮行存寄。除有急要用项，随时粜卖。所余粮食，均于第二年清明前十日内，无论贵贱，如数粜尽。"对祭田所产粮食的用途也有着细致明确的管理措施。另外，在《佃户》条目规定："宗祠所有祭田，悉归外姓佃种，族人概不得包揽耕种。守坟、看祠，均归外姓承办。祠内与守坟看祠房屋，均不许族人居住。倘佃户舞弊，守祠看坟旷职，由值年社首召集社董开会，议决更换。"此处规定，徐氏为保证族内和睦，防止族人因族内公产引起纠纷，以及保证族产不被族内族人侵吞，故严禁本族人参与祭田的耕种以及居住祠内与守坟房屋，有关此类活动均交与外族人办理。

此外，获嘉县梁氏所置族产相对较为特殊。自嘉庆年间始，梁氏立有祖会，并置有祭田。根据张研的研究，族田之中有一种形式是会田，隶属于会，在南方宗族中较为流行，北方也有存在。会乃是宗族内部族人的组织，会田一般是与会捐置、或集会资购买的。会规约束十分严格，与会者必须按时出资。① 此处的梁氏族会祭田应当就是这样一种族产。《梁氏族谱》卷一《梁氏祖会文》不仅讲述了梁氏祖会祭田的具体情况，还详细地阐述了梁氏设置祖会的原因以及祭祀礼仪等内容。其全文如下：

> 余尝居恒自思曰：观木则有本，水则有源，况人为万物之灵，独不知念本与源乎？念之而不实用其力实行其事，亦犹之乎弗念也。是以吾祖聚族而谋曰：有为人子而不念孝亲，可乎？孝亲而不孝亲所自出之人，可乎？因约同宗结一祖会，敬修四时之祭，行之数年，共集赀二百余千（钱？），于嘉庆二十二年置庄基、建祖庙，历代神位奉之龛内。春秋之月，各一祀焉。所谓事死如事生，事亡如事存，莫是过也。又置祭田十余亩，公议粮差合族均摊，使祖庙有不匮乏之赀，春秋享时食之荐。道光十一年，吾祖捐馆，族人又以祖会之事推于吾父。吾父照管数十年，祖庙之中有损坏者，补葺之，无则增修之。垣墙务使其坚固，树木复培其畅茂，爵肴豆边之具，又且极清洁而致严肃。所谓蒸尝，万古如新者此也。至于修谱一事，屡屡致念，但祖会祭田无多，每年蒸尝之外，所余无几，镌谱之志未逮而没。呜呼痛矣！甲子春，余有意修谱，未敢自专，与堂叔悝斋、堂兄子余，以镌谱之事谋及，族人咸曰：甚善。盖亟图之，且又愿出私赀以登枣梨，而事始定。遂挨次绪入，备为登记，上以表祖宗之名号，下以为子孙之世守。虽不足以语孝行之大，亦可谓报本答源之一节云。
>
> 清同治四年（1875）岁次乙丑春三月吉日
>
> 十五世孙永祥谨著②

文中介绍了梁氏为寄托孝亲祖先之念，设置祖会，并将祖会同家庙祭祖相

---

① 张研. 清代族田与基层社会结构［M］. 北京：中国人民大学出版社，1991：36，37.
② 获嘉县《梁氏族谱》卷一，同治四年报本堂刻本。

结合，进行祭祀祖先的活动。而其资金的来源，就是设立祖会祭田，将其收入作为祭祀之赀。

明清以来，豫北地区经济虽有所发展，但其发展尤其是商品经济发展远不如同时期南方地区的发展速度与规模。因此，豫北地区绝少存在如南方地区所存在的经济实力特别雄厚的豪门巨族。在以宗族祭田为主的族产的设置上，豫北宗族族产并不丰厚，同南方某些豪门望族动辄拥有几百亩甚至上千亩祭田等族产相比，是不可同日而语的。多数豫北的宗族仅有几亩、十几亩的墓祭田仅用来埋葬族人、墓祭之用，很少有族产用于修撰族谱等其他宗族建设以及赈济贫困族人。有关此点，从豫北地区一些族谱的叙述当中可以很明显地感觉到。如在上面所引资料所提到的，获嘉县梁氏就因为仅有祭田十余亩，收入微薄，故在修撰族谱中面临资金短缺的困境。最终，梁氏族谱修订的资金来源还是依靠由全族共同捐金而修成并得以刊刻的，而祭田等族产并没有在此起到应有的作用。

豫北的许多庶民宗族在构建之初并无族产，只是随着经济实力的增强才得以增置族产。例如，新乡县的另一张氏宗族（并非前文所主要讲述的宋佛村张氏），居于新乡张八寨，在宗族构建之初仅有墓地，并无专供祭祀之祭田等族产，其祭田购置相对较晚，在《张氏族谱》有《茔域祭田记》一文，详细记载了该族设立祭田的过程：

> 士祭其先祖，故墓祭、庙祭乃天经地义，为人后者所宜知也。余五世祖仕吉、士利卜葬于老茔之西南隅。自祖至今，共置茔地东长一百二十一步二尺，西长一百三十步零三尺五寸，南宽七十一步四尺，北宽七十五步二尺，折地三十八亩五分六厘五毫三丝三忽。今世子孙皆葬于此焉。余门向无祭田，故致祭之礼阙如。民国九年，各省经理官产，凡属官地，民间得以购买。王姓买废堤三段，东段长二十步，宽十六步；中段长一百零三步，宽十六步；西段长二百四十步，宽十六步，共地二十四亩一分九厘九毫九丝九忽。因以耕种不便出售。又有祁姓买废堤一段，东宽十四步，西宽十六步，南长十五步，北长二十三步，折地一亩一分八厘七毫五丝，亦出售。余与堂侄大坤、族兄自修、其庆，族孙承先、承烈商议，合族捐资银洋二百元，将此堤购买，作为祭田，岁之所入，以作致祭燕之资。此地乃吾族自购，凡已迁居异乡者、自立茔域者，不

在此列。是为记。

民国十年（1921）岁次辛酉小阳月

十三世孙兴勇记①

由上文可知，张氏宗族最初仅有埋葬族人的墓地，向无用于祭祀之祭田。只是到了民国九年（1920），随着当地政府对于民间土地买卖政策的松动，张氏才顺应形势，采用全族捐资购买的形式，添置了祭田，用于合族祭祀以及祭毕全族共餐之资。同时，张氏还严格限制了此祭田的拥有对象，即确定了"有份"的对象。对于"已迁居异乡者、自立茔域者"而言，并不具备对此祭田的所有权，也不享有祭田的"份"，从而避免了关于祭田可能引起的族人纠纷。有关这一点，很有意思的是，宗族一方面以收族、睦族为目的，尽可能地要联合所有的族众，无论是本村的还是外地的；但另一方面，不同宗支或不同地域但属同一宗族的族众，又对于祭田等族产进行了明显的有关其所有权的划分。这看似矛盾的地方，其实并不矛盾，它完全可以同时存在于宗族之内，反映了宗族内部族众在不同形势下，对于自己利益的诉求与表达。

对于豫北宗族而言，以祭田为主的族产，相比于其在祭祀以及睦族、赡族等宗族活动中所起到的实际经济作用，其所具有的在精神上的、象征意义上的作用，对于豫北族众来说作用可能更为大一些。在豫北许多的族谱记载中，并没有具体登记其族产的数量，族谱的编撰者也并没有特别强调族产所实际应起到的重要作用，他们只是在全族范围内提出一种希望或一种号召。例如，获嘉县的贺氏宗族，由于贺氏在明末科举上也曾获得了巨大成功，族中相继有人取得包括进士在内的功名，其在获嘉县可谓是望族。但其在《贺氏族谱》中也仅仅是强调道："祖茔祭田所出若有赢余，遇族中有聪敏而贫不能读书者，宜助之，以使上进；入学登第，公中奖赏，以示奖励；贫不能备棺木者，宜斟酌以助之。"② 可见，贺氏族产是否真正能起到应有的作用，贺氏并不敢、也不能保证。贺氏族谱的撰者只是希望，通过"公中"族产，让贺氏族人感觉到对于贺氏族产，自己是"有份"的，自己并不是孤立的，在族人背后是有一个以始祖为中心的庞大宗族体系可以依靠的，进而使宗族内部保持一种向心力与凝聚力，

---

① 新乡县张八寨《张氏族谱》，民国十一年永思堂刊本。
② 获嘉县《贺氏族谱》卷一《续谱例言》，道光二十年抄本。

以此来保证贺氏宗族的长远发展与长久兴盛不衰。

二、豫北宗族的族规

常建华在谈到中国族规的历史源流时认为："中国族规家训的形成和完善伴随着宗族制度的发展。大致来说，训、诫（戒）源远流长，在宋代以前已相当发展，主要形式为家训；宋元时期家族制定规训者增多，除个别义门宗族制定族规外，一般形式是家法；族规的大量出现则在明代。"① 可见宗族族规（或其前身）的历史在宋代之前就已存在，自宋元以来不随者宗族的发展，族规也得到的进一步发展。不过，常建华认为明代出现了大量的族规，其依据的族规材料大多为南方地区如安徽、广东等地宗族所制定的。就本书所关注的豫北地区而言，其宗族的发展速度相对要晚于南方地区，明后期开始有族规出现，族规的大量产生则发生在清代以来。

族规对于规范宗族族众行为，稳定宗族礼仪秩序以及加强对地方社会的管理等，均起到了不可替代的作用。明清以来，随着宗族组织化的日益加强，多数宗族将本族族规家训等刊刻到族谱之中，使得族规的实际效用更为明显。特别是入清以来，随着清政府推行以孝治天下的宗族政策，宗族族规更加普及，族规同朝廷法令等相互结合，构成了维护地方稳定的强有力武器。更有一些著名的族规以单行本的形式得以刊刻，如前文提到的孙奇逢所著《孝友堂家规》与《孝友堂家训》，这些名人所撰本族族规从内容到形式，都成了当地各族竞相模仿的对象，也间接地促进了族规在豫北的兴盛与普及。

新乡县郭氏在宗族组织化建设过程中，除了前文所谈到的修建祠堂、设置祭田等活动外，还创立了本族族规，以加强对本族族众的有效管理。在光绪版《郭氏族谱》卷四《家规》中载有《家规引》一篇，详细阐明了郭氏制定家规的原因，其文说："吾郭氏，虽非巨族，而生长廊邑，子姓亦号繁昌焉。使无规度以纲维之，何以绵祖宗之泽而永子孙之传与？除不孝、不弟大干法纪及冠婚丧祭已详祠堂条例外，另立家规十六条，悉本宗伯、大参两公之遗意，勿取乎过烦，只期于可守，合士农童叟而悉教之。有吾家遵行已久者，有因后人之失而严立其防者，总以恪遵王法，保守身家为要。凡我族人，苟能世守成规，士

---

① 常建华. 明代宗族研究［M］. 上海：上海人民出版社，2005：343.

则日进于端方，农亦不失为醇厚，内外主仆之间，井然厘正，在天之灵，当亦默祐其中，而家道之昌，讵有暨哉！"郭氏家规虽名为家规，但从《家规引》的介绍可知，此家规乃是针对郭氏全族而制定的，故属于族规性质。《家规引》表明了郭氏制定家规的目的在于使族人能够各司其职，以儒家伦理道德为遵行规范，进而保持郭氏"家道之昌"。

郭氏家规最初为十六条，光绪谱并未详及家规制定的时间。但从上文《家规引》所言此家规乃是于制定祠堂条例之际，"另立家规十六条，悉本宗伯、大参两公之遗意"，从中可推测出家规十六条由郭士标、郭遇熙父子等制定于顺治、康熙年间。此后，随着社会的发展以及新的社会现象的出现，郭氏又根据实际情况新增家规八条，对之前家规中未加强调的行为重点加以强调。因此，郭氏家规共二十四条。为便于分析，兹列其全文如下：

戒赌博　士之子恒为士，当励志于诗书，何故弃业以为生；农之子恒为农，宜竭力于耕作，何故开场而营利。每见浪荡之子，或戏纸牌、或掷牙骰，祖宗无限之美产，一旦而成空，良可悲也。岂知律例之严，或置图圄、或用枷笞。父母有用之遗体，一朝而殒命，不亦伤乎。凡我族人首宜戒此。

戒宿娼　寡欲清心，君子持身之要，迷花恋色，狂夫败类之端，奈何妄逞风流，以自外干名教。况妖淫乃无情之物，徒慕财势以为欢，财尽而炎凉之态，悔之晚矣。且浪嫖非有道之行，何故性合以从事，命殒而风流，缘尚可冀乎？更可耻者，万一成胎，男女皆不可测，仔细筹画，梦寐何以自安。凡我族人共宜猛醒。

戒抗粮　吾郭氏地亩数百顷，公议阖族五门，除第三门领率一家，总理官务外，四门轮赝里长，周而复始，阖族按地给与食米，不许短少。至于钱粮，为国赋所关，焉容拖欠抗阻。乃为策亦以随限而自输。近有名列胶庠，而因此黜革者，凡我族人，何弗凛然。

戒争讼　居家莫如忍，忍则不争；处事贵于和，和则勿讼。每见负气恃力者，以阋欧争方起而力已竭，究至两败而俱伤。何如不争之为美好，胜者挟财以呈告，讼未结而财已空，竟至只身而反坐，何苦勿讼之可安，纵有事出万难，情非得已，不容不鸣于官者，亦当平情则止，忠厚存心，留余地以处人，勿刻薄以自喜。近世有因此而辱身破产者，凡我族人宜共惕焉。

戒荡废诗书　学圣希贤，生人之品行所由立，出经入史，士人之功名所由阶。吾家袭祖父之休光，绵科第于不绝，岂可忘诗书之遗泽，竟隆废以偷安。每见不才之流，架富五车，糊墙壁而莫悟，更有不肖之子，楼藏万卷，秤故纸以快心，家道不昌，多由于此。凡我族人，各宜奋励。

戒悔慢师长　师道尊严，拟乎君亲之分，先生教训等于生成之功，体统有所宜隆，束金断不容欠。盖吾竭力以敬事，尤惧西席之不尽其心，吾慢待以苟客，安望绛帐之能久其位，即或文章不尽，但责子弟之不勤，奈何学业未工，徒咎师教之不谨。至于弟子抗违，尤当罪在家长。凡我族人，共宜谨之。

揭告官吏　既云一方父母，与父母同遵，且为百里师长，宜与师长同敬。倘或咆哮公庭，必有刑伤之祸。如或告揭官府，更有破败之灾。凡我族人，断无为是。

戒包揽田地　各守尔田，何必贪他人之田，以取利；各完尔赋，何为揽异姓之赋，以行私。倘不畏王法，任意吞肥，或仇敌告发以罗刑，或官吏究察以治罪，真谓所取不偿其所费，有利必至于有害也。凡我族人，各当恐惧。

戒妇女出游　妇主中馈，户外之事无闻，女守深闺，门内之则宜谨。所以登山谒庙，妇女严禁之条；游会观灯，闺阃必戒之事。他如隔壁窥人，徒增邻居之嘲笑。至于依门卖货，亦动市井之雌黄，总非正位于内之所宜然也。凡我族内，严为禁约。

戒嫂叔相见　男女授受不亲。古礼人所同守。嫂叔行走相避，家规吾所独严。嫂叔如是，他可知已。凡我族中，共为慎之。

戒婵妾僭分　尊卑定位，王朝制嫡庶之条，贵贱殊名人间，严妻妾之分。或命名或呼姓，不得与嫡妻同称，或侍立或随行，不得与主母并坐。倘如妾以子贵，体统在所稍加，亦宜正与庶分名号，不容僭越。凡我族内，各自整焉。

戒子女削发　男称和尚，皆庶灭宗绝嗣之流。女作尼姑，更多辱身丧节之事，深可痛恨，最宜严惩。凡我族中，切无蹈此。

戒仆人衣紬緞　主仆莫先定分服色，必严上下，自有常规，布帛之必辨。况吾素以俭朴传家，不敢妄以丝帛炫世，所以寻常而衣绵绣。凡我子孙，尚且戒之，侍从而服紵绡，尔辈筹度，忍自安乎？不惟分不宜然，亦且不称其服，如敢故违，法所必加。

戒仆人入中堂　男女有辨，夜行必秉烛而游，内外攸殊，传事以宅门为界，所以三尺童子，不得轻入中堂。如敢故违，在所不宥。

戒仆妇饰珠玉　裙布钗荆，诗礼之家，且以为聘，宝珠美玉，仆从之妇，不可妄加。尔或如此，主更何如，倘敢故违，责有所归。

戒婢女出宅门　侍女之辈，惟供洒扫于闱中。婢子之流，何得往来于户外。故年当十岁以上，无使离主母之前。虽云小节所存，似无关乎大道，不知细行不谨，亦有损乎家规。急为防之，勿或觌视。

以上各条，词不雅练，语不工巧，俱取乎显而易明，使我后人，触目警心，庶可永保身家云尔。

后增八条

戒认干亲不避内外　男女之别，自古为闭。父母没，女不归宁，避嫌疑。先在家庭，宗伯公不许叔嫂见面、兄弟姐妹同席饮食，况异姓乎？违者并罪父兄。

戒结婚姻不择人地　若与污贱为婚，族正惩治，禁止入祠，同姓为婚。例应禁忌，违者谱中不载。

戒娶再醮随带外姓子女、随姓乱宗，违者驱逐。

戒过嗣以孙□祖，违者驱逐。

戒族人为师巫　违者惩治，不许入祠。

戒供神佛　人生惟祖父当敬福，其岂可以妄邀，违者首官，以左道论。

戒族众出钱不禀族正　祭田所产，原为祭献，岂为不肖子孙做情之具，违者首官治罪。

戒呼男为女　人生得为男，幸也。呼为某女，变阳为阴大不祥。唤奴婢且不可，况子孙乎。

从以上郭氏族规的各项条目上可以看出，郭氏家规大致包括三方面的内容，一是针对礼俗，侧重于移风易俗，如"戒赌博"等条；二是分别从家庭伦理、男女有别、良贱之分角度出发，以强化儒家伦理道德，如"戒妇女出游""戒仆人入中堂"等条；三是偏重于处理宗族内部事务，如"戒族众出钱不禀族正"

等条。同时，通过分析郭氏家规，可以看出其有两个很明显的特点。第一，郭氏家规具有很强的现实性和针对性，郭氏家规是针对当时社会上出现的现实情况，针对当时的一系列社会问题而拟定的。郭氏家规并不像有些宗族家规只是对传统儒家伦理的泛泛而谈。因此可以说郭氏家规的制定，会起到一定效果，会对郭氏族人有一定的约束力的。第二，郭氏家规具有民间司法的性质，郭氏家规的制定很注意与国家法规保持一致，集中表现在家规中的"戒抗粮""戒告官吏"诸条。因此很容易得到政府的认同与支持，如此必会出现双赢局面，既保证了郭氏家规的顺利实施，又有助于政府对基层秩序的控制。

与郭氏目的相同，新乡县张氏为了进一步完善宗族建设，也制定了家规。张氏家规分为六条，其制定时间当于嘉庆二十三年（1818）张氏第三次修谱之际。据黎阳刘至东于同年所撰《张氏族谱序中》称："献曝所定家规，亦皆奉为杜式，遵而行之。"由此可知，家规乃张氏第十七世照暄（字献曝）在续修族谱时所制定。张氏家规是了解张氏宗族建设的重要文献，具有一定的特点，为了便于分析，兹录全文如下：

（一）（按：序号为笔者所加）立家长以统族众。家法废而族众涣，不可无人焉以统之。合族公议，推贤而有众望者一人为家长，以联一族。一切不孝不弟以及游荡、赌博、滥酒、武断得罪公论者，送入祠堂，听家长教戒。即彼此争竞，亦必先诉家长，不得遽词至官。违者除以不率家教重惩外，仍复公同送官究治。

（二）专职业以端趋向。士之子恒为士，当励志于诗书；农之子恒为农，宜竭力于耕凿。即为工为商，各专一业，皆可以养身家而足衣食，趋向端也。每见浪荡之子，年富力强，不营本务，遂至饥寒迫而诟谇，闻深可痛惜。凡我族人，无论士农工商，务专一业，以养身家，切勿坐食山空之诮焉。

（三）别尊卑以肃体统。礼虽以和为贵，而实以严为体。家庭之间，实礼所自起也。近见有士庶之家，嬉戏一堂，肆言罔忌，外人视之，有不知其为祖孙叔侄者。是固为下者之敢于凌上，而亦为上者不自尊重所致也。吾先世立宗祠以序昭穆尊卑，无不肃然。倘敢囿于近习，晚辈固所必究，即尊辈亦难或恕，族人共凛之。

（四）严内外以别嫌疑。礼：内言不出，外言不入。以至不共食，不授受。虽姊妹叔嫂，间不少宽焉。吾家今为布衣，宅居湫溢，细务躬亲，势不能如先世隆盛之时。多所回避，然内外之别，亦所宜肃甚。毋借言大方不拘，竟尔闲检荡废，为有识者笑。凡我族人，所愿与纳履整冠之戒共禀焉。

（五）戒赌博以保世业。掷骰斗牌，每为怡情之事，而即小引大，实属百家之阶。近有世家子弟，交接匪人，始犹藏踪匿迹，后遂肆焉无忌。以祖宗有用之世业，不转瞬而荡然无存，良可痛惜。而闺阃聚博，尤属可恨。愿族人共禀是训，勿忘先世耕读传家、创业艰难之苦心焉。

（六）酌仪节以昭雍穆。族众俱出一本，实非亲友可同。礼仪定自先贤，跪拜原亦有节。凡族中往来，以尊卑长幼为次第，亦如祖孙伯叔兄弟之家居然。至于吊奠庆贺，尊者往吊卑者家，尊者揖而不跪丧主，则又卑者叩首谢；卑者往吊尊者家，丧主仍为，尊者止答以揖而不跪谢，婚礼胥准是焉。①

张氏的六条家规也比较具有代表性。从家规的具体条目上看，主要包括三方面的主要内容：

第一条家规主要是为了加强族权，维护族长（即文中所说"家长"，笔者注）的权威。张氏宗族族长不仅具有管理全族事务的权力，而且如前文所述，其还有代替大宗主进行祭祀祖先的权力，因此族长在全族处于核心地位，有着绝对的权威。族长的产生是"合族公议，推贤而有望者"担任。在张氏二十世张积芝所做的《五修族谱条例》中谈到了张氏族长的设立情况，积芝谈道："族正决不可少。今将名次、职任、手续胪列于后，共十四名，分为七班，二人一班，一年一任。自本年十月初一日为交代之期，周而复始。有年老多病及作古者，由族众另举公正，补充原额。本身不得父传其子，兄传其弟，流为把持之弊。凡遇值年，族正处理不了，仍邀全体族正评议之，一概不得推辞。"根据笔者推断，文中族正当为家规中所言的张氏家长。从文中可知，张氏实行的是族长轮充制，有点类似于当今的代表大会制度的体制。张氏从全族中公举出十四名，每年设有两名族长，一年一换，并且禁止父子、兄弟传承。可以看出，张氏施行的族长体制相当的成熟规范，有利于对全族事务进行有效管理，维护宗

---

① 新乡县《张氏族谱》上卷《家规》，民国五年续修本。

族秩序。族长在祠堂内管理族众，在一定程度上成了基层政权的代表，取代了基层政府机构的部分功能。但族长权力的顺利实施，仍须得到政府的支持，借助政府的力量。这一点从家规第一条最后所言中看得十分清楚。

家规第三、四、六条归为一类，主要是为了维护宗族生活秩序，从家庭伦理角度出发，在宗族内严格尊卑长幼、男女之别等伦理秩序，约束族众。张氏家规同上述新乡郭氏家规类似，具有极强的针对性与示范性。如在第六条中，对族众尊卑长幼的跪拜礼节的要求，尊者应怎样行礼、卑者应怎样还礼等都做了具体而微的说明。因此，这些家规条目的可操作性很强，有利于在全族内真正实施。

第二、五条家规则是张氏在面对当时在当地社会上出现的一些不良社会现象，对其族人所提出的具体要求。张氏家规制定于清朝中后期，如前文所述商品经济在新乡县也有了很大发展，但一些不良的风俗也逐渐在当地蔓延。在张氏族人所从事的职业，已经不是传统的士、农二业了，在族内也有人从事了手工业以及商业活动，如在族谱下卷《族贤列传》中就记载，张氏第十七世照源就因为家计贫困，因而"弃儒业服贾"。家规针对当地有人年富力强却不劳而获的现象，向族人提出了"专一业以养身家"的要求。另外家规也对当时流行的赌博风气提出要求，禁止族人赌博败坏家业。

通过以上分析，可以看出张氏家规也具有了民间司法的性质，在维护宗族的正常生活秩序以及加强对族人的管理上，起到了很大的作用。

由于族规的制定，并不像祠堂、祭田的设立需要强大的经济支持，因此，在豫北地区，无论士庶，在进行宗族组织化建设中皆热衷于制定族规。尤其是族内的一些稍有文化之人，为了在宗族事务中享有更多的话语权与决定权，往往利用其所独有的文化优势，制定全族族规，借以控制族众，巩固自己在宗族中的领导地位。

豫北庶民宗族在编撰族谱的时候，很多宗族并不把族规另立条目，分列出来，而是选择将本族族规放入族谱卷首的修谱条例中，同族谱体例、编辑方针等并列起来。这种现象在豫北地区的庶民宗族中相当普遍。例如，获嘉县聂氏宗族，其在族谱开头部分撰有《家谱条例》一文，作为《聂氏族谱》的纲领性文件。在该文中，聂氏族谱的编撰者不仅列入了该谱的修撰体例、编撰方法等文字，还制定了许多要求族人遵守的行为规范与各项规章制度，这很明显是属于族规方面的内容。兹将《家谱条例》的全文列出，以便说明：

（一）（按：序号为笔者所加）始祖独书正幅，不敢列于众祖之中者，尊始祖也。

（二）祖宗名字详著谱中，理宜避讳，有犯必惩，仍令改正，尊祖宗也。

（三）谱内式横五格，除始祖外，别为五世服尽另书。

（四）每格内书某人某公几子，某号某是何职爵，娶某氏生子几人，以便省目。

（五）谱内不论年数之长幼，止计宗支之次序，所以示不紊也。

（六）谱内必详书某为某公嗣子、嗣孙，某为某公养子、养孙，明言不讳，以传信也。

（七）谱内亦有无依弱子，就养于异姓，必书某年某曰就养于某处某人，恐久远而迷失其宗也。

（八）谱内无子者如水断木枯，明白易见，不必显斥，非省文也。

（九）继嗣之说，原有定例，不可撰越。当由亲及疏、由近及远，不得尊卑失序，以乖伦纪，亦不得乞养异姓，以乱宗嗣。

（十）除适子孤子长子之外，方许承挑。如有希图财产，自绝继述者，除惩罚外，着归生父母，重宗嗣也。

（十一）凡我宗支，宜各念一本，共执大义。不可因小嫌而伤族情，亦不附外人而害本支，有犯必究，以睦宗也。

（十二）室庐财产，先人所遗，从亲之命，不可用强使计。每见兄弟阋墙、同室操戈，除可痛恨，如或蹈此，即非祖宗子孙，当为现世之异类，永以为戒可也。

（十三）坟内树株，不准私谋，偷砍树下柏叶，任意而扫焉。

（十四）坟内之地，不准任意而随种，恐惊祖也。坟外不忌。

（十五）坟内柏树宜长保护，可遮祖宗荫也。又可雅观，见吾坟之盛气像焉。

（十六）每逢元旦佳节，宜合族者，各执香课至祠堂拜祖，表其敬也。

（十七）会内积余金钱，不准信捞。逢佳节日期，一能破盘，二则可以演戏，以整会规条例。

（十八）宗氏日宏，子孙日盛。如有旱涝之燮，祖款可以救济燃眉之急，子孙亦可而不饿毙，以先而济后也。

（十九）每逢元旦，会首宜将账目计算清楚，全年所出所入，一一分晰，画一清单，悬贴宗祠，合族仰目瞭然，每年如斯。

（二十）族下不法之徒任意掘树，随便卖田，合族送官究处，决勿宽贷。

十八世孙宝德谨志①

从上文中内容来看，在条例第九条之前，乃是对修谱原则、指导方针等进行具体规定，而第九条之后的内容，是对于族内继嗣以及族产进行管理等方面的内容，显然属于聂氏宗族族规。豫北地区族谱中这种"谱例＋族规"放入篇首的模式，相当普遍。究其原因，是由于豫北庶民宗族族谱十分简单，大多数族谱仅是由一篇或几篇序言，加上一篇修谱条例（或凡例），再就是世系这几部分组成。因此，族谱的编撰者很自然地就将族规的内容放入了修谱条例的内容中去。但这并不代表豫北宗族对族规的不重视，相反，这便利了族众对于族规的知晓与遵循，也更说明了族规对于豫北宗族来说是必不可少、异常重要的。

第四节　小结

豫北宗族的组织化建设乃是在士大夫导引下，依据古典宗法理论与宋儒复兴宗族制度的主张，在实践中日益开展起来的，其内容主要包括修族谱、建祠堂、设祭田等活动。从这个意义上来说，豫北宗族组织化建设与南方地区有着一定的共性。但地处中原腹地、经济、商业等均不发达以及自耕农占主要地位的耕作方式等因素，又决定了豫北宗族在宗族组织化建设方面也有着本地区自己的发展历程与鲜明特色。

豫北宗族族谱具有浓厚的地方特色。豫北族谱特别强调对宗族辈行字的设立，认为这是在宗族内明世系、进行收族的首要条件。豫北族谱在对族谱的编撰上大多能够做到寻求真实，这尤其反映在对于本族祖先历史的追述上，豫北

---

① 获嘉县《聂氏族谱》卷首，民国三十六年继述堂刊本。

宗族较能依照祖先的真实情况进行叙述，很少有攀附名贤高官的现象。此外，豫北宗族大多将自己始祖的历史追述于明朝初年（1368），以始迁祖或始迁祖上一辈为其始祖。

修建宗族祠堂是豫北宗族组织化建设的关键。豫北宗祠经历了一个由明代名贤专祠至宗族祠堂，再由宗族祠堂转变为地方学校的演变过程。豫北宗祠的设置、管理以及祠堂祭祀礼仪等方面，均有着自己地域性的特点。至晚清以来，豫北地区已经出现了"无论士庶，皆立祠堂"的现象。

为配合祠堂的修建、维护以及为祭祀提供支持，豫北宗族也置有以祭田为主的族产。但豫北地区由于经济发展等方面的原因，族产大多为象征意义上的，仅是为祭祀提供经济基础，在赡族、睦族等方面的救助并不十分突出。豫北宗族异常重视族规的设立，认为其是控制族众、维护地方社会秩序的重要手段。豫北宗族的族规内容广泛多样，包括对族产的管理、对族人进行儒家礼仪的教导以及对违反族规族人的惩治等多方面的内容。就一些庶民宗族而言，其将本族族规放入族谱卷首的族谱条例之中，采取了"谱例＋族规"的形式，使二者合而为一，这不仅便利了本族族众知晓本族族规，也利于族众遵守族规。

第五章

明清以来的豫北宗族：在国家与地方之间

宗族作为中国乡村社会中兼具地缘与血缘的社会团体，在现实生活过程中，出于利益、传统、习俗等各方面因素的影响，其同地方社会以及国家政权等有着千丝万缕的联系。对豫北宗族，尤其是豫北地方望族而言，在进行宗族组织化建设过程中以及建成之后，凭借其较为严密的宗族团体、在当地较高的威望与强大的经济实力，必会在地方社会中积极发挥作用，以维护本宗族在地方社会中的各种利益，从而进一步扩展本族的声誉与实力。而对于国家政权而言，出于有效治理地方、维护自己统治秩序等考虑，也往往借助于宗族力量对地方社会进行有效管理。有时在特定的社会历史条件下，诸如社会武装动乱时期，宗族的作用还会进一步凸显，在维护地方秩序方面起到决定性作用。

可以说，由于宗族自身以及外方多种因素的促成，豫北宗族成了国家和地方社会的"中介"。明清以来，豫北宗族既成为国家控制乡村基层社会的"代言人"，同时又是地方社会利益的维护者。宗族内的精英人物，凭借着其在当地占有的物质和文化资源以及良好的社会声誉，在地方公共事务中积极发挥作用。而当地方发生动乱时，这些宗族内的精英们又积极响应国家号召，组织族人、乡民修建堡寨，进行自卫，在保护乡里、维护乡村秩序的同时，又进一步扩大了自己的影响、巩固了自己对乡村社会的统治地位。

第一节　豫北宗族与乡村基层组织

明清时期，在国家大的基层政策环境之下，豫北乡村基层组织经历了其演变过程。同时，豫北宗族与朝廷官府在当地设立的乡村基层组织关系密切。豫北宗族在国家的基层政策之下，得以不断发展。而豫北宗族的发展壮大，对于乡村基层组织也产生了深远影响。

一、明清豫北乡村基层组织的演变

明清以降，豫北同全国其他地区一样，乡村基层社会组织主要以里甲制与保甲制为主，但由于豫北位于王权统治腹地，其对基层的控制较南方的一些地区更为严密。

早在明初洪武年间，明政府编造赋役黄册的时候，豫北各地就相继建立了里甲制度。据史载："洪武十四年（1381），诏天下编赋役黄册，以一百十户为一里，推丁粮多者十户为长，余百户为十里，甲凡十人。岁役里长一人，甲首一人，董一里一甲之事。先后以丁粮多寡为序，凡十年一周，曰排年。在城曰坊，近城曰厢，乡都曰里。"① 此处里甲长的职责主要是登记户口，组织本甲人户向明政府缴纳赋税，征发徭役，此外还有督促生产的职责。明初统治者通过河南布政司以及豫北各州县政府，在各地广泛建立起了里甲制度，以尽快稳定统治秩序，恢复农业生产。

但到了明中后期，如第二章所述，豫北地区藩王以及各级官吏兼并土地行为加剧，人口流动日益频繁。随着土地占有关系的变化，里甲的编审功能逐渐丧失，里甲制日益走向衰败。豫北地区许多县中，鉴于人口的流失，不得不将治内各里进行合并。如浚县在洪武初期，其县境内编户五十里，到了嘉靖时期，由于"差役浩繁，民多流亡，知县陆光祖酌人户多寡，并为四十里"。② 而且里甲制作为明朝基层社会组织已经不能发挥其原有作用，里甲制逐渐让位于保甲制。③ 明朝统治者在保留原有的里甲制度的基础上，突显了保甲制的作用。

明代保甲制最为有名的是王守仁于南赣地区所推行的"十甲牌法"制。正德以后，保甲制逐渐在全国各地得以实施。保甲制并非完全取代里甲制，它的主要职责是防御盗贼，维护地方安宁，但也部分的取代里甲，行使原先里甲的部分职能。但需要说明的是，明代保甲制并非由政府统一规划实行的，而是根

---

① 《明史》卷七七《食货一·户口》。
② 《浚县志》卷五《方域志·镇所》，嘉庆六年刊本。
③ 王毓铨主编. 中国经济通史·明代经济卷：第三章［M］. 北京：经济日报出版社，2000.

据各地的具体情况而行，因此，各地情况不同，其保甲制的施行也有差异。

清军入关之初，为稳定乡村社会局势，施行的一个重要举措就是仿明代保甲制，实行严密的保甲制。顺治元年（1644），清王朝通令其领辖的直隶、山西和山东推行保甲制度，以后扩大到了包括河南在内的各省，其保甲制的主要内容："凡保甲之法，州县城乡十户立一牌头，十牌立一甲头，十甲立一保长，户给印牌，书其姓名丁口，出则注其所往，入则稽其所来。寺观亦给印牌，以稽僧道之出入，其客店令各立一簿，书寓客姓名行李牲口及往来何处，以便稽察。"同时规定保甲的主要职责："凡甲内有盗窃、邪教、赌博、赌具、窝逃、奸拐、私铸、私销、私盐、踩曲、贩卖硝磺，并私立各色敛财聚会等事，及面目可疑之徒，责令专司查报。户口迁移登耗，责令随时报明，于门牌内改换填给。"① 清政府一方面严格保甲结构，另一方面又着重强调保甲制的社会控制功能，力图以保甲制作为稳定地方社会秩序的有力武器。

保甲制度在河南一些地区也得到了广泛推行。康熙年间，直隶巡抚于成龙在与河南临近的直隶各地施行保甲制度，规定："十家为一甲，十甲为一保，甲设甲长，保设保长。"② 这说明了当时尚属于直隶管辖的滑县、浚县二县就实施了保甲制度。于成龙希图以严格的十进制单位统一编制，在当地乡村建立起整齐划一的基层社会组织，以起到维护乡村社会治安与封建统治秩序以及征收钱粮的作用。康熙四十七年（1708），清朝政府再次申令全国各省切实实行保甲制度，规定："一州一县城关各若干户，四乡村落各若干户，户给印信纸牌一张，书写姓名、丁男口数于上，出则注明所往，入则稽其所来，面生可疑之人，非盘诘的确，不许容留……无事递相稽查，有事互相救应。保长、牌长不得借端鱼肉众户。客店立簿稽查，寺庙亦给纸牌。月底令保长出具无事甘结，报官备查，违者罪之。"③ 豫北属于腹里要地，自然从乡村到城镇，均普遍建立了保甲组织。

雍正初年，田文镜任河南巡抚，其在河南多次强调施行保甲制。田文镜为严行保甲之法，专门撰文《特揭保甲之要法以课吏治事》，强调施行保甲之制的重要性，其文节选如下：

---

① 《清朝文献通考》卷十九《户口一》。
② 于成龙. 辑盗条约，载于《皇朝经世文编》卷七十四。
③ 《清朝文献通考》卷二十二《职役考二》。

照得吏治之首务，莫过于杜盗源，而弥盗之良规，莫过于严保甲。故保甲之法，前人言之备矣。然地方官有贤、不肖之分，而奉行有善、不善之别。盖同一保甲也，行之不善，造烟户册有费，刻一家牌有费，立保、甲长有费，刑书皂快亦莫不有费，是保甲未行而小民已被扰累矣。及至查点时，不过虚应故事。印官勤者自行下乡，懒则委员代点，廉者自备供应，贪者骚扰不堪。查点之后，不过出告示数张，取甘结数纸。虽有行保甲之名，终无弥盗贼之策。故往往报行保甲之文与报盗之文相继并至也。岂不可掀髯一笑哉！盖保甲有一定之要法，而行之有不易之章程，不徒在于造册悬牌、挨门查点而已。本都院特为揭出，开列于后，实力行之，是所望于贤有司也。

一选择捕役当定有责成也。……一严查窝家使无处栖身也。……一训练民壮使协力巡捕也。……一寺庙饭店当严加查察也。……一高台罗戏应严行禁逐也。……

以上五条，系行保甲之要法，若能行之无倦，则无事查点虚文，而盗迹自绝，境内平安。通省州县协力行之，全豫可无劫杀大案矣。本都院不惜谆谆告诫，如果能实力遵行，倬有成效，自当列诸荐牍，飞驰入告。豫省幅员虽属辽阔，至于保甲一事，本都院惟以报到盗案之多寡，定各属奉行之力与不力。如敢阳奉阴违，难逃鉴察。各宜猛省，慎之勿忽。

雍正三年（1725）正月①

田文镜不仅强调在河南境内实施保甲制度的重要性，而且还制定了施行保甲制度的具体方法，并且将在河南境内各地奉行保甲之"力与不力"，作为考察官员的一项重要标准。

乾隆初年（1736），尹会一任河南巡抚，其也异常强调在河南各地区实施保甲制度的重要性。在尹会一所著《抚豫条教》中，就专门强调了"饬行保甲"，其具体内容如下：

保甲之法，非独弥盗一节而已，即如窝赌窝娼、私铸私宰、旗逃邪教，以及借谷散赈等事，无不借此稽查，最为善政。编设之要，全在门牌开写清楚，如男妇大小若干、现种地亩若干、应纳钱粮若干并作何生理，详悉

---

① 田文镜. 抚豫宣化录：卷三上［M］. 郑州：中州古籍出版社，1995：103－105.

注明。如有增除，即不时改注。其循环簿内，亦即画一注明，则一目了然，易于查察。属经本都院檄饬。今闻地方官奉行不力，尚有未经详注之处，合再通饬，一体遵照。该管府州于因公下县之便，亦须随地抽查。倘有前项情弊，即行通报，慎毋轻忽徇隐。①

文中尹会一指出施行保甲之法功用良多，"最为善政"，是维护地方社会秩序、保障地方安宁的重要措施。故此，他要求各地官员要认真执行改法，倘有奉行不力的官员，也要通报惩处。此后河南的历任地方官员也大都十分强调在河南实施保甲制度，以加强对地方社会的控制。保甲制度也成了王权控制地方以及民众的最为重要的举措之一。

在推行保甲制的同时，清政府还仿照明代里甲制度，在基层社会施行里甲制，使之作为户籍编审、赋役征收的农村基层组织，从而形成了兼有保甲、里甲的二元基层统治体制。顺治三年（1646），清政府下令修订《赋役全书》，规定各州县每隔三年编审一次各乡人丁，"责成州县印官察照旧例造册，以百有十户为里，推丁多者十人为长，余百户为十甲。城中曰坊，近城曰厢，在乡曰里，各有长。凡造册人户各登其丁口之数而授之甲长，甲长授之坊厢里各长，坊厢里长上之州县，州县合而上之府，府别造一总册上之布政司。"② 顺治五年（1648），清政府定编审之法，开始在全国各地推行里甲制，具体规定："里长十人，轮流应征，催办钱粮，勾摄公事，十年一周，以丁数多寡为次，令催纳各户钱粮，不以差徭累之。编审之法，核实天下丁口，具载版籍。"③ 可以看出，清廷将里甲制作为统治基层社会的基本制度，开始在全国范围推行。同时，针对明代里甲制的弊端，为了更好地配合里甲制的实施，清廷还在赋役征收制度方面进行了一系列的配套改革，如在康熙朝前期，在许多地区实行均田均役法，设立征田滚单，令民自封投柜等。

对于里甲制度的发展演变，众多清代基层制度的研究者皆认为，如同明代里甲制度的演变过程一样，从清中叶起，随着清朝官僚政治的腐败，土地兼并的强化、商品经济的发展以及人口的大量流动，清代里甲制度运转愈加困难。尤其是康熙五十一年（1712），颁行"盛世滋丁，永不加赋"政策；雍正二年

---

① 尹会一：《抚豫条教》卷一，第307~308页，载于前引《抚豫宣化录》附录之中。
② 《清朝文献通考》卷十九《户口考一》。
③ 《清史稿》卷一二一《食货二·役法》。

（1724），开始施行摊丁入亩政策，使得人丁编审失去了实际的意义，破坏了里甲制度赖以存在的基础，因而，里甲制度虽未被废止，但其许多实际功能渐被保甲制所取代。①

综上可知，明清两朝在对基层进行统治的问题上，基本上皆是采取里甲制与保甲制并行的二元统治模式。统治者希望通过这两种制度，以达到收取赋税、控制民众、统治基层的目的。但这种对基层的统治方式只是统治者理想中的、一厢情愿的，在实际推行过程中，只能以某一种制度为主，很难做到另设一套地方基层组织系统。此外，如前文所述，豫北地区地理环境复杂，兼有山区、丘陵和平原等地貌特征，因此，在当地推行基层组织制度时，并不如统治者理想状态下所设计的模式，而是在不同地区呈现出各自不同的特点。正如王先明在谈到保甲制在地方上的推行时所指出的："面对如此辽阔和复杂多变的乡村地域，任何政权作用下的控制系统，都只能在变通甚至变易的情况下才有可能实施。复杂多样的乡村社会具有抗拒单一整齐制度的天性。所以，真正在乡村中发生作用的组织系统呈多样性特点，其名称、规制、职能、分布状况绝对不会像章程拟定的保甲制度那样规范齐整。"② 豫北地区其基层制度正是如此，充分表现了明清乡村基层组织的复杂性。中国基层组织的早期研究者闻钧天也在研究中指出，清代基层组织称呼有乡、里、区、社、城、镇、铺、厢、集、图、都、保、总、村、庄、营、圩、甲、牌、户。又有所谓寨、堡、团、卡房等之称者，皆于固定组织之外，复为属于特殊情形下之特种组织。③ 豫北地区基层组织就称呼而言，虽未有闻钧天所谈到的如此之多样，但也算得上是纷繁复杂。以下，本书便就所收集到的明清时期豫北部分县内基层组织的名称与区划作一简单统计：

---

① 白钢．中国政治制度史：第十卷［M］．北京：人民出版社，1996：214－216；赵秀玲．中国乡里制度［M］．北京：社会科学文献出版社，1998：50；孙海泉．《清代地方基层组织研究》之第二章《清代地方基层组织的演变脉络》，中国社会科学院研究生院博士学位论文，2002．

② 王先明．近代绅士——一个封建阶层的历史命运［M］．天津：天津人民出版社，1997：85．

③ 闻钧天．中国保甲制度［M］．北京：商务印书馆，1935：206．

表5-1 明清豫北部分地区基层组织名称一览表

地区	年代	基层组织名称与区划	资料来源
新乡	明朝初年（1368）	三十六社	乾隆《卫辉府志》卷八《里社》
	明正德年间	乡五，社五十一	正德《新乡县志》卷二《里甲》
	清乾隆七年（1742）	三十六都，五路	乾隆《卫辉府志》卷八《里社》
辉县	明朝初年（1368）	一十八社，五十二里	乾隆《卫辉府志》卷八《里社》
	明正德七年（1512）	四十五里	嘉靖《辉县志》卷一《里社》
	清康熙六十年（1721）	二十三里	乾隆《卫辉府志》卷八《里社》
汲县	明朝初年（1368）	四十里	乾隆《汲县志》卷一《舆地下·里社》
	明万历年间	三十八里	
	清康熙十三年（1674）	二十里，每乡五里，每里五甲	
延津县	明洪武初年	四保	嘉靖《延津县志》卷二《里甲》
	明洪武二十一年（1388）	一十九保	
	明嘉靖二十一年（1542）	八保	
浚县	明洪武三年（1370）	五十里	嘉庆《浚县志》卷五《方域志·镇所》
	明嘉靖年间	四十里	光绪《续浚县志》卷三《方域志·保甲》
	清同光年间	二十一所，所分四方	
封丘县	明朝初年（1368）	四十三里	民国《封丘县志》卷三《里甲》
	清末民初	二十六社，社分十甲	

续表

地区	年代	基层组织名称与区划	资料来源
获嘉县	清乾隆年间	十八社	乾隆《获嘉县志》卷二《营社》
滑县	同治年间	六乡四所七十九里	民国《续滑县志》卷五《城市第三·里社》

由上表可以看出，仅就豫北地区而言，明清时期，由于豫北各县各自具体情况的不同，因而在基层组织的名称与设置上也不尽相同。豫北基层组织有"里""甲""社""都""乡""路"等不同。不仅名称不同，豫北基层组织的格局也不尽相同，有的地区为二级制，有的则为三级制。例如，上表中的新乡县、辉县等就为二级制，在社、里之下设有村庄；而滑县则为三级制，乡、所之下设有里、坊，里、坊之下又设村庄。可以看出，豫北各地区在不同的地理环境以及不同的情况之下，其基层组织各有特点，是相当复杂的。

明清时期豫北的基层组织，除了详细讲述的里甲制与保甲制外，还有一些其他的控制形式，如乡约等，对此将在稍后结合具体问题进行具体论述，此处暂略。

二、豫北宗族与基层组织的关系

研究和讨论中国乡村基层组织问题，绝不可避开乡村宗族对于基层组织的作用与影响，这已经成为研究者的共识。宗族是以血缘与地缘为纽带的由同一男性祖先后代组成的社会群体，是乡村社会的重要组成部分。宗族通常是聚族而居，在血缘纽带的联系下，拥有共同的生活生产方式、共同的意识观念与利益。尤其是宋明以来，在理学的指导下，特别是明嘉靖时期的"大礼议"事件后，宗族发展进入了新的时期，确立了以修族谱、建祠堂、置族产、立族长、设族规为标志的宗族发展的新阶段，大大加强了宗族的组织化建设。这在一定程度上，增强了宗族的血缘凝聚力，强化了宗族，扩大了宗族的势力。明清以来的豫北宗族也正是在这一时期逐渐发展与强大起来的。

由于较多战乱、灾害导致村民迁徙频繁，豫北的村落虽然在规模上同南方相比较小，但也有很多村落是聚族而居的。在豫北地区，有许多是以一姓为主的村落，也有以两姓为主或多姓为主的村落。一姓为主的村落在豫北比比皆是，主要是以村庄中的一个大姓为主，间有一些小姓也在当地居住。这从村庄的命名上就可看出。豫北村庄多称为冯庄、赵庄、范屯、王家庄、李家湾等，如前文中所提到的新乡县郭氏，其所居住的村庄就称为定郭（国）村，以同族的郭姓为最多。而新乡县张氏所居住的小宋佛村，该村的村志《小宋佛姓氏志》，该书记载了村内各姓的具体情况，因此我们可以详细了解到该村的一些情况。小宋佛村在中华人民共和国成立之前共有十个姓氏，中华人民共和国成立之后又有十个姓氏入村。根据 1999 年该书对小宋佛村各姓氏人口的统计："张氏有20551 人；王氏有 535 人；缪氏有 36 人；袁氏有 198 人；冯氏有 47 人；韩氏有85 人；秦氏有 113 人；裴氏有 32 人；段氏有 18 人；丁氏有 26 人；曹氏有 36人。共计 21677 人。"① 从统计中可知，张氏人口占全村总人口的 94.8%，可以说占绝大多数。因此，小宋佛村完全称得上是以张氏为主的村落。而以两姓或多姓为主的村落，也有许多为姻亲或表亲的关系。如获嘉县敦留店村，该村村民多是以贾姓和梁姓为主，而贾姓与梁姓之间便有姻亲关系。据获嘉《贾氏族谱》谱序记载，贾氏一世祖母梁氏，系同村梁氏六世祖问孟之女。② 我在当地考察时，这一说法也被当地两家的村民们所津津乐道。

日本学者片山刚在研究珠江三角洲的基层组织时认为，在当地，相当于里甲的图甲制划分与宗族中的宗、门划分完全重合。③ 豫北许多村落也存在着聚族而居的特点，这就使得宗族的居住形式同官方在基层的组织也出现了某种重合与交错，即血缘组织与地缘组织的重合。明清以来豫北宗族对族众的管理与约束，也在一定程度上意味着对乡村村民的管理。换句话说，官方的社会基层组织必须借助于宗族组织，才能行使其管理控制地方社会的职能。

在事实上，明清封建统治者也已经意识到的宗族在对乡村基层管理中所起到的重要作用。明清统治者通常会采取各种措施，支持与保证宗族的发展，使其更加的"正统化"与"官方化"，希望通过宗族以及以士绅为代表的宗族代理人来实现对基层社会的管理和对民众的控制。明清的各级统治者一般都乐于表彰所谓累世同居的"义门"家庭以及各地的孝子贤孙，普遍支持宗族制定和完善本族族规，接受以族长为代表的宗族管理本族族人。政府支持宗族最突出

---

① 参见《小宋佛姓氏志》，新风出版社 2000 年，第 7 页。
② 获嘉县《贾氏族谱》，2003 年印刷本，第 10 页。
③ 〔日〕片山刚. 清时珠江三角洲的图甲制：田赋、户籍与宗族 [J]. 东洋学报：卷 63，(3–4) .

的表现便是在清朝雍乾年间谕令试行的族正制了。清朝统治者希望通过在宗族内部设立族正，将对宗族的管理纳入官方的控制范围，这也就在一定程度上为宗族管理族人增添了更多的合法性的因素。到了清咸同年间，由于各地动乱不断，政府更是放开了宗族对乡村社会的自治权力，宗族的自治权力也就更大了。需要说明的是，统治者对于宗族的支持，实属官方的基层组织势力不能贯彻或不能完全贯彻到地方社会的无奈之举，并且政府对于宗族的支持也是在一定程度上、不违背自己统治基础的条件下的，如果宗族与国家政权产生了冲突，宗族影响到了统治者的统治地位，对社会稳定构成了威胁，此时统治者便会毫不客气地施行对宗族进行打击的政策。

在统治者对宗族支持的同时，村落中势力较大的宗族也会积极利用这种支持谋求本宗族的利益，以彰显本族势力，扩大本宗族在地方社会的影响，提高本族的声誉，从而更好地控制村落。例如，本书上一章所提到的建有祠堂、设有祭田、族规的辉县徐氏宗族，便很好的借助于官府的力量来保护了本族的墓地不被外族所侵犯。在《徐氏族谱》卷一中载有一篇《平顶山碑记》，文中言道：

> 山名平顶，我徐氏祖茔出脉，历来不许开垦。迄道光二十六年秋，又蒙县公王太爷堂谕，令我合族立碑于此。嗣后再有开毁此山、折伤坟树者，许合族赴县禀明，按法究治。凛遵。勒石以垂永戒。

上文碑石记载中，徐氏通过向本县县令的陈述，获得了县令的应允，并得以勒石以为证据，最终成功谋求到对平顶山本族坟茔的保护。在此之后的民国六年（1217）春，当地果有刘姓族人，在平顶山北界开垦，徐、刘二姓遂起争端。徐姓正是通过此通碑上的碑文，向当时的县知事冯大老陈述，经知事查验，始得保全坟地。徐氏为此还专门在平顶山上画出十字边界，详细标明四至，勒石留据，以避免以后再起争端。① 这则事例反映出，宗族在地方社会中，出于利益上的考虑，也会充分利用官府的力量来达到保护本族的目的。而这种官府的保护与支持，也无疑会相当有利于宗族对于自己所在村落的管理与控制。

宗族与地方基层组织的密切关系还反映在官方基层组织中里、保长等的任命上。在明清地方社会中，里、保长一般是由宗族内的士绅等充任或是在很大

---

① 详见辉县《徐氏族谱》卷一《平顶山边界碑记》，民国二十五年印刷本。

程度上会受到宗族的影响与控制。例如，豫北浚县，县邑分二十一所，所分四方，每所领四十五村。光绪八年（1882），知县黄璟编查保甲，各所设所正，各村设村正。为此，黄璟还专门制订《保甲章程》，作为实施保甲制的纲领性文件，在全县范围刊行推广。在章程中特地就所正、村正的选拔标准做出规定：

> 二十一所，每所分三四地方不等，每地公举绅士一人，作为所正。每村公举大户一人，作为村正。每户男丁妇女作何生理以及田地宅基多寡、钱漕若干，照册式门牌式分晰登记。联十户为一牌，联十牌为一甲。牌有牌长，甲有甲长。城关集镇每街举一街长。所举者，惟求老成公正，能领袖一所、一村、一甲、一街可耳。①

从章程中可以明显看出，浚县所正、村正的充任标准是县邑的绅士以及各村中大户中的成员，而绅士与各村中的大户成员无非就是在村中大姓宗族中的代表人物。宗族正是通过其代表人物，借保甲之制，来合法的管理地方社会，控制包括村内小姓在内的村落。正如美国学者杜赞奇所言："宗族首领利用官府赋予保甲组织的权力进一步巩固和扩大其对村庄的控制。"②

新乡县的情况也是一样。居住于新乡县定国村的郭氏宗族，为村内的大姓，也是通过其族内成员充任当地基层组织的领袖。据咸丰朝编撰的《郭氏族谱》卷四《家规》中就记载："吾郭氏地亩数百顷，公议阖族五门，除第三门领率一家，总理官务外，四门轮赝里长，周而复始。"可见郭氏族人一直由族内四门轮流在当地担任里长，负责在村内收取赋税、管理乡里等事务。

再如辉县徐氏宗族，其所居村落显然大多为徐氏族人。由《徐氏族谱》中记载观之，徐氏宗族将本族事务等同于村落事务。在《徐氏族谱》卷一《议定规则》中，有这样的记载：

> 社首　社首五年一公举，每举五人，选财产有三十亩以上，距祠十里内者为合格。社首择族内办事勤慎者四人，指定为本年副首。每年由租稞项下支洋四元，作为分场火食。每年社首、副首清算清交，丝毫不得借欠。
>
> 社董　每公举社首时，必由族中选人品耿介者为社董。所有要事，社

---

① 《续浚县志》卷三《保甲》，光绪十二年刊本。

② 〔美〕杜赞奇. 文化、权力与国家——1990—1942 年的华北农村 [M]. 王福明，译. 南京：江苏人民出版社，1992：72.

首社董招集社董会议议决，然后施行。每年开费账目，由社董稽查。倘有社首舞弊，一经查出，由董事公议处罚，不服送官究治。

从上文内容上看，此项《议定规则》制定的时间应当是清末民初时期。徐氏处理本族事务，采取的是当时较为流行的新式的董事会制度。但徐氏选举族内管理人员，却使用社首、社董之类的官方基层组织领袖应用的称呼。社，也称乡社，追溯"社"的历史渊源，至少在隋唐之际已经形成了二十五户组成一社的定制。① 明清时期，如上文表 5 - 1 中所见，社也是一种地方基层组织的划分单位，为豫北许多地方在基层设置上所沿用，同基层的保甲制、里甲制关系密切，有时也部分地承担了保甲或里甲的一些职能。本书以为，这种重合现象并非偶然，而是徐氏在所居村落中实行了"族社合一"的管理方式，即徐氏对于族内事务的管理也就意味着对所居住村落事务的管理。在本书前一章还谈到了由徐氏社首、副首负责全族与祭祀有关的事务，这也应当是全村落集体的祭祀活动。

豫北宗族除了同保甲、里甲等基层组织紧密联系外，还同乡约等其他基层组织形式相结合，将宗族管理置于乡约之中。乡约以道德教化为主要职能，最早源于北宋蓝田吕大均所创立的吕氏乡约。明朝中叶，伴随着保甲制的兴起，各地也积极倡行乡约，重点宣讲明太祖的《圣谕六条》。清朝从建立伊始，也积极倡行乡约。顺治九年（1652），政府颁行六谕卧碑，令八旗直隶各省举行乡约，于每月朔望日聚集公所宣讲："孝敬父母，尊敬长上，和睦乡里，教训子孙，各安生理，毋作非为。"② 康熙朝也十分热衷于推行乡约，康熙将《圣谕十六条》颁行全国，将其作为乡村教化的基本内容。雍正皇帝更加重视乡约的教化作用。雍正二年（1724），雍正帝将其详细阐释《圣谕十六条》的《圣谕广训》颁布，并命直省督抚学臣转行该地方文武教职衙门，晓谕军民等通行讲读。③ 豫北许多县在明末一直到清朝建立之后，也纷纷施行了乡约政策，将其作为基层根本制度之一。如在顺治十六年（1659）编撰的《封丘县志》以及在康熙四十一年（1702）编撰的《延津县志》中，都专门设立了《乡约》部分，

---

① 王先明．近代绅士——一个封建阶层的历史命运［M］．天津：天津人民出版社，1997：90.
② 《清朝续文献通考》卷二一《职役一》。
③ 《清朝续文献通考》卷二一《职役一》。

详细介绍了在当时两县境内推行乡约的情况。①

根据常建华对明代宗族的研究，明代嘉靖、万历时期，中国浙江、江西、安徽等南方的一些地区官府在推行乡约过程中，尝试将乡约与宗族结合起来，在宗族设立约长，宣讲圣谕，将宗族纳入乡约系统中，从而在南方地区出现了"宗族乡约化"的趋势。其后常建华又将研究的视野投向北方地区，他以山西洪洞韩氏、晋氏宗族为例进行探讨，认为"宗族乡约化"也同样出现于北方地区。② 根据对豫北宗族的研究，此种"宗族乡约化"的趋势自明中后期开始也出现在了豫北的一些地区。

豫北获嘉县贺氏宗族第八世族人贺仲轼，前文曾提到，乃是万历三十八年（1610）进士。仲轼为有效地约束和管理族众，专门撰写《约族俚言》一书。其内容除了教导族人如何为人处事之外，还包含了类似于族规的条目：赋税、债息、田产、衙门、管闲、仆从、入宦门、头畜、亲友、教子、族党。③ 与获嘉县贺氏宗族的做法相同的是，封丘县边氏宗族第六世司马公之靖，乃是万历丙辰（1619）进士。据族谱记载，司马公之靖曾撰写有《同族约》一部，内容包括：读书、耕田、治家、和众、守理、纳粮、禁仆、守法、不欺，共二本九款，藏于家塾之中。④ 从《同族约》中的九款条约来看，包含了修身、治家、为人处事以及纳粮守法等内容。获嘉县贺氏与封丘边氏这两部族约，不约而同地在豫北的不同地区出现，这并不是偶然现象。获嘉县贺氏进行宗族组织化建设，正是在明朝中后期由贺仲轼组织和倡议下展开的，也正是贺仲轼编撰了贺氏的第一部族谱，由此，贺氏开始了其宗族组织化建设。与此相同，封丘县边氏也正是在边之靖的带领下开始边氏的宗族组织化建设的，边氏宗族的首部族谱也正是在边之靖编撰下完成的。通过以上分析，我们可以看出，明朝中后期，贺氏与边氏士大夫在族内施行族约很明显是受到了当时官府在乡里推行乡约的影响，

---

① 详见《封丘县志》卷四《乡约》，顺治十六年刻本；《延津县志》卷七《风俗·乡约》，康熙四十一年刻本。

② 常建华. 明代徽州的宗族乡约化［J］. 中国史研究，2003（3）；明代江浙赣的宗族乡约化［J］. 史林，2004（5）；《明代宗族研究》第6章《明代的宗族乡约化》，上海：上海人民出版社，2005：265-306；常建华. 明清时期的山西洪洞韩氏［J］. 安徽史学，2006（1）；常建华. 明清时代における華北地域の宗族の組織化について——山西洪洞晋氏を例として，大阪市立大學，《東洋史論叢》第15號，2006年11月.

③ 获嘉县《贺氏族谱》卷首，道光二十年刻本

④ 封丘县《边氏族谱》卷六《著作》，道光二年贻谋堂刻本。

而施行族约、编撰族谱等皆属于进行宗族组织化建设的内容，从这个意义上来讲，贺氏与边氏宗族组织化建设是以当地官府推行乡约为契机进行的，两族的宗族组织化的过程也就是"宗族乡约化"的过程。

豫北新乡县的张氏宗族也是豫北"宗族乡约化"的一个突出的例子。咸丰五年（1855），新邑知县祝垲颁布了《通禀举行乡甲约文》，文中要求在新邑实行乡约，与保甲兼而行之。文中言曰：

……我朝以耆老主讲约，保长主保甲，名虽异而法犹近于古。而《圣谕十六条》演说则易解易行，尽善而尽美，较古之三物五礼十二教，尤详备焉，实化民成俗之要训。使民家诵户晓，心维力行，必长善而救其失，刑不试而民咸服。则吏治蒸蒸，不至于奸者。故不在文网之密乎，是之谓补救良方；师周官而讲圣谕，即所谓补救良药也。新邑城乡计共三十六都卫，每都选都约长、都正各一人，每卫选卫约长、卫正各一人。本都、本卫中，庄大者自立一约，庄小者联数庄为一约，每约举一约长、一里正。本约中十约为一牌，举一公正牌长。其长必择家道殷实、正直廉明、众所信服之绅衿，不论贡生监举。应是责都长、都正为一都之乡长，尤当重其任以隆其体，由县印给执照，以为任使有志。自爱之士不肯自弃于不材而见辱也。每都再举约副二人以助之。每约再举品行端方、词朗畅者二人为约讲司书，记劝讲诸务。夫所谓都卫长者，即周官之党正也，所谓约长、里正者，即周官之族师也，所谓牌长者，即周官之比长闾胥也。分而任之，都卫各长与约长，专司教化劝讲事，因谓之乡约；都卫各正与里正，专司诘奸巡缉事，因谓之保甲；合而行之，长、正则和衷会办，勿许推委，故谓之乡甲。此各乡甲约之原委也。各都各卫编造户册，先书都卫约长、都正、卫正姓氏，约长、里正次之，牌长又次之，夫然后开列牌户，不论男妇老幼，均列姓氏于册内。如有外出探亲寄住者，亦须告知长正、牌长，另记一册，以备查。每都卫中设一乡约总所，每约各设乡约所一处，屋院宜宽大，中设香案，供奉圣谕，牌上则平列圣谕两大字，下书"十六条演说"，每约各立纪善、纪恶、纪改过三簿。约所门首仿申明亭制，各悬"彰善""警恶"二牌。每月分期劝讲两次，届期都卫约长督同约长、牌长，会同都里各正，按册点齐牌户，率至约所，序长幼、别男女、分班行礼毕。牌长各举本牌为人善恶，约长质证询明，分别劝戒，由约讲对众书之善恶簿，约长择其善多及大善者，大书其名于彰善牌名。下详注恶迹以示愧，其或真能改过者，书之改过簿，并准除恶牌，以予自新路。此仿古之考德纠过也。举善恶毕，约长高声宣讲圣谕两条，再将另开劝善警恶条目，缘方言俚语明白易知，使村僻小民，咸知劝惩。从此按期勤讲，旌淑别匿彰善殚恶，善知劝而恶知耻，耳濡目染，日异月新，可睹一道同风之化耳。此仿古之读法也。其名书警恶牌者，每期令其跪于中庭，俯伏听讲，使萌耻格之心，每将约三期，簿呈悬约一次。如有历著大善者，由县从优奖励。若有为恶多端，约长劝戒不悛者，传同长正牌长人证，质究明确，轻则薄责示儆，重则照例严办。所谓教之不改而诛之乎。……①

在此公文中，知县祝垲将乡约与保甲作为治理乡村社会的主要手段，并将以维护地方治安为主要职责的保甲同以教化为目的的乡约相互渗透，共同融合于对地方社会的管理与控制当中。公文尤其强调了乡约的作用，详细介绍了新邑实行乡约的情况，包括实施乡约的原因、乡约长的人选条件、乡约的作用以及如何在乡村宣讲乡约等，可谓详尽明白。

而新乡县张氏族人照丙凭借"读书文明远播"，加上张氏宗族在当地的威望，得以在乡里担任约长，宣讲乡约。在民国年间《张氏族谱》下卷《族贤列传》中记载"陕西祝爽亭（即上文所提到的祝垲，爽亭乃其字，笔者注）先生以名进士来宰鄘，甫下车即布德政，立乡约所，令举有学问人宣讲圣谕。公（照丙）应其选，得保举为约正（约长?）。"由此可见，新邑政府有意将张氏宗族引入保甲、乡约当中，使得宗族同保甲、乡约等日益融合。新邑通过官府，在乡里推行乡约政策，从而令张氏宗族得以将"化乡"与"化族"有效地结合起来。这不仅有利于地方政府通过宗族对基层社会的管理，也在一定程度上加强了宗族的组织化建设，进一步促进了宗族的发展，进而也提高了宗族在当地的声望与地位。从这一点来看，张氏的宗族组织化建设也称得上是"宗族乡约化"的过程。需要说明的是，豫北地区地方官府利用乡约进行教化的政策，在明清两代均得到推行，只是由于各地的具体情况不一，在各地的实施情况也不尽相同。新邑在乡里推行乡约政策，也当是明清两代均获实施，只是在咸丰朝时新邑地方官府官员又加强调，并非仅在清朝咸丰年间之后才受到乡约影响的。

---

① 《新乡县续志》卷三《艺文》，民国十二年刊本。

第二节 豫北宗族与地方社会公共事务

既然豫北宗族与地方基层组织密不可分，宗族同基层组织有某种重合的关系，宗族内部代表人物有时还充任官方基层组织领袖，那么，宗族不仅对本宗族族人与内部事务进行具体管理，而且也不可避免地肩负着管理地方社会公共事务的任务。事实上，为了提高本宗族的声望与地位，最大限度地取得在地方社会中的话语权，宗族与宗族中以士绅为代表的族人也相当乐意去处理地方公共事务，贡献乡里。

作为宗族代表人物的士绅与官府朝廷有着密切的联系，他们是官府朝廷与地方社会的"中介"，在一定程度上代表着官府朝廷在地方上的存在。正如瞿同祖所言："士绅是与地方政府共同管理地方事务的地方精英，与地方政府所具有的正式权力相比，他们属于非正式的权力。两个集团相互依存，又各自以不同的方式行使着自己的权力。"① 士绅在地方社会中享有的"非正式权力"往往与宗族组织紧密联系在一起，两者相互依存、相互转化。士绅依靠宗族获得名誉、声望和地位，与此同时宗族也透过适时地将宗族内部士绅的个人荣誉、权势和社会声望转化为整个宗族可以利用的社会文化资源。宗族成员的个人所取得的荣耀也就意味着整个宗族集体的荣耀与地位，二者相互增长，共同积淀累积，从而成为用于继续构建名门望族的社会文化资源。

由于宗族的代表人物——士绅，其日常就生活在地方社会之中，因此，其与地方社会密不可分。出于增强自身以及其所依托宗族声望与地位的考虑，豫北士绅对于地方社会公共事务贡献良多，主要包括在处理一般性地方事务与处理文化教育事务两方面的贡献。

一、豫北宗族在处理一般性地方公共事务中的贡献

以士绅为代表的豫北宗族，凭借宗族与其族内士绅的声望与地位，在地方社会的一般性公共事务中起到主要作用，主要包括在地方社会中济世救人、协

---

① 瞿同祖. 清代地方政府［M］. 北京：法律出版社，2003：282.

助地方政府收缴赋税、解决地方社会乡民纠纷、维护地方社会秩序、参与地方社会建设等方面。

前文所重点讲述的新乡郭氏宗族及其族内士绅，就对当地许多公共事务做出贡献。如前所述，新乡郭氏宗族自三世郭永坚时开始读书仕进，此后代有显者，不绝如缕，郭氏也日益兴盛，成为当地望族。在郭氏十一世郭遇熙撰写的《重修族谱序》中就言称："郦邑之称巨族者，谬以吾郭氏为最，且以明经起家，再传而登贤书，数传而列公卿，祖孙、父子、兄弟之间，甲第连绵，学宫岁荐之士，累累若若，于今不衰。"文中郭遇熙自豪之感溢于言表。而十三世郭两铭也言道："自三世祖陵川公以下，九列乡贤，六祀名宦，两祀忠义祠。"可见郭氏在当地有着良好的声誉，获得了巨大的声望。

作为新乡县的地方大族，凭借历代不绝的仕宦成就以及在当地获得的良好声望，郭氏宗族得以积极介入当地一系列的地方事务，在当地产生了重要的影响。

自古以来，"扶危解困""轻财好义"一向为人所称道，尤其在中国这样的乡土社会，更会将其作为传统高尚道德的评价标准。而郭氏作为新乡县当地望族，在救济乡邻方面起到了导向作用，为乡人所称道。早在明末清初时，郭氏第九世郭浇就"每春出粟豆，分给相邻，不责其偿"[1]，已经有了造福乡族的行为。这种行为不仅为郭氏后人继承从事这种善行竖立了榜样，而且也扩大了郭氏宗族在当地的声望。其后郭氏后代更不乏此类高义的行为。在光绪时期编撰的《郭氏族谱》卷九《乡贤》中记载，郭氏第十世郭士标"立心宅厚，凡遇饥荒，即发粟赈济，存活多人。无论族人外姓，凡有贫穷不能婚葬者，解囊相资，通邑称为义士"。在《乡贤》卷中还具体讲述了郭士标解危济困的事例。在明末兵乱之中，有兵丁掳掠山东一名妇女，将其卖给了郭氏。士标知道后即问此妇的地址，当得知其为山东高密县人生员李旭的妻子后，便派遣家人将其护送回家，使夫妻二人得以团圆。郭氏第十一世郭遇熙也继承了祖、父们的优良传统，时刻以解危济困为己任。此外，《乡贤》中载，郭遇熙"性喜施与，凡遇亲党婚葬不足者，乐于助之"。十分耐人寻味的是，在郭遇熙身上也发生了与本书刚才描述其父郭士标解救被卖妻子一样性质的事情。据《乡贤》载："有河阳流民范

---

[1] 《新乡县志》卷三十《人物上》，乾隆十二年刊本。

得正，贫苦鬻妻。（遇熙）力阻售主，偿以买价，恤以衣食，夫妻得全。"之所以会出现此种巧合，我以为类似此类助人济困的事情，最容易为传统乡村社会所接受。而能够得到义士相助最终使得夫妻大团圆结局，最能在乡民中得到共鸣，也最为乡民所津津乐道，很自然郭氏必会获得极大的敬重和赞颂，郭氏在当地的影响也会愈来愈大。

与新乡县郭氏在地方社会中所进行的种种善行相同，明清以来，作为新乡县的另一望族，新乡县张氏在竭力进行宗族建设的同时，也凭借其累世不绝的宦望以及所占有的各种资源——包括财力资源以及文化资源——积极投身于地方社会的各种事务中去，使得在明清时期新乡的社会进程中深深烙下了张氏宗族的痕迹。

张氏宗族在"轻财好义""扶危济困"诸方面的表现也极为突出，受到其所居住地乡民们的推崇与赞颂。早在明末时期，张问仁之父张登就在乡里中"轻财好施，周恤贫乏"①，为张氏在当地赢得了良好的声望，也为张氏后代树立了良好的榜样，此后张氏代代不乏此类行为。张问仁在致仕归里后，也"为德于乡"，如"辛已，岁大饥，出禾活万人，先帝手诏旌之"。② 问仁子绅彦于崇祯庚辰年间（1640）当地遭受水灾时，不辞辛苦，积极出面"捐资煮粥，埋瘗掩骼，惟恐民之有殍也"。③ 进入清朝之后，张氏依然不乏济世助人的行为。张氏第十六世应荣"荒年所得赈，推以与族之贫者"，此外，他为乡里的建设做出了许多贡献，包括"除道路，修庙宇及乡党亲族婚丧诸事捐资成就"等。第十七世族人照源在"岁荒歉"年月里，"鬻药饵，遇鳏寡孤独，不问姓名，概不索偿"，故此赢得乡里的尊重，"闾里间称仁厚焉"。④ 此外，有关张氏族人救济乡民的事迹在张氏族谱中比比皆是，在此便不一一列举。

豫北宗族在乡里的种种义举，为其顺利地介入当地乡土秩序的管理中赢得了资本，再加上宗族所独有的宦望以及文化优势，宗族内的代表人物得以充当乡民纠纷的调解者。凭借新乡县郭氏在当地的望族地位，郭氏还成为乡民、士绅的领袖，成了沟通乡民与官府的桥梁。族人培乾，乃遇熙之子，"性孝友，好

---

① 《新乡县志》卷三十三《义行》，乾隆十二年刊本。
② 《新乡县志》卷二十六《邱墓上》，乾隆十二年刊本。
③ 《新乡县志》卷二十七《邱墓下》，乾隆十二年刊本。
④ 新乡县《张氏族谱》下卷《族贤列传》，民国五年续修本。

持大义",在当地社会中有着相当高的声誉,许多乡里事件都是由其出面而得以圆满解决的。新邑有一庠生名三德,其"母本赵氏女也,幼失父从母,改适李氏,既笄而嫁,生三德,及卒从赵姓,而李氏争之,成讼。邑令陈公断以礼制,姓氏宜从父不从母。李复生控,本郡竟依,子改母姓李,饬罚赎,需八十金,檄比严切"。此事在当地引起议论,"公论不能平",于是乡绅共同推举培乾出面,"乾以名教所关,慨然携诸绅士力白之,卒正其事,三德感佩终身"。① 这件事表明,郭氏在维护当地伦理道德秩序方面起到了很大的作用。

张氏宗族也起到了同样的作用。张登为乡饮耆宾,居乡里素以"仁厚遗世""以德感人"而著称,因而"有不逞之徒,不畏公庭而畏其清议。故里闬有纷争者,咸取平焉"②,由此可见张登在乡里中的作用。此后张氏族人多有此类行为,例如在民国《张氏族谱》下卷《行述》中记载的张氏第十八世恕增,在乡里以才德著称,"有请教于先生(恕增)者,先生无不委曲开谕,涣然冰解。故乡人有过,不愿使先生闻之。而雀鼠微嫌,片言得释"。即便是在外地,恕增也有很大的影响力。如果有本乡人在外地临时有难处,只要向外人提及自己和恕增是同乡,报恕增的名字告诉对方,乡人往往会得到外地人的帮助。恕增在当地的影响可见一斑。

在一些特定的时期,当地政府甚至都要借助宗族内士绅的力量,以更好的处理地方事务,维护地方社会秩序。据民国《张氏族谱》下卷张缙彦撰《别驾公行述》中记载,张问仁在当地威望甚高,"邑中有大事,长吏每虚以諮询,无不中肯"。问仁子缝彦也曾以类似于当地政府在地方的"代理人"身份,处理地方事务。明万历己卯年(1579),当地发生饥荒,"上发币金赈济,公(缝彦)代长吏,调划有法,煮粥施药,活数万人"。③ 清乾隆二十二年(1757),新乡县当地又遭天灾,当地政府特地委派张氏族人来洛负责赈灾事宜,乡民得沾实惠,"士民德之"。④ 能够协助政府在紧急情况下处理地方事务,足见张氏在当地影响之深。张氏有时还能代表乡民,将民意上达官府,为乡民谋利益。张氏十六世应荣平日在乡里多有威望,"宗戚间有争执,为之排难解纷,无不服

---

① 《新乡县志》卷三十三《义行》,乾隆十二年刊本。
② 《新乡县志》卷三十三《义行》,乾隆十二年刊本。
③ 《新乡县志》卷二十七《邱墓下》,乾隆十二年刊本。
④ 新乡县《张氏族谱》下卷《族贤列传》,民国五年续修本。

者"。乡中有邢某，以孝顺而闻名，应荣出面为其向官府举报请旌。① 可以说，张氏在官府与乡里之间起到了一种媒介的作用，可以很好地沟通二者之间的关系，进而稳定当地的社会秩序。

作为官府与地方社会的"中介"，宗族同基层组织有某种重合的关系，豫北宗族在管理族人、乡民以及收缴赋税等方面也有着相当突出的作用。宗族内的族规、族约等本身就带有管理族人日常生活的内容。在一些一姓为主的村庄内，一般由村内大姓担任基层组织首领，这些族规、族约也成了约束其他各小姓的规章制度。宗族一般都鼓励族人按时交纳赋税，承担各种徭役。例如，新乡郭氏族规，其中便有"戒抗粮"一条，要求族人务必要以完纳朝廷粮税为先。获嘉贺仲轼所著的《约族俚言》中"赋税"一条也规定："耕地必须纳粮。借债犹应还，况蒙国家土地恩养，而衣食之可欠钱粮乎？获邑积甫已极，无不以乡宦为归咎。其实，乡宦何曾欠粮。即以吾合族论之，总计粮银不过三百两，历年为滑胥支馘。凡本里欠粮，必以吾家为指称。每遇官比，不论某某欠粮，必漫应口，系某宅欠，吾家受尽间气。今不得已，与本社分甲纳粮。吾族已完，而滑胥之积弊如故，亦可谓水落石出矣。然滑胥之耽，犹未已。倘不及早办纳，无论顿忘分甲之故谓何，且得勿使滑胥又借为应比之比例乎？况迟速总是要完，何苦后于人。"② 贺仲轼在其中不厌其烦地告诫族众，务要以纳粮为先。再如安阳《马氏祠堂条规》当中也规定："庶民得安田里，皆官法有以镇抚保护者也，宜何如尊敬奉守。若拖欠钱粮、躲避差徭、匿漏契税以及赎卖硝磺、私钱、私盐等，皆为犯规。"③ 要求族人首先要完纳钱粮。

新乡县张氏族人中除了读书科举闻名当地外，还有不少族人是医生，他们医术高明，在当地治病救人，这也为张氏宗族获得了不少赞誉，扩大了张氏的影响。如张应荣因"亲老多疾"，乃决心学医，后来医术益精，"济人全活甚众"。④ 张氏第二十世积恩、积良亦精通医术。族谱下卷《行述》载，积恩"术精岐黄，无论贫富来请，靡不即时随往，再三医治，不惮其烦，其救苦有如此者"；积良亦"以行医济人为宗旨，遇贫穷者，率以徒步就治病瘰，弗索谢资。

---

① 《新乡县续志》卷五《人物》，民国十二年刊本。
② 获嘉县《贺氏族谱》卷首，道光二十年刻本。
③ 赵秀玲. 中国乡里制度 [M]. 北京：社会科学文献出版社，1998：183.
④ 《新乡县续志》卷五《人物》，民国十二年刊本。

往往有贷以药饵不责其偿者。自壮至老如一日，故周围数十里，无富厚贫困、老壮妇孺，有口皆碑。凡所至处，莫不尊而称之曰：'张先生来也'"。诸如此类的善行，为张氏赢得了良好的声誉。

在乡村社会中，宗教信仰一直在乡民日常生活中占有重要地位。而庙宇自然就与乡民的生活息息相关，多数乡民在日常都要进入庙宇进行参拜祈福，进行宗教活动。张氏族人就十分注重对庙宇的维护与修葺，以求为乡民的宗教活动提供便利。小宋佛村旧有一寺庙曰西明寺，相传为宋朝时所建，至明万历年间，因该寺"积岁不葺"，已经残破不堪，有倾倒之危险。面对此情况，村中耆老张登首倡义举，与村民们商议对西明寺进行修建，村民纷纷响应，各出"金帛米盐"，募工兴作，"不逾岁而告成"，殿宇加固，修葺一新。① 新邑县城东门有关帝庙一座，为元朝至正年间所建，规模宏大，"正殿五楹，拜殿三楹，舞楼三楹，东西并有耳门"。关帝庙被看作当地的保护神，是乡民进行参拜祈福以及娱乐的重要场所。在乡民心目中占有重要地位。② 在明朝万历、崇祯以及清朝康熙年间，此庙均得到过重修。到了乾隆年间，该庙又得到重修。乾隆十一年（1746），张氏族人张来震年已花甲，但仍"不惮劳瘁，敬约同志，捐赀重建"，关帝庙得以重修并扩大规模。重修之后，来震还专门撰写记文，以记此次重修关帝庙的经过以及意义。③ 张氏能够首倡其议，带领乡民兴修庙宇，成为当地宗教信仰活动的维护者与组织者，使张氏在当地的声望愈隆。

二、豫北宗族在地方文化教育事业中的贡献

与豫北宗族在地方一般性公共事务中所起到作用相比，其在当地的文化教育事业中所做出的贡献则更大也更为重要。由于豫北宗族的代表人物——士绅们大多是拥有中低级功名的读书人，因此他们更热衷于利用其读书人的身份，在与他们日常生活密切相关的地方社会中，修建教育文化场所、兴建学校以及倡导以儒家理念为导向的风俗习惯、进行移风易俗教育等。

在新邑的文化、教育事业方面，郭氏、张氏都起到了一定的作用，各自做

---

① 《新乡县志》卷二十五《祠祀下》，乾隆十二年刊本。
② 有关华北关帝庙的描述可参见〔美〕杜赞奇. 文化、权力与国家：1900－1942 年的华北农村〔M〕. 王福明，译. 南京：江苏人民出版社，1996：97－102.
③ 《新乡县志》卷二十四《祠祀上》，乾隆十二年刊本。

出了贡献。郭氏是依靠科举入仕而成为当地望族的，因此相当注意学校的兴修，为培养更多本地的读书人创造便利条件。康熙三十五年（1696），郭氏族人郭遇熙发动新邑中"绅士社甲之好义者"，共力翻修了邑内义学德化书院。新邑本旧有德化书院，乃新邑县令李登瀛"分俸以建"，后又"延师以训弟子"，义学建成，在当地影响很大，引得当地学子纷纷入学，"阖邑之英俊黄童出入拥匝，咸欲占片席以为荣"。但此书院由于年月长久，"屋宇湫隘，户外屦满，常有立星露宿之虞"，因此当郭遇熙回乡时感到（书院）"甚非所以广施教铎而收罗人材至意也"。因此郭遇熙才首发倡议，遍邀邑内好义者共同将德化书院修茸扩建一新，从而为更好地培养人才创造了有利的条件。① 在此之后，郭遇熙之子郭培埔也竭力效仿其父，积极协助当时新邑县令时正修缮了梓潼祠，也为当地文化事业做出了贡献。梓潼祠"其先名讲堂，邑人敦书说礼会文肄业之所也"，但也因为年久失修，院内垣壁残坏，"栋瓦倾颓"，可谓破旧不堪，影响了其正常使用。乾隆二年（1737），时任新邑县令时正决定重修梓潼祠。郭培埔受其父影响，同时出于为当地培养后进学子的愿望，也不遗余力从中协助。郭培埔最终在新邑县令的领导下，协同新邑另一望族—张氏宗族族内士绅张资汉，共勷其成，将梓潼祠修缮一新，为当地学人营建出了一个良好的读书识礼的环境。②

再看新乡县张氏宗族对于新邑文化教育事业做作出的贡献。由于张氏族人也多数为读书人，且绝大多数为当地的邑庠生等低等功名的拥有者，故其活动区域多是在新邑当地，因此，张氏族内士绅门在当地的文化教育事业中所起作用也甚大，且影响深远。

张氏族人也相当注意县内文化教育设施的修建，从而为本县读书人读书中举创造良好便利的条件。在此方面，张氏族人资汉所做贡献尤为显著。张资汉与新乡县前后两任知县关系都颇为融洽，在知县修建本县各种文化教育设施时，当时为生员的资汉都得以参与并具体负责。资汉除了在上文提到的，于乾隆二年（1737）协同新邑郭氏宗族族人郭培埔修缮了境内的梓潼祠外，还修建了县内的许多文化教育类的建筑。新邑在明朝时建有聚奎楼一座。由于当地人认为"奎壁主文，故五星聚奎，则天下文明"，故建此楼，作为新邑文脉兴旺所在，以此来护佑新邑文运昌盛，举子高中。但至乾隆年间，因为新邑近年来连岁遭

---

① 《新乡县志》卷十二《学校下》，乾隆十二年刊本.

② 详见《新乡县志》卷十一《学校上》，乾隆十二年刊本.

霪雨为灾，聚奎楼"栋莛大坏，沙碛沉零。向之巍焕崇隆者，几有荒烟漫草之慨焉"。乾隆六年（1741），新任新邑知县赵开元因念今年乃学子大比之年，遂捐俸重修聚奎楼。张氏族人资汉也协助赵开元倡其事，号召全邑士绅"轮赞致力，众志金同"，资汉具体负责并"资助肇工"。聚奎楼于当年五月落成，焕然一新，从而使新邑士子于科举考试方面吃了一颗"定心丸"，据称当年果有新邑学子科举高中。① 乾隆十一年（1746），知县赵开元又捐赀对邑内多项文化教育设施进行整修，包括大成殿明伦堂、敬一亭、肇圣宫、名宦忠义孝弟节孝等祠、儒林坊及教谕宅、文昌阁等。此次大规模修整县内的诸多文化教育设施，县令赵开元又令资汉具体负责施工等事，将这些建筑修建一新并增其旧制。② 张氏在县内修缮众多的文化教育设施，不仅会使邑内士子们受益颇多，并会在读书人中间获得更多的赞许声，此举无疑也在无形之中扩大了张氏宗族在当地的声望。

张氏族人除协助当地政府修建官办教育机构外，还于清朝后期创设义学，不仅使本族子弟得以入学读书，而且为乡里培养了众多的读书识礼之人。张氏宗族成员照明、照宁两堂兄弟，因幼年家里贫困，不能读书，依靠经商等方式发家之后，便积极在乡里筹划建立义学。二人先捐出"金数十千"充作基金，令族兄照暄代为经营，采取古人"称贷法"，使基金累年生息。数年之后，兄弟二人购置"庄基一所，为讲习地"，后又购置"良田数十亩，以每岁租课，作脩金"，以便"延师训诲"，作为聘请塾师之费。义学建成之后，收到很大成效，"邻里亲族子弟由此成就者，不可胜数"。乡族"嘉其懿行"，纷纷赞誉张氏兄弟的行为，并且"公送屏障，以旌其疏财嗜学"。③

在清末光绪、宣统年间，张氏族人积芝在当地启迪民风、兴办教育方面起到了积极的作用。光绪年间，朝廷实行"新政"，废除科举制度，开设新学堂。积芝在地方也积极响应，热心于本县的教育事业。光绪二十三年（1897），积芝当选为新邑第五区劝学员，得以深入所辖各村进行劝导，推广教育。积芝"无远弗届，不辞劳怨"，于第二年春劝设两等小学校。积芝也由于其所劝设的学校为全县最优学校，受到县知事韩秀岭表彰，并得到知事所赠"热心兴学"的匾

---

① 详见《新乡县志》卷十一《学校上》，乾隆十二年刊本。
② 详见《新乡县志》卷十一《学校上》，乾隆十二年刊本。
③ 详见新乡县《张氏族谱》下卷《义学》，民国五年续修本。

额。宣统二年（1910），积芝又劝办简易识字学塾数十处，并且代购简易识字课本，每塾各发一卷，为普及基层教育尽心尽力，当时新邑知事王荃士亦敬赠"为国储材"匾额，河南提学使孔祥霖也奖赠"劝学有方"匾额，对积芝在新邑教育中所做出的卓越贡献予以表彰。①

　　张氏宗族对当地教育所做出的最直接贡献，还是其族人开馆授徒，为当地直接培养读书人材方面所取得的。顺治八年（1651），朝廷便下令："各提学官督率教官，务令诸生将平日所习经书义理，著实讲求，躬行实践。"② 要求各地生员士绅将其所学儒家知识，向民间讲述。张氏族人在乡里中讲解儒家精要，培育人才方面可谓居功至伟。族人资淇，乃乾隆庚戌年（1790）进士，曾受新邑县令所聘，入主郦南书院主讲，"一时人文蔚起""负笈相从者踵接于道"③，资淇还专门为郦南书院撰写《郦南书院条规》一卷。④ 当然，在张氏众多读书人当中，更多的还是因科举失利而执教乡里的普通文人士绅。如族人资佃，"屡试秋闱不售，遂无意进取。设塾于家，凡亲族中愿从学者，悉翕受之，殷勤督课。或有家贫不作束脩礼，公不计也"。⑤ 张氏还有一些读书人因教书授生徒而声名远播，甚至引得当地官府的注意。族人来旬立家社，授徒于家，因从学者日众，"一时知名"，"邑长令慕其品，延主义塾讲席"。⑥ 族人应棻，乾隆时贡生，在乡里教授子侄与生徒，循循善诱，"受业者无罔帖然心服"。"邑令薛侯瑞廷慕公学，延主讲席"，其受业诸生"入膠庠领乡荐者，指不胜屈，一时桃李称盛焉"。⑦ 族人恕增亦以"成就后学为己任"，于乡里设教，"其门下成名者前后数十人"。新邑县令祝垲"闻先生名，折简招之"，恕增不至。其后祝垲"于古郦书院会将之期，特具聘函请先生宣讲"，可见对恕增之器重。⑧

　　另外，还须一提的是，县志的编纂乃一地方之重大文化事业。就新乡县史志的编撰而言，郭氏、张氏作为当地的名门望族，也都积极参与进来。据乾隆版《新乡县志》前言的"旧修姓氏"中记载，从明朝到民国，几乎每次《新乡

①　详见新乡县《张氏族谱》下卷《族贤列传》，民国五年续修本。
②　《钦定大清会典事例》卷三八三《礼部·学校·劝惩优劣》。
③　详见新乡县《张氏族谱》下卷《族贤列传》，民国五年续修本。
④　《新乡县志》卷二十二《文艺中》，乾隆十二年刊本。
⑤　详见新乡县《张氏族谱》下卷《族贤列传》，民国五年续修本。
⑥　详见新乡县《张氏族谱》下卷《族贤列传》，民国五年续修本。
⑦　《新乡县续志》卷五《人物》，民国十二年刊本。
⑧　《新乡县续志》卷五《人物》，民国十二年刊本。

县志》的修纂都有郭氏、张氏族人参与进来。据记载，明万历己卯（1579）志，郭氏族人郭从可纂；明万历甲午（1594）志，郭氏族人郭浇、郭磐与张氏族人张问善採蒐；明崇正庚辰（1640）志，郭浇与张问仁、张缙彦参阅，郭士标与张缝彦採蒐；清顺治己亥（1659）新志，张缙彦纂，郭士标与张欲含参校；清康熙癸酉（1693）续志，郭晋熙参正；清乾隆丁卯（1747）志，郭均、郭泓、郭堭、郭洲与张来震分编；民国十二年（1921）续志，郭锦林与张星耀採访。从中可见郭氏与张氏族人对历次编纂《新乡县志》都颇有贡献，为地方文化资料的保存起到了一定的作用。

明清豫北宗族在倡导风俗、移风易俗方面也起到了积极作用，主要表现为宗族内士绅们以儒家伦理道德为理念，来感化乡民，进行化乡教育。尤其是在世风日下的情况下，士绅们所起到的作用尤其突出。

前文提到的豫北封丘县边氏宗族，其族内在明末连续有族人高中进士，获得科举功名的族人更是不胜枚举，乃是封丘县当地的望族。由于明万历以来，民风渐奢，世风日下，此行为引起当地士大夫的注意与忧虑。边氏宗族第六世司马公之靖，乃是万历丙辰进士，特地撰写《风俗利弊图说》一文，以图在乡里进行移风易俗，挽世风于既倒。其文节选如下：

> （封丘）盖有河之害无河之利……民田南距黄河坍塌，北接沙毛不种。沃土居四，其六则沙碱。多民贫，河复累决冲突，有全村尽没者，有半存者，有一村仅存庐舍而林木一空尽斩为刍楗者……民贫而寡蓄，婚丧日租，动至称贷……缙绅仕宦，守礼悄悄，俭质一如寒素。士气端愿，负气径直，任拙守贞，气习不变，千古耻于为纤驵，力田自给，苦于治生，或涉游惰。近稍有潜心下帷，延师讲学，此亦穷而将变时也。若夫迩来宫室之渐侈也，女妆之渐富溢也，醮馔之渐丰也，屠肆之渐烦伙也，婚葬之渐崇繁靡也，则省会之渐流在。司风化者，折中而求其敝。又狱弩之未尽灭减也，吏役舞文之未尽戢也，孤寡流移之未尽安也。与夫兴贤育材，表闾旌节之未尽举也。俟履任周岁次第而究其成倅，因问俯询，谨给图条略数端具览外，俟询访各悉民情土俗再报。[①]

文中边之靖指出了封丘田地贫瘠，且间或遭受水灾，民生凋敝，乡民积蓄

---

① 封丘县《边氏族谱》卷六《著作》，道光二年贻谋堂刻本。

无多。但近年来，封丘却出现了生活奢靡等反常现象，故此，之靖深为忧虑，特撰文提出倡议号召，要求"兴贤育材"，使封丘县地方社会重新返回到以儒家道德规范为标准氛围之下。

新乡县的郭氏宗族，同样在当地的移风易俗建设中贡献突出。与封丘县边氏宗族族人撰文就民风问题提出倡议、号召不同，郭氏在当地最深远、最不可磨灭的还是其所推崇并且身体力行的儒家伦理道德对当地乡民的影响，尤其是郭氏宗族所竭力奉行的孝道对当地影响深远。郭氏宗族强调孝道由来已久，据乾隆年间刊《新乡县志》记载，自六世郭孔完始，历七世郭千之、八世郭蒙吉、九世郭涓、十世郭士栋、十一世郭遇熙等，皆有居父母丧，庐于父母墓侧的孝顺事迹传世。到十二世郭培墉时，其将此种孝道精神发挥到了极致。培墉也因其孝道成为地方道德规范的楷模，为乡民所称道。郭培墉，字勤若，邑廪生，乃郭遇熙第六子，以孝道闻名于世，人称"郭孝子"。郭培墉孝顺的事迹甚至带有了些许神话色彩，在当地广为流传，为人们所津津乐道。此事在乾隆年间刊《新乡县志》卷三十二《孝友》中有详细记载。据文载：

> （培墉）性仁厚、温和，尤笃于孝。生母白氏殁，庐墓三年，晨夕哭奠，终始如一日。茔外旧有先祠，忽邻舍遗火延及祠内，墉直入，抱木主，冲火而出，仓卒遗母像，复从烈焰中检得之。既出，具衣冠向火再拜，火随灭……

在这段表现郭培墉孝道的描述里，其对母亲的孝甚至感动了上天，使得祠内大火得以熄灭。郭培墉的孝道在当地产生了很大的影响，乡民们在当地修建了"庐墓碑"，以纪其事，表现了对其道德品格的认同。在清初大儒孙奇逢后裔孙用正为此碑撰写的《庐墓碑文》结尾处，作者感叹道：

> ……今日之聚族而居者，皆不匮之孝思，锡之者也，如之，何其能忘也。况茔近荒山，民风乔野，鲜知有礼。孝子善气迎人，与父言慈，与子言孝，与兄言恭，俾樵夫、牧竖得闻礼教，真不啻生我与成我也，如之，何其能忘也。嗟乎！郭君之孝，人皆知之矣。然心知其然，而未能名其所以然。乡人之目见之，不啻其身有之。遂不觉言之亲切有为味。则其所以为者，知非借庐墓之名以铄人耳目者矣。在郭君抱恨终天，既非有所要结于乡人，而乡之人亦止欲各亲其亲，各长其长，一经提醒，孝弟之念油然

自生，故不觉爱之、重之、咏歌之、传颂之而不能自已也。此心□理之，同移风易俗之效。观于一乡而天下可知矣。

在孙用正看来，郭君培墉的事迹在很大程度上影响到了当地乡民，使其皆知儒家礼仪孝道，这就起到了移风易俗之功效。

郭培墉的事迹还引起了当地政府机构的注意，新邑知县赵开元便有意识的借助其来宣扬儒家孝道，教化本邑乡民。乾隆时期县志卷二十三当中，还专门引用了赵开元撰写的《孝子录序》一文。赵开元在赞扬郭培墉庐墓行为时曰：

> ……（培墉）孝如是乎，史册之所仅见者，而顾得之今日且遇之兹邑乎？孝子身列胶庠，名发之怀固倍常人。然居丧倚庐寝苫枕由，亦云哀毁尽礼，而犹必三年墓侧寝处弗离。倘所谓事死如生者，非耶？今夫天性人所共具，虽委巷匹夫，悲感终天，不难凭棺伏冢，哀极痛长，迹其呼天抢地，一往而深，几几乎欲从泉下。迨日久月深，余哀渐弛，有无俟从旁曲慰而已，稍稍忘之，其能三年如一日乎？况深山旷野之中，荒烟蔓草、走磷飞萤、狐狸之所嗥，麋鹿之所息，所见樵夫、牧竖往来踯躅，无一不动其凄凉，悲苦之思，苟非深爱，常存至诚，固结将挽焉，不能终日矣。而孝子顾舍先祠弗栖，朝朝暮暮，露处坟傍，若忘其为苦雨凄风之境者，岂矫强于一时所能致与？考孝子庐居时，磷火及祠，奔抱木主往来烈蹈中，卒拾遗像而出。其事大奇，一似昊天故试之艰难危险之地，以观其真挚。迨仓皇赴火，天鉴厥诚，然后出之颓垣，导之童子，并显其孝行之奇。是则旌门表间，丰碑屹然，为此邦之人称道，不置固宜。嗟呼！作民以孝，守土之人所日切于心者也。安得尽如孝子者，以一副主持风化之望乎？

赵开元认为郭培墉所行之孝道为常人所不能有，乃是当地奉行孝道的典型，因此，他有意识地将培墉塑造为当地的道德楷模，对其孝道大加赞颂与宣扬，使其在当地有了更加深远的影响。

三、豫北宗族势力对地方社会的破坏

豫北宗族在处理地方一般事务以及地方文化教育事业中所做贡献颇多，均起到了积极的作用。然而凡事皆有两面，宗族在促进地方社会建设与发展的同时，在特定情境之下，会对地方社会的发展造成一定障碍，也会同试图竭力将

统治政策贯彻于地方的朝廷政府发生矛盾与冲突。

由于宗族只是代表着宗族本身的利益，其关注的只是本宗族的发展与实力的增强，因此，宗族身上就难免带有封闭性与保守性这些固有的习性。这就不可避免地在一定程度上同地方和国家的利益发生矛盾。尽管豫北宗族实力不如南方宗族强大，且豫北地处中原，王权政府的政令比较容易在当地贯侧执行，但这种矛盾仍是不可避免的。

首先，宗族利用族规、祠堂等对族人的管理，固然可以减少官府朝廷的成本与开销，提高办事效率。但如果政府任由宗族在族内行使"司法权"，对宗族一味地姑息容忍，难免同国家的条文与法律发生冲突，甚至影响到国家对基层社会的统治地位。正如德国学者马克斯·韦伯所认为的："事实上，氏族拥有为其成员立法的权力，此一权力不仅具有超越法律的效力，而且在某种情况下，甚至在宗教礼仪问题上，还具有抗拒法律的效力。"① 清代在中国南方地区经常发生宗族首领处死族人事件，从而引起了统治者的对此问题的重视与讨论。豫北地区宗族其对族人的管理，虽不像南方那么随意与粗暴，但也都强调族内的事情一般在宗族内部讨论与解决，禁止通过官府解决。例如，上一章中提到的新乡张氏宗族《族规》中就有"立家长以统族众"条，其内容为："家法废而族众涣，不可无人焉以统之。合族公议，推贤而有众望者一人为家长，以联一族。一切不孝不弟以及游荡、赌博、滥酒、武断得罪公论者，送入祠堂，听家长教戒。即彼此争竞，亦必先诉家长，不得遽词至官。违者除以不率家教重惩外，仍复公同送官究治。"这表明族内之事一般应由族长等处理，只有当宗族首领处理不了时，才会告官处置。当然这其中的处理好与处理不好之事，乃是根据宗族的利益，由宗族首领决定的。从中可以看出，在宗族及其首领管理族人、处理宗族内部事务的过程中，一切以宗族利益为重，是将地方社会与国家的利益置于次要地位的。

其次，宗族在处理同其他宗族的关系时，也是完全以本宗族的利益为核心，这也不可避免的同其他宗族与族人发生矛盾，不利于地方社会的安宁与稳定。尽管在豫北的地方文献中较少出现像南方那样宗族间大规模械斗的记载，但豫北宗族在地方社会中族人拼斗、欺凌小族、横行乡里、出入官府的现象应当还

---

① 〔德〕马克斯·韦伯. 儒教与道教［M］. 洪天富，译. 南京：江苏人民出版社，1995：107.

是较为普遍的。例如，在雍正五年（1727），河南巡抚田文镜所颁贴的告示《再行劝谕愚民惩忿戒斗、保全身命事》中，田文镜就指出："豫省民俗强悍，好勇斗狠，或因尺寸之上即兴戎，或因升合之粮而即截杀，或一言不合而拳棍交加，或细事不和而刀枪并举，或邻居世好，偶因童妇而成仇，或聚处集场多因一醉而拼命。"① 由此可见，河南地方社会中，有关不同宗族族人之间的矛盾还是存在的，有时这种冲突还相当剧烈，后果也相当严重。

出于为亲者讳等原因，在豫北宗族族谱中当然很少这方面的记载。同样，在主要由宗族士绅编纂的地方志等地方文献中，也较少这样的记载。但我们从豫北宗族所定立的族规、族约中某些条规却可以隐约看到宗族的这种行为。例如，在新乡县《郭氏族规》中就有"戒争讼"条和"戒包揽田地"条。其中"戒争讼"条规定："居家莫如忍，忍则不争；处事贵于和，和则勿讼。每见负气恃力者，以阅欧争方起而力已竭，究至两败而俱伤。何如不争之为美好，胜者挟财以呈告，讼未结而财已空，竟至只身而反坐，何苦勿讼之可安，纵有事出万难，情非得已，不容不鸣于官者，亦当平情则止，忠厚存心，留余地以处人，勿刻薄以自喜。近世有因此而辱身破产者，凡我族人宜共惕焉。"而"戒包揽田地"条规定："各守尔田，何必贪他人之田，以取利；各完尔赋，何为揽异姓之赋，以行私。倘不畏王法，任意吞肥，或仇敌告发以罗刑，或官吏究察以治罪，真谓所取不偿其所费，有利必至于有害也。凡我族人，各当恐惧。"这两条规定都是劝诫族人毋要欺凌他族（人）、与人争讼，毋要横行乡里、恃强凌弱。但这恰恰表明了当地宗族或本族族人身上曾有过这样的行为，否则，郭氏也不会做出这样的禁止规定。与此相同的情况也发生在获嘉县贺氏宗族身上。在贺氏宗族族人贺仲轼所著的《约族俚言》中，仲轼就屡次苦口婆心的告诫族人要义忍让为先，不要依仗本族为获邑望族而与人结怨结仇。仲轼还特意举出本邑樊氏宗族的例子，作为反面教材。樊氏过去曾在乡里"横肆凭凌"，任意欺凌小族，但最终换回来的却是本族的衰败与没落，分崩离析。② 从以上材料中来看，豫北宗族的确存在着以强凌弱、横行乡里的现象，这也成了当地社会秩序不安定的一个重要因素。

最后，在一些特定的情况之下，豫北宗族内的代表人物士绅们还会同官府

---

① 田文镜.《抚豫宣化录》卷四《告示》，郑州：中州古籍出版社，1995：280.
② 获嘉县《贺氏族谱》卷首，道光二十年刻本

朝廷产生剧烈的冲突，从而酿成震惊全国的大事件。这其中最突出的事例，莫过于雍正二年（1724）在豫北封丘县发生的当地学子罢考事件。由于此事件的对抗朝廷性质，所以，就笔者所见到的包括雍正朝之后编撰的《封丘县志》等地方史料中，未发现对此事的记载。因此，我们只能从当时河南地方官员向雍正帝上的奏折之中来了解此事件的原委与经过。

据时任河南巡抚石文焯、河南布政使田文镜、河南学政张廷璐等官员奏称，雍正二年（1724）五月，封丘县因防汛的需要，紧急修筑北岸大堤工程。封丘知县唐绥祖按照田亩，饬令各社"论方给价"，雇添人夫。此举触犯当地士绅利益，封丘县士绅以王逊为首共一百余人，其中包括当地举人、进士，遂奔赴河南布政使衙门具控。田文镜批准由开封府具体审理此案。接着士绅王逊等人又趁知县唐绥祖到乡下捕拿蝗虫晚上回县城的时候，聚集数十人上前拦阻，不许知县入城。士绅们口称，不许雇觅社夫，征收钱粮应分别儒户、宦户。此后这一事件又进一步扩大。王逊等人又赴河南学政衙门张廷璐处，违例"匿名呈状"，控告知县唐绥祖。张廷璐将此案发归开归道审讯。不意在封丘县举行的县试中，"封丘一邑文武生童，仅有生员二十三名应试，余皆罢考"。后来又有武生范瑚等人，竟然将封丘县呈送学臣的考试童生用印册卷弄丢。这便是当时在当地颇为轰动的封丘县罢考事件基本原委。事件的结局是，在雍正帝的授意下，将封丘士绅王逊等"拿解省城"，随即转发祥符县羁候。其后王逊等为首之人正法，而封丘县生员一百三十余人，俱报名求考。最终此风波以朝廷对封丘士绅的严惩而告终。①

由于资料的缺失，有关此次罢考事件的主角封丘士绅，是否同当地的宗族组织有联系，我们现在还不得而知。但此事件在当地的愈演愈烈，士绅们能够进行较大规模的串联、联合，能够团结到众多的士绅参与进取，这应当同宗族势力对于他们的支持不无联系。这件具有全国影响的事件反映出，尽管豫北地

---

① 详可参见中国第一历史档案馆编：《雍正朝汉文朱批奏折汇编》，江苏古籍出版社，第一三三，《河南布政 使田文镜奏王逊等纠众罢考折》雍正二年六月二十二日；第一四二，《河南巡抚石文焯奏生员王逊纠众罢考折》六月二十三日；《河南布政使田文镜奏报拿获封邑首犯王逊等事折》雍正二年七月初七；《河南学政张廷璐奏封丘文武童生照常应试折》雍正二年七月初九日；《署河南巡抚田文镜奏谢宽典封丘罢考生童折》雍正二年九月二十四日。此外，对此事件的原委，学者李世愉曾专门撰文阐述，详见李世愉：《封丘生童罢考事件剖析》一文，载于其所著《清代科举制度考辩》，沈阳：沈阳出版社，2005：29–47.

区乡里社会中，由于当地小自耕农占多数，缺少拥有大批田地的大地主以及拥有众多公产的大宗族，商业也不甚发达，且出于封建官府统治的腹心地带等原因的存在，以士绅为代表的宗族势力从实力、威望等各方面讲，尚不能与南方一些地区的宗族、士绅们相提并论。但在一定情况下，在特定的时期内，其所爆发的能量亦然不可小觑。

事实上，此事件之后，朝廷官府也认识到了当地士绅的巨大能量。如果任其发展蔓延，会严重危害到政府在当地的统治地位以及地方社会的稳定。因此，在田文镜出任河南巡抚后，不仅对当地士绅的势力刻意加以限制，而且还积极采取措施对当地某些豪强劣神加以严惩，以防微杜渐。在封丘县罢考事件过后，已经署任河南巡抚的田文镜便于雍正二年（1724）十月于全省范围颁布告示《严禁势恶土豪貌法殃民等事》，其内容节选如下：

> 照得贪官污吏固为民害，不可不除；而势恶土豪流毒地方，更为惨烈。盖赋性庸懦之员，鲜不听其指挥，同恶相济。稍有清廉正值之吏，则多方把持，把持不遂，因而媒孽其短，纠众挟制。地方官一受其挟制，狐群狗党肆无忌惮，或包粮唆讼，出入衙门；或借事生风，武断乡曲；或重利盘算人妻女；或假契霸占人产业。他如贩私养盗、聚赌窝娼，无所不为，甚至贴招聚众，垒署关城，无所不至。我皇上乘乾御统，旰食宵衣，无日不以吏治民生为念，声教所被，靡远不届。中州密迩京畿，首沐圣化，更当革面洗心。乃尤有怙恶不悛、憨不畏死，如太康武进士柳国栋……汤阴武举岳湘、监生李淳、生员王元春……汲县生员张赞宗、王元照……俱系灭伦败检、劣迹多端之徒，本署院下车半载，访问最确。今蒙特恩毕署抚篆，剪恶安良尤属职任攸为。除赦后复犯者现在参革拿究外，其事在赦前者，网开一面，予以自新。合亟出示禁谕，为此示仰抚属官吏军民人等知悉。嗣后各宜埋头敛迹，痛改前非，保全身家性命。如敢仍蹈故辙，本署院耳目最近，疾恶如仇，定行锁拿赴辕，民则立刻处死，绅衿则参革问拟。该地方官不时严加约束，劝谕改过从善。倘听从指使，济恶长奸，或一任此辈嚣张，莫敢过问，本署院即以罢软飞参，决不宽贷。各宜凛遵，毋致嗞脐莫及，须至告示者。

雍正二年（1724）十月①

在此则告示中，田文镜虽未提及封丘罢考事件，但很明显田文镜是以此罢考事件为契机，来整顿河南地区的士绅危害地方、与官府朝廷冲突的问题。田文镜要求河南各地士绅要安分守己，地方官要严加约束、毋与其同流合污，否则，就会遭到其严惩不贷。田文镜接下来又于雍正四年（1726）、雍正五年（1727），先后颁布告示《为再行饬拿势豪土棍，以安良善以靖地方事》以及《为严禁绅衿败类奴仆横行，以端风化事》,② 对河南境内的士绅横行乡里问题进行后续强调与整治。我们从这些连续颁发的告示中，也可以看出包括豫北在内的河南地区士绅其在地方社会中势力还是相当大的，已经引起了当地最高行政官员的深切关注与重视。

第三节　豫北宗族与地方战乱

上节所讲述的主要是在社会处于"常态"，即政治安定、社会秩序相对稳定的状态下，豫北宗族以及其代表人物士绅在地方社会中的活动状况。那么，当社会出于失序状态，即出现战争等剧烈动荡以及大规模盗匪肆虐的情景之下，在乡民的切身利益受到直接威胁、政府又不能履行有效保护职责的时候，豫北宗族及其领导人物又该如何处之呢？

事实证明，在社会失序、动荡不安的情境之下，豫北宗族虽因宗族实力强弱不同，而表现略有差异。但从总体来说，豫北宗族还是会在其领袖带领下，以保卫乡里为首要任务，积极参与镇压动乱，成为维护地方安宁的关键性角色。战乱虽给地方社会带来了极大的灾难，造成经济凋敝、人口减少等危害，从这个意义上讲，战乱是不利于宗族的发展的。但从另一方面来说，战乱等动荡因素也为一些宗族的发展提供了一个大的舞台，宗族得以在其中尽情展现自己。豫北宗族保护乡里的过程，也就是其整合地方社会、谋求恢复和重建地方社会秩序的过程，更是维护本宗族利益、提高宗族声望与地位的过程。

---

① 田文镜．《抚豫宣化录》卷四《告示》, 237－238.

② 田文镜．《抚豫宣化录》卷四《告示》, 279－280, 288－290.

一、豫北宗族与明末清初战乱

河南地处中原，又位于京畿腹地，历来为兵家必争之地。而豫北地区又位于河南、山西、山东、河北这几个省区的交界处，其地理位置亦相当重要，因此也备受兵家重视，战乱频仍。明末农民战争也曾将豫北地区作为战场。自崇祯五年（1632）开始，李自成农民军就开始与明王朝在豫北地区进行着一些断断续续的小规模战争。崇祯十七年（1644）二月，在豫北地区较大规模的战争爆发，刚刚建立政权的大顺农民军接连攻下了怀庆、卫辉、彰德三府。其后，农民军在撤离过程中，又同明军爆发了激烈的战争。

上面对在豫北所进行的明末农民战争的描述虽简短且平淡，但其背后却掩盖不了战争的冰霜惨烈、战争给当地带来的巨大灾难以及豫北宗族在战争到来后所面对有关生死存亡情景所做出的惊人反应。

如在第二章所言，豫北地区自宋元以来，便为理学渊薮，乃理学异常发达地区。明朝末年（1644），尽管南方地区在其较为发达的商品经济等因素的感引下，已经开始出现士风流变。然而，地处内陆的豫北地区虽然也受到一定影响，士风、风俗等稍有改变。但总体来说，豫北仍然是理学之风极盛地区，传统儒学伦理道德规范仍占主导地位。在此背景下，面对明末农民战争，在国家①、故土沦丧的情景之下，豫北宗族内士绅亦会行"慷慨激昂"之举，与国家、国君共存亡。

获嘉县贺氏宗族领袖贺仲轼，便是其中典型的例子。据乾隆时期《获嘉县志》记载："甲申流氛日逼，所在纳降。公抚膺太息，欲诣阙陈事，死君父前，以路梗不能达。归巨柏庄，奋笔书斋壁曰'人臣大节，难亏读书贵有实用，吾今死得其所矣'。命侄行素次子振能、嗣子敏猷后，遂率恭人王氏、妾李氏、张氏、王氏相继死之。是日，天忽尽晦，烈风折屋拔木，人皆以为忠愤之气所感。仲轼天性笃实，好学力行，每教人循天理、存良心，以圣贤为法。"② 有关振能殉节一事，豫北理学大儒孙奇逢也撰写《贺公景瞻传》一文对其记载。该文虽然在内容上与上引文字大同小异，但其叙述却更为详细，在其记载中透过字里行间，也更能反映出仲轼当时的气节与决心，因此本书不惮其烦，引其文如下：

---

① 此处"国家"仅指明朝一朝，并非广泛意义上的国家。
② 《获嘉县志》卷十二《忠烈》，乾隆二十一年刊本。

甲申二月，寇氛相逼，所在纳款。仲轼抚心太息，比伪官到县，欲詈贼死。侄行素曰："既无官守，何如诣阙直谏，死君父前。"因携家抵石驼庄，曰："恐路梗不能达，死小贼手无益。"复归至合河。伪官要入城，仲轼大怒，掷帖于地曰："贼敢见我乎？吾必詈之击！"谓弟侄曰："道二，仁与不仁而已矣。出此入彼，事无骑墙，一生功力在此一日，吾今得死所矣。"复到巨柏庄祖居，具衣冠，北向拜阙，继登茔辞祖考，题斋壁曰："吾家自典膳祖以来，受朝廷恩厚，及今一百七十余年。国家一旦有急，不以死报，何以对吾皇？何以见吾祖考？况河北千里名区，岂可无一殉义之臣？妻妾辈余不忍手刃，愿从死者共彰大义，随吾同墓，不愿者亦不强也。"即登楼呼童取酒，与弟侄辈谈笑自若。复手书："今日方知贺景瞻。"促弟侄下楼，阖户缢于东间梁上，北向对君也。妻恭人王氏西向从夫也。妾三人俱缢于西间梁上，以次东向，侍主也。是日，天忽尽晦，烈风折木伐屋，人以为忠愤所感云。历三昼夜，颜色如生，伪官亦惊叹罗拜。时年六十五。里人私谥为"文贞先生"。

所著有《柏园初考》《冬官纪事》《春秋归义》《八卦余生》等集，共八十四卷。子敏猷，廪生，入太学，先公卒。嗣孙振能，能读书，后中丙午科举人。

岁寒老人曰：余偿叙列迩来忠臣殒身于魏党者，自杨忠烈、左忠毅而下，一一可指数也。甲申天子死社稷，致命遂志者，范文贞、倪文正而下，一一可指数也。然杨、左诸公被逮下狱，范、倪诸公国破君亡，义不容苟生，势无可逃遁，只有一死以报君父。若公既身在林泉，微箕靖献于身前，夷齐稿骸于事后，亦无不可，乃矢志就义，妻妾同殉，急遽不违礼，殆与刘蕺山若合一符，是可谓善处死者矣。总之，仗节殉义之臣，须具一知中之愚，仁中之过，方得淋漓足色。彼仁柔者悠乎不断，知巧者规避多端，一瞬失之，终身莫赎。从来坐此咎者，正自不少。公策死之道，可谓仁至义尽矣。①

在文中，孙奇逢详细讲述了贺仲轼慷慨殉节的细节，并盛赞贺仲轼的殉义行为乃是"仁至义尽"，其行为较之前人丝毫不逊色，甚至更有甚于前人。

---

① 孙奇逢. 夏峰先生集·传, 朱茂汉点校. 北京：中华书局，2004：168－170.

其实，在明末农民战争时期，豫北当地宗族内不乏以身殉节的士绅。居住于获嘉县徐营的李氏宗族其三世祖文广公和元也在明末农民战乱中殉节。据获嘉县《李氏族谱》记载，李氏三世祖和元，字动初，崇祯中，由岁贡授光山县训导，"值流寇围城，公与县令协力死守。及城陷，公缢于明伦堂，原配麻孺人，于内寝自径"。①

在此次明末战乱之中殉节之人，一般来说，皆并非活动于乡里的普通乡绅，而是在宗族内饱读诗书、获取功名并出任明朝官职的族人，乃是宗族内出类拔萃的领袖级人物。他们在所居住的地方社会受人尊敬，他们的族人也都以宗族中的这些仕宦族人为荣。他们的殉节行为，使得其所在宗族损失了宗族内的精英分子，必定会阻碍到其所在宗族在今后的发展。但从长远来看，宗族内精英分子在明末的殉节行为，日后就成了这些宗族提升本族威望与声誉的文化资本。

例如，获嘉县贺氏宗族，到了清代承平之日，获嘉县当地乡人为纪念贺仲轼的忠节行为，就立庙于其故地巨柏村，其后贺仲轼又崇祀大梁书院。乾隆十五年（1750）十二月奉旨又将贺仲轼崇祀乡贤祀，建坊旌。② 在贺仲轼殉节之后，贺氏宗族仍旧以书香传世，又有族人通过读书获得功名。而贺仲轼的忠义行为，成了该族族人所津津乐道的"光荣历史"，也为贺氏宗族积累到了更多的文化资本，成功的提升了贺氏宗族的声望，贺氏宗族依然是获嘉县望族，依然在地方社会中出于领导地位。

获嘉县李氏宗族也是一样，李氏三世祖文光公和元殉节之后，其行为被记载于《李氏族谱》与《豫省通志》之中，也成了李氏宗族可以凭借的文化资本，为该族在地方社会中赢得了极高的声誉。道光年间，族人还邀请时曾任获嘉县教谕的王珂为文光公撰写了《李广文公传》。王珂在文中谈道："因念我朝顺治九年，奉旨访明末死难诸臣，凡在朝各举所知，遂得旌表忠魂，光昭简册，乃采缀虽多，而遗珠仍有。故光山举人胡植犹得附其名于郏县贞佐忠义之末。而君之义烈，则仅纪数语于家乘通志之中。由是推之，则当时之怀忠抱义、碎骨粉身，而势易时移，姓字淹没者，正复不少知有几。而君之得籍家乘通志，以自著于后世者，亦不可谓非幸也。故据其谱而立之传，以俟夫观人风者得

① 获嘉县《李氏族谱》不分卷，《三世祖训导公传》，光绪三十年增修本。
② 《获嘉县志》卷十二《忠烈》，乾隆二十一年刊本。

焉。"① 在文中，王珂提到，文广公的忠义行为，虽被载入"家乘通志"，但未受到朝廷的旌表，字里行间透露出惋惜之情。而李氏宗族族人所撰写的《三世祖训导公传》中，族人言道："余三世祖训导公惜未经夏峰先生之笔而传之也。"族人深为三世祖的行为未获得当时豫北大儒孙奇逢为之立传而痛惜不已。在此文末尾，作者提到："公之慷慨殉义，原不希身后之名，而为之后者，敬而纪之，固欲先人懿行不泯灭，亦欲使后之子孙咸知耳。"② 作者虽说"不希身后之名"，但实际上，李氏宗族在族谱中如此重视其三世祖之事，并多次提到，这实际上已经将此作为该族今后在地方社会发展的重要文化资源，成为该族获得声望的重要凭借。

当然，在地方社会持续动乱之际，尤其是处于改朝换代时期，宗族内殉节的士绅还只是少数。对于大多数在乡里有威望的宗族以及族内士绅而言，他们更多的还是选择利用自己在宗族、乡党中的威望，将族人与乡民组织起来，奋起防御，保卫乡里不受侵犯。如原居河北容城后迁居辉县的理学大儒孙奇逢，当清军侵入容城时，孙奇逢就曾在容城组织族人、乡民，同清军抗争，保卫乡里。据柏乡魏裔介所撰《夏峰先生本传》记载："岁丙子，大兵薄畿辅，逼容城，公（奇逢）与兄若弟率宗族乡党入城，邻邑戚友奔集依公者数百十家。时秋霖，土堞倾圮，西北隅尤甚。公独领西北一面，未筑而兵突至，即窥其圮者。公随御随筑，移时而城成。调和官绅，以济同舟，倡劝捐输，以保身家。攻数次，竟得保全。临近大邑俱陷，独容城屹然若金汤。"③ 在魏裔介的叙述中，孙奇逢以及其领导的宗族在保卫容城的战役中积极出面沟通官绅、修筑城墙、劝输军费，起到了极其关键的作用，成为容城获得平安的重要保证。

面对明末"流寇"侵犯乡里，豫北当地宗族在护卫地方方面也起到了重要的作用。新乡郭氏宗族父子二人就曾带领新邑百姓，自发武装起来，对抗"流寇"的侵扰，以求乡土的平安。当"流寇"逼近新邑的时候，郭浤就曾"捐资募丁壮，造火器守城"，最终使得"寇不敢犯"。④ 在光绪年间《郭氏族谱》卷九《乡贤》中也同样记载了郭士标、郭士栋兄弟"谊重桑梓"、保卫乡里的经

① 参见获嘉县《李氏族谱》不分卷，光绪三十年增修本。
② 参见获嘉《李氏族谱》不分卷，光绪三十年增修本。
③ 孙奇逢. 夏峰先生集·夏峰先生传，朱茂汉点校. 北京：中华书局，2004：4.
④ 《新乡县志》卷三十《人物上》，乾隆十二年刊本。

历。"当明季流寇之乱",郭士标、郭士栋"佐县令米公讳寿图,缮完城池,召募勇士为守御计,一方赖以安堵",为保护县城、家园而尽心谋划,百般努力。其后,郭士栋"又于辉县孟庄,恪遵父命,建立围寨,凡遇流寇扰乱,远近男妇同入寨内,悉保无虞"。由此可见,为保护乡民安全,防御外敌,在明末时期,郭氏宗族就开始建立"围寨"来抵御外来入侵,从而开了豫北地区建立寨堡御敌的先例。

在这场明末战乱时候,新乡县张氏宗族族人也在族内士绅的带领下,率领乡民,共同抵御外敌的入侵,保卫乡里。崇祯十三年(1640),张缙彦就曾捐资倡议修建了新乡县城,以护卫地方安全。为此,崇祯皇帝还专门下旨,在地方建坊,对张缙彦进行褒奖,① 这也使得张缙彦在当地声望倍增。此后,在明末农民军攻陷北京,明朝灭亡时,张氏族内领袖人物张缙彦被俘,但随后张缙彦就得以逃脱。逃脱后的张缙彦便在新乡以及周边地区组织人马,以抵抗农民军。张缙彦凭借其在新乡县等地的崇高威望,"尽召族姓姻友,誓以大义,潜结都司等官",率"义兵"对抗农民军,② 声势颇为浩大。虽说张缙彦此时的行为多少含有个人政治目的,并非单单为了保卫乡里,但能够在较短时间内组织起一支队伍来,从中亦可看出张缙彦在当地的影响力之大。

在清朝取得对全国的统治地位后,豫北地方社会一度获得暂时的宁静。但随着康熙十二年(1673),朝廷平叛"三藩"战争的爆发,全国部分地区又陷于战乱之中,豫北地区也受到了战乱的波及。面对如此情形,新乡县郭氏族人又在其族内士绅带领下投入到家园的保卫战之中。在《郭氏族谱》卷九《乡贤》中也同样记载了在此次战役过程中郭氏宗族士绅们的表现。值清初康熙朝爆发吴三桂叛乱时,郭遇熙"念切桑梓"保全一方安宁。"当吴逆之变,大兵过卫,山贼窃附其后,假大兵名以恣掳掠",郭遇熙"毅然修辑孟庄围寨,远近男妇俱入寨内,携兄弟童仆,设法捍御,始得无恙"。诸如此类保全乡里的记载,无不说明了郭氏在当地有着举足轻重的地位,郭氏所起的作用,在战乱之时,甚至超过了当时的政府机构,可见其影响之深远。

---

① 新乡县《张氏族谱》卷上《纶音》,民国五年续修本。
② 《新乡县志》卷十八《兵防》,乾隆十二年刊本。

二、豫北宗族与清朝中后期动乱

从乾隆朝后期开始，清朝吏治日趋腐败，各级贪官污吏对地方的剥削有增无减，各项苛捐杂税也是日益增加。而在地方社会中，随着人口不断增长，土地集中现象日益严重，直接导致了对地域社会资源争夺的日趋激烈。总之，一切不和谐的因素就此产生并且愈演愈烈。嘉庆元年（1796）爆发的川豫陕白莲教起义，沉重打击了清王朝的统治，同时也极大削弱了清王朝对地方的控制，造成了地方社会秩序在一定程度上的混乱与失控。而在此之后，在豫北地区发生的由李文成领导的天理教起义，正是在上述背景下爆发的。此外，天理教起义在豫北地区爆发，除了上面所提到的大背景外，还与起义所处地方社会密不可分，有着深刻的地方层面上的原因。

天理教，又称华荣教或八卦教，是白莲教的一支，主要流传于河南、河北、山西、山东等北方地区。该教按八卦将全教分为八个分支，教主有绝对的权威。豫北地区所爆发的起义所属的一支是"震卦"教，为其他七卦之首，取"帝出乎震"之意，教首"兼掌九宫，统管八卦。"① 天理教成员的身份较为复杂，多是当地一些贫苦农民、雇工、小贩以及城镇的底层居民。

由于豫北地区地域辽阔，商品经济不甚发达，豫北宗族不可能如南方宗族一样，拥有雄厚的经济实力，可以在地方社会中处于绝对控制地位。在豫北的某些地区，如经济不发达的山区及部分平原地区，宗族只是当地社会中控制地方社会的一种民间组织形式，宗族通常只能代表与维护本族族人的根本利益，能够兼顾他者的只能是少数强宗大族，并且这种对族外乡民的照顾，其实质性的作用并不大。因此，只有属于本宗族的族人，才会有共同的利益，才能依托于宗族之下，在物质上与精神上享受到宗族所给予的一切，族人才会有优越感与归属感。他们在宗族的荫庇下，才能在对地域资源的占有与控制上处于优势地位。而豫北地区乡村与城镇当中还存在着大量的没有参与到宗族之中的平民小姓，他们没有获得参与宗族祭祖礼仪的条件与资格，精神世界相对空虚。同时，由于缺乏宗族这样正统的社会组织的资格，在对地域社会中各种资源的占领以及在赋税等方面同朝廷官府打交道上，都处于劣势。可以说这部分民众，

---

① 程有为，王天奖主编. 河南通史·宋金元明清 [M]. 郑州：河南人民出版社，2005：542－543.

在精神与物质上，皆不满意，都得不到保证。

因此，为了改变这种不利局面，获得更多的经济、政治与文化资源，在豫北民间社会中，出现了两种截然不同的途径，抑或是两种解决方式。民众们迫切希望通过它们，来改变他们在物质与精神上所面临的困境。一种途径是，有血缘与地缘等构建宗族的基础①但还没有加强宗族建设的民众，他们还是希望依靠传统儒家礼仪，通过修族谱、建祠堂等方式，加强宗族组织化建设，成立宗族组织，从而依托宗族组织来获取在乡里社会中的各项资源。这也正是从清朝中后期开始，宗族建设达到高潮的主要原因，直接造成了豫北地区的宗族庶民化。但此种途径对于乡村中的小姓贫民、流民、小贩以及部分城镇居民而言，他们不具备构建宗族的现实条件，因此，必须另辟途径、再作选择。而此时开始在豫北地区流行的天理教的基本教义同白莲教相同，都是认为世界上存在明暗两宗，弥勒佛一定可以降世，给人民带来光明与幸福。天理教教义劝告受苦民众，如果信奉该教就会得到神灵（弥勒佛）的庇护，等到打破黑暗的旧制度后，人们就可以过上幸福的生活。这无疑对于被日益边缘化、享受不到地方社会各种资源与利益的下层民众而言，有着极强的吸引力。因此，当李文成在豫北一带传教的时候，获得了很好的群众基础，传播速度很快，信教队伍也不断壮大，并且波及临近地区。李文成在传教时还宣称，入教者应首先缴纳"根基钱"或称"种福钱"，约定起义成功后将以十倍偿还，输钱百文者可得地一顷，教里把所得到的钱救世济民，并佐起义所需。② 这就使得参加该教的可操作性增强，该教在民众中反响日强，参加到该教中的民众也日益增多。天理教起义于嘉庆十八年（1813）九月七日被迫提前于滑县县城爆发，其后首领李文成带领部分教众撤出滑县县城，率众绕道西进太行山脉。当李文成沿途经过封丘县、延津县、阳武县、新乡县、获嘉县、辉县时，沿途群众踊跃参加，到达辉县时已经达到 4000 余人。由此可见，天理教在豫北地区有着深厚的群众基础，影响深远。

天理教起义失败后，在河南、安徽等地又兴起了捻党动乱。捻党于嘉庆初

---

① 构建宗族的基础包括在一定区域集中居住、族内有一定的人口世系以及有一定的经济、文化能力等。

② 程有为，王天奖主编. 河南通史·宋金元明清［M］. 郑州：河南人民出版社，2005：543.

年开始兴起，最初起于安徽北部，其后迅速蔓延至河南、山东、湖北等临近省份。有关捻党来历，在清代史书中有多方记载。嘉庆十九年（1814）十一月，时任江南御史陶澍上折子奏道："查红胡子原系白莲教匪漏网之人，间出偷窃，身带小刀为防身之具，人以其人猛，故取其戏剧中好勇斗狠、面挂红胡者名之。然匪徒闻之，犹疑以为怒也。近则居之不疑，成群结队，白昼横行，每一股谓之一捻子。"① 另据马杏逸在所著《捻逆述略》中也谈道："捻之始，起于嘉庆二年，楚川教匪滋扰，在处招募乡勇。其时颖、汝岁歉，应募者众。数年教匪底定，撤勇归籍。若辈久历戎行，桀骜性成。既归，不屑生业，唯事博饮，地方无赖又从而附和之，日则市场姿横，夜则行窃。"又曰："（各集市）每大会，则聚集首领，或数十，因曰，此一捻也，彼一捻也，……捻子之称，盖由此起。"② 从上面二则材料可知，捻党是以"捻"为单位集结，其最初是由嘉庆初年的白莲教起义失败后留下的教徒以及镇压此次起义后被裁减下的乡勇所组成。随着嘉庆朝后期，社会局势的日趋恶化以及自然灾害的增多，有更多的社会下层民众加入捻党中去，逐渐形成一支在北方地区势力颇强的组织。捻党开展的活动主要以经济活动为主，包括贩卖私盐、敛财互济等，但为图生存，他们也开展打击官府运动。

从捻党的形成、壮大过程来看，捻党具有深厚群众基础、逐渐强大的过程，同前文所讲述的天理教在豫北地区流行的社会背景是相同的，即都是在地方社会中受到正统礼仪与秩序排斥的社会底层民众，他们出于获得更多的各种社会资源与利益的目的，迫切需要借助一种不同于儒家传统的组织形式，通过这种组织来达到其目的与要求。

捻党在河南地区进一步壮大，形成捻军并作为反清的主要力量之一，是伴随着太平天国运动的北伐开始的。据《豫军纪略》载："自粤逆陷金陵，犯河南，中州土捻乘间窃发，所在蜂起。"③ 这就不能不提到太平天国运动在河南地区所进行的战役。

根据顾健娣的研究，在太平天国运动期间，太平军进入河南境内，共有两

---

① 陶澍. 条陈缉捕皖豫等省红胡匪徒折子［M］//捻军资料别集. 上海：上海人民出版社，1958：5-6.

② 该文见于方玉澜. 星烈日记汇要［J］. 捻军资料丛刊：第一册，309-310.

③ 尹耕云. 豫军纪略［M］//中国近代史资料丛刊《捻军（二）》，129.

次规模较大的战役。一次是太平军于 1853 年到 1855 年间进行的北伐。太平军在林凤祥、李开芳等领导下由扬州出发，攻入河南，占归德，打开封，并抢渡黄河进入豫北境内，围攻怀庆，在河南境内进行了四个月的战斗，后出豫北，攻入直隶。第二次战役是在太平天国后期，为扭转不利战局，英王陈玉成派陈得才、赖文光等率军远征西北。西征军于 1862 年 2 月进入河南，曾五进五出河南，在河南进行战斗，一直坚持到 1864 年失败为止。

太平天国在河南所进行的战役，对河南当地影响深远。河南捻军受其影响，也不断发展、壮大，成为反对清朝政府的另一支力量。当时在河南为官的郑元善言道："发逆之北犯也，楚氛既恶，密迩豫疆，豫中不群逞之徒，啸聚崔，名曰捻匪，即俗所称红胡子也，四起为之应。"①捻军在河南各地起义可谓此起彼伏。总的来说，捻军在河南的活动主要集中在河南与湖北、安徽与山东交界清政府力量较为薄弱的豫南汝、光一带以及处于"黄泛区"的豫东归德与开封两府，但豫北地区也是捻军活动较为频繁的地区。捻军起义力量较为分散，多采取游击作战，无固定根据地，也很少联合作战。

天理教起义、太平天国在河南的战役以及捻军的不断侵扰，使得清朝政府疲于应付。起义尤其对清王朝就有的军事力量冲击巨大，据史载："若河南、江西、安徽等省，幅员辽阔，门户尤多。地广而防不足，防多而兵不足，兵增而饷不足，此三者今之大患也。"② 面对兵少饷少却需处处布防的不利局面，清朝现有的军事力量根本无法应付一波接一波的起义浪潮。另外，由于清朝承平日久，清朝政府赖以维护其统治的八旗、绿营兵制积弊重重，军备废弛，军队战斗力也极为低下，对于平叛来说，根本指望不了太多。仅就河南地区战事而言，自战乱爆发之后，清朝布防于河南的绿营接连吃到败仗，将领频频死于战场。这一切都昭示着，清朝政府必须寻求改变，以应对如此之不利局面。

在严峻的军事形势下，清政府采取了向士绅让渡部分权力的方法，使士绅率领民众在地方上倡办团练和修筑寨堡，保卫家园，以此来达到平息叛乱、稳定地方的目的。自嘉庆时期开始，清政府在镇压川豫陕等省白莲教起义时，就开始采用了在各地修筑寨堡、组织团练的方法，获得了一定的效果，并积累了

---

① 郑元善. 宦豫纪事［M］//中国近代史资料丛刊《捻军（一）》，330－331.
② 孙鼎臣.《请责成本籍人员办理团练疏》，载《皇朝道咸同光奏议》卷五十五《兵政类》.

经验。咸丰二年（1852），清朝面对日益吃紧的战事，又谕令仿照嘉庆时期旧法，修筑堡寨、组织团练，以资保卫，"不特被贼地方急宜筹办，即距贼较远处所，亦应思患预防"。咸丰帝又进一步谕令，"在京各部院堂官及翰詹科道"负责举荐"通晓事体、居心公正、素系人望"之在籍绅士，由这些当地绅士"劝谕捐资，浚壕筑寨"，并规定"各就地方情形妥为布置，一切经费不得令官吏经受"。① 河南于咸丰九年（1859），在恒福就任河南巡抚的次年，由恒福领导开始在鹿邑等地施行团练，并修筑寨堡。咸丰十年（1860）六月，祖籍豫北武陟的原顺天府丞毛昶熙被赏加都察院左副都御史衔，奉命回河南督办团练。到达河南之后，毛昶熙便上疏奏陈豫省全局布置情形，筹划经费，酌定条规十二则，其中首条便是"添筑堡寨以扼要隘"。②

豫北各地士绅，在上谕的号召之下，针对本地区所面临的不安定因素，也纷纷开始组织团练，并依托各地地形修筑寨堡，构筑防御工事，以更好地起到保护家园与乡民的作用。例如，新乡县，咸丰、同治年间，面对捻军的不断侵扰，乡民在当地士绅的带领下，于县内许多村庄修筑寨堡，其详细情况见下表：

表5-2 清后期新乡县修筑堡寨概况一览表

序号	寨名	建寨时间	创建人	寨堡具体状况
1	小冀寨	咸丰十一年（1861）	杜继瑗	占民田二百三十八亩
2	店后营寨	咸丰十一年（1861）	—	周四百丈，高一丈八尺，上宽一丈二尺，下宽二丈二尺，外栏墙高三尺，宽二尺，垛高二尺上，宽一尺五寸
3	朗公庙寨	同治元年（1862）	张西崑	周围八百余仗，高一丈八尺，壕深八尺，宽一丈二尺，东、西、南、北、东南，凡五门
4	古固寨	同治元年（1862）	郭崑山、张召	—
5	里仁寨	同治元年（1862）	任芳兰	高二丈六尺，宽六丈，周围约三百二十丈

---

① 刘锦藻编. 清朝续文献通考：卷二一五［M］//兵考十四·团练. 北京：商务印书馆，1955：9619.

② 《清史列传》卷五二《毛昶熙》，北京：中华书局，1987：4148.

序号	寨名	建寨时间	创建人	寨堡具体状况
6	李唐马寨	同治七年（1868）	—	共二十九段，高一丈五尺，小墙三尺，垛二尺八寸
7	大召营寨	同治七年（1869）	崔得安、崔世观	周围三十七段，高丈八尺，宽三丈，寨唇丈五尺，壕三丈
8	关堤寨	同治七年（1869）	—	—
9	冷庄寨	同治七年（1869）	—	—
10	中召寨	同治八年（1870）	郜国屏、崔振兰	垣高二丈二尺，基址宽一丈八尺，唇宽一丈六尺，濠宽一丈八尺，周围三里
11	陈堡寨	同治十年（1872）	—	—
12	五陵寨	同治八年（1870）	—	凡四门
13	荆家楼寨	咸丰七年（1857）	—	上宽一丈，下宽二丈五尺，高一丈五尺，濠宽二丈，唇宽一丈五尺
14	八柳树寨	同治七年（1869）	—	上宽一丈六尺，下宽二丈六尺，高一丈五尺，濠宽二丈六尺，唇宽一丈八尺
15	丁庄寨	同治七年（1869）	马勤志、杨懋甫	占地八十二亩，周围五百二十六丈

　　资料来源：《新乡县续志》卷一《城池附堡寨》，民国十二年刊本。

　　上表之中，在咸同年间，新乡县修筑堡寨数量见于县志的共计有 15 处之多。其中有相当数量的堡寨修建的规模宏大，在对付捻军的侵扰以及协助打击捻军的战斗中，发挥了积极的作用。例如，上表中序号为 1 的小冀寨，乃咸丰十一年（1861）创修而成，规模颇大，共占民田达二百三十八亩，乃是该地绅民于捻军还未行至新乡县之前，未雨绸缪修建而成的。据县志记载"（小冀寨绅民）处于东匪未到之前，首先团练，筑寨协力守护。继复率勇随同官兵与贼打仗获胜，得保全民命。"由于小冀寨绅民修筑堡寨的行为乃是有忧患意识的自觉行为，当地官员认为"似与他处贼退后始行筑寨者不同""实堪嘉尚"，故有意将其作为全县一个典型而大加奖励，"自应酌量体恤，以顺舆情"，最终决定"所有寨压地亩应完钱漕，姑暂免纳，由县赔垫，批解以示奖励"。①

同治年间，捻军入侵豫北地区日趋频繁。同治六年（1867），西路捻军张宗禹部十万余人渡黄河，经获嘉，与清兵战于县南，又经新乡回汲县。十二月，张宗禹部又入济源，再过获嘉县、辉县县、新乡县、原武县、汲县。同治七年（1868），捻军由汤阴入汲县，经修武，转向原武、延津、封丘。② 随着捻军入侵新乡县的日益加剧，故此仅同治七年（1869）一年，为有效抵抗捻军的侵扰，新乡县境内就有六个村庄修筑了寨堡。同治初年，可以说是在新乡境内掀起了一个修筑寨堡的小高潮。此外，从表5-2还可以看出，在新乡县境内修筑的堡寨都是依托自然村庄，以该村庄为中心建立的堡寨，而联合临近几个村庄共同修筑的寨堡则较少。但豫北地区由临近几个村庄共同修筑堡寨也不少见，如豫北武陟县的同春寨，乃咸丰十一年（1861）修筑而成，就是由"刘村、黄村、官亭村、申村、沙李村、狮路口六村合筑，周围八里许，共五门"。③

由于豫北地区有许多是以一姓为主的村落，也有以两姓为主或多姓为主的村落，多聚族而居。堡寨的倡建者，多是有力量和影响的宗族内士绅，他们凭借在地方上的声望和影响力，以及对保卫家乡的责任感和使命感，充当了修筑堡寨的倡导者和修建者。因此，豫北许多堡寨也是由该村庄内的强宗大族出面修建，并且由宗族内的士绅充当"寨主"等堡寨内的领袖，负责处理内部事务。如上表中新乡县的小冀寨，是由杜氏宗族族内士绅杜继瑗率领乡民创修的。而杜继瑗所属的小冀杜氏宗族，乃是当地的望族，"久称繁盛"。据该族于民国八年修撰的族谱序所言："（吾族）累世簪缨勿替，近十数年中，又复科甲联翩，官内外、登贤书者，相望接踵。"④ 杜氏宗族在当地的声望与实力于此可见一斑。因此，在小冀修筑寨堡，由杜氏族内士绅领头，可谓顺理成章。

再如新乡张氏宗族，也在此次对抗捻军的战斗中，起到了一定作用。咸丰十一年（1861）时，捻军侵扰华北，十一月，"匪徒"流窜至新邑。张氏第十八世智增"率全家避于获邑（即今获嘉）张巨寨中"。智增到后，当地乡绅皆来

---

① 《新乡县续志》卷一《城池附堡寨》，民国十二年刊本。
② 新乡市地方志编纂委员会．《新乡市志》第一卷《概述》［M］．北京：三联书店铅印本，1994.
③ 《续武陟县志》卷八《建置志·城寨》，民国二十年刻本。
④ 新乡县《杜氏族谱》，民国八年刊本。

拜谒，并奉智增为张巨寨寨主，表示愿意在其带领下共同御敌。智增便代为筹划，"分派守兵，设两队游兵，一巡街道，一巡寨垣，号令严明"，当"匪徒"围攻张巨寨时，智增"率众捍御两昼夜，无懈可击"，"匪徒"最终散去，张巨寨得保平安。① 智增能够受外邑乡绅推崇，并带领外地人抵御外侵，可见当时其影响范围已经扩大至周边地域，并不仅仅局限于新乡县了。同治六年（1867），"东匪入境"，张氏族人运增、满增连忙将家眷送入县城中，兄弟二人率家族子弟十余人与"匪徒"进行搏斗，"血战十余回合"，后因寡不敌众，"被贼冲散"，二人后因重伤致死。此种行为获得当地士绅、乡民的普遍赞许，后经乡绅公举，"汇入忠义祠，以示优异"。② 张氏不仅在对抗捻军过程中发挥作用，而且在面对乡村劫匪时，也发挥着重要作用。光绪戊寅年（1878），"晋豫大饥，河朔尤甚"，在当地便有饥民"夜聚明散，强抢各村，一夕数惊"，到处人心惶惶。面对此种情形，张氏第十九世锡朋倡议"立团练"，并代为策划布置，以求一村自保，结果全村乡民皆"赖以安固"。③ 在战乱时候，张氏族人能够出面组织乡民保卫乡里，表明张氏在地方上树立了一定的权威，已经成为了地方秩序的维护者。

在咸同年间，豫北其他各县也同新乡县一样，由宗族内的士绅积极出面组织团练、修筑寨堡。如豫北滑县，据县志记载："咸丰十一年（1861），东匪卞起元勾结濮州贼王来凤等，于四月初旬犯滑之山木村、次中召、次白道。五月，新乡贼李占标、由延津犯滑之黄德集。九月东匪到中召，越内黄，犯滑之什村集，肆行焚掠，西至浚县道口镇，攻滑未破，转城南诸村，经东南乡官桥坡等处回巢。"④ 面对县境内愈演愈烈的捻军侵扰，各村士绅纷纷采取对策应对。滑县张三寨士绅、太学生王登瀛，面对咸丰十一（1861）年捻军的侵袭，"乃会商百余村，倡办团练，是年夏修寨堡"；城南马胡寨士绅刘金贵，"约修寨，周围五百七十九丈。工程浩大，款难遽筹。公先捐钱一千缗，然后劝捐邻里"；于百川，乃滑县丁栾集生员，"筑寨施地五十四亩，捐钱一千三百余缗。推为寨长，兼办团练。辛酉，大战匪于西郊，寨卒无恙"。⑤ 由此可以看出，滑县民间团练，皆是由乡村内的士绅倡议，其经费也多是由士绅捐出，或由士绅出面向乡

---

① 民国年间《张氏族谱》下卷《行述》。
② 民国年间《张氏族谱》下卷《族贤列传》。
③ 民国年间《张氏族谱》下卷《族贤列传》。
④ 《重修滑县志》卷二十《大事》，民国十九年刊本。
⑤ 《重修滑县志》卷十八《人物》，民国十九年刊本。

民劝捐。因此，毫无疑问，团练内部事务以及抵御外来入侵，皆是由地方社会中的士绅来具体负责的。

团练是国家朝廷推行的结果，但地方士绅也积极利用团练来达到控制地方社会的目的，事实上也是地方士绅积极主动施行的产物，从这个角度说，团练的产生反映了地方士绅同国家部分利益的一致性，可以说取得了暂时的双赢局面。但是清朝政府所推行的此项政策也是一把双刃剑。清政府在地方推行由士绅负责的团练等政策是以向士绅让渡部分权力为代价的。正如美国学者孔飞力在研究晚清团练及其他军事武装对于清朝社会的影响时指出，地方士绅通过团练等地方武装，协助清王朝成功镇压了太平天国等一系列武装起义，使得清王朝暂时渡过危机而继续生存，但这也直接导致了绅权的过渡膨胀。自咸丰朝以后，地方权力旁落到士绅之手，其影响波及 20 世纪前期中国社会的方方面面。①地方士绅在地方组织团练、修筑寨堡的过程，其实也就是其扩张地方权力的过程。士绅们已经不满足于抵抗"匪类"或保家卫国这些表面性的地方事务了，而是竭尽全力将自己的影响与势力扩展到更为广阔的政治、经济以及社会领域。士绅已经将自己所领导的团练组织同地方保甲组织相混合，从而更多的承担其保甲的功能，负责地方社会的治安防护事务。而且更为严重的是，士绅们已经要求团练财务上的独立，并且试图与清朝政府分享当地的税收权力。这一切都违背了清朝政府推行此项政策的初衷，与清王朝的利益产生了剧烈冲突。咸同年间，在豫北地区接连爆发的连庄会起事，就是这种冲突的直接反映。

连庄会之名，最初产生于豫北地区士绅组织团练、修筑堡寨过程中。由于豫北地区地形复杂，交通不便，出于联合对抗太平军、捻军的需要，当地常联合数个村庄、数个寨堡，以组成一个合体，协同作战，当地将其称之为"连庄会"。例如豫北安阳县，乡民在筑寨防捻过程中，"复自动联合数十村庄，组成一大团体，名之曰连庄会，并力抵御，守望相助。"② 在各地连庄会组成之初，无疑会在协助清军对抗太平军等战役中起到积极重要的作用。但随着连庄会在地方上势力的不断增强，其开始同清政府发生直接的利益冲突。

咸丰年间，在豫北辉县、新乡县爆发的连庄会起事，是当时规模较大的两

---

① 〔美〕孔飞力．中华帝国晚期的叛乱及其敌人［M］．谢亮生译．北京：中国社会科学出版社，2002．

② 《续安阳县志》卷九《兵防志》，民国二十二年铅印本。

次运动。连庄会起事是由于当地士绅抗纳漕银所引起。道光二十六年（1846），黄河马营口堤溃，清政府命各县每亩地附征五文，以代徭役，并约定待到溃堤堵复，取消附加。清政府还在辉县赵固村设局征收新乡县、获嘉县、辉县三县附加。咸丰三年（1853），溃堤已堵，但附加仍征。这成为本次起事的导火索。辉县连庄会公推会长杨景福、戴莹为民请命，遭到知县、知府的拒绝。此举遂激怒三县百姓，开始了连庄会起事。咸丰四年（1854），会中五六千人共同涌向赵固村，捣毁征税局，矛盾进一步激化。清政府命当地军事力量加以镇压。咸丰五年（1855）七月，河南巡抚英桂一面派人到辉县分化瓦解，一面调集七路兵马进行围剿。连庄会被迫解散，起事遭到镇压。① 连庄会起事虽然失败，但其却在豫北地区产生了深远影响。随后新乡县就又发生了由当地连庄会首领张炳领导下的聚众抗粮杀差事件。新乡县连庄会还同附近各县连庄会相联络，并两次率众攻打新乡县县城，对于当地社会同样产生了较大的影响。

综上所述，在清朝末年的持续动乱之中，虽然豫北地区的士绅是其中纵横捭阖的主角，但士绅们是地方社会中的一员，同他们的亲属与族人共居一处，始终离不开其所依托的宗族组织。士绅与其所在宗族是不可分割、相互依存的关系。只有在地方宗族势力的支持之下，士绅才会起到如此重要的作用。在地方社会中，脱离其所在宗族的支持而寻求独自发展的士绅，若能发挥到重要的作用，是不可想象的。因此，当地方士绅权力扩大、膨胀的同时，其所在的宗族在当地的势力也就愈大，对当地产生的影响也就会愈深远。

第四节　小结

明清以来，豫北宗族，尤其是地方望族，凭借其在当地的社会地位以及所占有的经济、政治与文化资源，积极投身于各项地方事务中，在国家与地方社会之间，充当了"中介"的作用，从而产生了深远影响。

由于豫北许多村落是聚族而居的，而宗族兼有地缘与血缘因素，这就使得宗族同明清官方设置的以地缘为主的里甲制与保甲制等基层组织在设置上有了一定的重合。在明清地方社会中，里、保长等基层组织领袖一般是由宗族内的

---

① 辉县市史志编纂委员会．《辉县市志》第十一篇《军事》．郑州：中州古籍出版社，1992.

士绅等充任或是间接受到宗族的影响与控制。可以说，豫北宗族在明清地方基层组织中发挥了重要作用。

在社会处于政治安定、社会秩序相对稳定的"常态"时期，豫北宗族不仅在救济乡民、处理纠纷、建设乡里等地方社会中的一般性公共事务中起到主要作用，而且还在修建教育文化场所、进行移风易俗教育等地方文化教育事业方面贡献良多。豫北宗族在地方社会中承担了一定的责任，形成了较大的影响。但从另一方面而言，豫北宗族只是代表着本宗族的利益，其关注的只是本宗族的发展与实力的增强，宗族身上就难免带有封闭性与保守性这些固有的习性。因此，在一定程度上，豫北宗族同地方、国家之间会有一定的利益纠纷，甚至在某些情况下，二者会发生不可调和的矛盾。

当社会处于动乱时期，豫北宗族对于地方社会的影响会更加明显与突出。在明末农民战争时，中国处于改朝换代的大变动时期，不同的宗族面对战乱会有不同的应对。一些宗族内的士绅选择殉节，以同明朝君、国共存亡。对这些宗族而言，他们不仅在战乱之中蒙受了经济上的损失，更为严重的是失去了宗族内的精英、领袖人物，可谓损失惨重。但从长远来看，宗族内精英分子在明末的殉节行为，日后却成了这些宗族提升本族威望与声誉的文化资本。当然，豫北地区大多数宗族还是选择了保卫乡里。在族内士绅的带领下，族人、乡民们协同官兵共同战斗，保卫家园，其作用不可忽视。

清朝中后期，清政府的统治日趋腐朽，随着人口的日益增加以及豫北地区自然灾害的不断侵袭，地方社会中各阶层民众对于有限社会资源的竞争也日趋激烈。而对于被排斥于正统乡村组织（如宗族组织）之外的下层民众而言，他们为了获得各种经济、文化资源，出于利益上的考虑，开始参加到一些民间宗教组织中去，试图以非常规方式获得其所需要的各项权益。这正是天理教、捻党等在当地兴盛的原因所在。

面对清后期持续不断的社会动乱，豫北宗族内部士绅，积极响应清朝政府号召，在地方组织团练，修筑堡寨，以抵御捻军等的侵袭。豫北士绅组织团练，抗击捻军的效果也颇为显著。但朝廷对士绅权力的部分让渡，间接造成了士绅权力的过渡膨胀。士绅依靠其所负责的团练等组织，在抵御捻军的同时，也积极扩大着自己在地方社会中的各项权力。有时为了谋求地方利益，甚至不惜同清朝政府产生激烈冲突。

第六章

改革开放以来的豫北宗族

改革开放以来，豫北宗族出现了复兴的局面。豫北各县纷纷开始修撰族谱，有的宗族修建或重建了宗族祠堂。豫北宗族的复兴有其客观和主观方面的原因，是多种因素共同作用的结果。复兴之后的豫北现代宗族既承袭了传统宗族的一些特点与追求，同时也展现出其与现今社会相适应的一面，在许多方面有了新的追求与变化。豫北现代宗族对地方社会同时存在着积极与消极两种不同的作用。对此，我们需要对豫北现代宗族进行客观公正的评价，并采取有效的措施与方法，使其与现今社会发展相适应，与新农村建设相适应。

第一节　中华人民共和国成立后豫北宗族
　　　发展的历程与复兴原因

一、中华人民共和国成立后豫北宗族发展的历程

中华人民共和国成立之后，国家政权、政治运动对宗族的兴衰影响深远。宗族的发展可以说与其息息相关。早在20世纪90年代，冯尔康就曾总结过现代宗族的发展历程，他概括道："20世纪下半叶大陆的宗族经历了三个阶段，第一个时期是50年代初期农村实行土地改革之时，宗族受到严重冲击；第二个时期，即50年代至80年代初宗族基本上销声匿迹；迨至80年代初农村实行农户生产责任制之后，宗族活动逐渐增多……"[①] 豫北宗族在新中国成立之后历程也大体沿着此过程发展，但因其地处中国北方中原腹地，发展亦有其特殊性，

---

① 冯尔康. 中国宗族史 [M]. 上海：上海人民出版社，2009：346－347.

故略有差异。以下便针对豫北宗族在1949年以成立后的发展总结如下。

（一）豫北宗族缓慢发展期

中华人民共和国成立至50年代末，豫北宗族进入缓慢发展期。1949年中华人民共和国成立后，国内外形势发生了巨大变化，社会制度也发生巨变。从1950年代初开始，豫北各地相继进行了土地改革。在土地改革中，豫北许多宗族拥有的祭田也大多被平分（此点在后文还会详述）。在此大背景之下，豫北宗族虽面临一定的冲击，但仍在缓慢发展。在1950年代中期，豫北许多地区，仍出现了大量修撰族谱等宗族行为。

为清晰说明此时期豫北宗族情况，我根据田野调查以及新乡市图书馆、河南师范大学图书馆馆藏族谱，绘制豫北族谱修撰图表如下。

表6-1 20世纪50年代豫北宗族修谱一览表

序号	时间	地点	姓氏	谱名
1	1950年	获嘉县亢村	王氏	王氏族谱
2	1951年	获嘉县三位营	张氏	张氏族谱
3	1953年	辉县穆家营	穆氏	穆氏家谱
4	1953年	新乡县古固寨	崔氏	崔氏族谱
5	1955年	获嘉县	岳氏	岳氏族谱
6	1955年	原阳县西里寨	李氏	李氏族谱
7	1955年	长垣县苗寨	景氏	景氏族谱
8	1956年	获嘉县崔池村	崔氏	崔氏家谱
9	1956年	新乡县定国村	郭氏	郭氏族谱
10	1957年	辉县穆家营	王氏	王氏族谱
11	1957年	淇县北阳	高氏	高氏宗谱

（二）豫北宗族巨变期

到了1950年代末60年代初，豫北地区公社化运动基本完成。例如，在获嘉县，1958年8月中旬，两三天内，全县240个高级农业生产合作社一跃变为10个人民公社（一乡一社），同时撤销乡（镇）建制，实行"政社合一"。10月1日，县联社成立。① 在封丘县，1958年8月中旬，全县将481个高级社建成九

---

① 获嘉县志编纂委员会编. 获嘉县志［M］. 北京：三联书店，1991：43-44.

个人民公社，实行政社合一的体制，实行所谓"组织军事化、劳动战斗化、生活集体化"，人人到食堂就餐，超越了当时生产力发展水平，给农业生产发展造成了严重困难。① 同时公社化运动中开展的移风易俗活动，令宗族文化中特有的祭祀礼仪与规范等，都被最大限度地简化或革除。这些都改变了过去豫北地区农民的生产与生活，对农民生产与生活均产生了最直接的影响。这无疑会对豫北地区宗族的发展产生极大的影响。

在 20 世纪 60 年代初期，豫北地区还有零星的修族谱等宗族建设活动。如1961 年辉县胡桥请下佛村《侯氏族谱》编修，1962 年 10 月新乡县古固寨三王庄《曹氏族谱》编修，1963 年辉县胡桥南云门《刘氏族谱》续修。② 60 年代中期后，随着"文化大革命"在豫北地区的全面展开，豫北地区已经很少见到新修或续修家谱等宗族行为了。

当然，修撰族谱等开展宗族活动的念头在豫北人们的心中还是一直存在的。辉县勾氏宗族十一世族人勾燕祥，于 1994 年续修本族族谱时，就曾回忆道："70 年代，麟祥兄和珍祥弟就起有续谱之意，然而时间不许。虽未动笔墨，但思念常存，无时不在酝酿筹措。"文中所言"时间不许"，当是当时条件、大环境不允许。但从文中我们可以明显看出，勾氏族人即使是在"文革"时期，也时刻不忘该族宗族建设，也是怀有续修族谱之愿望的。

（三）豫北宗族复兴时期

20 世纪 70 年代末，国家开始实行改革开放政策，豫北宗族也开始步入缓慢复兴时期。改革开放是一场深刻、全面的变革，涉及政治、经济、思想文化等领域，对人们的各方面均影响深远。经济上，实行家庭联产承包责任制，农民获得了生产自主权，特别是经济收入逐渐增多。思想文化领域，原本就根植于民众心中的传统思想与文化，重新获得民众的认同。

基于以上的分析，可以得出，豫北宗族在改革开放以后获得迅速发展，尤其到了 20 世纪 90 年以后，人民的生活条件日益改善，豫北地区出现了兴修族谱等宗族建设的高潮。可以说，这一时期是豫北宗族建设的复兴时期。下表 6 - 2 就是豫北地区宗族复兴的有力佐证。

---

① 封丘县志编纂委员会编. 封丘县志［M］. 郑州：中州古籍出版社，1994：32.
② 王仁磊. 当代中原家谱的新修及其时代特征［J］. 河南科技学院学报，2018（5）.

表 6 - 2 1980 年代以来豫北宗族修谱一览表①

序号	时间	地点	姓氏	谱名
1	1980 年	辉县东夏峰村	戴氏	戴氏宗谱
2	1981 年	获嘉县亢村	赵氏	赵氏族谱
3	1982 年	新乡县尚村	郑氏	郑氏族谱
4	1985 年	辉县东夏峰	孙氏	孙氏族谱
5	1985 年	辉县小岗村	张氏	张氏族谱
6	1986 年	辉县	尚氏	尚氏族谱
7	1986 年	新乡县定国村	郭氏	郭氏族谱
8	1987 年	林县	李氏	李氏族谱
9	1988 年	辉县孟村	齐氏	齐氏世系宗谱
10	1989 年	辉县上八里村	姚氏	姚族世谱
11	1989 年	辉县北关村	张氏	张氏家谱
12	1990 年	获嘉县陈孝村	杨氏	杨氏族谱
13	1990 年	获嘉县落纣营	郭氏	郭氏家乘
14	1990 年	获嘉县崔池村	崔氏	崔氏家谱
15	1992 年	辉县南村	任氏	任氏族谱
16	1992 年	辉县东夏峰村	李氏	李氏家谱
17	1993 年	辉县东夏峰村	黄氏	黄氏家谱
18	1993 年	新乡县马小营村	李氏	李氏家谱
19	1993 年	获嘉县三位营	聂氏	聂氏家乘
20	1994 年	辉县南村	勾氏	勾氏族谱
21	1995 年	辉县西平罗村	牛氏	牛氏家谱
22	1995 年	获嘉县	张氏	张氏族谱
23	1995 年	辉县东夏峰村	王氏	王氏族谱
24	1998 年	辉县东夏峰村	杨氏	杨氏家谱
25	1996 年	辉县工村铺村	王氏	王氏族谱

---

① 该表是我根据新乡市图书馆馆藏以及我在豫北地区田野调查中收集的族谱、村志等地
方文献整理而成。

续表

序号	时间	地点	姓氏	谱名
26	1996 年	辉县东流店村	陈氏	陈氏族谱
27	1996 年	辉县岳村	袁氏	袁氏族谱
28	1998 年	辉县东夏峰村	孙氏	孙氏族谱
29	1998 年	辉县东夏峰村	王氏	王氏族谱
30	1998 年	辉县孟庄	朱氏	皇明朱氏家谱
31	1999 年	辉县北关村	张氏	张氏家谱
32	1999 年	辉县常村	郭氏	郭氏宗谱
33	1999 年	淇县高阳	高氏	高氏宗谱
34	2000 年	辉县东夏峰村	郭氏	郭氏族谱
35	2000 年	辉县古章村	郭氏	郭氏族谱
36	2000 年	获嘉县照镜村	江氏	江氏族谱
37	2000 年	新乡县小宋佛村	张氏	张氏族谱
38	2000 年	新乡县小宋佛村	袁氏	袁氏族谱
39	2000 年	新乡县小宋佛村	韩氏	韩氏族谱
40	2000 年	新乡县小宋佛村	冯氏	冯氏族谱
41	2000 年	新乡县小宋佛村	秦氏	秦氏族谱
42	2000 年	新乡县小宋佛村	裴氏	裴氏族谱
43	2000 年	新乡县小宋佛村	段氏	段氏族谱
44	2000 年	新乡县小宋佛村	丁氏	丁氏族谱
45	2000 年	新乡县小宋佛村	曹氏	曹氏族谱
46	2000 年	获嘉县	杨氏	杨氏家谱
47	2001 年	辉县百泉	王氏	王氏族谱
48	2003 年	辉县西平罗	申氏	申氏族谱
49	2003 年	获嘉县敦留店	贾氏	贾氏族谱
50	2005 年	辉县东洼村	王氏	王氏族谱
51	2005 年	辉县东洼村	李氏	李氏族谱
52	2005 年	辉县东洼村	户氏	户氏族谱
53	2005 年	辉县三合店村	刘氏	刘氏族谱

序号	时间	地点	姓氏	谱名
54	2005 年	辉县龙水梯村	刘氏	刘氏族谱
55	2005 年	辉县盘氏庄	刘氏	刘氏族谱
56	2005 年	辉县张村	张氏	张氏家谱

由上表可以看出，1980 年以后，豫北地区宗族修谱已经开始逐渐增多。而到了 1990 年之后，豫北地区修谱行为更为普遍，可以说已经到了较为普遍的程度。这也说明了豫北地区宗族复兴时期已经到来了。

二、豫北宗族复兴的原因

冯尔康在谈及现代宗族的重建问题时，曾言道，宗族是否重建，可依据这样两条可观察并操作的标准：一个是否修了谱或者是否有谱，另一个是否维修或重建了祠堂。① 因此，在谈及豫北地区宗族重建问题时，也以此作为宗族重建的标准，即如果重修或新修了族谱、祠堂，二者有其一，便认定为其整合了宗族。

（一）传统思想的影响

历史始终是不断的链条。传统文化与思想，虽然一度"中断"，但却并未真正中断真正消失。一待时机、条件允许，便又会重新显现。

获嘉县《崔氏族谱》在续修族谱时就曾言道："国有史记，方知其衰亡兴替；家有族谱，才晓其变迁沧桑，此理一也。自梦锡始祖立谱，定例于今，百又八十年矣。经祖辈呕心沥血，四次续修，日臻完善。后人阅之，知其宗派，明其门第，不致指派紊乱，而使其尊卑有序，昆仲竟然，此全蒙先祖之德泽，列宗之功劳焉。"可见，传统续修族谱的思想在获嘉崔氏族人心中根深蒂固。崔氏族人认为，修谱行为乃是"蒙先祖之德泽，列宗之功劳"，可以起到敬宗收族、尊卑有序之功效。

（二）社会环境的宽松

自改革开放以来，农村进行了经济体制的改革，实行了家庭联产承包责任制。农村社会进入急剧变革时期，国家力量改变了过去直接管理农村的模式，

---

① 冯尔康. 中国宗族社会［M］. 杭州：浙江人民出版社，1994：271.

社会行政管理功能弱化，而家庭的功能逐渐得到强化。

在新的形势下，生产与生活互助的需求日益迫切，主要表现为在秋收劳作、婚丧嫁娶等方面的互帮互助等活动日益增多。在此情况下，村民之间的联系渐趋密切，这已成为客观需求。而组织较为严密、提倡族内互助的宗族，则天然呼应了这一村民诉求。农村社会环境日益宽松，为宗族的复兴创造了客观的条件。

（三）经济条件的改善

改革开放后，豫北宗族的复兴无疑还与当地民众经济条件的改善有着密切联系。进行宗族组织化建设，无论是修族谱，还是修祠堂、祭祀祖先，无疑都需要一定的经济基础作为支撑。改革开放之前豫北地区在一段时间里之所以出现了宗族几乎"绝迹"的情况，一方面固然是因为当时的时代以及政治环境不允许，但也和当时农村民众普遍贫困、难以负担宗族活动经费有着密切的关系。

在改革开放后，尤其到了1990年之后，豫北地区乡村经济实力有了很大的改善与提高，这为当地宗族建设创造了必要的条件。这一点在豫北地区很多的族谱中都有详细叙述。如获嘉县崔氏宗族在《崔氏族谱》里谈到修谱原因时，就曾言道："时蒙祖宗之德泽，国家之昌盛，吾族家口繁荣，人丁兴旺。"辉县上八里姚氏宗族《姚氏族世谱》中也提道："盛世修志民富修谱，文化建设精神文明促进中所必有事。"同样，辉县东夏峰1985年续修《孙氏族谱》（即前文所重点论述的清初大儒孙奇逢所属之宗族）之《重修族谱序》中，也特别谈到："十一届三中全会之后政通人和，祖国日臻昌盛，民心舒畅，生活水平提高。举国上下莫不振奋。为挽颓风，又在全国大讲精神文明。随之经济繁荣，百业俱兴。各地皆然，处处一派升平。"从上述豫北宗族族谱序言中，也可看出，改革开放新时期，民众经济条件的宽松，直接促成了豫北地区现代宗族组织的兴起。

（四）海外亲族的影响

改革开放以来，随着对外政策的宽松，在旅居海外以及港台地区的华人中兴起寻根祭祖热潮。地方政府为了吸引外来投资，发展地方经济，开发旅游资源，亦纷纷制定优惠政策，并大力宣传，吸引海外华人来原籍地寻根探亲。豫北地区虽然地处内地，但由于其位于中原大地，历史悠久，历史名人辈出，因此，吸引了大量华人来此地祭祖探亲。

　　1989 年辉县姚氏宗族续修《姚族世谱》时，在开篇《重修族谱序》中就曾记载："所以存史者同。所以资治者可相通，如举一以概反，则近古以来华人侨居异国者遍世界，离本土居海外又数千万，其关心祖国之兴衰，爱国爱族反又胜于本土，习久而不自觉者，中华子孙心怀家国，每有寻根觅源之举，根源之确切明晰，莫过于族谱，按谱而求根系秩然。故善用之，可统万里外中华儿女于一心，为大一统之基础。岂非今资治之大用乎。"文中道出了修撰族谱与团结海外中华儿女两者之间的密切关系，修谱可起到"统万里外中华儿女于一心"之目的。

　　例如，一代谏臣的楷模——商朝比干，被奉为林姓的祖先。比干因谏而死之后，就葬于豫北卫辉市，当地建有比干庙。当地政府异常重视宣传比干文化，开发比干文化资源。每年的农历四月初四，卫辉市都要举办大型祭拜比干大典活动。该项活动目前已成为河南省著名的文化品牌，在海内外也很有影响力。每年都会吸引大量东南亚地区的林姓后裔，来卫辉祭祖寻根，访友探亲。这些宣传与活动，无疑会大大增强当地的宗族意识与氛围。

　　再如，据豫北辉县《百泉村志》记载，因为历史原因，仅辉县百泉村在中华人民共和国成立前，就有多名村人迁居港台地区。其中祝兴思、杨道河、申育禄、牛性温、王玉生等居住于台湾地区，付玉生居住于香港特区。改革开放之后，他们眷恋乡情，多次来大陆寻根探亲。杨道河更是其中的代表人物，不仅担任了河南省旅台同乡会顾问，还成立了河南省辉县旅台同乡会，担任总干事、会长等职位。[①] 海外华人、港澳特区同胞成了豫北宗族发展不可忽视的力量。

　　豫北地区的港澳特区同胞以及海外同胞，还积极直接参与到当地宗族的建设中来。辉县西夏峰村郭氏宗族十五世孙郭希运于 1998 年修撰《郭氏宗谱》时曾专门记载："十一届三中全会后，政通人和，祖国昌盛，生活日高。国家倡导精神、政治两大文明建设，全国上下一派生机。改革开放以来，台胞纷纷返乡，探亲寻踪。1994 年，吾兄希堂携子归里，祭拜祖坟，以尊祖睦族为重，遂立续谱之志。1997 年，他已年望古稀，信心满怀，不避途远，于四月、八月两次返乡，亲到常村、沿村调查，只因所限不能久居故里也，然其敦促我，处心积虑，

---

① 崔灿. 百泉村志［M］. 北京：中国广播电视出版社，2002：2745－277.

收集编成。"

综上，这些寻根祭祖活动与宗族建设行为，无形之中，不仅增强了豫北各地宗族的认同感，而且为豫北宗族的复兴与发展提供了资金等方面的支持，为当地宗族的发展增添了新的动力。

（五）族内热心人士的努力

改革开放以来豫北宗族的复兴，很大程度上是上述外因的影响造成，但也不应忽视豫北各地区族内热心人士的推动，这是内因，也是豫北宗族得以复兴的根本原因。

在豫北各地区，那些受到中国传统思想影响，有一定文化程度的中年以上热心人士，成了豫北宗族兴起的中坚力量。正是他们不辞辛苦地倡议、联络、召集，最终使得各自宗族得以重建。这其中面临的辛苦与艰辛复杂，不身在其中、没有投身其中的人是难以想象的。兹摘录一段豫北淇县高氏族人在收集族内信息、撰修族谱时面临的境遇，从中可见一斑：

> 拜读先辈讳腾辉序，思绪万千，百感交集。众先辈创谱时困难重重。其毅力与执着精神令人敬佩。先辈讳暇昌，官高位尊，为扬族名，请康熙帝为祠赐吻，邀众名流谱牒留言。今家乘熠熠生辉，光前裕后，乃先哲之功也。昔先辈奉献之无私，今修谱精神之支柱。整理旧乘，反复校勘，惧怕错漏。采访不畏寒暑，走村串巷，逐户登记，唯恐失落。汇编忍耐枯燥，一丝不苟，逐字排查。初稿问世，不厌其烦，反复审核。付印之前，夜不能寐，压力之大，如山盖首。学习先贤，重在行动。累累硕果，靠勤劳付出。

> 吾族众多族大，棋布海内。采集信息比较困难并伴存风险。与族叔云派到泥河村与卫辉市大双村采访途中，暴雨如注，被困荒野；与信钧外调时，伏日似芒，肌伤肤痛；与云派叔到浚县草店访问时，车坏中途，推车五里，汗湿祇裯，两眼发昏；与族兄乘到卫辉市秦窑寻访时，突遇寒风，恙侵肌体；在辉县支系搜集采访中，细雨濛濛，道路泥泞；与族孙珍钧、信钧、永钧到延津县南皮村联谱时，浓雾笼罩，路途难辨，徐行如蜗。历经坎坷，甚感修谱难，修无疵之谱更难。①

---

① 淇县高阳《淇园高氏宗谱》，《谱序》，2012 年印刷本。

从上文颇具感情色彩的叙述中，我们可以看出淇县高氏族人修谱之不易。但是他们又是乐此不疲、乐在其中的。

在编撰于1994年的辉县勾氏宗族《勾氏族谱》中，也谈到了勾氏修谱之不易："多少年过花甲及青壮少年，分片负责，四处奔波，登门采访。勾兆清（乳名桃园）亲自在哈尔滨、牡丹江、卫辉，以及驱车郑州、清丰勾韩村，登门寻根访贤。上述等等贤男孝女，足见心诚意艰。续修家谱乃我氏族之人心所向也。"可见，正是因为豫北地区有如此多对宗族热心人士的积极参与不懈推动，才有了改革开放后豫北地区宗族的复兴。

第二节 改革开放以来豫北宗族的"不变"与"变"

改革开放以来的豫北宗族与传统宗族有着不可割裂的联系，但同时也出现了与现代社会相适应的特征，显示出豫北宗族组织的灵活性与可塑性。因此，豫北现代宗族同时具有了"不变"与"变"两种特性。

一、豫北现代宗族的"不变"

（一）尊祖敬宗的追求不变

慎终追远，对祖先的崇拜与敬仰，是任何宗族组织化都竭力追求的目标。对于这一点，改革开放之后的豫北宗族也同过去一样，没有改变。淇县高氏宗族的《淇园高氏宗谱》就谈到编撰族谱的目的："谱牒传承，意在勿数典忘祖，混做恶人。明源延脉，镜鉴可照，弘扬追远报本之情。"

在对祖先的认同与追溯上，淇县高氏宗族还引发了一场高氏始祖之争。据高氏十一世族人高鑑（鉴）徽于康熙五十年所撰《谱系》记载："按吾家祖居淇之北阳，世远年沿，多不可考。惟祖讳平者，生于宋末，时河北以归蒙古。历度宗二年丁卯，为元世祖至元三年，周使君惠清改朝歌郡为淇州。故相传先有高平，后有淇州之语。卒葬于北阳村东椿树。茔有卧碑，元英宗至治三年建置。今断以平祖为始。"从高鉴徽的介绍中，我们可以清晰得知，高氏始祖乃是宋末元初的高平，对此文中的叙述十分明显。

然而在2007年召开的"淇园高氏祭祖大会"中，高氏宗族部分支系却上演了一场"换始祖"的事件，主要内容是否认上文提到的宋末元初的高平为其始祖，取而代之的是将历经顺治、康熙两朝的高氏宗族名宦高遐昌立为高氏宗族的始祖。在此，有必要对高氏族人高遐昌做一简单介绍。高遐昌，字振声，号篆园，清康熙丙辰进士，淇县高氏第十世族人，历任龙阳、东莞、茂名、信宜四地知县，后任高州知府、刑部主事，历升兵科给事中，兼理京畿道事，累迁户部郎中。每任职皆有政声。高遐昌《清史稿》有传，为人刚直，为官清正，是为循吏。辞官回乡的高遐昌，积极建设乡里，注重高氏宗族发展，同其子高鑑（鉴）傲（上文曾提到）一同修撰高氏宗谱，并拟定字辈。我观高氏宗谱可知，高遐昌乃是淇县高氏宗族中名声最大、官职最高的族人，且又为高氏宗族组织化建设做出了巨大、开创性的贡献。鉴于高遐昌在高氏宗族中的卓越声誉和深远影响，其后裔将其立为始祖的诉求也并非事出无因。

在 2012 年版的《淇园高氏宗谱》上，高氏族人对于之前的"换始祖"事件给予了坚决纠正。在《壬辰版宗族说明及有关规定》一文中特别强调："废除 2007 年农历十月初一在高氏宗祠前召开的所谓'淇园高氏祭祖大会'内容。该会议严重偏离了祭祖敬宗、敬老怜幼、睦族联谊的方向，破坏了宗亲一家的大团结氛围，是不折不扣的欺宗灭祖、本末倒置行为。按照隐恶扬善的祖训，只提该事件而不提主持领导名字。极个别人由于没有认真学习研究我族历史，草率将我族始祖高公讳平存世四百余年的石雕祖碑楼牌，从祠堂的始祖台上扔到台下，擅自将公元 2007 年新雕刻的第十世孙高遐昌的汉白玉石雕像抬上始祖台。祭祖大会以废除高平始祖、立高遐昌为新老祖为主题，酿成了一出影响极坏的'换老祖'闹剧。"

此后该文还为高氏宗族 2007 年"淇园高氏祭祖大会"召开的"非法性"，寻求到了依据。该文言称："（该会）不尊重长辈。某位'乘'字辈的人为了争抢'族长'名分，开祭祖大会时故意不通知家族在世的七位'派'字长辈，会场不设'派'字辈席位。将还在世的族内最高辈分拒之会外。某'乘'字辈身穿象征家族最高辈分的黄袍，以所谓'族长'的名义出现在族人面前。这样反常行为引起全族一片讥笑与愤慨。这次所谓的'祭祖'大会已经给族人心灵造成了创伤。"从文中我们可以很明显看出，该文的作者认为，2007 年的祭祖大会并不是高氏宗族的一致决定，尤其是该大会所做出的决议并没有取得在高氏宗族中有相当"话语权"的宗族长辈的认可。

在此文中，继而对族中"换始祖"事件做出了郑重声明："经研究，凡和2007年农历十月初一所谓的'祭祖'大会有关的文件、光碟、碑文，一律作废。经家族全体宗亲一致表决，高氏宗亲联谊会集体行动，于公元2011年7月12日将十世孙高遐昌的石像从始祖台上挪下来，将家族始祖高公讳平的石碑楼牌位重新供奉到始祖台上。公元2008年立在宗祠前的'功德榜'碑文，是不尊重历史、割断历史、突出高遐昌所谓'新老祖'的个人偏执乱语。对该碑文内容必须重新编写镌刻。"至此，高氏宗族"换老祖"事件才得以告一段落。

纵观高氏宗族此次"换老祖"事件的前前后后，我们可以看出，这是高氏宗族中一些支派，为谋求在高氏宗族中更大的话语权甚至是决定性话语权，而做出将自己支派的祖先换为全宗族祖先的努力。这些支派通常是族中名人的后裔，加之在之后又发展较好，有一定经济能力。整个事件可以说一度成功，但之后又归于失败。而高氏宗族其他支派，则不甘心族中的话语权只归于少数支派后裔，故对此竭力反对。我们无意评判高氏族人在此事件中孰对孰错，只是从他们各自的立场与角度探寻其诉求。通过此次事件，我们更能够看出"始祖"对于一个宗族的重要影响。正本溯源，才能够团结族中大部分族人，从而最大限度地增加族人的凝聚力。这也正是淇县高氏宗族围绕始祖问题，各支派互不相让、相互博弈的根本原因所在。

（二）字辈收族的延续

如前文所述，字辈收族对于豫北地区宗族组织化建设的重要意义毋庸置疑。在豫北地区，改革开放以来对字辈拟定的重视程度一如既往，甚至还较过去更加强调。

上文提到的淇县高氏宗族便是如此，对于字辈有着异乎寻常的重视。据《淇园高氏宗谱》记载："清康熙年间修家谱时，按五行相生之意，拟定二十字作为派别，嘱后世子孙由十一世起，按派别命名，不得违犯。兹重述之如左'鑑滋树熙载，钜派乘然待，钧渐集燕垂，钟沾歷爲培'。这次续家谱，遵照先祖遗意，再拟定派别二十字，继承'培'字辈后世子孙，仍同前例，按派命名，兹录之如左'镇清林照城，铭河東烈堂，镜源梁焕坦，锐温材燦坊'。"从文中我们可知，淇县高氏宗族早在清朝康熙年间，就根据五行相生，拟定了二十字的字辈。上文的谱序写于1957年，我们可以判断，在1957年高氏宗族又拟定了二十字的字辈，以备后世需要。

之后在高氏宗族 2012 年再修族谱时，前文提到的《壬辰版宗族说明及有关规定》中，再次对宗族字辈做了专门说明，还对之前的一些错误做法做了修正。该文强调道："公元 1957 年宗谱上所载的四十个世系辈分字为永久性宗法保护辈字，后世任何编纂人和单位不得将这些字删除变更。……这四十个字之外的一切辈分字当前为无效字。由于受宗法保护的第十五个辈分字目前还在使用中，后边未用的二十五个辈字还能使用五百年左右，为此，本修不续编添加新的世系辈分字。后人修谱时如果需要制定新的辈分字，要严格按照先人规定，挑选最有益家族的字作为辈分字。字中必须带'金水木火土'的偏旁部首，并把所制定的辈分字的含义注明，让全家族修谱代表集体讨论通过后方能载册使用。每一世的辈分字不得重复，更不能以任何理由让世系辈分字循环往复。"

从文中可以看到，高氏宗族以五行相生制定的辈分字是以有益于家族为目的的，制定出来的辈分字是不容更改的，对全族而言，是有绝对权威性的，颇有"神圣不可侵犯"的意味。

该文还对过去宗族在辈分字上出现的一些错误做法做出了修正。文中指出："废除公元 1999 年版宗谱的《续修宗谱说明》和《高氏宗祠迁址简介》。该版的《续修宗谱说明》荒唐地将我族世系直下辈分擅自改成循环往复，并不准我族再续修宗谱。背离宗亲建筑宗祠的初衷，将为家族始祖高平建的宗祠歪曲成为十世孙高遐昌的宗祠等。事发后各村理事一直认为，该版宗谱序言及简介没有经各村代表集体审核通过，其错误属于个人行为，与全体族人无关。废除南皮支系 1993 年《南皮高氏家谱》所自定的世系辈分字。废除高营支系 2001 年《高营高氏家谱》自定的辈分字。公村、东连岩、下马营、后庄支系在与故里合谱后，辈分字全部使用《淇园高氏宗谱》上所规定的辈分字。"由此看见，在对待"辈分字"问题上，淇县高氏宗族是高度重视、毫不含糊的。究其原因，高氏族中的有识之士认识到了字辈对于宗族明辨世系、厘定源流所起到的重要意义与作用，故对于之前高氏支系所自行制定"辈分字"采取了坚决纠正的态度。

在豫北地区，对于字辈的重视可谓普遍现象。如同样是前文提到的辉县勾氏宗族，在 1994 年续修族谱时，也专门强调："老谱中世代宗派为二十四字辈，今增加至八十八字辈。后裔必须按照顺序命名，千不得紊乱，万不得离开规范。"从文中"千万"的言辞，可以看出勾氏宗族对于字辈的重视程度。

辉县牛氏宗族也是如此，在《牛氏族谱》开篇的"序言"的结尾，编撰者用大白话特别强调了对字辈的重视："总之，通过看家谱，可了解牛家历史发展，可知道你是哪一代人，并知道第七代往下，你是啥字辈。谁辈高，谁辈低，一目了然。再不会出现误会、闹错辈分的现象。"在豫北宗族看来，拟定辈分是宗族建设中一项极为重要的事情，是同传统一脉相承的。

二、豫北现代宗族的"变"

时异则事异，改革开放后的豫北宗族尽管在一些方面继承了古代宗族要素，但还是同豫北传统宗族有很多不同，出现了很多"变"的要素。

（一）修谱功用的转变

改革开放之后的豫北宗族在修谱目的与功用方面有了极大的转变。新时期的豫北宗族更讲究与时俱进，同中国的发展与变迁紧密相连。在前文提到的清初豫北大儒孙奇逢所在孙氏宗族，在撰修《孙氏族谱》时就很明显地体现了这一点。在孙氏宗族二十二世族裔孙居容于1998年撰写的《续修族谱序》中，就很明显地谈到了新时期孙氏修撰族谱的目的与功用：

> 新中国的今天，纂修族谱家史，是要明本族世系之变迁，看世代族人生活之情。教育后辈，坚信新中国之心思。它不再是维系家族权贵之法制，而是体现新时代之风情。突出"存史"与教化之功能。服务于社会主义精神文明建设之目的。有鉴于此，爰想吾族续谱一向偏重世系记。实衷"存史"与"教化"之意。趁我还在，虽年近八旬，且有宿疾，精力不济，势所必然。但誓勉为其难，尽心竭力，搜集有关吾族变迁之重要资料。充实中古今前贤之业绩，使其能以优良传统，同新社会高尚之风气，启迪后人。庶乎保存历史文献，提高史料价值，以资今后编修史志者之采撷。——以谱吾族，用资藉鉴古今。坚持唯物史观，扬弃旧事之积极或消极两者不同因素，使利于现时社会推崇好的风教。如八世祖先运判公讳臣，十世先祖征君公，武城公讳奇彦者，祖孙世代为官清白。以迄二十一世之继召，继儒，急人危难，为祖国革命暗自迎送掩护地下工作人员，培育和输送到延安抗大学习，而后成为国家栋梁之高风亮节，尤其个人一尘不染，两袖清风，堪范后世。有裨国家，为当前社会主义精神文明建设服务，促成健康发展，实所切望。

从上文孙居容的言论中，可以看出，新时期的豫北宗族主要功用不再是

"维系家族权贵之法制",而转变为与新时代相适应,突出宗族以及族谱的"存史"与教化功用。一方面是彰显族谱的史料价值,为新时期编撰史志等服务,体现族谱的资鉴功能。另一方面,则是发挥族谱等的教化功能,以孙氏宗族内的宗族名人为榜样,继承宗族内的优良传统,为新时期精神文明建设服务,以"利于现时社会推崇好的风教"。

（二）修谱体例的转变

新时期的豫北宗族在修谱体例上,也同传统宗族有了很大的差异,主要体现在以下几个方面。

1. 宗族族人上谱的选择方面

改革开放以来,在豫北地区宗族族人上谱的选择方面,出现了同豫北古代宗族不一样的变化趋势。

在族中"杰出人才"上谱问题上,豫北地区宗族均对其有专门的界定,并制定了上谱原则。据淇县《淇园高氏族谱》记载:"实行职位学位双上谱。凡有本科以上文凭者和国家公务员均可入谱。"文中所述当是指,对拥有本科以上文凭以及是国家公务员的族人进行重点介绍与标注。很有意思的是,该文还对此条做了进一步的解释与补充说明:"上谱人员不等于家族全部有职位学位的人员,只是按规定凡入谱者必须赞助印谱、修祖坟资金,凡不自愿提供赞助者不标注职位和学位。（本修有义务让每一位不赞助资金的族人名字入谱,但没义务让不捐款的职位和学位入谱）"文中所叙述颇耐人寻味。对于普通宗族而言,撰修族谱、修建祠堂以及祖坟,最为困难但也是最为重要的一环,就是如何筹措资金。淇县高氏宗族此举,也可让人理解。族人如果想要彰显名声,就须付出一定代价。这也可算是筹措宗族建设资金的一个措施吧。

《淇园高氏宗谱》还特别强调:"族中有人发明新技术,有创造新机器,以便国际民生、增加工农业生产,可以详为叙述,使后世学习。"此条颇具时代特色,也是同古代豫北宗族上谱之规定不同的地方。

1988 年续修族谱的辉县齐氏宗族,也在《重新齐氏宗支家志序》一文中规定:"现时和后裔子孙,中专以上文凭院校、排级局级以上干部,谱中注明,以便促使后人上进之心。"文中也谈到了对于族中"杰出人才"的界定,并令其上谱,以此来激励齐氏后人。

1989 年续修族谱的辉县北关村张氏宗族在《张氏家谱》在文末专门撰写的

"张氏合族统计人才序"中也专门记载道：

> 谱告成后，又将北关村、八盘磨、上河坡一带合族济济人才载入谱后。其谱不但考人丁之兴衰、世系之得失，而更要合族之人才辈出者也。如国有人物，国之兴也；家出人才，家之旺也。国史、家谱，名称虽不一，然记先人之积德、立业，流传于后世，其宗旨无异也。兹将合族大小人才、各行干部名讳逐一加载谱内（中华人民共和国成立后干部以支书、村长以上，军人以连级干部以上，文者以中专文凭以上，为国为民有贡献者）。俾后世子孙展谱一览，莫不观感而兴矣。
>
> 是为序。

上文中，除了交代了族谱列举族中杰出人才的意义，也专门谈及了列入族中人才统计的具体标准与原则。从中也可以看出，现今社会上谱的族中杰出人才与传统宗族标准还是有很大不同的。

在女子上谱方面，淇县高氏宗族的规定也与古代不同："我国昔日重男轻女，故旧谱仅书男子名字，而女子不载。现在政治地位平等，女子参加政权。故族人有欲以女子列入谱内者，即为填写；不欲者，亦就随便。"可见，对于女子是否上谱的问题，高氏宗族采取自愿原则，只要愿意，也是允许上谱的。

辉县勾氏宗族也允许女子上谱。该族在《勾氏族谱》的"凡例十条"中具体规定："谱中于子女已嫁者，书明适某村某姓。已字未嫁者，书明许字某村某姓。未字者以待字书之。以血统所系，不得以异姓而忽之也。"

对于女子上谱问题，辉县牛氏宗族则更加开放。在牛氏族谱序中，牛氏宗族不仅介绍宗族女性，还专门介绍了牛氏宗族中较为突出的牛家女婿的情况，诸如学历、工作等。由此可见，在豫北地区女性上谱已经成为普遍现象。

另外，豫北地区宗族还允许宗族内女性参加众多的宗族活动。男女平等的思想在地方宗族观念中也是多方面体现的。如上文中的辉县勾氏宗族，就允许宗族内女子参加墓祭等宗族活动。在1993年版《勾氏族谱》的"首序族谱前言"中就记载："我勾氏妇女和女儿，破旧习立新规，上坟敬祖。虽比不上盘下一年四次（正月初三上坟拜年、三月清明扫墓、七月十五祭祀、十月一日换季），但在大年春节送灯、清明扫墓、十月一日压纸换季，举目可见。这都足以表明我勾氏之女孝思贤惠，心胸开阔，思想情态已步上一崭新台阶。"文中很明显，勾氏女性已经参与了众多宗族活动。

在嗣子、赘婿问题上，现代豫北宗族也颇为开放，同意其子孙上谱。同样是上文中辉县勾氏宗族，在《勾氏族谱》的"首次续谱说明"中，谈道："凡我后裔在种种原因情况下，改为他姓者，今想回归祖族敬宗的，热烈欢迎。六、凡我氏族女儿招婿养老者，其后代子女愿归我姓的，一律承认，并可记入家谱。反之，如果愿随父姓的也予承认。"辉县齐氏宗族也有类似规定："吾齐氏或异姓之子，愿为我齐氏后裔者，均可以次排列，续入谱续。后人作言论语，多女无男，尊其父母之意，认定一女继业，生男育女，可入谱牒。"

（三）宗族经济基础发生改变

如同本书第四章所言，传统豫北宗族是拥有族产的，族产主要包括祭田，少数宗族拥有铺面等。尽管很多豫北地区宗族族产十分微薄，仅是象征意义，远不如中国南方地区豪门巨族族产那么雄厚，但毕竟是拥有一些的。然而，改革开放后的豫北宗族，基本上已经不再拥有宗族族产了，这表明了宗族的经济基础已经有了根本上的改变。

如辉县《郭氏宗谱》在"祠堂莹兆图说"中就曾谈道："祠堂庄基、祭田数亩俱存，但年湮岁久，族人轮流承办，文契不知何时遗失，因而日就侵削。"郭氏宗族的族产随着时间的流逝，加之时代以及个人的各种原因，仅有的族产也日渐"侵削"，慢慢消失了。

前文提到的淇县高氏宗族亦是如此，在《淇园高氏宗族》的"续修宗谱序言（1957 年）"中特别提道："（高氏）旧有祭田，当一九五〇年土改时，业为平分。"由此可知，在 1950 年代，淇县高氏宗族的主要族产——祭田，业已不复存在。之后该文谈道："此次（注：指 1957 年）修宗祠、谱，用款无着。乃将祠堂柏杨树出售数十株，得价〇千元。专事此次续修宗祠、谱费用。"道出了在当时那个时代，高氏宗族能够修祠堂、续谱的费用来源。

在高氏宗族十九世族人高鑫然所作的"后续宗谱序言及经过"中，对于1957 年修祠堂、宗谱费用的叙说更为详细。该文言道："将柏树卖一千五百余元。但是修理墙壁及添置石制的十二代祖碑，又功德碑、节孝碑等，款项差不多就用完了。1956 年 11 月，又卖了几棵柏树，才把家庙街门修好。因为款项不够，不能印制家谱。这时家庙里柏树所余不多，续修家谱很有困难。专为此事，宪然到郑州、新乡各地，意思是想用铅印或石印家谱。但为经济所限，不能实现。考虑再三，最后决定油印家谱。"文中详细地讲述了当时维修高氏祠堂以及续修家谱所花费用的具体情况。从中可以看出，高氏宗族自此之后，已经基本没有宗族族产了。

（四）宗族性质的转变

传统的豫北宗族多为聚族而居，人口流动性普遍不大，宗族更多的是以男性祖先为信仰依靠血缘关系而组成的联系较为紧密的群体。然而在改革开放以后，豫北地区农村在聚族而居为特色的基础上，又呈现出流动性与杂居性的特点，特别是随着时代的发展，流动性的特点愈加明显，这使得豫北宗族的性质也随之发生了改变。豫北宗族由原来的注重血缘、联系紧密，转变为类似于具有"社团"性质的、相互联系较为松散的社会群体组织。

豫北现代宗族具有更多的开放性与包容性。例如前文提到的，豫北地区在上谱问题上，就具有更多的包容性，允许宗族女性甚至女婿上谱，允许异姓嗣子上谱，这都是明显的例证。

豫北现代宗族的开放性与包容性，还体现在扩大了传统宗族的外延。豫北现代宗族不仅仅是在血缘基础上形成的，更表现为一种同姓宗族的联盟。如淇县高氏宗族的《淇园高氏宗谱》在 2012 年版族谱《壬辰版宗谱说明及有关规定》一文中，规定："按照古谱记载，我族明朝在淇县就是大族，但由于天灾人祸，北阳村五百余户高氏，灾后只返村十多户，其他下落不明。这次续谱凡没有证据证明不是我族宗亲的各地高氏，承认始祖高平和北阳村为故里的，愿意加入淇园高氏群体的宗亲，将全部收录归谱（今后查清确非我族者另做处理）。这次续修家谱中，对 1993 年祠堂落成暨祭祀始祖高平大会参加过的各支系宗亲因为各种客观原因没有入谱的，这次将补录。"在此条规定中，淇县高氏宗族其实是为当地的其他高氏开了"绿灯"，只要承认北阳村为故里，承认淇园高氏始祖高平为始祖的，都愿意接纳，展现出了极强的开放性和包容性。

豫北现代宗族性质发生变化，其主要领导机构也与传统宗族不同。传统豫北宗族以"族、房、支"为主要构成，宗族内的主要领导者无疑是"族长"以及各房支"房长"等具体负责人。现代豫北宗族则由类似于理事会的组织机构领导。如豫北汤阴、新乡、辉县等地岳氏宗族，皆称其为岳飞后人，设有统一的"岳氏宗亲理事会"，由其统一举行、领导该族各种宗族活动。前文提到的淇县高氏宗族也设有"河南省淇县高氏宗亲联谊会"，作为其领导机构。在豫北地区，还有一些现代宗族没有设上述的理事会，但这些宗族在修撰族谱的时候，也设有专门的修谱机构，此也可看作是该族的领导机构。如淇县高氏宗族还设有"《淇园高氏宗谱》编撰委员会"，辉县勾氏宗族设有"首续家谱理事会"，并有专门的常务会员。

第三节 对豫北现代宗族在地方社会作用的探讨与思考

目前学术界围绕现代宗族对地方社会作用的研究，已经取得了一定的研究成果，但区域性的研究尚不多。以下拟结合改革开放之后的豫北宗族的具体特点，对其在地方社会中的作用展开初步的探讨。

一、豫北现代宗族对地方社会的作用

豫北现代宗族在现代社会中的作用是双方面的，包括积极的作用和消极的作用。

（一）豫北现代宗族的积极作用

豫北现代宗族对于地方社会的积极作用主要体现在 3 个方面：教育族人、维护地方秩序；满足族人的精神生活；寻根祭祖，开展海内外交流。

首先，改革开放之后的豫北宗族在教育族人、维护地方秩序方面发挥着积极的作用。如前文所言，现代豫北宗族与古代宗族相比，既有着变化的一面，也有着不变的一面。在教育族人和维护地方秩序方面，也同样如此。现代宗族也同样有教育族人、维护地方秩序的一面，但又与古代宗族有着很大的不同。其中最大的不同在于，古代宗族对族人的控制较为严密，如有违反族规、损害宗族利益等行为，宗族会有一定惩罚措施。但现代宗族对族人则没有明显的控制措施与行为，现代宗族的族规家训等也多是以劝谏为主，没有明显的惩罚等措施，采取的形式也较为活泼，不如古代宗族那么严肃正式。如前文提到的辉县南村任氏宗族在 1992 年续修族谱时新制定的《任氏家训十则》以及《任氏家族六戒》便是如此，现将其摘录如下：

任氏家训十则：

一、孝敬父母

人生在世第一件，孝敬父母最当先。

父母恩情报不尽，子孝父慈一家安。
返哺跪乳禽兽愿，为人岂忘养育难。
下自黎民上至官，孝敬老人大如天。

二、友爱兄弟

兄弟姐妹手足情，同食一奶人长成。
只因小利分不清，拿起棍棒寻斗争。
街坊邻居传笑柄，路人指责愣头青。
兄弟应当讲宽厚，百忍千秋传美名。

三、教育子孙

生儿育女教为上，幼儿训满送学堂。
玉石雕琢方成器，幼树培育才成梁。
养子不教难成才，不读书卷成瞽盲。
教子须如窦燕山，舔犊亦应有义方。

四、和睦乡里

人生在世何生存，和睦乡里最要紧。
左邻右舍要相亲，轻重缓急互帮衬。
好事务要予成全，坏事切莫掺传闻。
莫恃钱粗去欺贫，有事登门常问询。

五、扶持孤寡

天下穷人时常见，孤儿寡母最堪怜。
常存善心去周全，多积阴德福无边。
冷则送些寒衣去，饥则给点剩余餐。
与人方便己方便，来世黄雀定衔环。

六、婚姻随宜

儿女婚姻父母债，也宜随分来偿还。
娶媳宜泽贤淑女，嫁女不计厚妆奁。
人品放在第一位，嫁妆量力来添办。
豪华铺张非幸福，夫妻恩爱才会甜。

七、品行端正

从来人生有三品，善良端正最高尚。

窝藏黑心有何长，人格丢尽丧天良。

扫除心中邪恶念，做事莫要去乖张。

光明磊落子孙昌，蛇蝎心肠家道亡。

八、多行善事

莫因善小而不为，莫因恶小而为之。

多做好事人敬仰，坑蒙拐骗不久长。

欺幼凌弱鼠狗辈，伸张正义有荣光。

多行善事有善报，恶人到头自灭亡。

九、终生勤学

知识力量大无边，国富民强家道安。

书中自有黄金屋，书中自有颜如玉。

幼年学习终身用，终身学习力量添。

无形资产日日积，学到用时变成钱。

十、爱国敬业

天下行业七十三，行行都会出状元。

状元本自勤中得，披荆斩棘勇向前。

爱国团结齐奋进，多做贡献莫偷闲。

社会本是角斗场，奋力得胜挂桂冠。

任氏家族六戒：

一、戒游手好闲；二、戒赌博诓骗；

三、戒打架斗殴；四、戒窃取强占；

五、戒酗酒闹事；六、戒画符念咒。

由上文可知，辉县任氏宗族的家训等文，采取顺口溜的形式，比较轻松活泼，为老百姓所喜闻乐见，容易为族人所接受。在内容上讲求孝道，要求族人兄友弟恭、和睦乡邻，特别是加入了爱国等具有时代特色的内容，这对于维护社会稳定、加强和谐社会的建设等，都具有积极的作用。

同样的，辉县百泉村王氏宗族于2001年修撰的《王氏族谱》在王氏族规上也有类似的规定，兹将全文记录如下：

为使全家族有一个统一的道德规范，特拟定如下族规：

一、家族系中华民族的组成部分，国家的政策、法令就是家族的首要族规。因此，家族的每一个成员都必须坚决执行国家的各项政策、法令，执行各级政府制定的各项规定（含村规民约），每个家族成员都要争当遵纪守法的模范。

二、家族的每个成员都要以诚信为本，无诚无以德，无信无以立。故立身做人，必须诚恳而讲信用，继承我先祖之精神。

三、坚守孝道、尊敬老人乃中华民族的优良传统。古有不孝治罪的法律，今有老年法，概讲子女都有敬养老人的义务，否则就是不孝。古代《孝经五刑章》中说："五刑之属三千，罪莫大于不孝。"今之老年法的内容虽与古孝道有别，但不扶养老人、虐待老人的行为都属于违法行为。故我族子孙应对孝道严守无违。

四、养子必须教子。族人不仅要生养子女，爱护子女，更重要的是教育子女，使其立身做人，扬我族威。子不教，父之过。对子女除以身示教做好家教之外，在其得到入学年龄时，一定要设法送入各级学校加以培养，再苦也不能不让孩子受教育。

五、同族不宜婚配。同族为婚，古有明禁。今婚姻法中也规定不准近亲结婚。据此，凡我家族成员，都必须严格遵守无犯。

六、家族成员命名为避祖讳。凡家族成员，无论是直系或旁系，在命名时都不得与先祖重名讳。

七、尊老爱幼是祖传家训。凡幼遇长者，要谦虚、礼貌。长者遇幼，也不得施压欺凌。要尊老爱幼，和睦共处，共享天伦。

上文在形式上也是运用了通俗易懂的语言，令王氏族人容易知晓，进而能够遵守本族的族规。在内容上，王氏族规也很有现代特色。族规第一条就开宗明义地提出王氏族规应严格遵守国家和各级政府制定的法政策以及法律、法规，然后才是对于王氏族人讲求诚信、坚守孝道、尊老爱幼等个人行为与品德的规定。这显示出王氏宗族将爱国守法作为宗族第一要务，以向族人进行爱国主义教育作为宗族首要任务。王氏宗族在维护地方社会与家庭的稳定、宣传优良传统伦理道德等方面所做出的努力，无疑会产生积极的影响与作用。

再来看上文提到的1989年续修族谱的辉县北关村张氏宗族，在其《张氏家谱》第三部分专列"族规"一章，其文如下：

为将我氏建成一个文明世家，经合族商议，特定族规如下：

一、必须遵守国家一切法令。

二、树立爱国、爱民、爱家思想。

三、严守祖训，持德重教，重视科学技术，为人德立品正，处世公平。

四、要做好当世及后世子孙文明礼貌教育，养成尊老慈幼，救苦怜贫，扶危济困良好习惯。

五、倡导和睦乡邻、团结友爱的美风。

六、提倡男女平等、父母慈、子孙孝、婆媳和睦、兄友弟恭等各种家务事项，克服不顾他人、事事为己而闹纠纷思想。

七、必须勤俭持家，教子有方。

八、为续修家谱而传与后世，在条件许可情况下，十五年至二十年续修一次。

九、为吾氏永不乱辈紊字，合族人等必须严格遵循议定的字辈。

上文中辉县张氏宗族族规也是浅显易懂，令族中只要稍有文化之族人，就可通晓，并能够按此执行。张氏族规中，也是讲遵守国家法令列在了第一条，显示出豫北宗族与现今国家与社会相适应的一面。同时张氏族规中也有要求族人互相友爱，尊老爱幼等规定。豫北宗族可成为国家稳定地方秩序的一大助力，于此也可见一斑。

其次，现代豫北宗族在满足族人的精神生活方面，也具有积极的作用。在此情况之下，农村宗族开展的群众性娱乐活动，适度地填补了此方面的空白。

每逢春节或宗族祖先诞辰等重大节日，豫北地区宗族会开展团拜活动、祭祀祖先等宗族活动。前文重点提到的新乡名士郭湄、郭淓所属的郭氏宗族在春节之际，召集新乡、辉县等地的郭氏后裔聚集一堂，开展祭祀祖先、联络族人等活动。此种大型宗族活动，郭氏每年举行一次，当地族人参与较为踊跃、热心，他们将此看作是一年之中必不可少的与族人交流日常、联络感情的盛事。

再如豫北地区岳氏宗族，奉南宋著名抗金将领岳飞为其祖先。每年阴历二月十五，在岳氏宗族祖先岳飞诞辰的日子，由豫北当地岳氏宗亲理事会在岳飞的故县汤阴县举办祭祖仪式。该仪式参加者包括全国范围内岳氏后裔的代表，可谓岳氏宗族内的一件盛事。该仪式流程包括岳氏代表人讲话、诵读祭文、向岳飞庙献香、献花以及赠送礼品等。此外，仪式结束后，岳氏宗族还为族人提供丰富多彩的娱乐活动，组织岳家拳、岳家枪等表演活动，供岳氏族人以及当地群众欣赏。这样的仪式，极大地丰富了岳氏族人的文化生活，在一定程度上满足了他们的精神诉求。因此，岳氏族人包括一些当地人，对于参加这样的宗族内聚会还是比较热衷的。

最后，在寻根祭祖，开展海内外交流方面，现代豫北宗族也起到了不可忽视的积极作用。豫北地区虽地处中原腹地，但因为中原地区自古就属王朝核心地带，从古至今因各种原因移民全国各地的民众甚多，其中不乏移民海外，特别是移民东南亚地区的中原精英。

自改革开放以来，寻根问祖渐成潮流，豫北地区与海外的交流也日渐频繁，很多族姓后裔不远万里前来寻根问祖。如前文所述，每年四月初四以祭祀比干为主题的比干大典中，全球各地的林姓族人齐聚卫辉，共同参加祭祀祖先比干仪式。这不仅加强了林姓族裔的宗族情感，满足了其根亲诉求，而且也加深了彼此之间的文化、经济交流，为地方文化与经济的发展做出了贡献。

前文多次提到的新乡定国村郭氏宗族，也成了国内郭氏族人同海外族人沟通和交流的重要桥梁和媒介。20多年来，郭氏祠堂共接待海内外前来祖地新乡寻根访祖的郭氏族人，共计3万余人。海外知名的郭氏族人包括新加坡国立大学正研究员郭椿标、郭椿杰及父亲郭源渭，侨寓英国的郭新保等。海内外郭氏族人还筹集资金，对包括郭氏祠堂在内的与郭氏宗族有关的古建筑进行了修缮。此外，海内外郭氏族人还纷纷捐资，整理出版了《廊南郭氏全书》十二集，包括明代郭涓所著《绿竹园文集》、明代郭浣所著《官草文集》、清代郭遇熙所著《西斋文集》、清代郭培壜所著《大孝子集》、清代郭浵所著《河上老人书画集》等郭氏族人名著，共计160万字，为豫北地区文化建设做出了贡献。①

（二）豫北现代宗族的消极作用

当然，豫北现代宗族也不乏消极、负面的作用与影响。对于现代宗族的负面影响，学界也业已做出了较为深刻的研究。以下仅结合豫北地区地方特色，对豫北地区现代宗族的消极作用，进行初步的探讨。

概括来讲，豫北地区现代宗族的消极作用主要体现在3个方面，包括部分宗族有宣扬封建迷信思想的苗头，在农村基层选举中宗族的影响较大，一些类

---

① 郭再权. 河南新乡孝思堂郭氏祠堂. ［2013 - 6 - 26］. http：//www. guohome. org/article - 230 - 1. html.

似农村宗族势力有破坏地方法制的行为。

首先，宗族作为传统的血缘与地缘相结合的社会组织，仍然或多或少留有宣扬封建迷信的活动，如堪风水、建庙宇、拜神仙等。此种行为，会对现今农村社会风气的革新以及精神文明建设，造成一定的负面影响。在豫北地区，此种行为不多，氛围也不浓郁，但也不能忽视。

例如2000年辉县古章村郭氏宗族续修的《郭氏族谱》中，就记载道："郭南先祖，茔之设其所，创立在共山之下，后迁于引马之前，但地势形变，山水泛滥，不堪为穴，恐露尸骸。南睨而视之，心甚不忍也。捐己资财，恳请术士，尽览荒郊，以卜善地。于是寻龙摘脉，癸山，发龙聚脉东岗，左环沧海，右接太行，四山拱顾，八水来朝，真乃善地也。乃筑立四至，栽植树株，地土改观，焕然一新。而祖功宗德之灵，宛然如在矣。"此段文字虽为郭氏族人之前所修祖茔的记载，但在2000年续修族谱时，仍将其载入新谱，可以看出郭氏宗族对于祖先坟茔堪舆风水之行为是持认同态度的。而据我在豫北地区走访调研，此种堪风水等宗族迷信行为，当地并不是个案，还是有一定市场的。

其次，豫北地区现代宗族在农村基层政权与基层选举方面也有一定的影响。在豫北农村，尤其是西北部山区农村，聚族而居还较为普遍，普通的村落中一般会有一至三个村中大姓。村落中大姓所在宗族对"村民自治"会产生一定的影响，包括在农村选举、村务管理等方面。在村务管理方面，大姓所在宗族，受传统宗族观念的影响，在对待一些村庄事务时，也难免会出现代表本宗族利益的行为。这在一定程度上，会妨碍到处理农村事务的公正性与合理性。因此，在村落中，大姓与大姓之间、大姓与小姓之间很容易出现矛盾，引发纠纷，甚至会出现"械斗"等极端行为，导致地方的不稳定。

以下以获嘉县照镜村为例，对此问题进行具体的说明。照镜村是获嘉县东北部的一个普通村落。根据布娜在照镜村做出的调查，该村主要有江姓、宋姓、布姓三大主要姓氏，另有其他小姓若干。江姓为照镜村第一大姓，而且江姓在该村还保有唯一的宗族祠堂，并修撰有本族族谱，因此宗族观念也最为浓厚。其余宋姓与布姓，虽没有宗族祠堂与族谱，但在这两大姓氏内，因为也口头留有"族长"等宗族称呼，因此也有一定的宗族观念。

在村落的日常生活当中，大姓与大姓之间，难免因各种村落纠纷发生冲突，甚至会出现"械斗"行为。在20世纪，照镜村江姓宗族族人与布姓族人之间就曾酿成"械斗",造成多名参与者受伤,还曾经惊动过县一级政府,后经多方调解,才逐渐归于平息。

据布娜的调查分析,在照镜村中,宗族对农村基层政权的影响还是比较明显的。村支部书记是村中宋氏族人,而村委会主任则是布姓族人,其余村中两委成员大多都是村中三大姓氏族人。在农村基层选举当中,宗族也会发挥一定的作用,村民们普遍倾向于将选票投向所谓的"自家人",即本宗族族人,这显然是非理性的行为。在照镜村,也出现过宗族采取一定手段,谋求担任村干部的行为。例如,照镜村中江氏宗族,就曾凭借其村中大姓的地位,利用人多的优势,为江氏族人的媳妇谋求担任村治安主任的职位(最后未能如愿)。而村中小姓冯氏,也曾在选举之前,采用摆酒席等方式,谋求在选举当中获得更多的选票(受到村民们的谴责)。

在处理村落日常事务当中,也常可以看到宗族的影子与影响。村中两委主要成员,一般都与村中宗族有着千丝万缕的联系,与村中宗族"族长"等成员也关系密切。村中大事小情,尤其是涉及具体利益的事务,如果在村中大姓宗族的协助与推动下,就比较容易推动,反之则较难进行。一些宗族就会从狭隘的本宗族利益出发,做出有利于本族族人而损害他人利益的事情,从而阻碍农村事务的正常发展,甚至会危害农村基层政权的稳定。①

最后,极少数宗族势力恶性发展,会出现恶化农村治安、违反国家法律、妨碍农村法制建设的极端行为。在一些村落,会有部分村民打着宗族的旗号,谋求个人利益,插手村落纠纷,欺凌乡民,甚至会出现包庇本族违法犯罪人员,公然阻挠政府机关人员办案执法等违反法律等行为。

二、对豫北现代宗族的思考

目前,学术界对于现代宗族的评价主要有三种不同的观点。一种持否定态度,认为现代宗族作为中国封建社会的残余,代表了封建社会的封闭性、保守性与腐朽性,具有对抗性与破坏性,不利于中国现代化的向前推进,应给予坚决的批判与打击。另一种则持中立态度,认为现代宗族既有保守、封闭、压制个性的一面,同时也具有很大的适应性,有与现代社会相适应的一面。第三种

---

① 有关照镜村的调研与分析,可参见布娜. 农村宗族与村庄治理研究——以河南照镜村为例. 南京师范大学硕士学位论文, 2013.

观点则持肯定态度，认为现代宗族对现代社会的积极作用是主要的，应该给予现代宗族充分地理解与认同，现代宗族也会与时俱进，在一定程度上得到进一步发展的。

现代宗族应当是与现代社会以及现代文明并行，并且具有很大弹性的组织形式。如前文所述，现代宗族与传统宗族相比，已经有了与现代社会相适应的明显改变，是对传统宗族的超越。因此，我们对待现代宗族不能用静止的老眼光看待，而应该用发展的眼光看问题，从而给予现代宗族客观、全面的认识。

以豫北地区现代宗族为例，豫北现代宗族的主要成员大部分还是农村中的农民。豫北现代宗族制定的族规族约以及对族人的日常管理等，都体现着本族民众的意志；宗族开展的群众性娱乐活动以及祭祀活动等，也都是为了满足本族民众的精神需求。豫北现代宗族普遍更加关心本宗族成员的意愿与利益诉求，成为本族成员的"主心骨"，即他们的坚强后盾。因此，豫北现代宗族在一定程度上代表了当地农民群体的根本利益。换言之，豫北现代宗族可看作是维护和代表农民利益的群体组织。当前我们开展新农村建设，现代宗族也是可以利用的有效资源。

前文所论述豫北现代宗族的作用，豫北现代宗族的积极作用应该是大于消极作用的。正如冯尔康先生所言："权衡当前宗族活动的正负两方面的作用，其适应我国现代化初期经济、政治、文化发展的要求，促进社会前进，积极作用占主导地位，消极作用从性质上看是严重的，但当前影响面小，处于次要地位。"①

在此，对于前文中提到的豫北现代宗族的消极作用，还有继续探讨的必要。首先，对于豫北现代宗族存在堪风水、修庙宇等封建迷行为与活动，就我对于豫北地区的田野调研观察可知，当地此种宗族行为较为少见，只是支流，远没有达到蔚然成风的地步，因此，其负面影响并不大。其次，对于豫北现代宗族干预农村基层选举等问题，我们也需要具体问题具体分析。如果只是在选举规定之下，符合选举程序，村中大姓宗族族人当选村委会主任等职务，这应该是代表了村中多数村民的意愿和利益的，对此我们就应支持。反之，如果少数村中所谓"强宗大族"采取了贿选等手段当选，我们则必须坚决反对和抵制。

---

① 冯尔康. 当今宗族与现代化关系［J］. 中国研究（日本），1996（10）。转引常建华.20世纪的中国宗族研究［J］. 历史研究，1999（5）.

再次，对于极少数类似宗族势力有涉黑、危害地方治安、违反法律的行为，我们也应具体问题具体分析。我们应该看到，少数的类似宗族涉黑势力，代表的是宗族内个别房支派别的利益，并非代表宗族全体族人的利益。相反，此种行为还必然会受到宗族全体族人的一致反对。这应当与真正的宗族没有必然的联系。所以，此种行为严格说来，并不与宗族真正相关。以宗族组织涉黑、违反法律，来反对宗族，否定宗族，也是值得我们进一步商榷和探讨的。

综上所言，我们应认识到当前农村宗族变革是一项长期而又需要由各方面力量协同作用的系统工程，对农村宗族问题应采取审慎而又有针对性的对策与措施。

如前文所述，豫北现代宗族有其复兴的原因以及对现今社会的积极作用，因此，对待现代宗族，我们不能够简单地否定它、抵制它，也不可无视它，对现代宗族以及其发挥的作用视而不见。正确的做法是，应该正确地对待它，对其进行有效的规范和正确的引导，以使其在现今社会发展尤其是农村社会发展、新农村建设当中发挥更大、更积极的作用。

根据前文的分析，本书以为，正确地规范和引导现代宗族，实现宗族的自我更新发展，使其更加与现代社会相适应，主要应加强三个方面的建设，包括加强有关现代宗族的法制建设、发挥政府的调控作用、加强农村精神文明建设。

首先，在加强现代宗族法制建设方面，应制定有关现代宗族相关法律法规。对现代宗族地位、现代宗族组织以及现代宗族开展活动的形式与范围等进行全面的规范，并上升到法律层面。如此，一方面可将现代宗族重建过程中遇到的各种问题以及现代宗族举行的活动等，纳入法制的轨道，使其有法可依。另一方面，也可最大程度上杜绝现代宗族带来的消极、负面的作用与影响，令其在良性的轨道上健康地运行。

其次，应加强各级政府的调控、监管力度。对待以及处理现今社会宗族相关问题，最能够考验各级政府以及官员们的政治智慧。在当今社会尤其是农村社会，现代宗族存在并发挥一定作用，已经是不争的事实。这其中"度"的把握极为重要与关键。对待现代宗族，一方面应承认其存在，应允许其在一定的条件下合法地存在，另一方面，还应发挥政府的调控和监管作用，利用经济的、行政的和法律的杠杆，按照现代化的要求，对其进行科学的管理与改造，最大限度地发挥现代宗族积极的一面，令其与现代化建设与社会发展相适应，同时，抑制、杜绝现代宗族消极方面作用的发生和蔓延。

最后，还应在农村社会大力加强精神文明建设，提高现代农民的文化素质。要达到引导和规范现代宗族的目标，最终还要落实到民众本身，尤其是落实到乡村农民身上。为此，必须在农村地区大力发展科学文化教育事业，深入开展精神文明建设，对农民加强科学教育。只有农民的科学文化素质和综合素质不断提高，现代宗族才可能成为具有现代"社团"意义的宗族组织，才能真正与现代社会相适应。唯如此，现代宗族才能真正摆脱消极的作用与影响，彻底告别封建迷信以及违法等活动，进而形成尊老爱幼、奉公守法、与人为善的健康社会风尚。

第四节　小结

中华人民共和国成立后的豫北宗族进入了一个全新的时期。中华人民共和国成立后豫北宗族的发展经历了三个阶段：中华人民共和国成立至20世纪50年代末期是豫北宗族的缓慢发展时期。这个时期，虽然国内外形势都有了很大的变化，但由于历史的惯性，豫北宗族依然有着缓慢的发展。到了50年代末至70年代末，国家政权进一步加强了对基层社会的控制，豫北宗族进入了巨变阶段，宗族的外在显性标志基本上被摧毁殆尽。80年代至今，国家大政方针发生深刻变化，出现了有利于宗族复兴与发展的积极因素，从此豫北宗族进入了快速发展时期。

豫北宗族在改革开放后得到复兴，是由多种因素、内外因共同作用的结果。外因主要包括传统尊祖敬宗思想依然存在，改革开放后社会环境日渐宽松，人们经济实力逐渐增强，此外，海内外同胞寻根问祖的推动，也是一大助力。而内因则是源于豫北民众自身对于宗族组织构建的追求与努力，为了达到这一目标，豫北宗族族人克服了重重困难。

改革开放以来的豫北宗族是传统与现代的结合体。豫北现代宗族既体现出继承传统"不变"的一面，也展现出其与现代社会相适应"变"的一面。豫北现代宗族所谓的"不变"，主要体现在其尊祖敬宗的追求没有改变，对字辈收族的重视一如既往。而豫北现代宗族所谓的"变"，主要体现在其修谱的目的功用与传统宗族有很大的不同，其修谱体例、原则与传统宗族也有明显的区别，其经济基础和传统宗族有了根本变化，更为重要的是，其宗族性质也与传统宗族有了极大的改变。

豫北现代宗族在现代社会中的作用包括积极的作用与消极作用。豫北现代宗族的积极作用主要包括教化族人、维护地方社会稳定，满足当地民众的精神需求，开展海外交流等。豫北现代宗族也存在消极的作用，主要表现在：豫北现代宗族存在着一定的封建迷信思想与活动，其对当地农村基层选举具有一定的影响力，还存在一些类似农村宗族黑恶势力破坏法制的行为。

对于豫北现代宗族，我们应该客观分析，公正评价。现代宗族的复兴，很大程度上是民众尤其是农村村民自主选择的结果。现代宗族在很大程度上也是代表和维护农民的利益的。对此，我们亦应站在民众的角度，尊重民众的选择。对国家而言，应制定规范现代宗族的相关法律与政策，各级政府也应采取多种调控手段对其进行引导。同时，还需要在农村社会中发展精神文明建设，大力提高民农民素质。唯如此，现代宗族才能不断实现自我更新，与时俱进。

第七章

结语与思考

　　豫北宗族的构建是在明清以来国家大历史背景之下，结合豫北地区地方社会具体的历史发展脉络构建而成的。因此，探讨豫北宗族构建的背景，必须通过长时段的考察，运用相互联系的观点，采取历时性与共时性相结合的方法，唯如此，方能找寻到隐藏在事物背后的本质性的答案，真正揭示出在多重语境下豫北宗族构建的真相。

　　经济与人口的发展，是宗族构建的基础。元末与明末时期，面对全国各地经济凋零、人口锐减的不利局面，明、清两朝统治者纷纷采取各项措施，与民休息，以恢复生产，并获得更多的编户齐民。经过统治者的连续不懈努力，以及豫北地方官员的积极配合，豫北同全国其他地区一样，在明、清两朝，经济皆获得恢复，人口得以增长。只有人口在村落中的大量聚集，繁衍，形成一定的人口规模，以及具备一定的社会经济发展积累，才能为当地宗族的构建创造出基本条件。

　　经济与人口的发展，只是必要条件，对于豫北宗族的构建而言，更为重要的是从文化上进行建构。豫北辉县的百泉，凭借着其优美的自然风光以及良好的人文环境，自宋元以来，吸引到了以邵雍、姚枢、许衡、孙奇逢为代表的一大批理学大儒在此"传道授业"。他们接连以百泉书院为阵营，钻研、切磋儒学义理，编纂大量的理学著作，教授当地士人研习儒家经典，使得程朱理学观念在当地得到广泛的传播。可以说，宋元以来络绎不绝的儒学大师的到来，不仅推动了理学义理本身的发展，而且也使得理学在豫北地区的发展日益的普遍化、社会化。豫北地区，理学风气浓厚，不仅文人士大夫通晓理学经典、礼仪，即便是普通百姓，亦是稍知儒家礼仪。这就为明清以来豫北宗族的构建提供了坚实的思想基础。

赵世瑜在谈及 12 世纪以来的华北地区社会史研究时指出，做华北的研究特别要注意到国家的在场。① 而豫北地区紧邻畿辅重地，处于王权统治的腹心地带，乃是政治、经济、文化等各项国家政策直接辐射地区，政治事件与国家政策对豫北地区有着直接的影响，尤其应注意国家或官府的力量在豫北地方社会中所起到的重要作用。总的来说，明清国家与地方政府对豫北宗族构建所产生的促进作用，主要表现在三个方面：第一，豫北地方政府积极响应国家诏令，在豫北各地修建学校与书院，推行教化，振兴儒学文教，化民导俗。第二，自明嘉靖、万历朝以来，豫北地方官吏更为严格地奉行禁毁淫祠政策，加大对各地淫祠的打击力度。地方官吏不仅打击了佛道等祠祀势力，在民间重新塑造了以儒家伦理为正统的信仰方式，形成了佛道等民间信仰与理学此消彼长的态势，而且还将一部分地方淫祠改建成书院，从而更进一步推动了儒学在当地的传播。第三，对豫北宗族构建产生更加深远、积极影响的是，明、清两朝皆以科举制度为选拔人才的主要途径。科举制度的施行，使得豫北地区产生了一大批通过研习儒家经典、经由科举而步入仕途的文人士大夫。正是科举制度为他们带来了名声与地位，他们互相援引、应和，在当地的威望日盛，成了当地构建宗族的核心力量。

自明朝中后期开始，在豫北地区，凭借着师承、同门、姻亲以及科举同年等多种形式，豫北文人士绅之间频繁进行着交流与联系，并相互建立起深厚的友谊。豫北文人士绅们在当地的联系交往，如同在当地构建出一张巨大的社会网络，这标志着豫北文化精英群体的崛起。与此同时，豫北地方社会文人士绅从事的学术研究以及围绕着学术研究而展开如文人结社等社交活动，进一步提高了他们在豫北地方社会中的声望地位，从而为构建地方宗族书香门第、名门望族的社会形象，积淀了更多的社会文化资本。一向以"修身、齐家、治国、平天下"为理想的豫北文化精英们在产生之后，为整合地方社会秩序，向王朝政府表达认同，纷纷以宋代二程、朱熹的宗族理论为指导，开始在乡村中推行儒家礼仪，并构建其本人所属的宗族。同时，他们也会积极教化乡里，将宗族理论推行到民间社会，进而影响到普通大众，使宗族理论得以在民间传播并付

① 赵世瑜. 作为方法论的区域社会史研究—兼及 12 世纪以来的华北社会史研究［J］. 史学月刊，2004（8）。该文又可见赵世瑜. 小历史与大历史：区域社会史的理念、方法与实践［M］. 北京：生活·读书·新知三联书店，2006：5.

诸实践。如此一来，豫北宗族的构建成为可能并逐渐转为现实，并在豫北地区日益发展，直至出现高潮。

明清以来，在豫北地方社会特定的历史发展进程中构建出的豫北宗族，其宗族发展有着自己独特的历程。由于明、清豫北地区经济、文化和人口等因素的影响，以及明、清政府对民间宗族发展政策在规定上的不断变化，豫北宗族在不同历史时期，其发展程度也不尽相同。结合上述影响宗族发展的诸原因，再根据豫北族谱在不同时期出现数量的定量分析，我们认为，豫北宗族发展的历程，经历了明后期的萌芽、起步阶段，至清中前期的发展成熟阶段，最后到了晚清民国时期，完成了豫北宗族庶民化的过程，达到了其发展的高潮阶段。

在豫北宗族的发展过程中，移民宗族问题尤其受人关注。明清时期，豫北移民主要由民户移民和军户移民两个部分组成。对于豫北民户移民的探讨中，流行于豫北乃至整个北方地区的山西洪洞大槐树移民传说，一直以来是一个重要的研究课题。在豫北移民当中，有相当多的宗族皆言称其祖先乃是伴随着明朝初年的移民大潮从山西迁居现居地的。检阅明朝初年的正史资料，我们得知，在明初的确有相当多的山西移民因生存环境等压力而迁往北方各地，迁至河南地区的民众也不在少数。相比于正史资料，民间族谱、碑刻等对于明初移民事件的记载则更多。通过具体考察这些资料，可以看出，移民宗族对于其祖先来历的叙述呈现"层累地制造"的特点，即越是年代靠后讲述出来的祖先故事越具体、丰富。在明末豫北地区移民宗族声言自己祖先来历时还只是提到自山西迁来，至于迁至山西哪个地区则表述各有不同，而在清后期、民国时编撰的族谱中，族人在提及本族祖先来历时，山西洪洞、大槐树等字样则越来越多，逐渐演绎成为在豫北乃至整个北方地区为人们所津津乐道的山西洪洞大槐树移民的传说。可以想见，其中人云亦云、牵强附会者定不乏其人。此种现象的出现，其背后又有何隐情呢？通过对明中后期以及清初两个时间段正史资料的考察可知，豫北地区应当有大量的流民，包括一部分因徒附籍，他们都成为当地的编户齐民。他们的后裔出于改变身份的目的，为了获得国家正统身份认同，就必须同"无籍之徒"甚至因徒身份划清界限，强调自己祖先乃是明初奉诏自山西洪洞迁移而来，从而合法地在乡村社会占有各种政治、经济和文化资源。转变这一身份另一优势还在于，在乡村日常生活中，能够最快地以"老乡"身份拉近与乡村社会中山西移民宗族感情，达到互助互利的目的，以便依靠同乡关系以维护自己在乡村的利益，更好地在当地生活。由此可见，山西洪洞大槐树移民传说的流传，不仅是对祖先历史集体记忆的反映，更为重要的是移民们在实际的现实生活对于保护与维护自己实际利益的诉求。

军户移民问题是豫北移民中又一不可忽视的问题。明代屯田于豫北境内的卫所机构主要是宁山卫。宁山卫分为东、西两屯，分别驻扎于新乡县、辉县、获嘉县、滑县、浚县五地，其职责以屯田为主，操练、戍防为辅。由明代至清初，宁山卫经历了从设置到废止的演变过程。顺治十八年（1661），宁山卫正式归并县治，但仍另行编制。伴随着明初宁山卫的设置，自全国各地而来的军户开始在屯田各地定居生活繁衍，相继产生族谱、祠堂等宗族要素，逐渐形成军户宗族。军户宗族成为不同于民户宗族的特殊宗族形式。获嘉冯氏宗族原籍扬州如皋，正是典型的宁山卫军户宗族。获嘉县冯氏宗族在族谱编撰能够寻真求实。在对其祖先的了解程度上，同当地的民户族谱相比，冯氏宗族所了解的祖先情况相对较为详细。自明朝中后期开始，获嘉县冯氏除有族人继续承袭军职外，已经有族人开始读书入仕，并且在科举上取得了突出的成就，甚至有族人出任高官。同时冯氏族人还积极参与地方公共事务，不仅展现出冯氏宗族强大的经济实力，也使其成了地方上有影响的望族。此外，冯氏在与外界联姻婚配上也颇畅顺，有族人子女还同官宦联姻，这也间接提高了冯氏在当地的地位与影响。由此可知，获嘉冯氏的军户宗族身份并未影响到其在地方社会中的发展与强盛。

从明朝嘉靖、万历年间开始，豫北士大夫阶层已经开始进行宗族组织化建设。步入清朝之后，豫北宗族的组织化建设逐渐蔓延至普通民众宗族。豫北士大夫阶层秉承周代古典宗法理论以及朱熹等有关宗族建设的主张，在儒家伦理道德礼仪指导之下，开展修族谱、建祠堂、设祭田等活动，进行宗族组织化建设。从宗族组织化建设的内容来看，豫北地区同南方具有一定的相似性，也符合宋以后宗族形态的一般特征。但由于豫北地区地处封建王权统治腹地、经济、商业等均不发达等客观因素，以及豫北当地风俗习惯与人们的性格特点上与南方的差异，都使得豫北宗族在宗族组织化建设方面也有着本地区自己的发展历程与鲜明特色。

在族谱修撰上，由于修撰族谱并不需要投入太多的经济财力，但修撰族谱作用却极为重要。通过族谱的修撰，确立本族始祖，可以在始祖的感召之下凝聚族人，达到睦族、收族的目的，因此豫北宗族格外重视对本族族谱的修撰。豫北民间族谱也经历了一个由简单到日趋完善的过程，具有三个明显特点：其一，强调对宗族辈行字的设立，认为这是宗族内明世系、进行收族的首要条件，其二，在对族谱的编撰上，大多能够做到寻求真实，避免攀附，其三，在祖先追述上，大多将本族始祖的历史追述至明朝初年，以始迁祖或始迁祖上一辈为其始祖。

在祠堂修建上，豫北宗祠经历了一个由名贤专祠变为明后期的宗族祠堂，再由宗族祠堂转变为民国时期地方学校的演变过程。祠堂是宗族外在物化的标志，既是宗族内部祭祀、处理宗族内部事务、控制宗众的具体机构，也是宗族于地方社会中彰显本族势力与声望的绝佳场所。但凡经济上允许，豫北各族也积极谋求兴建祠堂。豫北宗族在对祠堂的管理与祭祀上有着自己的特点。一般而言，采取管理权与祭祀权分离的原则，由族长等行使宗族管理权，而由本族大宗子行使祭祀权，希望通过这两套管理系统，将本族形成一个等级化、多层次的严密组织团体，以加强对地方社会的控制。但豫北士绅又强调对于宗族的管理、祭祀等，可以依据"人情"加以从权变通，由族长代行祭祀之权。豫北宗族的祠堂祭祀礼仪有着严格的规定，在祭祀结束之后，大多宗族还要求集体"享胙"，以加强宗族内各族人的联系与交流，从而增进同族人们的感情。

在族产与族规的设置上，为保证祠堂祭祖的顺利进行，同时为宗族内部的各种事务提供经济支持，豫北宗族也设置有族产，族产主要为祭田。但豫北地区经济结构主要以小自耕农、小土地经营为主，缺少大地主、大规模的土地经营，且商品经济不甚发达，故豫北宗族所拥有族产不多，与南方一些宗族所拥有的族产在数量上有一定差距。豫北宗族所设置的族产多为象征意义上的，在现实生活当中多数宗族只是为祠祭或墓祭提供经济支持，而在赡族、睦族等方面的救助功能上所起作用并不十分突出。自清初以来，豫北宗族广泛设立族规，认为族规不仅对于控制族众、处理宗族事务上作用巨大，而且还有利于在乡村社会移风易俗，推广儒家礼仪。豫北宗族在儒家传统伦理道德指导之下，订立本族族规，其内容广泛多样，包括对祠堂、族产的管理、对族人进行儒家礼仪的教导以及对违反族规族人的惩治等多方面的内容。为了便利族众知晓族规，一些庶民宗族采取将本族族规放入族谱卷首的族谱条例之中的方式，将谱例、族规两种内容合而为一，既节省了族谱编撰者在族谱编撰过程中的精力与费用，也更直白，利于族众遵守族规。

在进行宗族组织化建设过程中以及建成之后，豫北宗族，尤其是地方望族，凭借着所形成的宗族组织形式以及在当地较高威望与强大经济实力，积极投身于各项地方事务中，以整合乡村，建立地方社会秩序。豫北宗族在国家与地方社会之间起到了关键性的中介作用，既代表国家利益，利用国家赋予的合法权利管理地方社会，在一定情境下又维护宗族与地方利益，同国家产生矛盾与冲突。

在豫北地区，不乏聚族而居的村落，明清时期在地方设置的保甲、里甲等基层组织，在一定程度上，同宗族的居住形式有了重合与交错。正如王铭铭在对中国村落研究中所指出的，保甲制以地缘为基础划分，而宗族则兼有地缘与血缘基础，因而保甲的划分编制有相当部分与宗族的房支重合。① 而且在豫北乡村中，里、保长一般是由宗族内的士绅等族人充任，即便是由村内小姓平民担任，他们在很大程度上会受到宗族的影响与控制。尽管明清基层组织受到宗族的影响与控制，并非统治者的本意，但事实上，在乡村社会中，这些基层组织并不能摆脱宗族的影响而独立行使职能。宗族通过控制基层组织，也更有利于其整合地方社会，维护社会秩序。

明朝自万历年间开始在乡村推行乡约，进行教化、移风易俗。豫北地区也响应国家推行乡约的政策，在县境各村设置乡约。在此背景下，豫北宗族内士绅也适时在宗族内利用乡约控制教化族人。豫北宗族内士绅在乡村中担任约长，在宗族内设置类似于族规的族约，以对族人进行有效管理。由此可见，豫北宗族组织化建设是以当地官府推行乡约为契机进行的，两族的宗族组织化的过程也就是"宗族乡约化"的过程。豫北宗族因政府推行乡约而组织化的过程，与南方宗族组织化的形成有着一定的相似性，在一定程度上，反映了南、北方在宗族组织化建设中所共同经历的历史变迁。

豫北宗族依托其对官方基层组织的影响与作用，依靠其所积累的名声与地位，在地方社会的各个方面发挥着作用与影响。在社会安定的"常态"时期，豫北宗族及其代表人物——士绅群体，在一般性公共事务与文化教育事业中均发挥着重要作用。其中，一般性公共事务主要包括地方社会中济世救人、协助

---

① 王铭铭. 村落视野中的文化与权力［M］. 北京：生活·读书·新知三联书店，1998：46.

地方政府收缴赋税、解决地方社会乡民纠纷、维护地方社会秩序、参与地方社会建设等。而由于豫北宗族中士绅读书人的身份，他们不仅有天然的教化乡民的使命感，而且也承担着为朝廷官府教化百姓的责任，故其在文化教育事业中所做出的贡献更为显著，主要包括修建教育文化场所、兴建学校以及倡导以儒家理念为导向的风俗习惯、进行移风易俗教育等。

当豫北社会处于国家战乱、社会动荡等"非常态"情况之下，豫北宗族士绅们在地方社会中所起的作用更加重要。在明清鼎革、社会动荡的局势之下，豫北宗族士绅们表现与应对不尽相同。其中一些宗族内士绅，深受儒家传统思想影响，故选择以身殉节的方式，以此表达对明王朝的忠节以及对明农民军的愤恨之情。这些宗族在短期内看，他们损失了宗族内的精英，对宗族在地方社会中的发展是不利的。但以长远目光视之，宗族内精英分子在明末的殉节行为，日后却成了这些宗族提升本族威望与声誉的文化资本，使宗族在清代的发展更为顺畅。当然，在此次动乱之际，豫北地区大多数宗族内士绅们还是选择了利用其在地方社会中的威望，出面组织乡兵，协助官军，共同保卫乡里。他们在重建地方社会秩序、促使地方社会成功度过危机方面，起到了重大的、不可磨灭的作用。

清朝嘉道以来，国家又一次处在复杂的社会变动时期。在人口增多、土地等资源日益紧缺、自然灾害频繁发生等诸因素的积累下，豫北地方社会所面临的社会矛盾与压力也日益凸显。在豫北地方社会中，不同群体之间，对于有限社会资源的竞争日趋激烈，由此而引发的矛盾与纠纷也逐渐加剧。宗族等正统性乡村组织，依靠其严密的组织，能够在一定程度上保证族人分享到地方社会中的各项资源，可以在各种利益之争中处于优势地位。但对乡村中的平民小姓以及一些因贫苦、灾害而背井离乡谋生的民众而言，他们毫无疑问被排斥于各种乡村资源与利益之外，在精神与物质上皆得不到保障与满足。这些处于社会下层的民众，为了能够在乡村社会中争得各种政治、经济、文化资源，出于利益上的考虑，开始参加到一些民间宗教、社会组织中去，试图以一种非常规方式对抗正统的社会组织，从而获得他们所需要的各项权益。这正是豫北社会中天理教、捻党等组织团体在当地有着较为深厚的群众基础，得以发展、兴盛的原因所在。但此时，原本处于稳定、平衡状态的地方社会不再平静，社会动荡亦不可避免。

　　天理教、捻党等非正统社会团体在地方社会中的发展、强大并不断发生武装动乱，必然损害到宗族等正统组织以及清朝官府的利益。清朝政府一面出兵平剿，一面谕令地方士绅、宗族组织团练，进行抵抗。豫北宗族内部士绅，出于维护自身与所在地方社会的利益，也积极响应清朝政府号召，在地方组织团练，修筑堡寨，以抵御捻军等组织的侵袭。士绅们的努力，在成功抗击捻军等的战役中发挥了积极的作用，成功地维护了地方社会秩序。

　　朝廷迫于严峻形势，对士绅权力的部分让渡，却间接造成了士绅权力的过度膨胀。豫北士绅在组织团练、抗击捻军的同时，其在地方社会中所行使的各项权力也日益扩大。这严重地削弱了清朝政府对地方的管理与控制。地方士绅们依靠其地方势力，为了谋求本阶层以及地方更多利益，有时甚至不惜同清朝政府产生正面冲突，甚至发生武装对抗。这一切都昭示着，清朝后期的地方社会，处于不断的动乱、博弈当中，正发生着深刻的社会变迁。

　　豫北宗族在中华人民共和国成立后，进入了一个新的时期。豫北现代宗族在中华人民共和国成立后，先是获得了一个缓慢发展的时期，但至 20 世纪 60 年代开始，随着社会形势的剧烈变化，豫北现代宗族逐渐受到了打击和抑制，此种态势至"文革"时期，更加明显和严重，一些外显宗族标志，诸如祠堂等，被毁坏殆尽。从中国实行改革开放之后，随着社会环境的宽松，豫北现代宗族才开始缓慢复苏，至 90 年代之后，逐渐得以复兴。

　　豫北现代宗族能够重新兴盛，说明其是能够与现代社会相适应、弹性很强的组织形式。豫北宗族在"文革"时期虽然遭受重大打击，但尊祖敬宗的传统思想却一直存在，并未真正消失。改革开放之后，社会形势也发生了"天翻地覆"的转变，环境变得日益宽松，人们的经济水平有了很大的提高，具备了一定的经济基础，这都有利于宗族组织的重新建设与发展。此外，改革开放之后，海外华人频繁来豫北地区寻根祭祖，甚至直接参与到当地修族谱、建祠堂等宗族建设行为，也在一定程度上促进了豫北宗族的复兴。当然，豫北宗族能够出现复兴，最根本的还是豫北民众基于其自身的需求与不懈努力，许多豫北宗族族人在宗族的创建过程中，不畏艰辛，克服种种困难与障碍，最终才达到了自己的目标，完成了本族宗族建设。

　　复兴后的豫北宗族，依然与传统宗族有着诸多的联系。首先，慎终追远，对祖先的崇拜与敬仰，依然是豫北现代宗族不变的追求。其次，豫北现代宗族同传统宗族一样，保持着对宗族字辈的认同与重视。拟定字辈，几乎是任何豫北现代宗族都极为重视的宗族首要大事。当然，时异则事异，豫北现代宗族更多的还是其与现代社会相适应的一面。豫北现代宗族在修谱目的、功用以及修谱体例等方面，均展现出与时俱进的新特色。此外，新的时期，豫北现代宗族在宗族经济基础、宗族性质方面，均发生了较大变化。豫北现代宗族已经不再拥有族产，其性质也变为了具有现代"社团"性质的、较为松散的社会群体组织。

豫北现代宗族在现代社会中的作用是双重的，既有积极的作用，也包括消极、负面的作用。豫北现代宗族的积极作用是主要的。豫北现代宗族通过传统伦理道德，并结合现代社会新思想，制定了灵活多样、生动活泼的宗族规范，起到了劝谏族人、维护地方社会稳定的积极作用。豫北现代宗族在中国传统节日或者本宗族特殊日子，为当地民众提供了较为多样性的宗族活动甚至包括一些娱乐性活动，从而在一定程度上满足了民众的精神需求。此外，豫北现代宗族在开展海外交流方面也发挥了一定的积极作用，做出了贡献。

当然，豫北现代宗族也存在负面的、消极的作用，但本书以为，这是支流。豫北现代宗族还多少存在堪风水、拜菩萨等封建迷信思想以及活动。豫北现代宗族对当地农村基层选举也有一定的影响力，也或多或少会影响到农村基层的行政事务。在豫北农村也存在一些类似农村宗族黑恶势力，为自己谋私利，而破坏法制。但对此种行为不能一概而论，应该具体分析，客观对待。

最后，本书以为，既然豫北现代宗族有其存在的原因和理由，我们就应该客观公正地对其地位和作用等进行分析和判断。现代宗族是能够与现代社会和文明相适应的、弹性极强的宗族组织，它在一定程度上也是维护和代表农民利益的群体组织。只要我们需要采取多种措施与方式，尽可能发挥现代宗族的积极作用，同时最大程度地限制其消极作用，在新农村建设中，现代宗族是可以成为农村建设中有效资源的。

为此，我们需要采取制定相关法律，通过法律规范的手段，对宗族的地位、组织、活动形式范围等进行具体规范，令其有法可依，在法律允许的范围内发挥积极的作用。各级政府机关和官员，也可通过行政、经济、教育等手段，对其进行具体管理。此外，在农村社会中大力开展精神文明建设，提高农民素质，也会对现代宗族的健康发展起到积极的促进作用。

综而言之，本研究是以豫北宗族为视角，通过对其长时段的具体细致考察，希望揭示出明清以来豫北地方社会的历史发展与社会变迁，进而透过区域社会历史发展的内在脉络，在一定程度上展现出中国国家历史的演进与变迁。

行文至此，本研究已可以告一段落。但仍留有一些问题，值得我们深思，诸如，除豫北宗族之外，豫北乡村之中又有哪些民间信仰，这些民间信仰又在地方社会中扮演什么角色，豫北宗族与乡村中的这些民间信仰关系如何；豫北宗族同当地户籍、赋役制度关系如何；豫北现代宗族与地方社会、国家有怎样的深层次关系和互动。这些都需要我在将来进一步探讨研究。

参考文献

（一）正史典章类

[1] 脱脱等.宋史［M］.北京：中华书局，1977.

[2] 张廷玉等.明史［M］.北京：中华书局，1974.

[3] 明实录［M］."台湾中央研究院"历史语言研究所校印本.

[4] 清实录［M］.北京：中华书局影印本，1986.

[5] 赵尔巽，等.清史稿［M］.北京：中华书局，1986.

[6] 中国第一历史档案馆.雍正朝汉文朱批奏折汇编［M］.南京：江苏古籍出版社，1991年.

[7] 中国第一历史档案馆.嘉庆道光两朝上谕档［M］.桂林：广西师范大学出版社，2000.

[8] 嵇璜，等.清朝文献通考［M］.台北：台湾商务印书馆，1983.

[9] 刘锦藻.清朝续文献通考［M］.上海：商务印书馆，1955.

[10] 昆岗，等.钦定大清会典事例［M］.台北：新文丰出版股份有限公司，1976.

[11] 清史列传［M］.北京：中华书局点校本，1987.

（二）方志类

[1] 和珅，等奉敕撰.钦定大清一统志［Z］.台北：台湾商务印书馆，1983.

[2] 潘锡恩，等.嘉庆朝重修一统志［Z］.上海：商务印书馆，1934.

[3] 张沐，等.河南通志［Z］.（清）康熙三十四年（1695）刻本.

[4] 田文镜, 等修、孙灏, 等纂. 河南通志 [Z]. (清) 雍正十三年 (1735) 刻本.

[5] 阿思哈, 等纂修. 续河南通志 [Z]. (清) 乾隆三十二年 (1767) 刻本.

[6] 侯大节纂修. 卫辉府志 [Z]. (明) 万历三十一年 (1609) 刻本.

[7] 程启朱, 等修、苏文枢等纂. 卫辉府志 [Z]. (清) 顺治十六年 (1659) 刻本.

[8] 胡蔚先修, 李芳辰纂. 卫辉府志 [Z]. (清) 康熙三十四年 (1695) 刻本.

[9] 德昌修, 徐朗斋纂. 卫辉府志 [Z]. (清) 乾隆五十三年 (1788) 刻本.

[10] 储珊修, 李锦纂. 新乡县志 [Z]. 正德元年 (1506) 抄本, 1963 年 《天一阁藏明代方志选刊》本.

[11] 周毓麟, 李登瀛修, 任昌期纂. 新乡县志 [Z]. (清) 康熙三十二年 (1693) 刻本.

[12] 赵开元修, 畅俊纂. 新乡县志 [Z]. (清) 乾隆十二年 (1747) 刊本.

[13] 韩邦孚, 等修、田芸生纂. 新乡县续志 [Z]. 民国十二年 (1923) 刊本.

[14] 新乡市地方志编纂委员会. 新乡市志 [Z]. 北京: 三联书店铅印本, 1994.

[15] 佟国瑞, 等修、李中节纂. 汲县志 [Z]. (清) 康熙三十四年 (1695) 刻本.

[16] 徐汝瓒修、杜琨纂. 汲县志 [Z]. (清) 乾隆二十年 (1755) 刻本.

[17] 李时灿纂修. 汲县志 [Z]. 民国二十五年 (1936) 稿本.

[18] 张蕴道修、陈禹谟纂. 获嘉县志 [Z]. (明) 万历三十年 (1602) 刻本.

[19] 冯大奇修、贺振能纂. 获嘉县志 [Z]. (清) 康熙三十六年 (1687) 刻本.

[20] 吴乔龄修、李栋纂. 获嘉县志 [Z]. (清) 乾隆二十一年 (1756 年)

刊本．

　　［21］邹古愚修、邹鹄纂．获嘉县志［Z］．民国二十四年（1935）铅印本．

　　［22］张天真纂修．辉县志［Z］．（明）嘉靖六年（1527）刻本．

　　［23］王廷栋纂修．辉县志［Z］．（明）天启间刻本．

　　［24］滑彬修、冀应熊纂．辉县志［Z］．（清）康熙二十九年（1690）刻本．

　　［25］周际华纂修辉县志［Z］．（清）道光十五年（1835）百泉书院刻本．

　　［26］辉县市史志编纂委员会编．辉县市志［Z］．郑州：中州古籍出版社，1992.

　　［27］余心孺纂修．延津县志［Z］．（清）康熙四十一年（1702）刻本．

　　［28］刘纯德修、郭金鼎纂．胙城县志［Z］．（清）顺治十六年（1659）刻本．

　　［29］吴乔龄修、吕文光增修．滑县志［Z］．（清）乾隆二十五年（1760）刻本．

　　［30］马子宽修、王蒲团纂．续修滑县志［Z］．民国十九年（1930）刊本．

　　［31］熊象阶修、武穆淳纂．浚县志［Z］．（清）嘉庆六年（1801）刊本．

　　［32］黄璟修、李作霖纂．续浚县志［Z］．（清）光绪十二年（1886）刊本．

　　［33］余晋修，李嵩阳纂．封丘县志［Z］．（清）顺治十六年（1659）刻本．

　　［34］姚家望修，黄荫枏纂．封丘县续志［Z］．民国二十六年（1937）铅印本．

　　［35］方员纂修．淇县志［Z］．（明）嘉靖二十四年（1545年）增刻本．

　　［36］王谦吉修、白龙躍纂．淇县志［Z］．（清）顺治十七年（1660年）刻本．

　　［37］史延寿修、王世杰纂．续武陟县志［Z］．民国二十年（1931）刻本．

　　［38］方策修、裴希度纂．续安阳县志［Z］．民国二十二年（1933）铅印本．

（三）家谱、族谱、村志类

　　［1］新乡县定国村郭氏族谱［M］．光绪二年（1876）重修本．

[2] 新乡县定国村郭氏族谱 [M].1986 年重修本.

[3] 新乡县小送佛村张氏族谱 [M].嘉庆二十三年（1818）续修本.

[4] 新乡县小送佛村张氏族谱 [M].民国五年（1916）续修本.

[5] 新乡县小冀镇杜氏族谱 [M].民国八年刊本.

[6] 新乡县尚村郑氏族谱 [M].1982 年印刷本.

[7] 新乡县马小营村李氏家谱 [M].1993 年印刷本.

[8] 新乡县大块村王氏族谱 [M].民国三年刊本.

[9] 新乡县王岳营村王氏族谱 [M].民国十四年刊本.

[10] 新乡县张氏族谱 [M].同治十一年（1872）文华堂刊本.

[11] 辉县东夏峰村戴氏宗谱 [M].1980 年重修本.

[12] 辉县东夏峰村黄氏家谱 [M].1993 年印刷本.

[13] 辉县东夏峰村孙氏族谱 [M].民国二十六年刻本.

[14] 辉县东夏峰村孙氏族谱 [M].1998 年印刷本.

[15] 辉县东夏峰村王氏族谱 [M].民国二十五（1936）年刊本.

[16] 辉县东夏峰村郭氏族谱 [M].2000 年印刷本.

[17] 辉县东夏峰村岳氏族谱 [M].光绪甲午年（1894）刻本.

[18] 辉县东夏峰村李氏族谱 [M].1992 年印刷本.

[19] 辉县东夏峰村王氏族谱附杨氏家谱 [M].1995 年印刷本.

[20] 辉县东刘店村陈氏族谱 [M].1996 年印刷本.

[21] 辉县西平罗村勾氏家谱 [M].1994 年印刷本.

[22] 辉县西平罗村牛氏族谱 [M].1995 年印刷本.

[23] 辉县西平罗村申氏族谱 [M].民国九年（1920）修德堂刊本.

[24] 辉县西平罗村申氏族谱 [M].2003 年印刷本.

[25] 辉县穆家营村穆氏家谱 [M].1953 年亲睦堂印刷本.

[26] 辉县孟村齐氏世系宗谱 [M].1988 年手抄本.

[27] 辉县百泉村邵氏宗谱 [M].民国十三年（1924）重修本.

[28] 辉县百泉村王氏族谱 [M].2001 年印刷本.

[29] 辉县王村铺村王氏族谱 [M].1996 年印刷本.

[30] 辉县上八里村姚族世谱 [M].1989 年敦本堂刻本.

[31] 辉县北关村张氏家谱 [M].1989 年手抄本.

［32］辉县北关村张氏家谱［M］．1999年印刷本．

［33］辉县北关村朱氏家谱［M］．编撰年代不详，希孟堂抄本．

［34］辉县常村、沿村、西夏峰村郭氏宗谱［M］．1999年印刷本．

［35］辉县张村、土高村张氏家谱［M］．2005年印刷本．

［36］辉县小岗村张氏族谱［M］．1985年印刷本．

［37］辉县岳村袁氏族谱［M］．1996年印刷本．

［38］辉县孟庄村皇明朱氏家谱［M］．1998年印刷本．

［39］辉县徐氏族谱［M］．民国二十五年印刷本．

［40］辉县尚氏族谱［M］．1986年印刷本．

［41］辉县、林县辉林邑任氏族谱［M］．2005年印刷本．

［42］辉县、林县任氏族谱［M］．1992年印刷本．

［43］获嘉李氏族谱［M］．光绪三十年（1904）增修本．

［44］获嘉陈孝村杨氏族谱［M］．1990年印刷本．

［45］获嘉敦留店贾氏族谱［M］．2003年印刷本．

［46］获嘉敦留店梁氏族谱［M］．同治乙丑（1865）报本堂刻本．

［47］获嘉冯位庄冯氏族谱［M］．民国二十二年（1933年）刊本．

［48］获嘉亢村王氏族谱［M］．1950年印刷本．

［49］获嘉亢村赵氏族谱［M］．1981年手抄本．

［50］获嘉李道堤穆氏族谱［M］．光绪癸卯（1903）手抄本．

［51］获嘉落纣营郭氏家乘［M］．1990年印刷本．

［52］获嘉前小屯村王氏族谱［M］．民国三十四（1945）年手抄本．

［53］获嘉三位营聂氏家谱［M］．1993年记述堂手抄本．

［54］获嘉三位营张氏族谱［M］．1951年手抄本．

［55］获嘉三位村王氏族谱［M］．1961年手抄本．

［56］获嘉徐营浮氏门谱［M］．民国三十一年（1942）手抄本．

［57］获嘉杨氏家谱［M］．2000年手抄本．

［58］获嘉张氏族谱［M］．1995年手抄本．

［59］获嘉贺氏族谱［M］．道光二十年（1840）刻本．

［60］获嘉卜氏族谱［M］．民国二十八（1939）年刊本．

［61］涉县杨氏迁涉支谱［M］．（清）光绪二十九年（1903）抄本．

［62］封丘边氏族谱［M］．道光二年（1832）封丘贻谋堂刻本．

［63］滑县张氏族谱［M］．民国八年（1919）刻本．

［64］延津县申氏族谱［M］．同治壬申年刊本．

［65］汲县李氏家谱［M］．民国十二年（1923）抄本．

［66］林县阎氏族谱［M］．道光十八年（1838）刻本．

［67］林县李氏家谱［M］．1987 年印刷本．

［68］安阳蒋屯马氏家谱［M］．光绪二十五年（1899）刻本．

［69］彰德府朱氏家谱［M］．光绪三十二年（1906）刻本．

［70］古山阳范氏宗谱［M］．乾隆二十二年（1757）刊本．

［71］河阳（孟县）西韩村张氏族谱［M］．同治元年（1862）手抄本．

［72］淇县北阳高氏宗谱［M］．2012 年印刷本．

［73］刘华府主编．辉县东洼村史［M］．2005 年印刷本．

［74］崔灿主编．辉县百泉村志［M］．北京：中国广播电视出版社，2002.

［75］小宋佛村编纂委员会主编．新乡小宋佛村姓氏志［M］．香港：新风出版社，2000.

（四）文集类

［1］孙奇逢著，朱茂汉点校．夏峰先生集［M］．北京：中华书局，2004.

［2］孙奇逢．夏峰集补遗［M］．清抄本．

［3］孙奇逢．孙征君遗稿［M］．清抄本．

［4］孙奇逢．孝友堂家训［M］．畿辅丛书版．

［5］孙奇逢．孝友堂家训［M］．单行抄本．

［6］孙奇逢．中州人物考［M］．文渊阁四库全书本．

［7］孙泍．担峰集［M］．中州文献征辑处抄本．

［8］田文镜．抚豫宣化录［M］．郑州：中州古籍出版社，1995.

［9］尹会一．抚豫条教［M］．载于《抚豫宣化录》附录．

［10］尹会一．健余先生文集［M］．续修四库全书本

［11］河洛学社．中州学术考［M］．河洛学社抄本．

［12］河洛学社．中州艺文考［M］．河洛学社抄本．

［13］河洛学社．中州人物名籍录［M］．河洛学社抄本．

［14］河洛学社. 中州学系史［M］. 河洛学社抄本.

［15］河洛学社. 夏峰日谱门人姓名籍贯摘录［M］. 河洛学社抄本.

［16］李时灿. 中州先哲传［M］. 藏于新乡市图书馆.

［17］李时灿. 中州人物稿［M］. 中州文献征辑处抄本.

［18］李时灿. 中州艺文录［M］. 稿本, 藏于新乡市图书馆.

［19］夏锡畴. 强恕堂家范［M］. （清）宣统三年（1911）抄本, 藏于新乡市图书馆.

［20］夏锡畴. 夏西圃先生遗书［M］. （清）手抄本, 藏于新乡市图书馆.

［21］王兰广. 王香圃先生文集［M］. （清）抄本, 藏于新乡市图书馆.

［22］王铬. 味经堂文集［M］. 清手抄本, 藏于新乡市图书馆.

［23］贺仲轼. 景瞻论草［M］. 清抄本, 藏于新乡市图书馆.

［24］贺振能. 窥园稿［M］. 道光壬午重刊本, 藏于河南省图书馆.

［25］范恒泰. 燕川集［M］. 嘉庆十四年（1809）刻本, 藏于河南省图书馆.

［26］许衡. 鲁斋遗书［M］.《文渊阁四库全书》本.

［27］薛所蕴. 澹友轩集［M］.《四库全书存目丛书》本.

［28］顾炎武. 天下郡国利病书［M］.《四库全书存目丛书》本.

（五）著作类

［1］冯尔康. 中国古代的宗族与祠堂［M］. 北京: 商务印书馆国际有限公司, 1996.

［2］冯尔康. 18世纪以来中国家族的现代转向［M］. 上海: 上海人民出版社, 2005.

［3］冯尔康, 常建华, 等. 清人社会生活［M］. 天津: 天津人民出版社, 1990.

［4］冯尔康, 常建华, 等. 中国宗族社会［M］. 杭州: 浙江人民出版社, 1994.

［5］常建华. 宗族志［M］. 上海: 上海人民出版社, 1998.

［6］常建华. 社会生活的历史学: 中国社会史研究新探［M］. 北京: 北京师范大学出版社, 2004.

[7] 常建华. 明代宗族研究 [M]. 上海：上海人民出版社，2005.

[8] 常建华. 清代的国家与社会研究 [M]. 北京：人民出版社，2006.

[9] 常建华. 新时期中国社会史研究概述 [M]. 天津：天津古籍出版社，2009.

[10] 常建华. 明代宗族组织化研究 [M]. 北京：故宫出版社，2012.

[11] 常建华. 观念、史料与视野：中国社会史研究再思考 [M]. 北京：北京大学出版社，2013.

[12] 常建华. 宋以后宗族的形成及地域比较 [M]. 北京：人民出版社，2013.

[13] 常建华. 中国日常生活史读本 [M]. 北京：北京大学出版社，2017.

[14] 常建华. 新时期中国社会史学 [M]. 天津：天津人民出版社，2018.

[15] 赵世瑜. 狂欢与日常——明清以来的庙会与民间社会 [M]. 北京：生活·读书·新知三联书店，2002.

[16] 赵世瑜. 小历史与大历史：区域社会史的理念、方法与实践 [M]. 北京：生活·读书·新知三联书店，2006.

[17] 赵世瑜. 长城内外：社会史视野下的制度、族群与区域开发 [M]. 北京：北京大学出版社，2016.

[18] 赵世瑜. 在空间中理解时间：从区域社会史到历史人类学 [M]. 北京：北京大学出版社，2017.

[19] 赵世瑜. 说不尽的大槐树——祖先记忆、家园象征与族群历史 [M]. 北京：北京师范大学出版社，2018.

[20] 郑振满. 明清福建家族组织与社会变迁 [M]. 长沙：湖南教育出版社，1992.

[21] 郑振满，陈春声. 民间信仰与社会空间 [M]. 福州：福建人民出版社，2003.

[22] 郑振满. 乡族与国家：多元视野中的闽台传统社会 [M]. 北京：生活·读书·新知三联书店，2009.

[23] 陈支平. 近五百年来福建的家族社会与文化 [M]. 上海：上海三联书店，1991.

[24] 陈支平. 福建族谱 [M]. 福州：福建人民出版社，1998

[25] 王日根. 乡土之链: 明清会馆与社会变迁 [M]. 天津: 天津人民出版社, 1996.

[26] 刘志伟. 在国家与社会之间: 明清广东里甲赋役制度研究 [M]. 广州: 中山大学出版社, 1997.

[27] 周大鸣, 等. 当代华南的宗族与社会 [M]. 哈尔滨: 黑龙江人民出版社, 2005.

[28] 罗一星. 明清佛山经济与社会变迁 [M]. 广州: 广东人民出版社, 1994.

[29] 王铁. 中国东南的宗族与宗谱 [M]. 上海: 汉语大词典出版社, 2002.

[30] 林济. 长江中游宗族社会及其变迁——黄州个案研究 (明清—1949年) [M]. 北京: 中国社会科学院出版社, 1999.

[31] 林济. 长江流域的宗族与宗族生活 [M]. 武汉: 湖北教育出版社, 2004.

[32] 杨国安. 明清两湖地区基层组织与乡村社会研究 [M]. 武汉: 武汉大学出版社, 2004.

[33] 秦燕, 胡红安. 清代以来的陕北宗族与社会变迁 [M]. 西安: 西北工业大学出版社, 2004.

[34] 叶显恩. 明清徽州农村社会与佃仆制 [M]. 合肥: 安徽人民出版社, 1983.

[35] 赵华富. 徽州宗族研究 [M]. 合肥: 安徽大学出版社, 2004.

[36] 朱开宇. 科举社会、地域秩序与宗族发展——宋明间的徽州, 1100—1644 [M]. 台北: 台湾大学出版委员会, 2004.

[37] 张研. 清代族田与基层社会结构 [M]. 北京: 中国人民大学出版社, 1991.

[38] 张研, 毛立平. 19世纪中期中国家庭的社会经济透视 [M]. 北京: 中国人民大学出版社, 2003.

[39] 张研, 牛贯杰. 十九世纪中期中国双重统治格局的演变 [M]. 北京: 中国人民大学出版社, 2002.

[40] 钱杭. 周代宗法制度史研究 [M]. 上海: 学林出版社, 1991.

[41] 钱杭. 中国宗族制度新探 [M]. 香港: 中华书局 (香港) 有限公

司，1994.

[42] 钱杭 . 血缘与地缘之间——中国历史上的联宗与联宗组织 ［M］. 上海：上海社会科学院出版社，2001.

[43] 钱杭，谢维扬 . 传统与转型：江西泰和农村宗族形态——一项社会人类学的研究 ［M］. 上海：上海社会科学院出版社，1995.

[44] 钱杭 . 宗族的世系学研究 ［M］. 上海：复旦大学出版社，2011.

[45] 徐扬杰 . 中国家族制度史 ［M］. 北京：人民出版社，1992.

[46] 徐扬杰 . 宋明家族制度史论 ［M］. 北京：中华书局，1995.

[47] 许华安 . 清代宗族组织研究 ［M］. 北京：中国人民公安大学出版社，1999.

[48] 朱勇 . 清代宗族法研究 ［M］. 长沙：湖南教育出版社，1987.

[49] 李文治，江太新 . 中国宗法宗族制和族田义庄 ［M］. 北京：社会科学文献出版社，2000.

[50] 王善军 . 宋代宗族和宗族制度研究 ［M］. 石家庄：河北教育出版社，1999.

[51] 张仲礼 . 中国绅士——关于其在 19 世纪中国社会中作用的研究 ［M］. 上海：上海社会科学院出版社，1991.

[52] 周銮书 . 千古一村——流坑历史文化的考察 ［M］. 南昌：江西人民出版社，1997.

[53] 周荣德 . 中国社会的阶层与流动——一个社区中士绅身份的研究 ［M］. 上海：学林出版社，2000.

[54] 林耀华 . 义序的宗族研究 ［M］. 北京：生活·读书·新知三联书店，2000.

[55] 林耀华 . 金翼：中国家族制度的社会学研究 ［M］. 北京：生活·读书·新知三联书店，2000.

[56] 王铭铭 . 溪村家族 社区史、仪式与地方政治 ［M］. 贵阳：贵州人民出版社，2004.

[57] 王铭铭 . 社会人类学与中国研究 ［M］. 桂林：广西师范大学出版社，2005.

[58] 肖唐镖 . 当代中国农村宗族与乡村治理：跨学科的研究与对话 ［M］.

西安：西北大学出版社，2002.

[59] 肖唐镖. 农村宗族与地方治理报告——跨学科的研究与对话 [M]. 上海：学林出版社，2008.

[60] 肖唐镖. 宗族政治——村治权力网络的分析 [M]. 北京：商务印书馆，2010.

[61] 刘晓春. 仪式与象征的秩序——一个客家村落的历史、权力与记忆 [M]. 北京：商务印书馆，2003.

[62] 瞿同祖. 清代地方政府 [M]. 北京：法律出版社，2003.

[63] 费孝通. 乡土中国·生育制度 [M]. 北京：北京大学出版社，1998.

[64] 梁其姿. 施善与教化——明清的慈善组织 [M]. 石家庄：河北教育出版社，2001.

[65] 于建嵘. 岳村政治——转型期中国乡村政治结构的变迁 [M]. 北京：商务印书馆，2004.

[66] 卜正民. 纵乐的困惑：明代的商业与文化 [M]. 北京：生活·读书·新知三联书店，2004.

[67] 卜正民. 为权力祈祷：佛教与晚明中国士绅社会的形成 [M]. 南京：江苏人民出版社，2005.

[68] 白钢. 中国政治制度史第十卷 [M]. 北京：人民出版社，1996.

[69] 赵秀玲. 中国乡里制度 [M]. 北京：社会科学文献出版社，1998.

[70] 庄英章. 林圯埔：一个台湾市镇的社会经济发展史 [M]. 上海：上海人民出版社，2000.

[71] 魏斐德. 大门口的陌生人：1839—1861 年间华南的社会动乱 [M]. 王小荷，译. 北京：中国社会科学出版社，1988.

[72] 莫里斯·弗里德曼. 中国东南的宗族组织 [M]. 2000，上海：上海人民出版社.

[73] 杜赞奇. 文化、权力与国家——1900—1942 年的华北农村 [M]. 南京：江苏人民出版社，1996.

[74] 黄宗智. 华北的小农经济与社会变迁 [M]. 北京：中华书局，2000.

[75] 艾尔曼. 经学、政治与宗族——中华帝国晚期常州今文学派研究 [M]. 南京：江苏人民出版社，1998.

[76] 孔飞力. 中华帝国晚期的叛乱及其敌人——1796—1864 年的军事化与社会结构 [M]. 北京：中国社会科学出版社，2002.

[77] 濑川昌久. 族谱：华南汉族的宗族·风水·移居 [M]. 上海：上海书店出版社，1999.

[78] 田仲一成. 中国的宗族与戏剧 [M]. 上海：上海古籍出版社，1992.

[79] 田仲一成. 中国戏剧史 [M]. 北京：北京广播学院出版社，2002.

[80] 田仲一成. 明清的戏曲——江南宗族社会的表象 [M]. 北京：北京广播学院出版社，2004.

[81] 滋贺秀三. 中国家族法原理 [M]. 北京：法律出版社，2003.

[82] 曹树基. 中国移民史：第五、六卷 [M]. 福州：福建人民出版社，1997.

[83] 张有新. 共城史话 [M]. 北京：国际文化出版社，2001.

[84] 乔志强，行龙. 近代华北农村社会变迁 [M]. 北京：人民出版社，1998.

[85] 张文彬. 简明河南史 [M]. 郑州：中州古籍出版社，1996.

[86] 程有为，王天奖. 河南通史 [M]. 郑州：河南人民出版社，2005.

[87] 王兴亚. 明清河南集市庙会会馆 [M]. 郑州：中州古籍出版社，1998.

[88] 王兴亚. 明代行政管理制度 [M]. 郑州：中州古籍出版社，1999.

[89] 王兴亚，马怀云. 河南历史名人籍里研究 [M]. 郑州：中州古籍出版社，2002.

[90] 刘卫东，高尚刚. 河南书院教育史 [M]. 郑州：中州古籍出版社，1991.

[91] 任崇岳. 中原移民简史 [M]. 郑州：河南人民出版社，2006.

[92] 周天游. 地域社会与传统中国 [M]. 西安：西北大学出版社，1995.

[93] 王先明. 近代绅士——一个封建阶层的历史命运 [M]. 天津：天津人民出版社，1997.

[94] 从翰香. 近代冀鲁豫乡村 [M]. 北京：中国社会科学出版社，1995.

[95] 杨念群. 空间·记忆·社会转型——"新社会史"研究论文精选集 [M]. 上海：上海人民出版社，2001.

[96] 杨念群. 中层理论——东西方思想会通下的中国史研究 [M]. 南昌：江西教育出版社, 2001.

[97] 张青. 洪洞大槐树移民志 [M]. 太原：山西古籍出版社, 2002.

[98] 安介生. 山西移民史 [M]. 太原：山西人民出版社, 1999 年.

[99] 叶显恩. 清代区域社会经济研究 [M]. 北京：中华书局, 1992

[100] 周积明, 宋德金. 中国社会史论 [M]. 武汉：湖北教育出版社, 2001.

[101] 黄保信. 河南与黄河文化 [M]. 郑州：河南人民出版社, 1997.

[102] 林富瑞, 陈代光. 河南人口地理 [M]. 郑州：河南人民出版社, 1983.

[103] 常剑峤. 河南省地理 [M]. 郑州：河南教育出版社, 1985.

[104] 貊琦. 中国人口·河南分册 [M]. 北京：中国财政经济出版社, 1989.

[105] 王天奖. 太平军在河南 [M]. 郑州：河南人民出版社, 1974.

[106] 费成康. 中国的家法族规 [M]. 上海：上海社会科学院出版社, 1998.

[107] 南炳文. 佛道秘密宗教与明代社会 [M]. 天津：天津古籍出版社, 2002.

[108] 于志嘉. 明代军户世袭制度 [M]. 台北：台湾学生书局, 1987.

[109] 白新良. 中国古代书院发展史 [M]. 天津：天津大学出版社, 1995.

[110] 程美宝. 地域文化与国家认同：晚清以来"广东文化"观的形成 [M]. 北京：生活·读书·新知三联书店, 2006.

[111] 陈桦. 清代区域社会经济研究 [M]. 北京：中国人民大学出版社, 1996.

[112] 段自成. 清代北方官办乡约研究 [M]. 北京：中国社会科学出版社, 2009.

[113] 杜正贞. 村社传统与明清士绅——山西泽州乡土社会的制度变迁 [M]. 上海：辞书出版社, 2007.

[114] 王蕊. 齐鲁宗族聚落与文化变迁 [M]. 济南：齐鲁书社, 2008.

[115] 郑锐达. 移民、户籍与宗族——清代至民国期间江西袁州府地区研

究［M］. 北京：生活·读书·新知三联书店，2009.

[116] 贺喜. 亦神亦祖：粤西南信仰构建的社会史［M］. 北京：生活·读书·新知三联书店，2011.

[117] 肖文评. 白堠乡的故事：地域史脉络下的乡村社会建构［M］. 北京：生活·读书·新知三联书店，2011.

[118] 科大卫. 皇帝和祖宗：华南的和宗族［M］. 南京：江苏人民出版社，2010.

[119] 科大卫. 明清社会和礼仪［M］. 北京：北京师范大学出版社，2016.

（六）论文类

[1] 冯尔康. 论清朝苏南义庄的性质与族田的关系［J］. 中华文史论丛，1980（3）.

[2] 冯尔康. 清代宗族制的特点［J］. 社会科学战线，1990（3）.

[3] 冯尔康. 清代宗族族长述论［J］. 江海学刊，2008（5）.

[4] 冯尔康. 清代宗族祖坟述略［J］. 安徽史学，2009（1）.

[5] 冯尔康. 清代宗族祭礼中反映的宗族制特点［J］. 历史教学（高校版），2009（4）.

[6] 常建华. 论〈圣谕广训〉与清代孝治［J］. 南开史学，1988（1）.

[7] 常建华. 清代族正制度考论［J］. 社会科学辑刊，1989（5）.

[8] 常建华. 清代族正问题的若干辨析［J］. 清史研究通讯，1990（1）.

[9] 常建华. 试论乾隆朝治理宗族的政策与实践［J］. 学术界，1990（2）.

[10] 常建华. 日本八十年代以来的明清地域社会研究综述［J］. 中国社会经济史研究，1998（2）.

[11] 常建华. 试论宋代以降的宗族之学［J］. 中国社会历史评论，1999（1）.

[12] 常建华. 二十世纪的中国宗族研究［J］. 历史研究，1999（5）.

[13] 常建华. 明代宗族祠庙祭祖的发展［J］. 中国社会历史评论，2000（2）.

[14] 常建华. 明代徽州的宗族乡约化［J］. 中国史研究，2003（3）.

[15] 常建华. 明代江浙赣地区的宗族乡约化［J］. 史林，2004（5）.

[16] 常建华. 程敏政《新安程式统宗世谱》谱学问题初探 [J]. 河北学刊, 2005 (6).

[17] 常建华. 明清时期的山西洪洞韩氏 [J]. 安徽史学, 2006 (1).

[18] 常建华. 宋明以来宗族制形成理论辨析 [J]. 安徽史学, 2007 (1).

[19] 常建华. 跨世纪的中国社会史研究 [J]. 中国社会历史评论, 2007 (8).

[20] 常建华. 清代宗族"保甲乡约化"的开端——雍正朝族正制出现过程新考 [J]. 河北学刊, 2008 (6).

[21] 常建华. 近十年明清宗族研究综述 [J]. 安徽史学, 2010 (1).

[22] 常建华. 明后期社会风气与士大夫家族移风易俗——以山东青州邢玠家族为例 [J]. 安徽大学学报 (哲学社会科学版), 2012 (4).

[23] 常建华. 晚明华北宗族与族谱的再造——以山东青州〈重修邢氏宗谱〉为例 [J]. 安徽史学, 2014 (1).

[24] 常建华. 近世山东莒地宗族探略——以民国《重修莒志·民社志·氏族》为中心 [J]. 安徽史学, 2014 (1).

[25] 常建华. 近年来明清宗族研究综述 [J]. 安徽史学, 2016 (1).

[26] 常建华. 捐纳、乡贤与宗族的兴起与建设——以清代山西洪洞苏堡刘氏为例 [J]. 安徽史学, 2017 (2).

[27] 赵世瑜. 社会史: 历史学与社会科学的对话 [J]. 社会学研究, 1998 (5).

[28] 赵世瑜. 太阳生日: 东南沿海地区对崇祯之死的历史记忆 [J]. 北京师范大学学报 (社会科学版), 1999 (6).

[29] 赵世瑜. 社会动荡与地方士绅—以明末清初的山西阳城陈氏为例 [J]. 清史研究, 1999 (2).

[30] 赵世瑜. 传说·历史·历史记忆——从 20 世纪的新史学到后现代史学 [J]. 国社会科学, 2003 (2).

[31] 赵世瑜. 作为方法论的区域社会史——兼及 12 世纪以来的华北社会史研究 [J]. 史学月刊, 2004 (8).

[32] 赵世瑜. 祖先记忆、家园象征与族群历史——山西洪洞大槐树传说解析 [J]. 历史研究, 2006 (1).

[33] 赵世瑜. 村民与镇民：明清山西泽州的聚落与认同 [J]. 清史研究, 2009 (3).

[34] 杜正贞, 赵世瑜. 区域视野下的明清泽潞商人 [J]. 史学月刊, 2006 (9).

[35] 傅衣凌. 中国传统社会：多元的结构 [J]. 中国社会经济史研究, 1988 (3).

[36] 傅衣凌. 论乡族对于中国封建社会经济的干涉 [J]. 厦门大学学报, 1961 (3).

[37] 郑振满. 试论闽北乡族地主经济的形态与结构 [J]. 中国社会经济史研究, 1985 (4).

[38] 郑振满. 明清福建的里甲户籍与家族组织 [J]. 中国社会经济史研究, 1989 (2).

[39] 郑振满. 清代闽南乡族械斗探源 [J]. 中国社会经济史研究, 1998 (1).

[40] 郑振满. 明后期福建地方行政的演变 [J]. 中国史研究, 1998 (1).

[41] 郑振满. 清代福建地方财政与政府职能的演变——《福建省例》研究 [J]. 清史论丛, 2002 (2).

[42] 郑振满. 明清时期闽北乡族地主经济 [J]. 清史研究, 2003 (2).

[43] 郑振满. 民间历史文献与文化传承研究 [J]. 东南学术, 2004 (1).

[44] 刘永华. 墟市、宗族与地方政治——以明代至民国时期闽西四保为中心 [J]. 中国社会科学, 2004 (6).

[45] 刘永华. 明中叶至民国时期华南地区的族田和乡村社会——以闽西四保为中心 [J]. 中国经济史研究, 2005 (3).

[46] 王日根. 明清福建与江南义田的比较 [J]. 学术月刊, 1996 (1).

[47] 王日根, 仲兆宏. 明清以来苏闽宗族祠堂比较研究 [J]. 安徽史学, 2013 (3).

[48] 科大卫. 国家与礼仪：宋至清中叶珠江三角洲地方社会的国家认同 [J]. 中山大学学报（社会科学版）, 1999 (5).

[49] 科大卫. 宗族与地方社会的国家认同——明清华南地区宗族发展的意识形态基 [J]. 历史研究, 2000 (3).

[50] 刘志伟. 祖先谱系的重构及其意义——珠江三角洲一个宗族的个案分析 [J]. 中国社会经济史研究, 1992 (4).

[51] 刘志伟. 宗族与沙田开发 [J]. 中国农史, 1992 (4).

[52] 刘志伟. 地域空间中的国家秩序——珠江三角洲"沙田-民田"格局的形成 [J]. 清史研究通讯, 1999 (2).

[53] 刘志伟. 地域社会与文化的结构过程——珠江三角洲研究的历史学与人类学对话 [J]. 历史研究, 2003 (1).

[54] 刘志伟. 宗法、户籍与宗族——以大埔茶阳《饶氏族谱》为中心的讨论中山大学学报 (社会科学版), 2004 (6).

[55] 萧凤霞, 刘志伟. 宗族、市场、盗寇与蜑民: 明以后珠江三角洲的族群与社会中国社会经济史研究, 2004 (3).

[56] 陈春声. 信仰空间与社区历史的演变——以樟林的神庙系统为例 [J]. 清史研究, 1999 (2).

[57] 陈春声. 正统性、地方化与文化的创制——潮州民间神信仰的象征与历史意义 [J]. 史学月刊, 2001 (1).

[58] 陈春声. 明末东南沿海社会重建与乡绅之角色——以林大春与潮州双忠公信仰的关系为中心 [J]. 中山大学学报 (社会科学版), 2002 (4).

[59] 陈春声. 历史的内在脉络与区域社会经济史研究 [J]. 史学月刊, 2004 (8).

[60] 陈春声, 陈树良. 乡村故事与社区历史的建构——以东凤村陈氏为例兼论传统乡村社会的"历史记忆" [J]. 历史研究, 2003 (5).

[61] 饶伟新. 明清时期华南地区乡村聚落的宗族化和军事化——以赣南乡村围寨为中心 [J]. 史学月刊, 2003 (12).

[62] 唐力行. 明清徽州的家庭与宗族结构 [J]. 历史研究, 1991 (1).

[63] 唐力行. 徽州方氏与社会变迁——兼论地域社会与传统中国 [J]. 历史研究, 1995 (1).

[64] 唐力行. 论徽州宗族的社会变迁 [J]. 中国社会经济史研究, 1997 (2).

[65] 唐力行. 20 世纪上半叶中国宗族组织的态势——以徽州宗族为对象的考察 [J]. 上海师范大学学报 (哲学社会科学版), 2005 (1).

[66] 唐力行. 明清以来苏州、徽州的区域互动与江南社会的变迁 [J]. 史林, 2004 (2).

[67] 叶显恩. 徽州和珠江三角洲的宗法制比较研究 [J]. 中国经济史研究, 1996 (4).

[68] 臼井佐知子. 徽商及其网络 [J]. 安徽史学, 1991 (4).

[69] 臼井佐知子. 徽州汪氏宗族的迁徙及商业活动 [J]. 江淮论坛, 1995 (1).

[70] 王振忠. 明清浙江盐商、徽歙新馆鲍氏研究——读歙新馆鲍氏著存堂宗谱 [J]. 徽州社会科学, 1994 (2).

[71] 王振忠. 一部徽州族谱的社会文化解读——〈绩溪庙子山王氏谱〉研究 [J]. 社会科学战线, 2001 (3).

[72] 刘淼. 清代徽州祠产土地关系——以徽州歙县棠樾鲍氏、唐模许氏为中心 [J]. 中国经济史研究》, 1991 (1).

[73] 刘淼. 清代徽州的"会"与"会祭" [J]. 江淮论坛, 1995 (4).

[74] 赵华富. 歙县棠樾鲍氏宗族的个案报告 [J]. 江淮论坛, 1993 (2).

[75] 赵华富. 黟县南屏叶氏宗族调查研究报告 [J]. 徽州社会科学, 1994 (2).

[76] 朴元熇. 从柳山方氏看明代徽州宗族组织的扩大 [J]. 历史研究, 1997 (1).

[77] 朴元熇. 明清时代徽州真应庙之统宗祠转化与宗族组织——以歙县柳山方氏为中心 [J]. 中国史研究, 1998 (3).

[78] 朴元熇. 明清时代徽州商人与宗族组织——以歙县柳山方氏为中心 [J]. 安徽师范大学学报 (人文社会科学版), 1999 (3).

[79] 朴元熇. 明清时代徽州的市镇与宗族歙县岩镇和柳山方氏环岩派 [J]. 上海师范大学学报 (哲学社会科学版), 2005 (1).

[80] 权仁溶. 从祁门县"谢氏纷争"看明末徽州的土地丈量与里甲制 [J]. 历史研究, 2000 (1).

[81] 章毅. 从"土神"到"武神":宋元时期徽州的汪王信仰 [J]. 安徽大学学报 (哲学社会科学版), 2017 (5).

[82] 梁洪生. 辛亥前后江西谱论与社会变迁——读谱笔记三则 [J]. 中国

社会历史评论，2000（2）

[83] 袁海燕．清代江西的家族乡绅与义仓新城县广仁庄研究 [J]．中国社会经济史研究，2002（4）．

[84] 袁海燕．清代江西的乡绅、望族与地方社会——新城县中田镇的个案研究 [J]．清史研究，2003，（2）．

[85] 许华安．试析清代江西宗族的结构与功能特点．中国社会经济史研究，1993（1）．

[86] 许华安．清代江西宗族族产初探 [J]．中国社会经济史研究，1994（1）．

[87] 罗艳春．祠堂与地域社会 [J]．史林，2004（5）．

[88] 罗艳春．教育、族群与地域社会——清中叶江西万载书院初考 [J]．中国社会历史评论，2006（7）．

[89] 范金民．清代苏州宗族义田的发展 [J]．中国史研究，1995（3）．

[90] 杨国安：《社会动荡与清代湖北乡村中的寨堡 [J]．武汉大学学报（人文科学版），2001（5）．

[91] 林济．从黄州看明清宗族社会的变化 [J]．湖北师范学院学报（哲学社会科学版），1997（4）．

[92] 林济．文化冲击、革命与近代宗族社会——以近代湖北黄州宗族社会为例 [J]．华中师范大学学报（哲学社会科学版），1997（3）．

[93] 徐斌．由涣散到整合：国家、地方及宗族之内——以黄冈县郭氏宗族的形成与发展为例 [J]．中国社会历史评论，2006（7）．

[94] 左云鹏．祠堂族长族权的形成及其作用试说 [J]．历史研究，1964（5－6）．

[95] 李文治．明代宗族制的体现形式及其基层政权作用 [J]．中国经济史研究，1988（1）．

[96] 张小军．象征资本的再生产——从阳村宗族论民国基层社会 [J]．社会学研究，2001（3）．

[97] 顾建娣．咸同年间河南的圩寨 [J]．近代史研究，2004（1）．

[98] 顾建娣．太平天国运动对河南社会的冲击 [J]．上海师大学报，2001（11）．

［99］郭豫明. 清代捻党滋长初探［J］. 学术月刊, 1998（1）.

［100］邓庆平. 名宦、宗族与地方权威的塑造［J］. 清史研究, 2005
（2）.

［101］何成. 明清新城王氏家族兴盛原因述论［J］. 山东大学学报（哲学
社会科学版）, 2002（2）.

［102］郭于华. "弱者的武器"与"隐藏的文本"：研究农民反抗的底层视
角［J］. 读书, 2002（7）.

［103］行龙. 近代华北农村人口消长及其流动——兼论黄宗智"没有发展
的增长"说［J］. 历史研究, 2000（4）.

［104］兰林友. 论华北宗族的典型特征［J］. 中央民族大学学报, 2004
（1）.

［105］兰林友. "同姓不同宗"：对黄宗智、杜赞奇华北宗族研究的商榷
（上）［J］. 广西民族学院学报（哲学社会科学版）, 2005（5）.

［106］王兴亚. 明初迁山西民到河南考述［J］. 史学月刊, 1984（4）.

［107］王兴亚. 明中后期河南社会风尚的变化［J］. 中州学刊, 1989
（4）.

［108］王兴亚. 清代河南集镇的发展［J］. 南都学刊, 1996（1）.

［109］王兴亚. 明清河南庙会研究［J］. 天中学刊, 1995（2）.

［110］王兴亚. 明清时期的河南山陕商人［J］. 郑州大学学报（哲学社会
科学版）, 1996（2）.

［111］李永芳, 周楠. 明初洪洞移民在河南的历史考察［J］. 商丘师范学
院学报, 2004（4）.

［112］李留文. 宗族大众化与洪洞移民传说——以怀庆府为中心［J］. 北
方论丛, 2005（6）.

［113］李留文. 明清河南漕粮探析［J］. 开封教育学院学报, 2003（1）.

［114］李留文. 清代中原乡村社会连宗现象探析［J］. 中州学刊, 2009
（5）.

［115］陈连营. 清代河南农村商业交流状况［J］. 史学月刊, 1993（6）.

［116］马雪芹. 明清时期玉米、番薯在河南的栽种与推广［J］. 古今农业,
1999（1）.

[117] 马雪芹. 明清时期河南省棉花的种植与地理分布 [J]. 农业考古, 2000 (3) .

[118] 马雪芹. 明清时期河南桑麻业的兴衰 [J]. 中国农史, 2000 (3) .

[119] 马雪芹. 明清时期河南省部分经济作物的种植与分布 [J]. 史学月刊, 2003 (7) .

[120] 马雪芹. 明清时期豫北地区的农田水利事业 [J]. 古今农业, 2000 (3) .

[121] 赵国权. 略论百泉书院的学术文化活动及兴衰 [J]. 河南大学学报 (社会科学版), 1995 (4) .

[122] 刘卫东. 论百泉书院的历史地位 [J]. 河南职业技术师范学院学报 (职业教育版), 2003 (6) .

[123] 李景旺. 谈百泉书院与宋明理学的传播 [J]. 教育与职业, 2006 (21) .

[124] 李永菊. 从田野考察看明清归德府世家大族的形成与变迁 [J]. 商丘师范学院学报, 2009 (11) .

[125] 李永菊. 从河南夏邑彭氏家族看明代南北社会互动 [J]. 商丘师范学院学报, 2013 (11) .

[126] 李永菊. 从军事权贵到世家大族——以明代河南归德府为中心的考察 [J]. 河南大学学报, 2013 (4) .

[127] 王仁磊. 中原家谱的主要内容及其史料价值管窥——以新乡家谱为中心的考察 [J]. 河南科技学院学报, 2015 (1) .

[128] 王仁磊. 当代中原家谱的新修及其时代特征 [J]. 河南科技学院学报, 2018 (5) .

（七）学位论文类

[1] 罗艳春. 个人、宗族与地域社会：明清至民国时期万载社会管窥 [D]. 天津：南开大学, 2003.

[2] 罗艳春. 祠堂、宗族与地域社会——以十六世纪以来的江西万载为中心 [D]. 天津：南开大学, 2007.

[3] 郑锐达. 移民、户籍与宗族：清代至民国期间江西袁州府地区研究

[D]. 香港：香港科技大学人文学部，1997.

[4] 徐斌. 明清鄂东宗族与地方社会 [D]. 武汉：武汉大学，2006.

[5] 章毅. 新安程氏与明代地方社会的礼教秩序 [D]. 香港：香港中文大学，2006.

[6] 唐晓涛. 礼仪与社会秩序：从大藤峡"猺乱"到太平天国 [D]. 广州：中山大学，2007.

[7] 石坚平. 创造祖荫：广州沥滘村两个宗族的故事 [D]. 广州：中山大学，2007.

[8] 肖文坪. 地域史脉络下的乡村社会建构：白喉乡的故事 [D]. 广州：中山大学，2007.

[9] 孙海泉. 清代地方基层组织研究 [D]. 北京：中国社会科学院研究生院，2002.

[10] 陈轲. 二十世纪前期豫北近代工业投资环境研究（1900—1936）[D]. 武汉：华中师范大学，2006.

[11] 王洪瑞. 河南书院地理初探 [D]. 西安：陕西师范大学，2000.

[12] 王洪瑞. 清代河南学校教育发展的时空差异与成因分析 [D]. 西安：陕西师范大学，2007.

[13] 汪忠列. 当代农村宗族与农村社区建设 [D]. 福州：福建师范大学，2005.

[14] 鲁先瑾. 宗族的传统与现代——变动中的农村宗族分析 [D]. 开封：河南大学，2006.

[15] 宋祥勇. 明末至民初山东科宦家族的发展与转型——以临沂大店庄氏为例 [D]. 济南：山东大学，2008.

[16] 李永菊. 明代河南的军事权贵与士绅阶层——归德府士绅大族研究 [D]. 厦门：厦门大学，2008.

[17] 王霞蔚. 金元以降山西中东部地区的宗族与地方社会 [D]. 天津：南开大学，2010.

[18] 布娜. 农村宗族与村庄治理研究——以河南照镜村为例 [D]. 南京：南京师范大学，2013.

[19] 吴兆龙. 宋元徽州家谱研究 [D]. 芜湖：安徽师范大学，2017.

后　记

　　自己的小文，历经多年，终于得以出版。望着自己辛苦耕耘的成果，我并无如释重负的轻松之感，充斥于内心中更多的是忐忑与压力。本书只是阶段性的成果，未来的学术之路还漫长。对于步入社会史研究行列的我而言，我要做的仍是在学术之路上不断的探索、前进，加深对事物以及材料的洞察力与理解力，不断地提高自己的理论修养。

　　本书的撰写得到了常建华老师耐心细致指导和帮助，在此，送上我真诚的谢忱。自己能够踏入社会史研究领域，进行自己感兴趣的区域社会史研究，并能够取得一点的进步，在我内心中最应该感谢的就是常老师。从刚和常老师接触开始，我就被常老师随和的态度、谦逊的风范所感动着，常老师的博学、勤奋、谦逊一直是我学习的典范和榜样。

　　由于选择的是以家乡周围为场域的区域社会史研究，这让我有更多的机会接触到家乡的父老乡亲。我要感谢我在辉县、新乡、获嘉等地做田野调查时热情接待我的父老乡亲，特别是辉县东夏峰村大儒孙奇逢后人孙中勤老人，他除向我提供本族的族谱以及孙奇逢的个人著作外，还热情帮我收集村中其他宗族的文献资料。感谢新乡市图书馆以及古籍部王惠敏主任，感谢辉县市图书馆的申坤先生、辉县市文物局的苟鲜瑞女士以及获嘉县档案局的同志，他们为我提供了各种帮助和方便。同时也要感谢我的学生崔永靖和高渐港为我提供他们宗族的族谱，感谢我的学生刘军仡、陈佳乐、张慧欣、王馨冉、邱枫、张坤等为我的书稿所做的校对工作。

申红星

2019 年 1 月 18 日于新乡